UCRANIA ENTRE LA ESPERANZA Y EL INFIERNO

Marcelo Fabián Monges

A Columba Casillas

María Susana Sclaverano

Padre Eugenio Alfaro

Y a mi abuelo
Carlos Federico Bonoff que fue mi padre.

Marcelo Fabián Monges es escritor y fotógrafo. Nació en Córdoba, Argentina y se naturalizó mexicano. Estudió abogacía en la Universidad Nacional de Córdoba. Ha militado en diversas organizaciones defensoras de derechos humanos. Fue asesor en derechos humanos para la LVII, la LVIII y la LXII legislaturas en el Senado de la República y para la LX legislatura en la Cámara de Diputados. Ha colaborado en el Diario Página 12 de Buenos Aires, en la Revista Mira, de Miguel Ángel Granados Chapa y en los periódicos La Jornada, Reforma y El Universal, en México. Es autor de la columna "Espada de Dos Manos" en el Diario de México. Es también autor del Proyecto de Convención Contra los Golpes de Estado (2009) y presidente de la Fundación Conciencia y Dignidad. Ha publicado los libros: "A los 500 años de la ocupación de América" (1992) con prólogo del Premio Nobel de la Paz, Adolfo Pérez Esquivel; "Chiapas cuando la dignidad se levanta y camina" (1995), con prólogo de Osvaldo Bayer; "Un llamado a la humanidad contra el exterminio de la especie" (2002), con una contraportada de Carlos Monsiváis; y de las novelas: "Lucila entre el mar y el fuego" (2007); "Cuando hablo con vos" (2011); "Divina Mar" (2012). En 2017 publicó "Trump La Resistencia" con una contraportada de Jorge Castañeda. En 2021 publicó "Los aprendizajes de la pandemia en México. Las consecuencias de un manejo criminal" con prólogo de Beatriz Pagés. En 2022 publicó "Putin La invasión a Ucrania La amenaza contra toda la humanidad".

CONTENIDO

INTRODUCCIÓN

La humanidad avanza por los que sueñan. Los hombres sin propósito no producen cambios sociales ni avances en la humanidad. Tampoco los simples espectadores que se quedan al borde del camino.

Son los soñadores y los visionarios los que han hecho los grandes descubrimientos, los que han desarrollado una vacuna, los que han puesto la pasión que les consume el alma al servicio del bien común.

Sin un alma soñadora y una visión profunda Newton nunca hubiera descubierto la gravedad. Edison jamás hubiera inventado la lámpara de luz, ni el fonógrafo, ni el mimeógrafo. Ni Albert Sabin hubiera descubierto la vacuna contra la polio. Sin un alma ardiente como la de Hipócrates no hubiera dado grandes pasos la medicina. Detrás de cada avión que hoy vuela hubo muchas almas soñadoras para intentarlo. Sin ese fuego en el alma no habría habido un Leonardo Da Vinci, dibujando planos de modelos de aviones, un paracaídas, o un tanque de guerra, 500 años antes de que existieran. Tampoco hubiera existido un Miguel Ángel, diseñando trajes de buceo, o una draga para limpiar un río. Ni muchos antes hubieran hecho las pirámides de Egipto.

Pero pareciera que en la actualidad el tiempo de los soñadores se limita a los sueños individuales, a las pequeñas causas, al confort y a las ganancias propias. Los sueños por la humanidad parecerían cosa del pasado. Algo que habla de la decadencia de lo humano, y no de un progreso de la conciencia.

Tal vez sea tiempo de que comencemos a soñar cómo parar la guerra. Cómo hacer crecer el alma para que una guerra como la de Ucrania no nos resulte tan lejana. Para que el dolor del otro no nos resulte tan ajeno. Cómo construir un mundo en el que puedan vivir las próximas mil generaciones debería ser una tarea de todos. Hoy vamos por el camino contrario. El hombre pareciera trabajar más para la pronta extinción de la especie que por el bien y la felicidad duradera de todos los seres humanos.

Este libro sirve para conocer qué ha pasado en un año y cuatro meses de guerra en Ucrania. Y es a la vez la continuación de mi primer libro sobre el tema titulado: Putin, la invasión a Ucrania la amenaza contra toda la humanidad. Pero no sirve de nada si no funciona como una invitación a soñar, a construir un mundo mejor. A trabajar juntos para parar la injusta guerra en Ucrania y para trabajar para terminar para siempre con todas las guerras y el negocio que las impulsan.

Sólo en la medida que hagamos crecer el alma de la humanidad, que podamos tocar de lejos el dolor del otro, que podamos sentir cada injusticia atravesándonos los huesos, y levantar la voz cuando haga falta para evitarla, podremos construir un mundo que sea digno de llamarse humano.

Estas páginas son una invitación a eso. A enterarnos de lo que sucede en la Guerra que sufre Ucrania, pero para hacer algo con eso, para ayudar desde nuestro pequeño lugar a que la guerra termine. Una invitación a ser protagonistas del destino colectivo. No espectadores, sino agentes de cambio. No indolentes, sino seres capaces de sentir y multiplicar las vibraciones más altas del universo, que se resumen en esas notas del cosmos, donde vive la conciencia y arde el amor.

Si estas letras no sirven para eso, no sirven para nada. Con esa advertencia y con esa invitación, entonces pueden adentrarse en este libro.

Marcelo Fabián Monges
Ciudad de México
2 de julio de 2023

ARMAS NUCLEARES

En mi primer libro sobre la invasión a Ucrania, el tema del peligro de las Armas Nucleares es tratado ampliamente en unas 120 páginas. Allí se detalla desde cuáles son los países en el mundo que cuentan con mayor cantidad de refugios nucleares, hasta las dificultades que encontrarían los sobrevivientes de una guerra atómica. También se detallan las verdaderas consecuencias producidas por el accidente de Chernóbil en 1986 y todo lo que hizo el gobierno ruso para poder ocultar la magnitud del desastre. También está incorporado el Proyecto que México presentó ante la Corte Penal Internacional en el año 2009, para que se considere un Crimen de Lesa Humanidad cualquier ataque nuclear. Algo que sin duda es absolutamente necesario en este momento. Una propuesta que el actual gobierno de México no va a impulsar por el simple hecho de que López Obrador jamás lo apoyaría, por la sencilla razón de que ese proyecto fue presentado durante la administración del presidente Felipe Calderón.

Digamos, frente a la magnitud del problema que representa para toda la humanidad el peligro de una guerra nuclear, López Obrador lo asume con una visión de hormiga, sin querer insultar a las hormigas, y prefiere no escuchar ni enterarse de la utilidad de la propuesta.

Sin embargo, algo de lo que no he hablado en ese trabajo es del Tratado de Tlatelolco. Hablar del Tratado de Tlatelolco para abordar el tema del peligro nuclear se hace absolutamente imperioso, porque además de un logro impresionante de la diplomacia mexicana, el Tratado de

Tlatelolco es la mejor muestra de que sí se pueden obtener logros muy importantes en la lucha contra las armas nucleares. El Tratado de Tlatelolco constituye sin duda la mejor prueba contra los pesimistas que cuestionan a los que luchamos contra las Armas Nucleares diciendo que nunca vamos a lograr nada.

El Tratado de Tlatelolco, logró lo impensable, para ese momento e incluso hoy más. Logró la prohibición del desarrollo, la adquisición, los ensayos y los emplazamientos de Armas Nucleares en la región de la América Latina y el Caribe. Es decir, dejó libre de Armas Nucleares a todo un continente. El Tratado de Tlatelolco fue firmado el 14 de febrero de 1967, en la sede antigua de la Cancillería mexicana, ubicada en la Torre de Tlatelolco. Lo que establece básicamente dicho tratado es "Proscripción de las Armas Nucleares en América Latina y el Caribe"[1].

Debido a este logro para la humanidad, le sería otorgado el Premio Nobel de la Paz al gestor y promotor de dicho Tratado, el mexicano Alfonso García Robles, en 1982.

Lamentablemente, el hecho de que toda América Latina y el Caribe estén exentos de Armas Nucleares, no les garantiza a sus habitantes, que si se produjera una guerra nuclear entre las principales potencias, no sufrirían también las consecuencias, puesto que muy probablemente el planeta entero quedaría inhabitable y las consecuencias de la radiación, entre otras, llegarían a planeta entero.

Sin embargo, el hecho de que en América Latina y el Caribe no haya Armas Nucleares, al menos en lo teórico, dejaría fuera a todo el continente de ser considerado un objetivo

---

[1] GOBIERNO DE MÉXICO. 14 de febrero de 1967. Firma del Tratado de Tlatelolco. https://www.gob.mx/inin/articulos/14-de-febrero-de-1967-firma-del-tratado-de-tlatelolco

directo, para ser atacado con este tipo de armas, por no provenir de la región ningún peligro directo de ese tipo.
Este punto era muy importante aclararlo, porque no había sido tratado en mi primer libro sobre el tema.

En la actualidad, de forma contraria completamente a lo que representa el espíritu del Tratado de Tlatelolco, se construyen nuevas amenazas nucleares, como el emplazamiento de Armas Nucleares Tácticas en Bielorrusia de parte de Rusia. Y Como respuesta a esto, está la solicitud de Polonia que pide el emplazamiento de este tipo de armas en su territorio, para defenderse de la amenaza rusa.

Sería lógico que ante las amenazas permanentes de Putin de usar Armas Nucleares en Ucrania, o de comenzar la Tercera Guerra Mundial y hacerlo con Armas Nucleares, la humanidad toda, los 8 mil millones de habitantes que vivimos sobre la faz de la tierra, todos levantaran su voz, por su propia supervivencia, impidiendo así, al menos tratando de impedir, el Holocausto de toda la humanidad. Pero esto no sucede. Asombrosamente no se produce. La humanidad entera pareciera no estar ni enterada de este descomunal peligro para los habitantes de la tierra.

Frente a esto, quienes luchamos contra las Armas Nucleares desde hace años, hemos seguido trabajando, levantando la voz, organizando conferencias, seminarios, etc.

Así, por ejemplo, desde la Fundación Conciencia y Dignidad, organizamos una Conferencia de Prensa en el Club de Periodistas de México el viernes 7 de octubre de 2022, con el objetivo de impulsar el Proyecto de México para cualquier Ataque Nuclear sea considerado un Crimen de Lesa Humanidad. En el presídium de dicha conferencia estuvieron: el Doctor Jans Fromow Guerra - Médico y miembro de Médicos Internacionales para la Prevención de la Guerra Nuclear; la Lic. Andrea Rocha - Abogada y Defensora de los Derechos Humanos; la Mtra. Denise Meade Gaudry - Psicóloga, Investigadora y representante de México Unido; Isabel Cañizares - Activista y Defensora de los Derechos Humanos; el Lic. Luis Gerardo Ribé Menchaca - Abogado y miembro de México Unido; Francisco Plancarte, defensor de los derechos humanos; Lic. Paola Migoya - Abogada, Activista ciudadana y miembro de México Unido, y quien esto escribe.

Foto: Tomada de Excélsior. https://www.excelsior.com.mx/global/piden-apoyar-proyecto-contra-armas-nucleares/1544598

Durante dicha Conferencia de Prensa, se dio a conocer una carta dirigida al Secretario General de la ONU solicitándole que impulse este proyecto por el bien de la humanidad.

El texto de la carta es el siguiente:

"Al Sr. Secretario General de las Naciones Unidas.
António Guterres

Presente:

En las presentes circunstancias mundiales, donde otra vez cuelga sobre la vida del planeta entero la espada del Armagedón nuclear, a través del cual nosotros mismos, como terminaríamos con la vida como la conocemos en este planeta, incluyendo la de toda la especie humana, estar en su lugar, o en sus zapatos, no debe ser nada fácil.

Más cuando está a su cargo presidir el mayor organismo mundial, cuyos objetivos fundacionales son mantener la paz y la seguridad internacional. Como también, dentro de esos objetivos están, el fomentar entre las naciones relaciones de amistad y promover el progreso social, la mejora del nivel de vida y los derechos humanos.

Considerando los objetivos que tiene como existencia la Organización de las Naciones Unidas, tal vez haya que reconocer, en primer lugar, que no ha podido, o no ha servido para impedir la invasión a Ucrania por parte de Rusia. Tampoco ha servido para generar un mecanismo de liderazgo internacional que posibilitara las negociaciones necesarias, o en todo caso las presiones suficientes, para detener la guerra. Queremos pensar, esperar, que en la continuación de este camino, esta organización, que es la mayor que existe con estos fines en el planeta, no fuera también incapaz de establecer el consenso necesario, en el conjunto de naciones, para condenar con toda fuerza las actuales amenazas de armas atómicas, como su probable utilización, en este contexto. Su misión y su destino al frente de este organismo está inexorablemente ligado al destino de toda la humanidad. Quienes formamos parte de la Conciencia Viva de la Humanidad, esperamos que ese organismo, construya de manera urgente, los mecanismos necesarios para impedir una invasión fuera de toda norma en el derecho internacional como la de Ucrania, y para evitar el uso de armas nucleares. Para lo cual se deberían incorporar a la lucha por la abolición de las Armas Nucleares. O al menos a formar una cultura ciudadana mundial en contra de estas Armas.

Es por esto que queremos pedirle, en este solemne acto, que apoye, e impulse, en el organismo que usted preside, el proyecto que México presentó ante la Corte Penal Internacional, en el año de 2009, para que sean penalizadas cualquier amenaza con armas nucleares, y, también, desde luego el uso de ellas.

Si la Corte Penal Internacional ha definido con Precisión el Genocidio, y los Crímenes de Lesa Humanidad en el Estatuto de Roma, se les ha olvidado la incorporación de cualquier ataque nuclear. En la realidad no hay crimen más grande que pudiera ofender a la humanidad que un ataque nuclear.

Vivimos en un mundo donde si una persona mata a otra, según el código penal de cualquier país, le corresponde ir presa. Pero si alguien lanza una bomba nuclear contra una población de civiles inocentes, no existe para ello ningún castigo en el Código Penal Internacional.

Este "olvido" que en realidad responde a la conveniencia y los intereses de las potencias que poseen armas atómicas, atenta contra la supervivencia de toda la especie humana.

Por estas razones y muchas otras, es que le solicitamos, con el mayor de los respetos, pero también con mucha fuerza, desde el corazón y desde el alma, que por encima de las presiones políticas, y de los intereses de quienes poseen armas atómicas, que promueva este proyecto, para que exista entre las naciones del mundo, el firme consenso de que cualquier ataque nuclear será castigado, por la vía jurídica del derecho internacional, sea a través de la formación de Tribunales Internacional, como fueron los de Núremberg, o como los que propone actualmente el presidente Zelenski, para que se juzguen los Crímenes Contra la Humanidad cometidos por Rusia en territorio Ucraniano, o, a través de la Corte Penal Internacional, que tendría el problema de la firma de la competencia por los países que tienen bombas nucleares y no la han formado, pero que podría terminar resolviendo por mayoría, como debería suceder en el Consejo de Seguridad, cuyo derecho de Veto hoy en día ha vuelto inútil ese organismo, haciendo que no pueda cumplir de ninguna manera, con la función fundamental de preservar la paz en el ámbito internacional.

Desde la Fundación Conciencia y Dignidad, que tengo el honor de presidir, hemos impulsado múltiples gestiones para promover este Proyecto de México. Le hemos escrito y enviado el mismo al Papa Francisco sin conseguir un interés para fomentar esta iniciativa para que quien realice un ataque nuclear no quede impune. Es momento de levantar más la voz. De hecho, lo debería hacer cada periodista, cada líder de opinión, cada defensor de los derechos humanos en el planeta y cada habitante de la tierra, cada uno de los 8 mil millones de seres humanos que hoy observan inertes, cómo un loco, porque no se lo puede definir de otra manera, amenaza a todo el mundo y se dispone a utilizar un arma que por su naturaleza solo puede matar a miles o millones de personas y provocar un gran desastre ambiental. O desencadenar con ellos una guerra atómica, el Armagedón, como bien lo dijo el día de ayer el Presidente de Estados Unidos Joe Biden. A la extinción hay que oponerle la supervivencia. A la locura hay que oponerle la razón, A la amenaza no hay que afrontarla con miedo, sino con una voz clara y fuerte, y con las decisiones necesarias. A cualquier invasión militar previsible, como lo fue esta, de la que acá estamos hablando, se le podría oponer, por ejemplo, el envío urgente de Cascos Azules para resguardar las fronteras amenazadas. Y a los responsables de dicha invasión, de una naturaleza como la ejercida, fuera del derecho internacional, se les debería aplicar el Principio de Justicia Internacional, cuyo caso emblemático lo constituyó la detención del ex dictador Chileno Augusto Pinochet, en Londres el 16 de octubre de 1998.

Están quienes tienen las responsabilidades más altas, como es su caso, y quienes aún, siendo simples habitantes de este mundo, también tienen la obligación moral y espiritual de hacer algo, todo lo que esté a su alcance en realidad, en contra del exterminio de la especie humana.

Este mensaje para usted, que hoy le envío junto a mis compañeros, amigos y amigas que se encuentran en el presídium".

También durante el evento, Isabel Cañizares, leyó una carta dirigida al Papa Francisco, cuyo texto es el siguiente:

"Querido Papa Francisco:

Me dirijo a usted en este momento crucial de la humanidad, donde se habla todos los días de la utilización de Armas Nucleares, y de una Guerra Nuclear como si cualquiera de estas acciones no fuera a costarle la vida a muchos millones de personas, o significar, muy probablemente, el fin de la especie humana.

Soy plenamente consciente de que usted ha sido un activista en contra de las Armas Nucleares desde que comenzó su papado, destacándose ese enorme discurso que dijo sobre el tema en la Asamblea General de la ONU, el 25 de noviembre de 2015.

Mi nombre es Isabel Cañizares, y en este mensaje represento a un grupo de activistas y amigos, y en particular a la Fundación Consciencia y Dignidad, que viene impulsando desde hace años, un Proyecto que México presentó ante la Corte Penal Internacional, en el año de 2009, para que sean penalizadas las Amenazas con Armas Nucleares y desde luego el Uso de las mismas.

El Proyecto encontró resistencias y lamentablemente quedó abandonado. Hoy, es más que necesario que nunca para la supervivencia de la especie humana. Me dirijo a usted, en nombre mío, de mis compañeros y de la Fundación Conciencia y Dignidad, para solicitarle apoye formal y decididamente este Proyecto, para que sea penalizado en el Orden Jurídico Internacional, las amenazas con Armas Nucleares y el uso de las mismas desde luego.

Vivimos en un mundo donde si una persona mata a otra, según los Códigos Penales de los distintos países, el asesino debe ir preso. Pero si un líder de una potencia mundial, decide emplear armas atómicas y con ellos matar a miles o millones de personas, no hay ninguna penalización para este crimen en el Orden Jurídico Internacional.

Celebramos que este domingo 2 de octubre usted haya hablado fuerte y claro contra la locura que significa la utilización de Armas nucleares, que haya manifestado una vez más su dolor por el sufrimiento del pueblo ucraniano y que haya dirigido directamente al agresor, quien ha provocado esta invasión el presidente de la Federación rusa.

El proyecto prácticamente completo que México presentó contra las Armas Nucleares lo puede encontrar en este libro, de mi amigo, el escritor Marcelo Fabián Monges, disponible en Amazon.

Sabemos que no dejará de cumplir su enorme misión sobre la tierra, la lucha contra las Armas Nucleares es parte de ella. Pronunciarse a favor de que sea penalizado en el Orden Jurídico Internacional el uso de Armas Nucleares sería un enorme paso más en el camino de esta misión. Que también desde este lugar tomamos como nuestra.

Le mando todo nuestro cariño y nuestro afecto".

Ahora sería bueno que cada habitante del planeta haga su parte, por el bien y la supervivencia de toda la humanidad, para terminar con las Armas Nucleares, antes de que las Armas Nucleares terminen con toda la humanidad.

EVOLUCIÓN DE LAS ARMAS DE GUERRA HASTA LLEGAR A LA GUERRA DE UCRANIA

Desde tiempos inmemoriales, cada vez que ha habido un conflicto armado, el hombre ha tratado de inventar un nuevo artefacto para la guerra. En la historia el hombre, ha pasado de la piedra a la lanza, siguiendo por la espada. La espada tendría su propia evolución en el tiempo. Las primeras espadas fabricadas con cobre se comenzaron a hacer alrededor del año 4,000 a.C. Posteriormente, se fabricarían espadas de bronce; estas se calculan que aparecieron en el siglo II a.C. Estas tendrían su origen en la Mesopotamia, el Mar Negro, llegando hasta el Mediterráneo. Las espadas de acero se incorporarían a las batallas a partir del siglo IX d.C. Esto significaría un salto sustancial porque a partir de allí, una espada no se rompía. Después, vendría la catapulta, un arma formidable para aquellas épocas. En el siglo IX, los chinos inventarían la pólvora, aunque según los registros escritos más antiguos que se conocen de su fórmula son del siglo XI. Esto daría origen a otro tipo de armas: las armas de fuego. Hasta llegar al invento del cañón. Los primeros cañones se llamaron cañones de mano, y datarían de 1364; estos lanzaban proyectiles de piedra, que posteriormente serían reemplazados por proyectiles de hierro. La aparición más estruendosa del cañón en la historia se hizo contra los muros de Constantinopla, en 1453, al que 23 ataques anteriores, de ejércitos muy numerosos no habían podido franquear. Aunque ya se habían utilizado anteriormente cañones de menor tamaño.

Ya a principios del siglo XV, se inventaron los arcabuces con llave de mecha. Para el año 1498, los armeros inventaron el cañón estriado, lo cual permitía que el proyectil se dirigiera con una dirección determinada. El origen de esto fue una deducción de los antiguos arqueros, que en algún momento se dieron cuenta que de las plumas, de la parte trasera de sus flechas, esto las hacía rotar y esa rotación les permitía tener una dirección más concreta y estable. Este principio se utiliza aún hoy en pistolas y fusiles, incluso en cañones[2].

Este tipo de armas fue teniendo su propia evolución, hasta cambiar radicalmente a principios del siglo XIX con el invento de la bala, o cápsula fulminante, como fue llamada en un principio. Sería el clérigo escocés Alexander John Forsyth, quien incorporaría un "percutor" de mercurio en el proyectil, haciendo que el arma ya no tuviera que tener un contacto externo con la pólvora para poder ser disparada. La primera "bala" como hoy la conocemos, fue desarrollada en Francia, en la ciudad de París y sería un invento del armero suizo Jean Samuel Pauly. En un principio, este proyectil sería llamado cartucho autocontenido. El invento lo realizó con la ayuda del armero francés François Prélat. A partir de este invento, las armas tendrían un percutor, un principio que se usa hasta hoy para disparar pistolas y fusiles. Entonces, a partir de allí, se construirían los primeros fusiles retrocargados, que podían disparar tiro por tiro.

En 1835, Samuel Colt, quien había sido expulsado a los 16 años del instituto donde estudiaba ciencias, por incendiar con un experimento parte de un edificio, fue enviado por su padre a la India, donde vio una especie de arma corta,

---

[2] LA ARMERÍA. Historia y Evolución de las Armas de Fuego. 29 de septiembre de 2019. https://www.youtube.com/watch?v=_fe0kKVc7zs

tipo revolver primitivo. Al regresar a Estados Unidos, Colt inventó lo que hay conocemos como revolver y lo patentó en Gran Bretaña. Lo comenzó a fabricar en serie, con la ayuda financiera de su padre. Aunque por restricciones presupuestarias no podía comprar máquinas para fabricarlo industrialmente, por los que los primeros se hacían a mano, teniendo un precio elevado. Después de fundirse al fabricarlos con esa modalidad, conseguiría mayor financiamiento y los comenzaría a fabricar en serie mediante máquinas. Fue hasta 1861 cuando las armas largas se comenzarían a producir cargadas desde la recámara. En el mismo año, Richard Gatling inventaría en Estados Unidos una ametralladora de seis cañones. Gatling, escribiría después "Se me ocurrió que podía inventar una máquina —un arma— que, por su rapidez de disparo, reemplace la necesidad de grandes ejércitos, y, en consecuencia, la exposición a la batalla y la enfermedad se vería muy disminuida". En 1880, el inglés- estadounidense Hiram Stevens Maxim inventaría una ametralladora de pie, con cinta, que podía disparar sin parar mientras tuviera proyectiles en la cinta.

En 1884 se inventaría en Francia la pólvora sin humo. Recién a finales del siglo XIX se inventarían las primeras armas automáticas, portátiles, o de mano[3].

Después vendrían los fusiles semiautomáticos Mauser, de fabricación alemana, diseñado en 1898, un arma que durante mucho tiempo fue considerada un muy buena para francotiradores y utilizada en la Primera Guerra Mundial.

El primer tanque de guerra, o su predecesor, data de 1912, y fue patentado por el austríaco Gunther Burstyn. Un

---

[3] LA ARMERÍA. Historia y Evolución de las Armas de Fuego. 29 de septiembre de 2019. https://www.youtube.com/watch?v=_fe0kKVc7zs

desarrollo más avanzado del sería desarrollado después por el ejército británico[4].

Las primeras granadas de mano fueron utilizadas en 1915, durante la Primera Guerra Mundial[5].

El primer "ataque aéreo, con un avión que lanzó una bomba se produjo en Libia, y lo realizó el teniente italiano Giulio Gavotti, según una nota de la BBC de Londres[6].

Aunque ya tuvieron mayor uso los primeros aviones de combate en el contexto de la Primera Guerra Mundial, estos eran bastante primitivos y equipados con ametralladoras en su fuselaje.

Durante la Segunda Guerra Mundial los aviones de combate ya serían capaces de lanzar bombas y pasaron a destruir objetivos terrestres de mayor importancia, atacando en muchos casos a ciudades enteras.

Pero el arma más destructiva de todas sería la bomba atómica, una bomba capaz de destruir una ciudad completa, incluyendo sus miles de habitantes. La primera, como todos sabemos, fue lanzada sobre la ciudad de Hiroshima el 6 de agosto de 1945.

---

[4] CURIOSFERA. Quién inventó el tanque: origen y evolución. https://curiosfera-historia.com/quien-invento-el-tanque-historia-origen/#:~:text=El%20inventor%20del%20carro%20de,con%20el%20n%C3%BAmero%20DE%20252815.

[5] DESFUNDA. Origen de la granada de mano. 25 de noviembre de 2023. https://www.desenfunda.com/blog/la-historia-de-la-granada-de-mano-%C2%BFcomo-surgio-y-de-donde-vino/#:~:text=Las%20primeras%20granadas%20registradas%20fueron,isl%C3%A1mico%20y%20el%20Lejano%20Oriente.

[6] BBC MUNDO. El primer ataque aéreo de la historia fue en Libia hace un siglo. 10 de mayo de 2011. https://www.bbc.com/mundo/noticias/2011/05/110510_primer_bombardeo_en_la_historia_mv

Así la bomba Little Boy, sería lanzada por el bombardero norteamericano Enola Gay, sobre la ciudad japonesa de Hiroshima, produciendo una explosión equivalente a 16 kilotones, matando entre 50 y cien mil personas según calculan algunas fuentes e hiriendo al menos otras 80 mil[7] [8].

Tres días después, el 9 de agosto de 1945, el bombardero norteamericano Bockscar, lanzaría sobre la ciudad de Nagasaki la bomba atómica Fat Man, con una potencia destructiva de 21 kilotones.

Un trabajo de la BBC, menciona que: "Los cálculos más conservadores estiman que para diciembre de 1945 unas 110,000 personas habían muerto en ambas ciudades. Otros estudios afirman que la cifra total de víctimas, a finales de ese año, pudo ser más de 210,000[9].

En Nagasaki se calcula que murieron entre 28 mil y 49 mil personas tan solo el día de la explosión. En ambos casos hay que sumarle miles de muertos posteriores por la radiación.

---

[7] BBC MUNDO. Hiroshima y Nagasaki: cómo fue el "infierno" en el que murieron decenas de miles por las bombas atómicas. 6 de agosto de 2020. https://www.bbc.com/mundo/resources/idt-67d6f259-8dcb-480e-94c3-b208e8f279a2

[8] NATIONAL GEOGRAPHIC. las bombas atómicas de Hiroshima y Nagasaki: tres días que cambiaron el mundo. 22 de febrero de 2023. https://historia.nationalgeographic.com.es/a/bombardeos-hiroshima-y-nagasaki_10590

[9] BBC MUNDO. Hiroshima y Nagasaki: cómo fue el "infierno" en el que murieron decenas de miles por las bombas atómicas. 6 de agosto de 2020. https://www.bbc.com/mundo/resources/idt-67d6f259-8dcb-480e-94c3-b208e8f279a2

Se calcula que la bomba de Hiroshima destruyó al instante unos 60 mil edificios. En Nagasaki un 40 por ciento de la ciudad quedó completamente demolida, habiendo ayudado a que la destrucción no fuera mayor.

"El lugar se convirtió en un mar de fuego. Era el infierno. Cuerpos quemados, voces pidiendo ayuda desde edificios derrumbados, personas a quienes se le caían las entrañas…", le contaría a la BBC Sumiteru Taniguchi, un sobreviviente de Nagasaki[10].

Este constituiría el mayor desarrollo tecnológico y destructivo de la humanidad. Un tipo de armas con las que como especie, la humanidad se ha puesto una espada en la cabeza que hace peligrar su supervivencia. Y es a partir de la invasión a Ucrania, desde cuando todos los días, o prácticamente todos los días, la amenaza de una guerra nuclear se cierne sobre el horizonte y destino de la humanidad. Y estas amenazas tienen, al menos en el presente, un solo origen llamado Putin.

Las nuevas armas en Ucrania

La guerra en Ucrania, viene siendo también un campo de prueba de nuevas armas. Así los rusos por ejemplo, han utilizado por primera vez misiles hipersónicos. Estas armas no habían sido utilizadas en ningún otro conflicto bélico hasta ahora. Los misiles hipersónicos se caracterizan por viajar a una velocidad cinco o diez veces superior a la del sonido, es decir a unos cinco o diez mil kilómetros por hora. Lo que hace que sean indetectables para el radar. Y

---

[10] BBC MUNDO. Hiroshima y Nagasaki: cómo fue el "infierno" en el que murieron decenas de miles por las bombas atómicas. 6 de agosto de 2020. https://www.bbc.com/mundo/resources/idt-67d6f259-8dcb-480e-94c3-b208e8f279a2

en caso de ser detectados, muy difíciles de interceptar, por el tiempo que dejan para una posible respuesta.

En realidad, si bien Estados Unidos también tiene misiles hipersónicos de reciente generación, y también los tiene China, de estas armas se habla poco, tal vez porque representan un enorme peligro en caso de una guerra atómica, porque al ser indetectables para el radar, o muy difíciles de interceptar aún cuando sean detectados, en realidad están propiciando lo que podríamos llamar "un golpe letal seguro"[11].

De todas las armas probadas hasta ahora en Ucrania esta es la más importante y la más peligrosa[12] [13] [14].

Estos misiles son capaces de transportar explosivos convencionales y Armas Nucleares.

Rusia ha utilizado en Ucrania misiles hipersónicos Avangard, que significa vanguardia en ruso y tienen la capacidad de cambiar de rumbo y de altitud, pese a la pasmosa velocidad a la que se desplazan. Estos misiles fueron probados por primera vez en el año 2018 y en esa prueba, según Rusia, alcanzó una velocidad de 27 mil kilómetros por hora y golpeó un objetivo predeterminado

---

[11] BBC MUNDO. Guerra en Ucrania: qué son los misiles hipersónicos que Rusia está utilizando en el conflicto (y cómo pueden cambiar las guerras del futuro). 9 de marzo de 2023. https://www.bbc.com/mundo/noticias-internacional-64908724

[12] MEGANOTICIAS. Invasión a Ucrania: Rusia utilizó un misil hipersónico como cambio de estrategia. 19 de marzo de 2022. https://www.youtube.com/watch?v=aDutUxzLe_E

[13] EURONEWS. Rusia confirma el uso de misiles hipersónicos en su último bombardeo en Ucrania. 9 de marzo de 2023. https://www.youtube.com/watch?v=vqMzVWwYHn8

[14] EL UNIVERSAL. Invencibles, hipersónicas o invisibles: las armas de las que Rusia presume. 19 de marzo de 2022. https://www.youtube.com/watch?v=BbWqPxvopYA

a seis mil kilómetros de distancia. Fueron puesto en servicio en el 2019[15].

Las pruebas de misiles hipersónicos de parte de Estados Unidos serían posteriores a esto. Hay datos de que Estados Unidos tendría su primer misil hipersónico denominado HAWC, en el año 2021. Sin embargo, el primer dato seguro, que pareciera haber de una prueba real de un misil norteamericano hipersónico data de marzo de 2022, según la cadena CNN, cuando la administración del presidente Biden realizó una prueba exitosa con este tipo de misiles, pero la mantuvo en secreto "para no aumentar las tensiones con Rusia". O sea, por miedo[16].

También Rusia utiliza en Ucrania misiles hipersónicos Kinzhal, que significa daga en ruso, de lanzamiento aéreo, y que tienen un alcance de unos 2 mil kilómetros, teniendo también capacidad de trasporte de una ojiva nuclear y alcanzan una velocidad de 10 mil kilómetros.

Es la primera vez que se utilizan armas hipersónicas en un conflicto bélico. Estamos hablando completamente de armas de última generación.

Otra arma que se ha utilizado por primera vez en una guerra son los drones. El uso de drones también ha cambiado el rostro de la guerra. Los primeros han sido utilizados por los rusos contra las tropas ucranianas, pero también contra las ciudades. Rusia recibió miles, distintos embarques de

---

[15] EL UNIVERSAL. Invencibles, hipersónicas o invisibles: las armas de las que Rusia presume. 19 de marzo de 2022.
https://www.youtube.com/watch?v=BbWqPxvopYA
[16] CNN. Estados Unidos probó con éxito un misil hipersónico en marzo y lo mantuvo en secreto para evitar tensiones con Rusia. 5 de abril de 2022.
https://cnnespanol.cnn.com/2022/04/05/estados-unidos-misil-hipersonico-trax/

drones de fabricación iraní, país que también tiene una base de drones militares en Venezuela.

Irán le vendió a Rusia drones Shahed-136, que pueden cargar hasta 50 kilos de explosivos, y han sido fabricados con tecnología occidental robada, según pudo establecer una investigación de la organización británica: "La Conflict Armament Research" (CAR), que se encarga de investigar los componentes de las armas"[17].

Rusia ha utilizado estos drones de manera "suicida", es decir, haciendo que los aparatos se estrellen y no se puedan volver a utilizar. Algo también nuevo, en la forma del uso de esta tecnología. Sólo habían existido aviones "Kamikaze", tripulados, una forma de combate usada por los japoneses en la Segunda Guerra Mundial.

Aunque Japón había utilizado en la Segunda Guerra Mundial torpedos tripulados, y no tripulados, nunca hasta ahora se habían utilizado aparatos voladores no tripulados de forma "Kamikaze".

Ucrania equilibraría la desventaja provocada por los drones iraníes provistos por Irán a Rusia, consiguiendo drones Bayraktar TB2 de fabricación turca, y más recientemente los sistemas antimisiles norteamericanos Patriot.

De parte de Ucrania, la utilización de los lanzacohetes norteamericanos antitanque Javelin FGM 148, conseguidos ya cuando la invasión llevaba varios meses de combate, sí ha producido una diferencia muy importante en el terreno

---

[17] CNN. Drones iraníes desplegados por Rusia en Ucrania funcionan con tecnología occidental robada, revela una investigación. 28 de abril de 2023. https://cnnespanol.cnn.com/2023/04/28/drones-iranies-rusia-ucrania-tecnologia-occidental-robada-investigacion-trax/

de combate. Los Javelin han sido los responsables de una enorme cantidad de bajas entre los tanques rusos[18].

Los misiles Javelin son capaces de rastrear a un tanque de guerra seguirlo y destruirlo a una distancia de hasta 4,750 metros[19].

El Javelin posee un mecanismo de lanzamiento que se denomina "suave" en el cual, un motor mu pequeño impulsa al misil para que salga de la lanzadera y recién después se enciende el propulsor principal del misil.

El misil habitualmente asciende, pudiéndolo hacer hasta una altura máxima de 160 metros, para después caer sobre su objetivo, generalmente un tanque. Un Javelin pesa 22.3 kilogramos, lo cual lo convierte en el lanzacohetes antitanque más pesado del mundo. Cada misil del Javelin cuesta 280 mil dólares[20].

Aunque el lanzacohetes Jqavelin fue utilizado por primera vez en combate en el año 2003 durante la invasión a Irak, en Ucrania, es la primera vez que se convierte en prácticamente una de las principales armas de combate de un ejército, siendo utilizado casi masivamente, en todos los frentes, contra los tanques rusos y vehículos de transporte de personal. También ha sido utilizado en Afganistán, en Siria y en Libia.

El Javelin puede seguir a su presa con un sensor infrarrojo y es un arma que le permite a un grupo reducido de soldados poder atacar toda una columna de tanques. Se lo nombra como un arma de "dispara y olvida" porque el

---

[18] LA ARMERÍA. 10 Cosas que no Sabías del Lanzamisiles FGM-148 Javelin. https://www.youtube.com/watch?v=ybIlmC9l8Cw
[19] Ídem.
[20] Ídem.

operador puede lanzar el misil y abandonar su posición y el misil continuará siguiendo a su objetivo a donde vaya[21].

Otra arma que ha hecho una diferencia muy importante sobre el terreno en el combate son los HIMARS, cuyo nombre completo es sistema de cohetes de artillería de alta movilidad M142. Básicamente es una lanzadera de misiles múltiples para ataques de precisión, montada sobre un camión de 5 toneladas. La lanzadera de los HIMARS puede lanzar seis misiles de forma casi simultánea[22].

Los primeros días de julio de 2023, según un despacho de la agencia AFP, un oficial del ejército ucraniano le contó a esta agencia, que si bien el ejército ucraniano ha recibido de parte del gobierno de Francia tanques AMX-10 RC, estos no sirven para el ataque puesto que su blindaje es demasiado liviano[23].

---

[21] ARMAPEDIA. ¿Qué tan LETAL es un FGM-148 Javelin? 25 de febrero de 2022. https://www.youtube.com/watch?v=kzD-KR-oJfs

[22] CNN. Tres armas que cambiaron el curso de la guerra de Rusia en Ucrania. 25 de febrero de 2023. https://cnnespanol.cnn.com/2023/02/25/tres-armas-que-cambiaron-el-curso-de-la-guerra-de-ucrania-con-rusia-trax/

[23] EL MUNDO. Guerra Ucrania - Rusia, última hora | Un oficial ucraniano afirma que los blindados franceses son "inadecuados" para el ataque. 3 de julio de 2023. https://www.elmundo.es/internacional/2023/07/02/64a1084b9cff330026 6a99b7-directo.html

ZELENSKI EN ESTADOS UNIDOS

Al comienzo de la guerra, un ciudadano ucraniano escribió: "Lo sabíamos desde el 2014, sabíamos que vendrían, sabíamos que nos invadirían". Por esto es muy importante saber qué sucedió en el 2014.

El miércoles 21 de diciembre de 2022, a diez meses de haber comenzado la invasión de Rusia a Ucrania, el presidente Zelenski llegaría a la Casa Blanca para ser recibido por el presidente norteamericano Joe Biden. También lo haría para hablar en el Congreso de los Estados Unidos. Esta jugada maestra geopolítica de Zelenski requiere un detallado análisis desde varios puntos de vista.

Para comenzar, hay que hacer notar el ingenioso operativo de seguridad que habrá tenido que implementar el ejército ucraniano, para sacar de su país, vía Polonia, nada menos que a su presidente, comandante en jefe y quién está conduciendo la guerra de resistencia en contra de la invasión rusa. Este operativo no puede ser sencillo por muchas razones. Para empezar, el territorio ucraniano es blanco permanente de ataques rusos. Que, si bien se concentran en zonas determinadas, han alcanzado todo el territorio ucraniano, incluyendo la zona cercana a la frontera con Polonia, por donde debía pasar el presidente Zelenski para poder salir del país y desde allí volar a Estados Unidos. Como prueba solo basta recordar el bombardeo ruso, llevado a cabo el domingo 13 de marzo de 2022, al Centro Internacional Para el Mantenimiento de la Paz y la Seguridad, ubicado a tan solo 25 kilómetros de Polonia. El ataque produjo 35 muertos y 135 heridos. El lugar en realidad era un centro de entrenamiento de tropas, en el que participaban como instructores militares de distintos países, entre ellos de Canadá y de Gran Bretaña. El ataque ruso fue parte de una gran provocación de parte del gobierno de Putin, ya que se realizó a muy pocos kilómetros de la frontera con Polonia, país que es miembro de la OTAN y un ataque a cualquiera de sus miembros, según el artículo quinto de la Carta de la OTAN deberá ser respondido por la totalidad de sus miembros[24]. Así lo estipula la Carta fundacional de la Organización del Tratado del Atlántico Norte firmada en Washington el 4 de abril de 1949, a tan solo cuatro años de que hubiera terminado la Segunda Guerra Mundial.

El ataque ruso al "Centro Internacional Para el Mantenimiento de la Paz y la Seguridad," nombre que en realidad es un eufemismo, se realizó básicamente con misiles de crucero, disparados desde una base militar ubicada a más de 1,500 kilómetros de distancia, desde Sarátov. Aunque el ataque también fue apoyado y dirigido desde el Mar Negro y el Mar de Azov. Un total de al menos 30 misiles fueron lanzados contra el campo de entrenamiento, según el gobernador ucraniano en la región Maxim Kozitsky[25] [26].

---

[24] OTAN. Tratado del Atlántico Norte. 4 de abril de 1949. https://www.nato.int/cps/en/natohq/official_texts_17120.htm?selectedLocale=es

[25] DW. Ucrania: 35 muertos y 134 heridos en ataque a base militar. 13 de marzo de 2022. https://www.dw.com/es/ucrania-35-muertos-y-134-heridos-en-ataque-ruso-a-centro-militar/a-61110399#:~:text=Esta%20noche%20los%20rusos%20%22dispararon,despegaron%20del%20aeropuerto%20de%20Saratov.

[26] EL CORREO. Rusia bombardea un centro militar de instructores extranjeros a las puertas de la UE. 13 de marzo de 2022. https://www.elcorreo.com/internacional/rusia-bombardea-misiles-centro-militar-extranjeros-ucrania-20220313204841-ntrc.html?ref=https%3A%2F%2Fwww.elcorreo.com%2Finternacional%2Fru

En el mismo sentido, también hay que recordar el ataque con misiles a un ramal de las vías del tren en la ciudad de Leópolis, que se encuentra a 20 kilómetros de Polonia, llevado a cabo el lunes 18 de abril de 2022 y que tuviera como resultado siete muertos y once heridos[27].

Antes de ese ataque, Leóplis era considerado un lugar seguro, alejado de los ataques rusos y un lugar de paso casi obligado para quienes querían salir de Ucrania, e incluso para algunos periodistas que se instalaron en ese lugar, como forma de decir que cubrían la guerra desde territorio ucraniano, pero sin acercarse a Kiev, la capital o adentrarse en otras zonas de peligro.

El 17 de mayo de 2022, es decir, a casi dos meses de que comenzara la invasión, Rusia volvería atacar con misiles las vías del ferrocarril en las proximidades de Leópolis[28]. Si bien en esta ocasión no hubo muertos, el mensaje de Putin era muy claro: por más cerca de la frontera que estén con Polonia, un país que es parte de la OTAN, nadie que pase por ahí pude sentirse seguro.

---

sia-bombardea-misiles-centro-militar-extranjeros-ucrania-20220313204841-ntrc.html

[27] EL FINANCIERO. Rusia ataca con misiles la ciudad de Leópolis; hay al menos 7 muertos. 18 de abril de 2022. https://www.elfinanciero.com.mx/mundo/2022/04/18/rusia-ataca-con-misiles-la-ciudad-de-leopolis-hay-al-menos-7-muertos/

[28] EL CONFIDENCIAL. Rusia ataca una línea de ferrocarril a 20 kilómetros de la frontera con Polonia. 17 de mayo de 2022. https://www.elconfidencial.com/mundo/2022-05-17/rusia-ataca-linea-ferrocarril-tren-20-kilometros-frontera-polonia_3425825/#:~:text=Las%20tropas%20rusas%20lanzaron%20un,Administraci%C3%B3n%20Militar%20Regional%2C%20Maksym%20Kozytsky.

La estación de tren era otra vía de escape para quienes quieren huir de Ucrania y de la guerra[29] [30].

El mensaje es claro, "en ningún lugar están a salvo". Tampoco lo está Zelenski tratando de salir del país.

Como lo muestra David Letterman, el famoso presentador estadounidense en su documental titulado: "No necesitan presentación", donde entrevista a Zelenski, en tren de Polonia a Kiev hay 14 horas de viaje.

Durante todo ese trayecto, y todas esas horas, independientemente de cómo lo haya hecho, esos riesgos los tuvo que correr el presidente Zelenski para salir de Ucrania vía Polonia, para poder viajar a Estados Unidos. Después lo volvería a hacer para hacer su gira por algunos países de Europa, y también para viajar a las reuniones de la Liga Árabe y a la Cumbre del G-7 en Japón.

Si bien Zelenski ha recorrido distintas zonas liberadas de Ucrania de las tropas rusas, pasando revista a sus tropas, visitando heridos en hospitales, entregando medallas al personal militar y corriendo todo tipo de riesgos, esta sería la primera vez que saldría de Ucrania desde que comenzó la invasión rusa el 24 de febrero de 2022.

En primer lugar, se le pudo ver a Zelenski siendo recibido en la puerta de la Casa Blanca por el presidente norteamericano Joe Biden y por su esposa, la Doctora Jill

---

[29] LA POLÍTICA ONLINE. Rusia ataca con misiles una estación de trenes y mata a 50 civiles. 8 de abril de 2022.
https://www.lapoliticaonline.com/espana/internacionales-es/230887/
[30] INFOBAE. Ataque de Putin contra una estación de tren en Ucrania: la cifra de muertos subió a 25 y crece la condena internacional. 25 de agosto de 2022. https://www.infobae.com/america/mundo/2022/08/25/ataque-de-putin-contra-una-estacion-de-tren-en-ucrania-la-cifra-de-muertos-subio-a-25-y-crece-la-condena-internacional/

Biden, la primera dama de Estados Unidos, quien es madre de un militar, y ha sido docente en un colegio comunitario. También es autora de libros que han sido Best Seller.

En las imágenes se puede ver a Zelenski ser recibido por Joe Biden con un gesto muy afectuoso, para ser colocado después por el mismo presidente de los Estados Unidos entre él y su esposa para la foto de ocasión[31]. Zelenski llegó vistiendo su ya tradicional uniforme de fagina verde olivo. Posteriormente sería cuestionado por esto, incluso por asistir al Congreso de Estados unidos con esta indumentaria.

Foto: tomada de: https://sputniknews.lat/20221221/zelenski-llega-a-la-casa-blanca-para-reunirse-con-joe-biden-1133833081.html

Algunas de las críticas partieron del bando republicano. Una de ellas fue de Peter Schiff un antiguo candidato al Congreso por el estado de Connectiut, personaje que también es economista en jefe de Wall Street Euro Pacific Capital, quien escribió literalmente en un tuit: "Entiendo

---

[31] EL PAÍS. Zelenski se reúne con Biden en Estados Unidos para pedir el envío de los sistemas Patriot a Ucrania. 21 de diciembre de 2022. https://www.youtube.com/watch?v=0zDbRIF9feQ

que los tiempos son difíciles, pero ¿el presidente de #Ucrania no tiene un traje?", preguntó Schiff.

"Yo tampoco tengo mucho respeto por los actuales miembros del Congreso de Estados Unidos, pero aun así no me dirigiría a ellos con una camiseta. No querría faltar al respeto a la institución ni a Estados Unidos"[32].

Pero las críticas después se reproducirían en redes sociales, por el mismo motivo e incluso por algunos comunicadores. Incluso no faltarían los chistosos de siempre, lo que son capaces de frivolizar la guerra, el dolor y la muerte y también los agentes propagandísticos rusos.

También llegarían las respuestas pertinentes en redes, entre ellas una que compara a Zelenski con Churchill.

En 1941 el primer ministro de Gran Bretaña Winston Churchill, en medio de la Segunda Guerra Mundial llegaría de visita a la Casa Blanca, y lo hizo vistiendo un overol militar de fajina.

---

[32] YAHOO FINANZAS. Critican a excandidato republicano por comentarios sobre vestimenta de Zelensky en su discurso en el Congreso.17 de marzo de 2022. https://es-us.finanzas.yahoo.com/noticias/critican-excandidato-republicano-comentarios-vestimenta-202338740.html

Foto tomada de: https://people.com/politics/volodymr-zelenskyy-military-outfit-white-house-similar-winston-churchill/

Vestir un uniforme militar de fajina, en ambos casos, los haría ver como alguien que estaba conduciendo sus tropas, en medio de una guerra. Como alguien que está trabajando en medio de tareas militares. Lo cual en ambos casos era absolutamente cierto. No era ni una pose, ni un invento, ni nada que reflejara otra cuestión que la tarea que estaban desempeñando para su nación.

Cuando alguien no está en el lugar del otro, y tampoco se puede imaginar cómo es lo que está viviendo, entonces no lo comprende, no puede entender sus razones, ni sus causas o sus formas.

En el caso de Zelenski, llegar a la Casa Blanca o el Congreso de los Estados Unidos vestido de gala, como Comandante militar, tal vez lo hubiera mostrado lejano a sus tropas. Hubiera sido tal vez una pose o una presunción por su origen civil y no militar, aun cuando fuera quien está conduciendo la guerra y las tropas de su país. Haberlo hecho vestido de traje, como le hubiera gustado a este republicano, tal vez lo hubiera mostrado más distanciado de su pueblo, de lo que están viviendo los ucranianos y también hubiera proyectado una imagen más lejana de lo que se vive en Ucrania todos los días.

Todo eso seguramente no fue tenido en cuenta por Peter Schiff. Una crítica lanzada desde la comodidad de sus oficinas. Es sabido que nunca falta quien, viviendo en su burbuja particular, no tiene en cuenta o no está bien enterado de lo que sucede en la realidad, y le resulta más fácil una apreciación o un comentario ligero que uno que tenga en cuenta todos los elementos que se conjugan en la realidad.

Pero Zelenski tenía que tener en cuenta cómo se veía su imagen por parte de los norteamericanos, pero también por parte de los ucranianos y por parte de sus tropas. Concurrir de traje tanto a la Casa Blanca como al Congreso de los Estados Unidos no contribuía a proyectar una imagen real de la faena de la que se tiene que encargar todos los días, para expulsar a las tropas rusas de su territorio, y de tener que lidiar con heridos, muertos, exiliados, edificios derrumbados y desgracias llegadas en formas de misiles contra civiles e inocentes.

Además, hay que decirlo, Zelenski ha sido todo un gran maestro en el manejo de la comunicación desde antes de la guerra como cómico, pero de una manera muy asertiva e inteligente desde el comienzo de la invasión rusa.

Respecto a la comparación de Zelenski con Winston Churchill, Bret Bair, el presentador de Fox News, en una columna de opinión para el portal de la cadena escribió:

Los paralelismos entre Churchill y Zelenski son notables. Ambos hombres, escribió Baier, "en su propio tiempo estuvieron en la brecha para defender la libertad cuando las probabilidades eran casi insuperables".

El presentador de Fox New continúo: "Churchill estaba prácticamente solo en el mundo contra Hitler, incluso cuando las bombas caían todas las noches sobre sus ciudades", y sentenció "No se esperaba que Zelenski sobreviviera una semana después de la invasión rusa, mucho menos casi 10 meses y contando"[33].

Bret Baier en su columna para Fox News reseña en primer lugar el discurso de Churchill en el Capitolio, ese 26 de diciembre de 1941: "Se puso de pie para hablar ante una sesión conjunta del Congreso, ante una multitud repleta de legisladores y funcionarios públicos, que repetidamente interrumpieron su discurso con fuertes vítores. Su presencia allí, como líder extranjero, fue histórica. Fue uno de los hombres más famosos del mundo, anunciado por su tenacidad y coraje. Había sido el Hombre del Año de la revista Time, bajo la etiqueta "Sangre, esfuerzo, sudor y valor incalculable".

"Tenía un don para la oratoria electrizante, y lo desarrolló", seguiría Bret Baier. Para agregar: "Los hombres malvados y sus facciones, que han lanzado a sus pueblos por el camino de la guerra y la conquista, saben que serán llamados a una terrible cuenta si no pueden vencer por fuerza de las armas a los pueblos a los que han agredido", predijo, advirtiendo, "no se detendrán ante nada que la

---

[33] PEOPLE. Volodymyr Zelenskyy's Military Attire at the White House Draws Comparisons to Winston Churchill. 22 de diciembre de 2022. https://people.com/politics/volodymr-zelenskyy-military-outfit-white-house-similar-winston-churchill/

violencia o la traición puedan sugerir".

"Su voz familiar retumbó en la cámara, mientras pedía al pueblo estadounidense que se uniera por completo a la lucha. "Por la unidad de propósito, por la firmeza de la conducta, por la tenacidad y la resistencia, como las que hemos mostrado hasta ahora, por estos, y solo por estos, podemos cumplir con nuestro deber hacia el futuro del mundo y hacia el destino del hombre".   Un aplauso ensordecedor se elevó cuando su discurso llegó a su fin", destacaría el presentador de Fox News.

Inmediatamente después Bret Baier se refiere a Zelenski: "Mientras escribo esto, Volodymyr Zelenski acaba de terminar de hablar ante el Congreso, y la descripción anterior parece encajar con él. El escenario es similar, el atractivo enmarcado de la misma manera. También se comparte la admiración de la audiencia, así como el crédito de Persona del Año del Time"[34].

En el mismo sentido, Nancy Pelosi, presidenta de la Cámara de Representantes de Estados Unidos, sobre la visita de Zelenski al Capitolio Dijo: "Antes estuve hablando con el presidente Zelenski, diciéndole que mi padre fue congresista cuando Winston Churchill vino aquí en 1941 el día después de Navidad, cuando él hizo un llamamiento al Congreso para ayudar a combatir la tiranía en Europa".

Luego Nancy Pelosi prosiguió: "Mi padre dijo en ese momento: "Estamos haciendo el trabajo más noble en el mundo, no solo defendiendo el corazón y los hogares, sino la causa de la libertad en todas las tierras". Eso es exactamente lo que el pueblo de Ucrania está defendiendo,

---

[34] FOX NEWS. Zelenskyy de Ucrania se remonta a Winston Churchill 1941. 22 de diciembre de 2022. https://www.foxnews.com/opinion/ukraine-zelenskyy-winston-churchill-our-time

no solo sus propios hogares y su corazón, sino la libertad y la democracia en todo el mundo"[35].

Mucho antes, a tan solo un mes de que hubiera comenzado la invasión rusa a Ucrania, Boris Johnson, el primer ministro británico en ese momento, también comparó a Zelenski con Churchill, diciendo:

"Creo que el presidente Zelenski ha demostrado ser un notable líder de su pueblo: los ha unido y ha sido su voz". "Él sabe, como reconoció Churchill de sí mismo, que quizás no haya sido el león, pero que ha tenido el privilegio de dar el rugido"[36].

La Navidad con velas, no por ser más románticos

De repente Zelenski estaba allí, en el corazón político de Estados Unidos. Hablando en el Congreso. Liderando la respuesta occidental a la invasión rusa a su país. La comparación con Churchill, para cualquier buen conocedor de la historia sería inevitable. Allí llegaría el "hombre del siglo", en 1941, como lo calificara la revista "Life"[37], apenas unas semanas después del ataque japonés a Pearl Harbor (7 de diciembre de 1941) para hablar en el Congreso de

---

[35] EUROPAPRESS. Nancy Pelosi compara la visita de Zelenski a EEUU con la de Winston Churchill durante la Segunda Guerra Mundial. 22 de diciembre de 2022. https://www.europapress.es/internacional/noticia-nancy-pelosi-compara-visita-zelenski-eeuu-winston-churchill-segunda-guerra-mundial-20221222032411.html

[36] SWISS INFO.CH.
Johnson compara a Zelenski con Churchill por ser el "rugido" del pueblo. 24 de marzo de 2022. https://www.swissinfo.ch/spa/ucrania-guerra_johnson-compara-a-zelenski-con-churchill-por-ser-el--rugido--del-pueblo/47459386

[37] NATIONAL GEOGRAPHIC. 8 curiosidades sobre winston Churchill. 17 de agosto de 2022. https://historia.nationalgeographic.com.es/a/8-curiosidades-sobre-winston-churchill_13561

Estados Unidos un día después de Navidad, para darle ánimo a los estadounidenses y razones valederas para ir a la guerra. El evento era de la mayor relevancia planetaria. El mundo se enfrentaba a la tiranía del nazismo y sus aliados que se habían propuesto dominarlo todo e imponer su ideología criminal.

Allí, ante el Congreso de Estados Unidos Churchill diría: "Quisiera decir, en primer lugar, lo mucho que me ha impresionado y animado la amplitud de miras y el sentido de la proporción que he encontrado en todos los sectores de esta nación a los que he tenido acceso. Cualquiera que no comprendiera el tamaño y la solidaridad de los cimientos de EEUU, podría haber esperado fácilmente encontrar una atmósfera excitada, perturbada y ensimismada, con todas las miradas puestas en los novedosos, sorprendentes y dolorosos episodios de la guerra repentina que golpean a EEUU. Al fin y al cabo, EEUU ha sido atacado y puesto en jaque por los tres estados dictatoriales más poderosos y armados, la mayor potencia militar de Europa, la mayor potencia militar de Asia: Japón, Alemania e Italia les han declarado y les están haciendo la guerra, y se ha abierto la disputa que solo puede acabar en el derrocamiento de ellos o en el suyo.

Pero aquí en Washington, en estos días memorables, he encontrado una fortaleza olímpica que, lejos de estar basada en la complacencia, es solo la máscara de un propósito inflexible y la prueba de una confianza segura y bien fundada en el resultado final. En Gran Bretaña tuvimos la misma sensación en nuestros días más oscuros. Nosotros también estábamos seguros de que al final todo iría bien.

Estoy seguro de que no subestiman la severidad de la prueba a la cual usted y nosotros todavía tenemos que someternos. Las fuerzas que se alzan contra nosotros son enormes. Son implacables, son despiadadas. Los hombres malvados y sus facciones, que han lanzado a sus pueblos por el camino de la guerra y la conquista, saben que serán llamados a rendir cuentas terribles si no logran abatir por la fuerza de las armas a los pueblos que han asaltado. No se detendrán ante nada. Tienen una gran acumulación de armas de guerra de todo tipo. Disponen de ejércitos, armadas y servicios aéreos altamente entrenados y disciplinados. Tienen planes y diseños largamente elaborados y madurados. No se detendrán ante nada que pueda sugerir la violencia o la traición"[38].

Si había alguien que sabía antes que los demás de las dimensiones del peligro que significaba el nazismo era Churchill. Esto había quedado muy claro desde que Chamberlain había tratado de negociar con Hitler mientras Churchill se oponía. De no haber tenido Gran Bretaña un hombre con la determinación de Churchill como primer ministro, hubiera sido invadida por las tropas nazis.

Para los que puedan estar un poco miopes para ver la verdadera dimensión de Zelenski, deben tener claro que si Zelenski hubiera huido cuando comenzó la invasión rusa, Ucrania hoy pertenecería a Rusia, irremediablemente. Los ucranianos son un pueblo muy valiente, pero si su líder hubiera huido, se hubieran desmoralizados.

La visión del peligro que significa el expansionismo de Putin para Europa y para el mundo libre, Zelenski la dejaría perfectamente clara en su discurso ante este Congreso.

---

[38] EL TIEMPO LATINO. 80 años antes del discurso de Zelensky en el Congreso, Winston Churchill preparó a los estadounidenses para la guerra. 16 de marzo de 2022. https://eltiempolatino.com/2022/03/16/internacional/80-anos-antes-del-discurso-de-zelensky-en-el-congreso-winston-churchill-preparo-a-los-estadounidenses-para-la-guerra/

Al igual que Churchill, en aquel diciembre de 1941, Zelenski dejaría perfectamente claro que no luchan solo por Ucrania, no pelean solo por su tierra, lo hacen sobre todo por libertad, y la libertad que está en riesgo no es solo la de Ucrania, con el modelo político de países como Rusia, China, Corea del Norte, Irán, Nicaragua, Venezuela, etc., lo que está en riesgo es la libertad de todos los países democráticos. Y con la visión de un estadista, Zelenski dijo que "la lucha contra el Kremlin definirá el futuro de hijos y nietos en todo el mundo"[39].

Para entender esto hay que tener claro qué hizo Putin en el 2008 en Georgia, y qué hizo en el 2014 en Crimea. Algo que explico al comienzo de mi primer libro sobre la invasión a Ucrania. En ambos casos, Putin utilizó las mismas falacias, las mismas mentiras, los mismos argumentos, igual financiamiento de milicias separatistas, el mismo motivo de tener que invadir para defender gente, la misma premisa de que lo hacía por el avance de la OTAN. Dos ejemplos que dejan perfectamente claro cómo fraguó Putin la invasión a Ucrania, prácticamente como lo hizo en estos dos casos anteriores. El que no haya entendido hasta ahora la política expansionista de Putin, cuáles son sus objetivos a nivel global y cuáles sus ambiciones imperialistas, incluso con su "Nuevo Orden Mundial" proclamado junto con China, pues debería informarse mejor.

Así, Zelenski, en un discurso de 27 minutos exactos, en el Congreso de Estados Unidos, convenció, consiguió más ayuda para Ucrania, hizo quedar bien a su país, y su pieza

---

[39] EL FINANCIERO. Zelenski presiona a Congreso de EU por apoyo: 'No es caridad, es una inversión en seguridad'. 21 de diciembre de 2022. https://www.elfinanciero.com.mx/mundo/2022/12/21/zelenski-discurso-congreso-estados-unidos-21-diciembre-2022-joe-biden-guerra-ucrania-rusia/

oratoria tuvo tal calidad que no dio lugar a una sola crítica que pudiera tener un fundamento sólido de parte de quienes retacean continuar con el apoyo militar y económico a Ucrania.

Ese 21 de diciembre de 2022, el evento en el Congreso de Estados Unidos sería presentado así: "Miembros del Congreso, tengo el gran privilegio y honor, de presentar a ustedes al excelentísimo Volodimir Zelenski, presidente de Ucrania". Una larga ovación, con los congresistas de pie, aplaudiéndolo, le daría la bienvenida a Zelenski a ese histórico recinto. Detrás de él, la vicepresidenta Kamala Harris, con una sonrisa extasiada, y a su lado, Nancy Pelosi presidenta de la Cámara de Representantes en ese momento, sin disimular su orgullo y admiración por el líder ucraniano.

Foto: captura de pantalla de CNN.
https://www.youtube.com/watch?v=ES1AjcA-brc

Ante este espectáculo, podía verse a un Zelenski emocionado, mirando hacia un lado y hacia otro del recinto, abriendo los ojos grandes, como para poder dimensionar y dar crédito a lo que veía. Ante esto, se pueden leer aquí algunos fragmentos del discurso de Zelenski: "Esto es demasiado para mí. Todo esto, por nuestro gran pueblo, muchas gracias. Los estadounidenses, en todos los estados, en todas las ciudades, y en las comunidades, todos los que valoran la libertad y la justicia, que comparten así como nosotros los ucranianos, nuestras ciudades, en cada pueblo, espero que mis palabras de respeto y de gratitud, resuenen en cada corazón estadounidense. Señora vicepresidenta, le agradezco por sus gestiones para ayudar a Ucrania, Señora presidenta, (del Congreso- refiriéndose a Nancy Pelosi) usted valientemente visitó nuestro país en el momento de la guerra muchas gracias, fue un gran honor tenerla. Es un gran privilegio poder estar aquí. Queridos miembros del Congreso, representante de ambos partidos, que también visitaron Kiev, estoy tan seguro que en el futuro, los representantes de la diáspora...lo interrumpen aplausos...

Presentes en esta Cámara y por todo el país...

"Contra todos los pronósticos, los ucranianos, no caímos, Ucrania, está viva, y seguimos vivos... derrotamos a Rusia en la campaña por las mentes en el mundo... hemos logrado unir a la comunidad global para proteger a la libertad y al derecho internacional... la tiranía rusa ha tendido el control sobre nosotros, pero nunca va a influir nuestras mentes. Sí, tenemos que hacer lo que sea necesario para que también esa victoria se obtenga (en el campo de batalla)... Los rusos van a tener la oportunidad de ser libres sólo cuando en sus mentes derroten al Kremlin, en sus mentes. Sin embargo, la batalla continúa, y tenemos que derrotar al Kremlin en el campo de batalla. Esta batalla no es sólo por nuestro territorio, y otras partes de Europa, la batalla no sólo por la vida, la libertad y la seguridad de los ucranianos, o cualquier otra nación que Rusia intente conquistar. Esta lucha va a definir, en qué mundo vamos a tener a nuestros hijos y nietos viviendo y luego todas las descendencias. Y luego, eso va a definir si seremos una democracia de ucranianos y de estadounidenses para todos. Esta batalla no puede ser pospuesta o congelada, no puede ser ignorada, esperando que el océano o algo más va a dar cierto tipo de protección. De Estados Unidos a China, de Europa a América Latina, y desde África a Australia, el mundo está muy interconectado, y es muy interdependiente, para permitir que alguien permanezca así, y al mismo tiempo se sienta seguro".

Zelenski continuaría así: "El año próximo será el punto de inflexión, lo sé, será el punto en que la valentía ucrania y el apoyo de Estados Unidos va a garantizar el futuro de nuestra libertad, la libertad de los pueblos que están juntos por su bienestar". Los congresistas ahora aplauden a Zelenski poniéndose de pie.

"Damas y caballeros - continuaría Zelenski - antes de venir ayer aquí, a Washington, yo estaba en la línea de batalla, en Bajmut, en nuestro bastión en el este de Ucrania, en la región del Donbas, los militares rusos y los mercenarios han atacado Bajmut sin parar desde mayo, han atacado día y noche, pero Bajmut sigue en pie. El año pasado, 70 mil personas vivían en Bajmut, cada pulgada de ese territorio está empapada de sangre, pero los ucranianos en el Donbas están de pie". Una nueva ovación de pie aclamaría al presidente ucraniano.

"Los rusos utilizan todo, todo contra Bajmut y otras de nuestras hermosas ciudades" - seguiría Zelenski en su alocución - "Han ocupado una ventaja importante por su artillería, tienen ventajas en municiones, tienen muchos más misiles y aviones, de los que jamás hayamos tenido. Es cierto. Pero nuestras defensas, nuestras fuerzas de defensa, están de pie. Y todos nos sentimos orgullosos de ello. La estrategia rusa es primitiva, destruyen todo lo que ven, envían convictos a la guerra, nos lanzan de todo. Luchar contra esta tiranía es algo como la Batalla de las Ardenas, contra todo lo que es del mundo libre. Y así como los soldados estadounidenses mantuvieron sus líneas y lucharon contra las fuerzas de Hitler durante la Navidad de 1944, los valientes soldados ucranianos están haciendo lo mismo, a las fuerzas de Putin en esta navidad". Otra vez Zelenski es ovacionado por los congresistas norteamericanos.

Después de una pausa Zelenski diría: "Ucrania mantiene sus líneas y nunca se rendirá. Por lo tanto, en la línea de batalla, la tiranía, que tiene crueldad contra la vida de las personas libres, el apoyo de ustedes es crucial no solo para mantener esa lucha, sino también para llegar a ese punto de inflexión, para ganar en el campo de batalla. Contamos con artillería, sí, gracias, la tenemos, ¿Es suficiente? Realmente no…".

Después de algunos párrafos más, llegaría una denuncia muy fuerte por parte de Zelenski, en contra de Irán, por haber proporcionado drones a Rusia. Así lo diría el presidente ucraniano: "Cuando la artillería rusa trata de entrar a nuestras ciudades y nos atacan con misiles, encuentran un aliado en esta política genocida, hablo de Irán. Los drones mortales iraníes por cientos se han convertido en una amenaza a nuestra infraestructura más importante, por eso es como un terrorista que ha encontrado al otro. Es solo una cuestión de cuándo van a volver a impactar a nuestros civiles, si no los detenemos ahora. Tenemos que hacerlo". En este punto, Zelenski recibiría otra vez, una ovación de parte de los congresistas que se volvían a poner de pie.

El presidente ucraniano ahora diría: "Les aseguro que los soldados ucranianos pueden operar tanques estadounidenses y aviones, ellos mismos". Otra vez

Zelenski sería ovacionado por los congresistas de pie. Algo que para más de uno, le debe haber resultado como una clase pública de gimnasia.

Zelenski continuaría: "La asistencia financiera es muy importante y quisiera agradecérselos mucho, mucho, por el apoyo que nos han dado, y con el que podrían estar dispuestos a aprobar. Su dinero, no es beneficencia, es una inversión en la seguridad global, que vamos a manejar de la manera más responsable posible". Acá Zelenski volvía a ser ovacionado por los congresistas de pie.

Sólo un estadista y un visionario podría plantear la situación en estos términos.

Ahora Zelenski diría: "Rusia podría detener su agresión, sin duda, incluso si lo quisiera, pero ustedes, ustedes pueden acelerar nuestra victoria, lo sé... Acabo de comentar con el presidente Biden nuestra propuesta de paz, diez puntos, y que deben ser implementados para nuestra seguridad conjunta y garantías, y la cumbre que podría llevarse a cabo. Me alegra decir que el presidente Biden apoya nuestra iniciativa de paz. Cada uno de ustedes, damas y caballeros, pueden ayudar en la implementación para garantizar que el liderazgo de Estados Unidos siga sólido, con un apoyo bicameral y bipartidista. Gracias". Otra vez, el presidente ucraniano era ovacionado por los congresistas de pie.

"Ustedes pueden ver las sanciones"-diría Zelenski a continuación - "como ven lo difícil que es esta agresión, está en el poder de ustedes, hacer que podamos llevar a la justicia a todos los que han llevado a cabo, criminales y no provocados. Hagámoslo". Nuevamente, los congresistas se pondrían de pie para ovacionar a Zelenski.

"Que los terroristas sepan, que van a tener que rendir cuentas por los ataques y la agresión, y para compensar todas las pérdidas de esta guerra. Que el mundo vea que los Estados Unidos están aquí. Damas y caballeros, en dos días, vamos a celebrar la Navidad, no por ser más románticos lo vamos a hacer con velas, sino más bien, porque no va a haber luz. Millones no va a tener ni calefacción ni agua potable. Todo esto es el resultado de los ataques rusos y de los ataques con drones a nuestra infraestructura. Pero no nos quejamos. No juzgamos y comparamos cuál vida es más fácil. Si el bienestar de ustedes es producto de vuestra seguridad nacional y es el resultado de sus luchas por la independencia y sus muchas victorias. Nosotros ucranianos también vamos a pasar por nuestra guerra de independencia y libertad con dignidad y con éxito", afirmaría el presidente ucraniano. Otra vez Zelenski sería ovacionado de pie.

"Vamos a celebrar la Navidad, vamos a celebrar la Navidad e incluso, si no hay electricidad, la luz de nuestra fe, en nosotros mismos, eso no se va a apagar. Si los rusos nos atacan, vamos a hacer lo que podamos para protegernos, si nos atacan con drones iraníes, y nuestro pueblo tendrá que ir a los refugios antiaéreos, el día de Navidad, los ucranianos todavía se van a sentar en la mesa y se van a saludar. Y sabemos que todos nosotros, millones de ucranianos, deseamos lo mismo, la victoria, sólo la victoria". Diría Zelenski, ante un auditorio que lo volvía a ovacionar de pie[40].

Después de estas palabras, Zelenski aún hablaría seis minutos más en el Congreso. El resultado sería una pieza de oratoria para la historia, que había buscado y había

---

[40] CNN EN ESPAÑOL. Zelensky habla ente el Congreso de Estados Unidos: discurso completo en español. 22 de diciembre de 2022. https://www.youtube.com/watch?v=ES1AjcA-brc

logrado tocar las fibras más hondas de los sentimientos del pueblo norteamericano y de sus gobernantes. Para ellos, apeló a sus principales valores e incluso, a los sentimientos o sentimentalismo que despierta la navidad en la sociedad estadounidense.

Después de su visita a Estados Unidos, Zelenski no se iría de allí con las manos vacías. Por su parte, el presidente Biden anunció un nuevo paquete de ayuda económica para Ucrania por 45 mil millones de dólares. El paquete de ayuda económica incluía los sistemas de defensa antiaérea Patriot, un sistema con el que también cuenta Israel y es de los más modernos del mundo. (Ya hemos hablado en mi primer libro sobre los sistemas antimisiles Patriot). Los Patriot le permitirían a Ucrania poder defenderse de los ataques constantes con misiles rusos y de los ataques con drones.

El resumen podría sintetizarse en unas palabras del secretario de Estado Antony Blinken, quien diría al final de la visita de Zelenski: "Seguiremos apoyando a Ucrania el tiempo que sea necesario, para que Kiev pueda seguir defendiéndose y estar en la posición más fuerte posible en la mesa de negociaciones cuando llegue el momento"[41].

---

[41] ANIMAL POLÍTICO. Zelenski visita EU y obtiene más ayuda militar para Ucrania. 21 de diciembre de 2022.
https://www.animalpolitico.com/internacional/ucrania-zelenski-visita-eu-biden-ayuda-militar

Foto: captura de pantalla de CNN.
https://www.youtube.com/watch?v=ES1AjcA-brc

Al final del discurso, Zelenski se dio la vuelta y entregó a la vicepresidenta Kamala Harris y a la presidenta de la Cámara de Representantes, Nancy Pelosi, una bandera ucraniana firmada por soldados que había conocido el día anterior en el frente. A cambio, Pelosi le entregó una bandera estadounidense doblada que había ondeado el miércoles sobre el capitolio estadounidense en honor a su país[42].

---

[42] EL FINANCIERO. Zelenski presiona a Congreso de EU por apoyo: 'No es caridad, es una inversión en seguridad'. 21 de diciembre de 2022. https://www.elfinanciero.com.mx/mundo/2022/12/21/zelenski-discurso-congreso-estados-unidos-21-diciembre-2022-joe-biden-guerra-ucrania-rusia/

Foto: tomada de la cuenta en Twitter de Nancy Pelosi. https://twitter.com/SpeakerPelosi/status/1605742385941602304?s=2 0

Roedores de la gloria

El que crea que es fácil convencer al mundo de la causa de su pueblo, y comprometerlos con ayuda en dinero y armas para defenderse no sabe lo que habla. No faltan quienes pretenden restarles méritos a Zelenski y no terminan de ver la dimensión que ha adquirido. Algunos de esos personajes son parte de la propaganda rusa, otros, son solo fruto de su propia miopía.

Personajes menores en la historia abundan. Los ha habido siempre. Estos empalidecen ante los triunfos ajenos. La gloria les tizna las actitudes, aunque no les tizne la piel. A ellos se refería José Ingenieros, el escritor, médico, psicólogo, sociólogo, criminólogo y filósofo argentino, cuando hablaba de las almas que no son capaces de admirar a alguien. "Cruzan el mundo a hurtadillas, temerosos de que alguien pueda reprocharles esa osadía de existir en vano, como contrabandistas de la vida"[43].

Ya no hablamos de los miembros del partido republicano, de Estados Unidos, que retacean la ayuda a Ucrania, sin tener la visión que, si Rusia termina apoderándose del país que invadió el 24 de febrero de 2022, Putin tendrá vía libre para su plan expansionista, y no habrá a la vista, nada que le impida continuar con esta mecánica.

Hablamos de algunas voces perdidas y aisladas, que para poder escamotear el merecido reconocimiento que se ha ganado Zelenski por la defensa de su país, quieren acallar las voces que le reconocen argumentando "culto a la personalidad". Déjenme decirles que una cuestión es el culto a la personalidad y otra muy distinta son las almas que no son capaces de admirar a alguien. En todos los casos, las almas de hombres que no son capaces de admirar a otros hombres, como bien lo define José Ingenieros, pertenecen a hombres inferiores, para decirlo con mayor precisión, a personas envidiosas. El filósofo argentino utiliza el término "hombres inferiores" para referirse a hombres inferiores moralmente. Y es que lo son. En el capítulo V de su libro "El hombre mediocre", José Ingenieros se refiere a "la envidia" de esta forma: "La envidia es la adoración de los hombres por las sombras, del mérito por la mediocridad. **Es el rubor de la mejilla sonoramente abofeteada por la gloria ajena**. Es el grillete que arrastran los fracasados. Es el acíbar que arrastran los impotentes. Es un venenoso humor que emana de las heridas abiertas por el desengaño de la insignificancia propia. Por sus horcas caudinas pasan, tarde o temprano, los que viven esclavos de la vanidad: desfilan lívidos de angustia, torvos, avergonzados de su

---

[43] INGENIEROS, JOSÉ. El hombre mediocre. Cap. 2. Los hombres sin personalidad. Pg. 20. https://tinyurl.com/yxhkd2t6

propia tristura, sin sospechar que su ladrido envuelve una consagración inequívoca del mérito ajeno. La inextinguible hostilidad de los necios fue siempre el pedestal de un monumento.

Es la más innoble de las torpes lacras que afean los caracteres vulgares. El que envidia se rebaja sin saberlo, se confiesa subalterno; esta pasión es el estigma psicológico de una humillante inferioridad, sentida, reconocida. No basta ser inferior para envidiar, pues todo hombre lo es de alguien en algún sentido; es necesario sufrir del bien ajeno, de la dicha ajena. En este sufrimiento está el núcleo moral de la envidia: muerde el corazón como un ácido, lo carcome como una polilla, lo corroe como la herrumbre al metal.

Entre las malas pasiones ninguna la aventaja. Plutarco decía-y lo repite - La Rochefoucauld - que existen almas corrompidas hasta jactarse de vicios infames; pero ninguna ha tenido el coraje de confesarse envidiosa. Reconocer la propia envidia implicaría, a la vez, declararse inferior al envidiado; trátese de pasión tan abominable, y tan universalmente detestada, que avergüenza al más impúdico y se hace lo indecible para ocultarla".

José Ingenieros se remonta a la historia para describir a la envidia de esta forma: "**El mito le asigna cara de vieja horriblemente flaca y exangüe,** cubierta de cabezas de víboras en vez de cabellos. **Su mirada es hosca y los ojos hundidos,** los dientes negros y la lengua untada con tósigos fatales; con una mano ase tres serpientes y con la otra una hidra o una tea; incuba en su seno un monstruoso reptil que la devora continuamente y le instila su veneno; está agitada; no ríe; **el sueño nunca cierra los párpados sobre sus ojos irritados. Todo suceso feliz le aflige o atiza su congoja;** destinada a sufrir, es el verdugo implacable de sí misma.

Es pasión traidora y propicia a las hipocresías. Es al odio como la ganzúa a la espada; **la emplean los que no pueden competir con los envidiados**. En los ímpetus del odio puede palpitar el gesto de la garra que en un desesperado estremecimiento destroza y aniquila; **en la subrepticia reptación de la envidia sólo se percibe el arrastramiento tímido del que busca morder el talón.**

Teofrasto creyó que la envidia se confunde con el odio o nace de él, opinión ya enunciada por Aristóteles, su maestro. Plutarco abordó la cuestión, preocupándose de establecer diferencias entre las dos pasiones (Obras morales, II). Dice que a primera vista se confunden; parecen brotar de la maldad, y cuando se asocian tórnanse más fuertes, como las enfermedades que se complican. **Ambas sufren del bien y gustan del mal ajeno**; pero esta semejanza no basta para confundirlas, si atendemos a sus diferencias. Sólo se odia lo que se cree malo o nocivo; **en cambio, toda prosperidad excita la envidia, como cualquier resplandor irrita los ojos enfermos.**

Se puede odiar a las cosas y a los animales; **sólo se puede envidiar a los hombres. El odio puede ser justo, motivado; la envidia es siempre injusta, pues la prosperidad no daña a nadie.**

Estas dos pasiones, como plantas de una misma especie, se nutren y fortifican por causas equivalentes: se odia más a los más perversos y **se envidia más a los más meritorios**. Por eso Temístocles decía, en su juventud, que aún no había realizado ningún acto brillante, porque todavía nadie le envidiaba. Así como las cantáridas prosperan sobre los trigales más rubios y los rosales más florecientes, **la envidia alcanza a los hombres más famosos por su carácter y por su virtud**. El odio no es desarmado por la buena o la mala fortuna; la envidia sí. Un sol que ilumina perpendicularmente desde el más alto punto del cielo reduce a nada o muy poco la sombra de los objetos que están debajo: **así, observa Plutarco, el brillo de la gloria achica la sombra de la envidia y la hace desaparecer**.

El odio que injuria y ofende es temible; **la envidia que calla y conspira es repugnante**. Algún libro admirable dice que ella es como las caries de los huesos; ese libro es la Biblia, casi de seguro, o debiera serlo.

José Ingenieros, quien pareciera haber estudiado con microscopio el ADN de los envidiosos, da una sentencia inexorable: "diríase que su boca está amargada por una hiel que no consigue arrojar ni tragar. Así como el aceite apaga la cal y aviva él fuego, el bien recibido contiene el odio en los nobles espíritus y exaspera la envidia en los indignos. **El envidioso es ingrato, como luminoso el sol, la nube opaca y la nieve fría: lo es naturalmente**".

Sin piedad, sin consideraciones, como si hubiese estudiado con microscopio las entrañas de los envidiosos, José Ingenieros sigue: "El odio es rectilíneo y no teme la verdad: **la envidia es torcida y trabaja la mentira**. Envidiando se sufre más que odiando: **como esos tormentos enfermizos que tórnanse terroríficos de noche, amplificados por el horror de las tinieblas**.

El odio puede hervir en los grandes corazones; puede ser justo y santo; lo es muchas veces, cuando quiere borrar la tiranía, la infamia, la indignidad. La envidia es de corazones pequeños.

La conciencia del propio mérito suprime toda menguada villanía; el hombre que se siente superior no puede envidiar, ni envidia nunca el loco feliz que vive con delirio de las grandezas.

Su odio está de pie y ataca de frente. César aniquiló a Pompeyo, sin rastrerías; Donnatello venció con su "Cristo" al de Brunelleschi, sin abajamientos; Nietzsche fulminó a Wagner, sin envidiarlo. Así como la genialidad presiente la gloria y da a sus predestinados cierto ademán apocalíptico, la certidumbre de un oscuro porvenir vuelve miopes y reptiles a los mediocres. Por eso los hombres sin méritos siguen siendo envidiosos a pesar de los éxitos obtenidos por su sombra mundana, como si un remordimiento interior les gritara que los usurpan sin merecerlos.

Esa conciencia de su mediocridad es un tormento; comprenden que sólo pueden permanecer en la cumbre impidiendo que otros lleguen hasta ellos y los descubran. La envidia es una defensa de las sombras contra los hombres"[44].

El culto a la personalidad lo promueven los dictadores. No hay culto a la personalidad en Zelenski ni en la defensa de Ucrania. Es sabido que la lucha es de todo un pueblo. Zelenski solo no podría echar a los rusos de Ucrania. Pero si la conducción de la guerra no tuviera un líder talentoso y muy comprometido como él, muy probablemente Ucrania no hubiera conseguido ni siquiera las armas para defenderse, como lo ha hecho hasta ahora de la invasión rusa.

"La envidia es una cobardía propia de los débiles, un odio impotente, una incapacidad manifiesta de competir o de odiar.

---

[44] INGENIEROS, JOSÉ. El hombre mediocre. Pgs. 70 y 71. https://tinyurl.com/yxhkd2t6

El talento, la belleza, la energía, quisieran verse reflejados en todas las cosas e intensificados en proyecciones innúmeras; la estulticia, la fealdad y la impotencia sufren tanto o más por el bien ajeno que por la propia desdicha. Por eso toda superioridad es admirativa y toda subyacencia es envidiosa. Admirar es sentirse creer en la emulación de los más grandes." Sentencia José Ingenieros.

Pero el filósofo argentino va aún más lejos, y afirma: "El que escucha ecos de voces proféticas, al leer los escritos de los grandes pensadores; el que siente grabarse en su corazón, con caracteres profundos como cicatrices, su clamor visionario y divino; el que se extasía contemplando las supremas creaciones plásticas; el que goza de íntimos escalofríos frente a las obras maestras accesibles a sus sentidos, y se entrega a la vida que palpita en ellas, y se conmueve hasta cuajársele de lágrimas los ojos, y el corazón bullicioso se le arrebata en fiebre de emoción; ese tiene un noble espíritu y puede incubar el deseo de crear tan grandes cosas como las que sabe admirar. El que no se inmuta leyendo a Dante, mirando a Leonardo, oyendo a Beethoven, puede jurar que la naturaleza no ha encendido en su cerebro la antorcha suprema, ni paseará jamás sin velos ante sus ojos miopes que no saben admirarla en las obras d ellos genios.

La emulación presume un afán de equivalencia, implica la posibilidad de un nivelamiento; saluda a los fuertes que van camino a la gloria, marchando ella también. Solo el impotente, convicto y confeso, emponzoña su espíritu hostilizando la marcha de los que no puede seguir"[45].

---

[45] INGENIEROS, JOSÉ. El hombre mediocre. Pg. 72.
https://tinyurl.com/yxhkd2t6

Con Zelenski sucede exactamente igual. Por eso, justamente, José Ingenieros sentencia: "El envidioso cree marchar al calvario cuando observa que otros escalan la cumbre. Muere en el tormento de envidiar al que le ignora o desprecia, gusano que se arrastra sobre el zócalo de la estatua"[46].

---

[46] Ídem. Pg. 73.

AL CUMPLIRSE UN AÑO DE LA INVASIÓN

Tan solo poco tiempo antes de cumplirse un año de la invasión rusa a Ucrania, las acciones bélicas, los crímenes contra la población civil por parte de los rusos y los ataques impunes con misiles rusos contra edificios habitacionales parecían transcurrir en una guerra olvidada.

La guerra en Ucrania había pasado a ser una agresión lejana e injusta, pero sobre todo distante y remota para la mayoría de la humanidad. Ya no estaba en el centro de atención permanente de los grandes medios de comunicación, de no ser en forma esporádica. La humanidad entera no sentía esta guerra, no la ha sentido nunca, como una injusticia en carne propia que lacera su propio cuerpo.

¿Y cómo sería poder sentir esta guerra en carne propia?, podría preguntarse usted, o se lo puede preguntar cualquiera.

Sería como pensar que si en estos momentos están matando en algún lugar niños, violando mujeres, asesinando a personas que no han hecho nada, estas injusticias le están sucediendo a nuestra propia familia, o al menos a nuestros conocidos. A los miembros de la familia humana, esa que tanto nos cuesta pensar como un todo. Esa a la que no nos han enseñado a querer, a soñar y a cuidar como el conjunto de la humanidad.

Tal vez nada podría explicar mejor esa forma de pensar, del porqué la guerra en Ucrania, una injusticia mayor que deberíamos sentir en carne propia, que este poema de

Oliverio Girondo, que se llama "comunión plenaria" y que reza:

Los nervios se me adhieren
al barro, a las paredes,
abrazan los ramajes,
penetran en la tierra,
se esparcen por el aire,
hasta alcanzar el cielo.

El mármol, los caballos
tienen mis propias venas.
Cualquier dolor lastima
mi carne, mi esqueleto.
¡Las veces que me he muerto
al ver matar un toro!...

Si diviso una nube
debo emprender el vuelo.
Si una mujer se acuesta
yo me acuesto con ella.
Cuántas veces me he dicho:
¿Seré yo esa piedra?

Nunca sigo un cadáver
sin quedarme a su lado.
Cuando ponen un huevo,
yo también cacareo.
Basta que alguien me piense
para ser un recuerdo.

La guerra en Ucrania regresaba a los medios de comunicación por las amenazas nucleares de Putin, realizadas periódicamente de forma constante desde que comenzó la invasión rusa, o con hechos como los atentados contra el gasoducto Nord Stream. Pero la mayoría de la humanidad ha permanecido ajena, distante a la tragedia de la guerra en Ucrania. No ha habido grandes movilizaciones permanentes en distintas partes del mundo contra la invasión a Ucrania, como lo hubo cuando Estados Unidos invadió Irak. Las causas de eso las he tratado en mi primer libro sobre la invasión a Ucrania.

Lo cierto es que la guerra en Ucrania es lo que les sucede a otros, allá lejos, en unas fronteras que no son las nuestras, donde mueren niños que no son nuestros, donde suceden injusticias y atrocidades que si no las miramos no nos duelen. Una visión y una actitud que define la evolución de la humanidad en estos tiempos. Una humanidad con el alma corta. Incapaz de tocar con el alma desde lejos lo que les pasa a otros. Incapaz de sentir el dolor ajeno. Incapaz de abrazar a todo el planeta y de sentir a toda la humanidad como propia. Una humanidad que no usa la inteligencia para acabar con el hambre en el mundo, sino para hacer la guerra, para matar, para conquistar, para destruir y para tener poder a cualquier precio. Una humanidad a la que le falta mucho por aprender para poder llamarse humanidad en un sentido real de la palabra. Seguimos cerca del hombre de las cavernas en muchos aspectos. Y estaremos definitivamente en esa condición si hay una guerra nuclear. Pero la humanidad no parce ver ese peligro. Y si lo ve no actúa ni hace nada para evitarlo. Una humanidad que ha avanzado a pasos agigantados en el aspecto tecnológico, pero no ha dado ningún paso, o muy pocos pasos en cuanto al desarrollo del alma humana. Así se llegaría al año de la invasión a Ucrania, donde había una guerra sin fin, en un horizonte sin soluciones, en el que uno puede extender la vista y la única certeza que puede lograr es saber que la injusticia y la barbarie allí puede durar para rato.

Serían los mismos ucranianos los que se encargarían de sacar a su guerra del olvido planetario, al cumplirse un año de la invasión rusa.

Los encargados serían los ucranianos que se encuentran en la diáspora, que se vieron obligados a dejar su país para poder sobrevivir a los bombardeos rusos. Fueron ellos quienes desde distintas partes del mundo organizaron distintos eventos para que el mundo no se olvide de la guerra, de la vigencia de la injusticia, de la agresión atroz, de la amenaza permanente de Putin a toda la humanidad.

Además, distintos actores sociales, entre ellos algunos que sí representan parte de la conciencia viva de la humanidad levantaron la voz y se hicieron presentes en el escenario internacional para conmemorar el lamentable aniversario.

Así en el Consejo de Seguridad de Naciones Unidas, por ejemplo, se guardaba el viernes 24 de febrero un minuto de silencio para tener presente el atropello al derecho internacional producido con la invasión a Ucrania. Allí, el secretario general de la ONU António Guterres daría un duro mensaje, refiriéndose a las consecuencias de un año de guerra, donde dijo: "la vida es un infierno para los ucranianos, se calcula que 17 millones 600 mil personas, casi el 40 por ciento de la población de Ucrania, necesitan ayuda humanitaria. Guterres mencionaría que el Programa Mundial de Alimentos calcula que casi el 40 por ciento de los ucranianos no pueden acceder a alimentos suficientes. También señaló que la federación rusa sufre las consecuencias del conflicto (aunque en este caso se lo han buscado ellos, al menos su gobierno). Sólo un día antes la Asamblea General de la ONU había aprobado una resolución exigiendo la salida de las fuerzas rusas del territorio ucraniano[47].

El presidente ucraniano Volodimir Zelenski daría un mensaje especial en video por el aniversario de la invasión, en él diría lo siguiente: "Hace un año, un día como hoy, desde este mismo lugar, a eso de las siete de la mañana, me dirigí a ustedes con una breve declaración, que solo duró 67 segundos. Contenía las dos cosas más importantes, entonces y ahora. Que Rusia comenzó una guerra a gran escala contra nosotros, y que somos fuertes. Durante tres días nos amenazaron, con que en 72 horas, no existiríamos. Pero sobrevivimos al cuarto y al quinto día, y hoy llevamos exactamente un año en pie. Y hoy lo sabemos, vale la pena luchar cada mañana. Ucrania ha sorprendido al mundo. Ucrania ha inspirado al mundo. Ucrania ha unido al mundo. Hay miles de palabras para demostrarlo, pero bastarán unas pocas, "Himars", "Patriots", "Abrams", "Iris T", "Challenger", "Nasams", "Leopard". Doy gracias a todos nuestros socios, aliados y amigos, que han estado a nuestro lado todo este año. Nunca lo perdonaremos, nunca descansaremos hasta que los asesinos rusos se enfrenten al castigo merecido, el castigo del Tribunal Internacional, el juicio de Dios, de nuestros guerreros, o de todos ellos juntos.

Quiero dirigirme a los que siguen esperando, a nuestros ciudadanos que ahora están bajo ocupación temporal, Ucrania no los ha abandonado, no ha renunciado a vosotros, de un modo u otro liberaremos todas nuestras tierras. Haremos todo lo posible para que Ucrania regrese. Y a todos los que se ven obligados a permanecer en el extranjero, haremos todo lo posible para que regresen a

---

[47] AFP. Manifestaciones y actos en el mundo al cumplirse un año de guerra en Ucrania. 24 de febrero de 2023.
https://www.youtube.com/watch?v=_8G3mhLdOjg

Ucrania. Ha sido el año de la invencibilidad. Su principal resultado es que resistimos. No fuimos derrotados. Y haremos todo lo posible para conseguir la victoria este año. ¡Gloria a Ucrania!"[48].

En diversos países del mundo se producían manifestaciones en solidaridad con Ucrania, con llamados al fin de la ocupación rusa y por la paz. Así por ejemplo en pleno centro de Berlín, se colocaría un tanque ruso destruido, como símbolo de la resistencia ucraniana. En la ciudad de Bruselas, Bélgica, se realizaría un performance con ositos de peluche, cubriendo todo el piso de una plaza, para recordar a los niños ucranianos secuestrados por los rusos. En esta ciudad también se realizaría un enorme mural en las paredes externas de un hospital para recordar la guerra. En la ciudad de Belgrado, la capital de Serbia, manifestantes llevarían un pastel cubierto con colores de sangre y una calavera a la puerta de la embajada rusa. Cientos de monumentos en los sitios más emblemáticos del mundo se vistieron de solidaridad para con el pueblo ucraniano. Así por ejemplo en Francia la Torre Eiffel, se iluminaría con los colores de la bandera de Ucrania. En la ciudad de Nueva York el Empire State se vestía también con los colores de la bandera de Ucrania. Así se podía ver la Ópera de Sidney, en el corazón de Australia, luciendo los colores de la bandera ucraniana. El Cristo Redentor de Río de Janeiro vistiendo la bandera de Ucrania. La Puerta de Brandeburgo en Alemania con los colores de Ucrania. El London Eye en Inglaterra. El Coliseo Romano iluminado de forma completa con los colores de la bandera de Ucrania. En la ciudad de Londres un grupo de activistas llevó en carretillas pintura con los colores de la bandera ucraniana para desparramarla en las calles frente a la

---

[48] RTVE NOTICIAS. Guerra Ucrania. Zelenski recuerda el primer aniversario de la invasión rusa con este mensaje. 24 de febrero de 2023. https://www.youtube.com/watch?v=5O0AmRGcvNk

embajada rusa y tapizar toda la acera con sus colores. En esta misma ciudad prácticamente una multitud realizaría una vigilia en las calles[49] [50] [51].

Foto: captura de pantalla DW.
https://www.youtube.com/watch?v=hqqKbBo3FqY

Las manifestaciones recorrerían el mundo. Se extenderían por cientos de ciudades de Estados Unidos, por toda la Unión Europea, En Tel Aviv y llegarían a Asía y a Oriente Medio.

---

[49] CNN ESPAÑOL. Mira los monumentos del mundo iluminados con los colores de la bandera de Ucrania en el primer aniversario de la invasión rusa. 24 de febrero de 2023. https://cnnespanol.cnn.com/video/guerra-ucrania-rusia-apoyo-bandera-luces-paz-pkg-dogital-redaccion-mexico/
[50] DW. Protestas y vigilias por todo el mundo repudian la invasión rusa. 25 de febrero de 2023. https://www.youtube.com/watch?v=hqqKbBo3FqY
[51] AFP. Manifestaciones y actos en el mundo al cumplirse un año de guerra en Ucrania. 24 de febrero de 2023.
https://www.youtube.com/watch?v=_8G3mhLdOjg

En México

En la Ciudad de México los preparativos para el cumplimiento del año de la invasión rusa comenzaron el día 21 de febrero de 2023, con una conferencia de prensa en la Embajada de Ucrania, donde la Embajadora de este país, Oksana Dramarétska, habló sobre la significación y la importancia de esta fecha para Ucrania y para el mundo. Delante de una gran cobertura de prensa, la embajadora Oksana Dramarétska, una mujer de carácter fuerte y decidida, aunque muy serena, como buena diplomática de carrera, quien es parte del servicio diplomático de su país desde 1995, diría durante la conferencia algunas definiciones muy claras: "No pregunten cuánto va a durar la guerra, sino cómo pueden ayudar a Ucrania", "Es importante saber de qué lado estás, de la víctima o del agresor", "No hay otra forma de parar hoy a Putin que no sea en el campo de batalla".

De inmediato, la activista ucraniana y fundadora del Proyecto Axolot, Ilona Dluzhynska, daría a conocer el programa de actividades que comprendía siete días de importantes eventos.

A continuación, quien escribe, sería invitado por la Sra. embajadora, a hablar sobre su primer libro referente al tema: "Putin, la Invasión a Ucrania, la amenaza contra toda la humanidad".

Foto: Vladysláv BRANÁSHKO- Encargado de Prensa Embajada de Ucrania en México. Marcelo Fabián Monges, el autor, al lado de la Embajadora de Ucrania en México, Oksana Dramarétska, y de la activista ucraniana Ilona Dluzhynska.

El programa de actividades, que comenzaba con la conferencia de prensa brindada en ese momento, para dar a conocer la serie de eventos, no fue retomado por la prensa, pese a la enorme cantidad de medios presentes, que de manera increíble, obviaron el objetivo de la misma, y se fueron en busca de una nota sensacionalista, que tuviera alguna declaración fuerte o impacto de la embajadora de Ucrania en contra del gobierno de México.

Pero dicho programa era ambicioso y de una calidad artística notable.

Preveía para el miércoles 22 de febrero un concierto, en el Auditorio de la Universidad del Claustro de Sor Juana.
La gala del concierto fue una velada increíble, con degustación de excelentes vinos y la presencia de numerosos embajadores.

Continuaba el jueves 23 de febrero con la llamada: Noche Ucraniana. Organizada por la Embajada de Francia en Le Cinéma IFAL.

El viernes 24 de febrero se llevaría a cabo el evento: Conmemoración #365DIASDEGUERRA, en el Ángel de la Independencia, a las 18:15 horas.

Después, esa misma noche, se realizaría la Obra de Teatro: Lagunilla mi Barrio, con la participación de Maribel Guardia.

El sábado 25 se realizaría una misa por Ucrania. En la Iglesia de Nuestra Señora de la Covadonga.

Y por la noche ese mismo día un Ciclo de documentales ucranianos "Los poemas no detienen los misiles" CEX.

El 4 de marzo se llevaría a cabo una subasta de arte por Ucrania. En Morton, Casa de Subastas.

El evento del Ángel

El evento del Ángel de la Independencia por el aniversario de la invasión a Ucrania sería un acto magno y muy conmovedor. Se realizaría el viernes 24 de febrero, es decir, un día después de cumplirse el año de la invasión.

El Ángel de la Independencia es el monumento a la libertad de México. Hablando simbólicamente también se puede decir que es el corazón de la Ciudad de México.

El Ángel de la Independencia es el corazón de la Ciudad de México. Allí late el centro vital de la independencia del país. También es el monumento a la libertad de México. Es un homenaje alado, de 45 metros de alto, a los máximos próceres de la nación. Allí se reverencia y se honra al cura Hidalgo y Costilla, a José María Morelos y Pavón, a Juan Aldama, y a los héroes que dieron su vida por la libertad y la Independencia de México.

El Ángel en su cara frontal, que está orientada hacia el centro de la ciudad, es habitado por la estatua de un león, que representa la fortaleza del alma en la guerra. Ese león a su vez es llevado por un niño, que simboliza la ternura del espíritu en la paz[52].

Sería ese mismo león y los mismos restos de los padres de la Patria, los que verían llegar ese 24 de febrero al atardecer, a cientos de ucranianos que se congregaban en un acto faustuoso, emocionante, para honrar a su país, a su propia independencia, desde las razones del exilio.

La mayoría de los exiliados ucranianos son mujeres, porque los hombres se han tenido que quedar a pelear en el ejército contra los rusos. Aunque ese atardecer al Ángel de la Independencia, que se vestía con sus cielos de nubes rosas, llegarían embajadores de numerosos países, y el himno de Ucrania sonaría como si lo hiciera bajo una cúpula sagrada.

Después hablaría Annita Shpak, quien daría testimonio de que como pueblo "nunca perdieron la fe", tampoco en el exilio, y "continuaron luchando contra la oscuridad". Le seguiría la Embajadora de Ucrania en México, Oksana

---

[52] CLARÍN. El Ángel de la Independencia de México: qué significa, quién lo construyó y qué hay adentro del monumento. 17 de septiembre de 2022. https://www.clarin.com/internacional/mexico/el-angel-de-la-independencia-de-mexico-que-significa-quien-lo-construyo-y-que-hay-adentro-del-monumento_0_hEUtQkt22.html#:~:text=%E2%80%9CEl%20Angel%E2%80%9D%20es%20nada%20menos,por%20la%20libertad%20del%20pa%C3%ADs.

Dramarétska, quien ha sido embajadora de su país en Italia, en Croacia, Bosnia y Herzegovina.

Después hablaría el Embajador de Canadá, Graeme C. Clark. Le seguiría el Embajador de España en México, Juan Duarte Cuadrado.

Cuando ya casi se había entrado el sol, hablaría la encargada de negocios de la Embajada de Estados Unidos Stephanie Syptak-Ramnath. Inmediatamente después, con un mensaje aún más fuerte, haría uso de la palabra el Embajador de Guatemala en México, Marco Tulio Chicas Sosa. Cuando ya habían pasado las 20 horas, hablaría el Embajador de Polonia en México, Maciej Ziętara, quien daría un discurso brillante que encendería el auditorio. Hay que recordar que si en esta contienda Ucrania ha contado con un amigo del alma, ese amigo es su vecino Polonia. Le seguirían otros oradores, pero lo cierto es que la solidaridad internacional se había hecho presente en el Ángel de la Independencia con Ucrania de múltiples formas, y desde muchas sedes diplomáticas. No las menciono a todas nada más para no aburrir al lector.

Después llegaría la actuación del Coro Ucraniano-Mexicano "Zhyva" dirigido por Elisa Schmelkes quien haría vibrar las fibras más altas del alma de los presentes con interpretaciones como "Plyve Kacha" una canción tradicional ucraniana.

La emotividad era tal que la mayoría de los presentantes parecían estar dispuestos a que el evento no terminara nunca.

Foto: Marcelo Fabián Monges. Evento Ángel de la Independencia 24 de febrero 2023.

De esta forma, hay que decirlo, fueron sobre todo los mismos ucranianos, quienes manifestándose desde distintas partes del mundo, sacaron a la guerra en la que son víctimas del olvido, para volver a situarla en el centro de la atención pública mundial.

La diáspora en México

La cantidad de exiliados ucranianos llegados a México es grande. Las cifras superan los 40 mil. Entre ellos se han organizado y construido redes para apoyarse, buscar lugares dónde hospedarse como para conseguir trabajo. Todo esto sin apoyo del gobierno mexicano que, como todos sabemos, de fondo está a favor de Rusia.

Pero en esta diáspora destaca el Proyecto Ayolotl y la organización para poder enviar víveres y ayuda humanitaria a Ucrania.

En cuanto al Proyecto Ayolotl su fundadora es la activista ucraniana Ilona Dluzhynska y su objetivo ha sido conseguir ayuda para poder comprar prótesis para las personas mutiladas por la guerra en Ucrania.

Ilona Dluzhynska es psicóloga y reside en México desde hace 18 años. A cinco meses de que comenzara la invasión rusa a Ucrania, al ver las consecuencias de la guerra, comenzó con esta iniciativa para poder ayudar. Tomó el nombre del ajolote, una especie de anfibio endémico de México que tiene la capacidad de regenerar partes de su cuerpo cuando estas han sido mutiladas. Algo único en el mundo. El Proyecto de Ilona es de un humanismo extraordinario, y es digno de acercarse a conocerlo, para quienes todavía no lo conozcan y contribuir a ayudar en la medida de lo posible[53].

---

[53] RADIOFÓRMULA. México salva a víctimas de Putin: Proyecto Axolotl reconstruye lo que la guerra les quitó. 22 de febrero de 2023. https://www.radioformula.com.mx/nacional/2023/2/22/mexico-salva-victimas-de-putin-proyecto-axolotl-reconstruye-lo-que-la-guerra-les-quito-750101.html

Otra iniciativa importante, ha sido el acopio de ayuda humanitaria para enviar a Ucrania. La organización de la recaudación de los víveres ha sido organizada por un grupo de exiliados ucranianos que viven en México apoyados por la solidaridad mexicana. Entre los organizadores de la colecta de víveres y la organización del envío a Ucrania, algo nada fácil, hay que decirlo, se encuentra la directora de Coro Vocal Elisa Schmelkes, junto con la psicóloga ucraniana Ilona Dluzhynska. La convocatoria la fueron organizando en principio por redes sociales y por WhatsApp. Finalmente, el 4 de abril de 2023 un avión de Iberia saldría hacia Ucrania con 2.5 toneladas de víveres, destinados a la ciudad ucraniana de Morshyn, donde se encuentra un albergue para 300 mujeres y niños refugiados de la guerra. La ayuda humanitaria comprendía alimento, ropa y material médico.

Por otra parte, como fruto de la diáspora ucraniana en México junto con la empatía de la sociedad mexicana, se ha formado un grupo de ucranianas y mexicanos que todos los domingos concurren al Bosque de Chapultepec, concretamente al Monumento a los Niños Héroes de Chapultepec, para informar a quienes visitan el lugar, sobre las verdaderas causas de la guerra. En la organización de este grupo destaca el Doctor Rafael García Martínez, un mexicano que afirma haberse unido a la causa de Ucrania por el dolor que ha visto de este pueblo. Rafael García cuenta que "después de todo lo que ha visto durante la pandemia, y cuando las cosas ya iban mejorando, y de repente una noche veo en las noticias el ataque de Rusia a Ucrania, y me digo, pero por Dios, pasamos de un evento catastrófico a otro, como que la humanidad no aprende. Acabamos de pasar por algo como la pandemia donde se han perdido vidas humanas de manera incontable por errores humanos, por egoísmo, y a Putin se le ocurre hacer algo que nos podría llevar a la Tercera Guerra Mundial, tengo que hacer algo, me dije. Entonces me enteré de estas manifestaciones y dije, tengo que ayudar en algo, en lo que pudiera. Yo antes no era un activista, no era una persona que fuera a manifestaciones. Y entonces a la segunda semana después de la invasión ya estaba en esto. Y me enteré por las redes sociales. Creo que lo que hacemos acá ha servido para informar a la gente. Incluso hay lugares de Ucrania que sí saben que hay mexicanos acá apoyando".

Junto a Rafael, otro mexicano que se ha comprometido con este grupo es Ulises Flores, quien dice que se ha sumado a la causa de Ucrania, "porque es una injusticia, y a mí nunca me han gustado las injusticias sociales, en general, cualquier injusticia, pero esto rompe con el estado de derecho internacional, no es justo que por la fuerza, Rusia decida apropiarse de otro territorio, no estamos viviendo en la edad de piedra, ya estamos en el siglo XXI y hay leyes a nivel internacional que se tiene que respetar". Ulises Flores cuenta que "desde el 2014 me pareció una injusticia que Rusia invadiera Crimea y después se metieran en el Donbas suministrando armamento a los pro rusos, y metiendo militares rusos a esa región, para causar un conflicto interno". Flores destaca que esta labor que realizan "ha servido para nuclear a la comunidad ucraniana en México y para abrirle un poco los ojos a la gente, porque hace falta mucha información".

La normalización del horror es otra atrocidad de estos tiempos. La guerra no puede seguirse tomando como algo normal en la vida de la humanidad. Hace falta incentivar una cultura de la paz en todas las escuelas del mundo, desde la ONU, en cada rincón del planeta, para terminar con la atrocidad de la guerra, antes que la guerra termine con toda la humanidad.

Foto: Marcelo Fabián Monges. Activistas por la causa de Ucrania en el Monumento a los Niños Héroes de Chapultepec, Ciudad de México.

JOE BIDEN EN UCRANIA

El momento es estremecedor. Son las 13:30 de la mañana hora local en Kiev, del lunes 20 de febrero de 2023. El presidente Joe Biden acaba de llegar a Ucrania en una visita sorpresa que se tramó en secreto durante largo tiempo. El presidente Volodimir Zelenski acompaña al presidente norteamericano mientras ambos pasan por debajo de uno de los arcos del Monasterio de San Miguel, el de las cúpulas doradas, un edificio emblemático de la ciudad, cuando de repente empiezan a sonar las sirenas antiaéreas…

Como todos sabemos, las sirenas tienen la función de avisarle a la gente que corra a sus refugios, que hay un peligro inminente de un ataque aéreo, ya sea este con misiles o con aviones, algo a lo que los ucranianos están acostumbrados. Pero en la escena nadie corre. No pueden. Sería un bochorno. Todo permanece estático, menos Joe Biden y Zelenski que continúan caminando como si no sucediera nada. Como si no hubiera alarma alguna. Alrededor, la guardia de honor del ejército ucraniano permanece inmóvil en la amplia explanada empedrada del recinto religioso. Después se sabría que las sirenas antiaéreas se encendieron por un avión de guerra que había despegado desde Bielorrusia.

Joe Biden junto a Volodymyr Zelenski mientras suena la alerta antiaérea durante su visita a Kiev el lunes 20 de febrero de 2023. Foto: Evan Vucci / ASSOCIATED PRESS

La visita de Joe Biden a la capital de un país invadido que se ha defendido como un león desde el inicio de la invasión rusa, es el equivalente a mover al Rey en un tablero de ajedrez al centro de la escena. Es un movimiento para ocupar todo el lugar, para proyectar todas las luces y las sombras. Es una forma de establecer una presencia determinante. Es como extender las plantas del león en la llanura. Una forma de establecer un dominio sobre una escena de forma definitiva. Es la creación de una situación y una escena que trasciende el tiempo y el momento. Quedando establecido como acto simbólico con una duración que podría representar perfectamente un destino astrológico. Es una escena que es en realidad una forma de jugar al ajedrez con las piezas de la historia. En el centro hay solo dos hombres. Dos presidentes. Ambos muy poderosos. Uno por haber resistido con éxito, al menos hasta ahora, y haber defendido a su país nada menos que de una invasión rusa. La mayor potencia nuclear en la tierra. Y la segunda potencia militar del mundo. El otro, por haberse animado a llegar hasta allí y ocupar entonces el centro de la escena mundial del peligro. En el centro de la escena hay solo dos hombres, pero en ella hay muchas más fuerzas de las que se pueden ver. Joe Biden ha llegado hasta Kiev en tren. El trayecto desde Polonia hasta la capital en tren para Joe Biden necesitó invertir diez horas de viaje. Un trayecto que otros hacen, también en tren, en 14 horas.

Un sacrificio nada común para alguien como Joe Biden quien representó al estado de a Delaware durante 36 años en el Congreso norteamericano. Un esfuerzo nada común para cualquier presidente. El gobierno de Putin había sido avisado solo unas horas antes para que se pudieran establecer las garantías de seguridad necesarias.

En realidad, cualquiera que conoce cómo jugar al ajedrez sabe que sacar el rey al centro de la escena no es buena idea, justamente porque quedará expuesto y vulnerable. A no ser, que este movimiento uno lo realice cuando ya se está acabando la partida. Cuando quedan pocas piezas y el apoyo del rey se hace fundamental para perseguir al oponente y buscar el jaque mate. Esto es lo que sucedió en la realidad. Una figura enorme, como el presidente de los Estados Unidos, caminando en el centro de la escena para brindar, no solo con sus palabras, sino también con su presencia física, un apoyo definitivo al presidente Zelenski y al pueblo ucraniano. La presencia física implica una forma entera de compromiso. Una forma cabal, irreductible de decir "estoy aquí" no solo en las palabras, "yo mismo", de forma íntegra "estoy aquí."

La Cadena France 24[54], que forma parte del Grupo France Médias Monde lo llamaría "un recorrido Hollywoodiense"[55].

---

[54] https://www.france24.com/es/quienes-somos

[55] FRANCE 24. Los entresijos del sorpresivo viaje de Joe Biden a Kiev. 20 de febrero de 2023. https://www.france24.com/es/europa/20230220-los-entresijos-del-sopresivo-viaje-de-joe-biden-a-kiev

Manuela Cano, en una nota para esa Cadena informativa publicada el 20 de febrero de 2023, relataba así los pormenores de la complicada logística que necesitó el viaje del presidente norteamericano a Kiev: "Biden dejó la Casa Blanca alrededor de las **3:30 de la madrugada** (hora local) del domingo. El presidente salió en la oscuridad en un **avión C-32 de las Fuerzas Aéreas**, un Boeing 757 modificado que, tal como asegura AP, "se utiliza para viajes nacionales a aeropuertos más pequeños". El avión en el que se dirigió al viejo continente llevaba el distintivo 'SAM060' y salió de la Base de la Fuerza Aérea Andrews.

Cano relata que el presidente Biden hizo una breve escala en Alemania para que su avión pudiera cargar combustible. Luego despegó rumbo a Polonia. Ahí arribaría al aeropuerto de Rzeszow, una región utilizada para hacer posible el suministro de armamento desde occidente hacia Ucrania y también para coordinar las visitas de alto nivel.

Luego Manuela Cano relata que "allí fue recibido por la embajadora Bridget Brink y se dirigió a la residencia del presidente ucraniano, el Palacio Mariinsky. Las autoridades de Kiev adecuaron la ciudad para recibirlo acordonando varias calles principales. Unos preparativos que cortaron el constante flujo de personas en el centro de la ciudad y que dejaron una plaza asolada para el recorrido de los mandatarios"[56].

Esto cambiaría definitivamente la visión del mundo de esa escena, que se cierne entre los escombros de ciudades bombardeadas y un pueblo agredido que lucha por sobrevivir y un presidente valiente que luchas buscando recursos para poder defender a su país.

---

[56] Ídem.

Nunca será igual el compromiso ético, moral, estratégico, ofrecido desde las oficinas de la Casa Blanca, o desde el Senado de los Estados Unidos, mientras se puede observar la guerra por las amplias ventanas de la oficina oval, al hecho de llegar y mirar los escombros, los rostros del dolor, las consecuencias para las víctimas. Nunca será igual sentir las sirenas antiaéreas y la urgencia de correr debajo de los pies y no poder hacerlo, porque el mundo entero te está viendo. Porque tu papel ahí es el de los que no huyen. Porque es un papel para valientes y así lo has elegido y de ahí no te puedes ir. Nunca será igual ver la emoción, el miedo, las lágrimas, el agradecimiento, de los que luchan por defender a su país desde la propia esquina, desde el propio suelo.

Así, el Monasterio de San Miguel, construido en la Edad Media, durante el decenio del 1050 por el príncipe Iziaslav Yaroslávich, a quién llamaban Demetrius, sería el testigo ejemplar elegido por Zelenski para ser cobijado por sus cúpulas doradas, las primeras que existieron en Kiev, según algunos historiadores.

En ese lugar, unos cincuenta años después de su fundación sería el hijo del príncipe Demetruis, Sviatopolk Iziaslávich, quien se encargaría de erigir, en honor a San Miguel Arcángel, la iglesia y el Monasterio.

San Miguel Arcángel, el santo de los guerreros, el mismo santo con el que algunas órdenes bautizaban a los caballeros, era ahora, sin decirlo, el elegido como protector de ese encuentro que cambiaría el rostro de la guerra, aunque después Putin tratara de restarle importancia, como de negar la realidad, algo que se le ha vuelto costumbre.

San Jorge y San Miguel fueron los dos santos elegidos por las ordenes de caballería para bautizar a los caballeros. Dos Santos Guerreros. Ahora, el reciento del Monasterio de San Miguel y su iglesia serían los elegidos para cobijar una cumbre histórica, el encuentro entre los dos presidentes más poderosos del mundo en la actual realidad, uno por presidir el país con la mayor fuerza militar del planeta, el otro por ser el mejor luchador en la escena global.

Lo lógico sería decir, para muchos analistas seguramente, que el segundo presidente más poderosos del mundo es Putin. Pero Putin, sobre todo desde el comienzo de la invasión, lo que ha mostrado es miedo. Por eso las amenazas permanentes a toda la humanidad. Por eso sus injustificadas argumentaciones de que atacó a Ucrania porque la OTAN quiere estar más cerca de Rusia para atacarla e invadirla.

A medida que ha ido avanzando el conflicto Putin ha mostrado cada vez más miedo y falta de control. Ha tratado de mostrar cada vez más estridencia, a su estilo y posibilidades de control. Lo mismo haría al día siguiente de la visita de Putin a Ucrania.

Joe Biden aparecería en el centro de Kiev de improviso. Algo que nadie esperaba, excepto Zelenski quien sabía desde luego de la visita. Lo que sí se había anunciado con anterioridad era la visita del presidente Joe Biden a Polonia, para el 21 de febrero, pero un día antes aparecería en Kiev, haciendo con ello una movida propia de los grandes maestros de ajedrez. Frente a esto, Putin, quien es considerado un maestro de ajedrez en la realidad, no en forma figurada sino real, poco le quedaría por hacer.

Putin, el maestro de ajedrez por sus conocimientos de este arte, en el tablero de la guerra, en la realidad, desde que comenzó su invasión a Ucrania, se ha visto jugando como un principiante, cometiendo un error tras otro como si más que un maestro fuera un novato.

Con ciento cincuenta mil hombres apostados en la frontera con Ucrania, y habiendo anunciado un "ejercicio militar", es decir habiendo tenido el factor sorpresa a su favor, y la traición y la mentira como armas, comenzó el 24 de febrero de 2022 la invasión a Ucrania. Putin pensó que ganaría con un jaque mate pastor. Una serie de tan solo cuatro movimientos de piezas de las blancas, con las que se le puede dar jaque mate al rival. Como todos sabemos en el ajedrez, comienzan las blancas. En este caso comenzaba Putin, pues él inició los primeros movimientos militares. Sin avisar. Sin declaración de guerra alguna. Sin ninguna justificación en el derecho internacional que valga. Pero el triunfo que esperaba en cuatro jugadas militares, podría haberse producido antes, si las expectativas de Putin se hubieran hecho realidad; si Zelenski, "el actor" y hasta ahí no el héroe, hubiese salido corriendo, huyendo hacia un exilio dorado, como esperaba la lógica de Putin. Pero el líder ruso hizo mal los cálculos. Ni Zelenski salió huyendo, ni pudo ganar con un jaque mate pastor. Por el contrario, con lo que se encontró después de un año es que Kiev está de pie. "Ucrania está vivita y coleando", para decirlo con palabras de Zelenski.

El presidente ucraniano definiría la visita del presidente Joe Biden como: "Histórica, oportuna, valiente".

Además de la fuerza simbólica de la visita del presidente norteamericano a Ucrania, la visita se tradujo en apoyos materiales muy concretos. Biden anunció entrega de 500 millones de dólares adicionales en equipos militares. Y entre los anuncios había nuevas sanciones para Rusia y una demostración clara de que la mira también comienza apuntar a Irán por el envío de drones a Rusia y también a Belarús[57].

José Levi, el corresponsal de CNN en Jerusalén, destacaría la visita del presidente Biden a Ucrania diciendo que: "Antes, nunca, un presidente norteamericano había visitado una zona activa de guerra, sin la presencia de su ejército estuviera presente en ese país. Ocurrió en Afganistán, ocurrió en Irak, en otros lugares. Pero esta vez llegó a Ucrania sin que haya una presencia estadounidense sobre el terreno, en un momento claro de guerra"[58].

Biden reza junto al Muro del Recuerdo para rendir homenaje a los soldados ucranianos asesinados, en medio del ataque de Rusia a Ucrania. Foto y fuente: INFOBAE
https://www.infobae.com/fotos/2023/02/20/25-fotos-de-la-sorpresiva-visita-de-joe-biden-a-kiev-a-un-ano-de-la-invasion-rusa/

---

[57] UNIVISION. Biden anuncia más armas para Ucrania y nuevas sanciones contra Rusia: ¿en qué consisten? 24 de febrero de 2023.
https://www.univision.com/noticias/mundo/biden-armas-ucrania-sanciones-rusia-un-ano-guerra
[58] CNN EN ESPAÑOL. Lo que dijo Biden en su visita sorpresa a Ucrania. 20 de febrero de 2023. https://www.youtube.com/watch?v=f9dInDkhwPc

Zelenski diría sobre la visita del presidente Biden: "Esta es sin duda la visita más importante de toda la historia de la relación Ucrania - Estados Unidos, esta es una visita en un periodo muy difícil para Ucrania, cuando en Ucrania estamos luchando por nuestra propia libertad. Hoy, nuestras decisiones fueron muy fructíferas, fueron muy importantes y cruciales, y como se ha hecho una tradición en la relación entre nuestros países, me gustaría tener palabras de agradecimiento para personalmente al Señor presidente Biden, a su equipo, al Congreso, a todo el pueblo estadounidense. Y les agradezco este nivel de cooperación, entre Ucrania y Estados Unidos"[59].

Por su parte, el presidente Biden pronunciaría unas palabras certezas como flechas, que harían blanco en el corazón mismo del Kremlin, aunque este decidiera no recibir acuse, lo cual duraría poco. Biden dijo: "Sabemos que habrá días, semanas, y años muy difíciles por delante, pero lo que el objetivo de Rusia era borrar a Ucrania del mapa. La conquista de la guerra de Putin está fracasando. El ejército de Rusia ha perdido la mitad del territorio que ocupó. Jóvenes talentosos rusos están huyendo por miles, no queriendo volver a Rusia. No solo huyendo de los militares, también huyendo de Rusia misma"[60].

El Diario El País de España consignaría: "[Rusia] pensó que Ucrania era débil y que Occidente estaba dividido", ha dicho Biden en sus redes sociales. "Pensó que podría sobrevivir a nosotros, pero estaba completamente equivocada", ha añadido el presidente estadounidense, quien ha asegurado que el compromiso de EE UU con "la democracia, la soberanía y la integridad territorial de Ucrania" es inquebrantable. En un breve discurso, Biden

---

[59] CNN EN ESPAÑOL. Lo que dijo Biden en su visita sorpresa a Ucrania. 20 de febrero de 2023. https://www.youtube.com/watch?v=f9dInDkhwPc
[60] Ídem.

ha elogiado el coraje de Ucrania durante la guerra, ha asegurado que apoyará al país todo el tiempo que sea necesario y ha prometido más munición para los sistemas de cohetes de artillería de alta movilidad. "Sabía que volvería [a Kiev]", ha remarcado Biden, que tiene una larga y compleja relación con Ucrania desde su época como vicepresidente de la Administración de Barack Obama.

Con el sonido de la alerta antiaérea de fondo —debido a un avión de combate que despegó desde Bielorrusia, según los medios ucranios—, Biden y Zelenski han visitado juntos la catedral de San Miguel de las Cúpulas Doradas y han caminado unos metros por el centro de Kiev. Escoltados por militares, se han acercado al Muro del Recuerdo, donde se encuentran los retratos de homenaje a miles de militares ucranios muertos en combate desde que Rusia lanzó la invasión ilegal de la península de Crimea y alimentó la guerra de Donbás, en el este del país, en 2014[61].

Hacía 15 años que un presidente norteamericano no visita Kiev. Esto sucedía, hay que decirlo, a tan solo cuatro días de que se cumpliera el aniversario del comienzo de la invasión rusa a Ucrania.

La visita del presidente Biden había durado solo unas horas. Ese mismo día partiría de nuevo hacia Polonia. Pero su presencia de pocas horas en Ucrania sellaría un apoyo firme como una roca, sólido como el compromiso de acompañar y apoyar hasta el final.

---

[61] EL PAÍS. Biden visita Kiev por sorpresa para reunirse con Zelenski en vísperas del primer aniversario de la invasión rusa. 20 de febrero de 2023. https://elpais.com/internacional/2023-02-20/biden-visita-kiev-por-sorpresa-para-reunirse-con-zelenski-en-visperas-del-primer-aniversario-de-la-invasion-rusa.html

PUTIN, UN DÍA DESPUÉS

Un día después de la visita de Joe Biden a Ucrania, el presidente ruso, Vladimir Vladímirovich Putin, daría su discurso anual frente a la Asamblea del Estado de la Federación Rusa, equivalente al Congreso ruso, y dejaría muy claro que había acusado recibido del mensaje de Joe Biden del día anterior y haría tronar su respuesta.

Así, como una de las primeras medidas dio a conocer en su discurso, para no andarse por las ramas, que suspendía el Tratado de Reducción de Armas Estratégicas Start 3, o New Star, el último tratado firmado con Estados Unidos para el control de la producción de armas nucleares.

Captura de pantalla del video de Nmas: Biden responde a Putin desde Polonia - En Punto (22 de febrero de 2023).
https://www.youtube.com/watch?v=ZVUzDN4Uvn8

Este tratado había sido firmado en 2010, en la ciudad de Praga por los presidentes Medvédev y Obama. Su objetivo era muy claro: la no Proliferación de Armas Nucleares.

El acuerdo al respecto reducía a 1500 el arsenal para cada país y a 800 los lanzadores y bombarderos para poder arrojarlos.

Dicho de otra forma, algo completamente irracional. Si en la realidad se desatara una guerra atómica tan solo entre Rusia y Estados Unidos, sin que interviniera ninguna otra potencia nuclear, lo cual es en extremo improbable, según este acuerdo, cada país podría utilizar 1500 proyectiles nucleares, lo cual suma más de tres mil explosiones atómicas, porque hay misiles de estos que son portadores de varias cabezas nucleares. Algo que sobra para terminar con la vida en la tierra unos cuantos cientos de veces.

Hay quienes afirman que este tratado de control de Armas Nucleares, el Start 3 en la práctica ya estaba fuera de servicio, puesto que Rusia no permitía las visitas de inspección para el control de la producción de estas armas, desde ya hacía un tiempo. Pero el anuncio de Putin lo echa todo por el suelo. Deja en el lodo la intención del control de la carrera armamentista en el área de lo nuclear y le da rienda suelta a la locura, y con ello, a un mayor peligro de la extinción de la especie humana.

En su discurso, Putin también acusó a occidente de haber estado preparando a Ucrania suministrándole armas y equipos bélicos incluso antes de lo que él insistió en llamar "La Operación Especial", eufemismo con el que Putin ha nombrado desde el comienzo la invasión a Ucrania[62].

Al respecto, hay que decir que si bien existían entrenamientos de tropas ucranianas desde antes de la

---

[62] CNN EN ESPAÑOL. ¿Qué es el tratado de armas nucleares Nuevo START del que Rusia suspende su participación y qué puede pasar ahora? 21 de febrero de 2023. https://cnnespanol.cnn.com/2023/02/21/tratado-new-start-armas-nucleares-rusia-orix/

invasión rusa, en una medida que para nada era suficiente, como el que se realizaba en la base aérea de Lutsk situada a 80 kilómetros de Polonia, y bombardeada por Rusia el 13 de marzo de 2022[63]; si el apoyo militar de occidente a Ucrania hubiera sido suficiente, al menos el gobierno de Zelenski hubiera contado con aviones y tanques para frenar la invasión rusa.

Durante la alocución de Putin dijo textualmente: "Hemos hecho todo, todo lo posible para resolver este problema pacíficamente…" Como si no hubiera sido Rusia quien el 24 de febrero de 2022 comenzara la invasión.

Putin volvió a afirmar que es "una amenaza existencial, a la que se enfrenta ahora Rusia", cuando en realidad nadie está atacando su territorio. Aunque lo dice incorporando en su pretendida "concepción territorial" las cuatro regiones de Ucrania por él anexadas, mediante un decreto, y por lo tanto, según él, el derecho a defenderlas por la fuerza, incluyendo el uso de Armas Atómicas.

Sobre este tema, Putin, en su discurso de casi dos horas, se atrevió a decir: "Quiero repetir esto: fueron ellos quienes desencadenaron la guerra. Y hemos usado la fuerza y la estamos usando para detenerla".

Entre los aspectos más importantes de la prédica de Putin dirigida a los adeptos de su gobierno, está el hecho de que postula a Rusia como un rival invencible, afirmando que el lado rival sabe que **"es imposible derrotar a Rusia en el campo de batalla"**.

---

[63] CADENA SER. Rusia endurece sus ataques en el oeste de Ucrania y bombardea una base militar cercana a Polonia. 13 de marzo de 2022. https://cadenaser.com/2022/03/13/rusia-bombardea-una-base-militar-ucraniana-a-25-kilometros-de-polonia-y-mueren-al-menos-9-personas/

También sobre esto afirmó que: "Las élites occidentales no ocultan su objetivo: infligir una derrota estratégica a Rusia. Significa acabar con nosotros de una vez por todas"[64].

También insistió en las consecuencias del apoyo con armas de occidente a Ucrania: "Una circunstancia debería ser clara para todos: cuanto más sistemas occidentales de largo alcance lleguen a Ucrania, más nos veremos obligados a alejar la amenaza de nuestras fronteras. Esto es natural"[65], dijo.

En su hipocresía sin límites, acostumbrado a mentir por costumbre y entrenamiento, como buen agente de la ex KGB, durante su discurso del día 21 de febrero de 2023, Putin afirmó: "Ucrania se ha convertido en rehén del régimen de Kiev y de sus amos occidentales, que han ocupado de facto el país".

Putin habla así, como si los habitantes de la tierra vivieran en otro planeta, y no hubieran visto la película de lo que en realidad sucedió, de lo que él mismo hizo, de la invasión de las tropas rusas a Ucrania. Una forma del discurso que se ha convertido en una de las ignominias más desopilantes e inmorales de los gobiernos del bloque dictatorial del mundo y de los que se han congregado bajo el signo del socialismo del siglo XXI, cuya característica principal es negar lo que ellos hacen, y culpar a los demás de sus acciones. Algo que cometen con total cinismo. La calidad moral que detentan, es tan ominosa, que la verdad es algo

---

[64] INFOBAE. 10 frases del discurso de Putin y su nueva amenaza nuclear a Occidente: "Rusia es invencible". 21 de febrero de 2023.
https://www.infobae.com/america/mundo/2023/02/21/10-frases-del-discurso-de-putin-y-su-nueva-amenaza-nuclear-a-occidente-rusia-es-invencible/
[65] Ídem.

que a ellos en su hipocresía les importa en los más mínimo. Y el mayor exponente en el mundo de ese modelo es Putin.

En su discurso, Putin, como una forma más de echarle la culpa a occidente de sus acciones dijo: "La responsabilidad de atizar el conflicto ucraniano, de su escalada, del número de víctimas (...) recae por completo sobre las élites occidentales". Y continuo, sin pudor alguno: "Las élites occidentales no intentan ocultar sus objetivos, infligir una 'derrota estratégica' a Rusia (...) Quieren transformar el conflicto local en una confrontación global"[66]. Cuando ha sido él, quien tiene al mundo en vilo, con la amenaza de una guerra nuclear desde que comenzó la invasión a Ucrania.

Los niños del mundo

Putin en su discurso no se ahorró nada. Atacó el camino actual de la cultura y de los valores de occidente. Buen conocedor de la mentalidad del pueblo ruso, y de cómo reaccionará a este tipo de mensajes, lanzó munición gruesa: "La pedofilia se volvió la norma en occidente", lanzó.

"Miren lo que hacen a su propio pueblo: la destrucción de las familias, de las identidades culturales y nacionales y la perversión que supone el abuso infantil hasta la pedofilia se anuncian como la norma... y se obliga a los sacerdotes a bendecir los matrimonios entre personas del mismo sexo", sentenció, buscando consenso para amalgamar el pensamiento de la sociedad rusa.

---

[66] CLARIN. Las frases más desafiantes del discurso de Vladimir Putin sobre la guerra en Ucrania y contra Occidente. 21 de febrero de 2023. https://www.clarin.com/mundo/frases-desafiantes-discurso-vladimir-putin-guerra-ucrania-occidente_0_f4KQdqAOM0.html

Incluso señaló: "La Iglesia Anglicana, por ejemplo, planea, considerar la idea de un Dios de género neutro. ¿Qué se puede decir? 'Perdóname, Señor, no saben lo que hacen"[67].

Por lo menos, la mayoría de la población de occidente, los ciudadanos comunes de esta parte del mundo, ausente de este debate, que incluye el cambio de sexo en niños, deberían levantar la voz ante esta aberración. Un tema en el que Putin tiene razón, completamente.

La perversión de menores no es en realidad un punto de vista cerrado de Putin. Es un tema que ha estado legislado e incorporado a los códigos penales de los distintos países, hasta ahora. Hasta la llegada del lobby gay al panorama internacional, impulsado por campañas masivas desde los centros de poder.

Pretender cambiarle el sexo a un niño, o a una niña que aún no ha desarrollado en realidad su aparato sexual, ni tiene idea de lo que es el sexo, es una aberración que solo puede ser considerada como perversión de menores. Sin embargo, mientras el lobby gay avanza en muchos países buscando legalizar esta degeneración, la mayoría de sus ciudadanos de esos países callan, como si esto no estuviera pasando, como si fuera algo que no le va a cambiar el rostro a la humanidad, y destruirá la vida de miles o millones de niños.

En este punto, la visión de Putin y la incorporación del tema en su discurso no puede considerarse de ninguna forma un error. El único detalle en la defensa de Putin de los niños, es lo que él mismo está haciendo con los niños

---

[67] INFOBAE. 10 frases del discurso de Putin y su nueva amenaza nuclear a Occidente: "Rusia es invencible". 21 de febrero de 2023.
https://www.infobae.com/america/mundo/2023/02/21/10-frases-del-discurso-de-putin-y-su-nueva-amenaza-nuclear-a-occidente-rusia-es-invencible/

ucranianos. Desde la invasión a Ucrania, Rusia ha secuestrado al menos unos 6,000 niños ucranianos, cuyas edades oscilan entre los 4 meses y los 17 años. Esto de acuerdo a un estudio presentado por la **Escuela de Salud Pública de la Universidad de Yale (HRLY) y el Conflict Observatory**. Aunque a pesar de la seriedad de la investigación, se teme que el número de niños secuestrados por el ejército ruso en Ucrania podría ser mucho mayor[68].

La mayoría de estos niños han sido dados en adopción a familias rusas. Digamos, el ejército ruso no solo ha cometido violaciones a mujeres, a niños y a niñas, como es costumbre del ejército de ese país en todos los conflictos armados en los que ha participado, siendo la Segunda Guerra Mundial el mayor ejemplo de estas prácticas (hay que recordar que en Berlín, después de la captura rusa de parte de esa ciudad, había más de cien mil denuncias de mujeres por haber sido violadas, pero se calcula que en realidad al menos dos millones de mujeres alemanas fueron violadas[69] [70]), sino que además utiliza a los niños como botín de guerra.

Es decir, sobre lo que está haciendo occidente con los niños, y lo que sucede con el lobby gay, Putin tocó en su

[68] INFOBAE. La cara más siniestra de la invasión: Rusia robó más de 6.000 chicos ucranianos y los mandó a campos de reeducación. 18 de febrero de 2023. https://www.infobae.com/america/mundo/2023/02/18/la-cara-mas-siniestra-de-la-invasion-rusia-robo-mas-de-6000-chicos-ucranianos-y-los-mando-a-campos-de-reeducacion/

[69] BBC MUNDO. El drama oculto de las violaciones masivas durante la caída de Berlín. 8 de mayo de 2015. https://www.bbc.com/mundo/noticias/2015/05/150505_finde_violaciones_masivas_berlin_egn

[70] RADIO - TELEVISIÓN MARTÍ. Crimen sin castigo, violación y saqueo soviético en mayo de 1945. 10 de mayo de 2020. https://www.radiotelevisionmarti.com/a/crimen-sin-castigo-violaci%C3%B3n-y-saqueo-sovi%C3%A9tico-en-mayo-de-1945/264907.html

discurso un buen punto, lo lamentable es que él lo dice sin tener ningún derecho moral para hablar sobre el tema por lo que está haciendo con los niños ucranianos.

Que la humanidad entera no se levante y proteste en contra de la amenaza nuclear de Putin y contra la posibilidad de que cualquiera utilice Armas Nucleares, va en contra del instinto de supervivencia de la especie humana. Pero también que la humanidad entera mire para otro lado y no se levante y no proteste contra la que está haciendo Putin con el secuestro de niños ucranianos, así como contra lo que está haciendo occidente de permitir que el lobby gay vaya tratando de legalizar en todas partes el cambio de sexo en los niños, va en contra del futuro de la humanidad.

Es cierto que es mucho más fácil no comprometerse, permanecer en la propia zona de confort, no levantar la voz, no discutir con nadie, no debatir. Pero esto también tiene consecuencias personales, aunque no las vean. En el primer caso, la inacción del conjunto social de la humanidad puede hacer posible el exterminio de la especie completa. No estarán exentos ni se salvarán si hay una guerra nuclear los que se hayan quedado callados para no tomarse el trabajo de construir corrientes de opinión, de levantar la voz, de defender el planeta, la vida de todas las especies y la vida humana, tal y como la conocemos. En el segundo caso, sus hijos vivirán en un mundo de seres perdidos en su identidad, que no sabrán bien ni quiénes son y formarán parte de una gran campaña social lanzada desde las sombras del poder mundial para el control de la natalidad.

Reelección

También en su discurso Putin dejó claro que su permanencia como pesadilla para el mundo no será breve. Se piensa reelegir. Dio a entender que lo más probable es que se postule en las elecciones de 2024. Comicios simulados como de costumbre en Rusia, donde desde el gobierno se eligen así mismos o colocan un sucesor designado prácticamente como heredero de un trono. Quiere ser reelegido, por ahora, hasta el 2030.

"UCRANIA NUNCA SERÁ UNA VICTORIA PARA RUSIA"

La frase, definitiva, desafiante, lacerante, fue pronunciada por el presidente norteamericano Joe Biden durante su visita a Polonia, producida un día después de su visita a Kiev.

Biden pronunciaba su discurso[71] [72] [73] [74]en Varsovia, en los jardines del antiguo Palacio Real de la capital polaca, tan solo unas horas después de que Putin había dado su discurso ante la Asamblea Federal de Rusia.

A tan solo tres días de que se cumpliera un año del comienzo de la invasión rusa a Ucrania, los hechos más fuertes políticamente parecían suceder en cascada uno detrás de otro.

El presidente Biden comenzó su alocución así: "Uno de nuestros mejores aliados. Presidente Duda, Sr. Primer

---

[71] DIARIO 16. Discurso completo de Joe Biden en Varsovia, Polonia. 21 de febrero de 2023. https://diario16.com/discurso-completo-de-biden-en-varsovia-polonia/

[72] NMAS. Biden responde a Putin desde Polonia - En Punto. 22 de febrero de 2023. https://www.youtube.com/watch?v=ZVUzDN4Uvn8

[73] INFOBAE. Las 10 frases más importantes del discurso de Joe Biden en Polonia. 21 de febrero de 2023. https://www.infobae.com/estados-unidos/2023/02/21/las-10-frases-mas-importantes-del-discurso-de-joe-biden-en-polonia/

[74] BBC MUNDO. "Ucrania nunca será una victoria para Rusia": el desafiante discurso de Biden contra Putin en Polonia. 21 de febrero de 2023. https://www.bbc.com/mundo/noticias-internacional-64724242

ministro, Sr. Alcalde. A todos los ex presidentes y primeros ministros, alcaldes de Polonia, de todo el país. Gracias por recibirme.

Hace casi un año hablé aquí, desde el castillo real en Varsovia. Semanas después de que Putin lanzara ese asalto asesino a Ucrania, el mayor ataque en tierra desde la Segunda Guerra Mundial.

Esos principios de paz, estabilidad y prosperidad que habían gobernado este planeta durante más de 75 años estaban en riesgo de caer".

Con todo el manejo de la oratoria que le puede dar a alguien 36 años en el Congreso, Biden prosiguió: "Hace un año, el mundo intentaba evitar la caída de Kiev. Ayer estuve en Kiev, y les puedo decir que sigue fuerte, orgulloso, sigue en pie, y lo más importante, sigue siendo libre".

El presidente estadounidense, acorde a lo que corresponde a un estadista, amplió la perspectiva de la audiencia: "Cuando Rusia invadió Ucrania, no era solo una prueba para ucrania, sino para todo el mundo. También era una prueba para Europa, para Estados Unidos. Para la OTAN. Para todas las democracias.

Nos enfrentamos a preguntas sencillas y profundas a la vez. ¿Responderíamos o miraríamos hacia otro lado? ¿Seríamos fuertes o seríamos débiles?

¿Estaríamos unidos todos los aliados o estaríamos divididos?

Un año después ya conocemos la respuesta: respondimos: "Seremos fuertes, estaremos unidos. Y el mundo no mirará hacia otro lado".

También nos enfrentamos a preguntas fundamentales sobre el compromiso con los principios más básicos. ¿Defenderemos la soberanía de las naciones? ¿Defenderemos el derecho de la gente a vivir libres? ¿Defenderemos la democracia?

Un año más tarde conocemos las respuestas: "Sí, defenderemos la soberanía. Y lo hemos hecho. Sí, defenderemos el derecho de la gente a vivir libre de agresiones. Lo hemos hecho. Y defenderemos la democracia. Lo hemos hecho también"".

Biden prosiguió: "Ayer tuve el honor de estar con el presidente Zelenski en Kiev para declarar que seguiremos defendiendo todo esto pase lo que pase".

El clima era augurioso para el discurso de Biden, que parecía tener en los jardines declarados Patrimonio de la Humanidad en 1980, a mil palomas aleteando como para levantar el vuelo, dando cuenta de una intención mayor, de un colofón que tenía como destinatario a toda la humanidad.

Así, entre la algarabía de la gente, continuó Biden: "Cuando el presidente Putin ordenó a sus tanques entrar en Ucrania creía que nos íbamos a venir abajo. Se equivocaba. Los ucranianos son muy valientes. Los europeos, los estadounidenses, la coalición de naciones desde el Atlántico hasta el Pacífico estamos todos unidos. La democracia es demasiado fuerte.

En lugar de conseguir esa victoria fácil que él predijo, Putin ha llevado a sus fuerzas al desarraigo. Ha conseguido la unión de la OTAN e incluso, ha conseguido que Suecia y Finlandia vayan a entrar en la alianza. Creía que nos iba a fracturar, a dividir y al contrario, ha conseguido que la OTAN esté más unificada que nunca antes.

Creía que podía utilizar la energía como un arma. Pues al contrario: estamos trabajando juntos para ser independientes. Para que Europa sea independiente de los combustibles fósiles de Rusia", dijo Biden desde el lugar que en 1944 sirvió de refugio contra los nazis durante el sitio de Varsovia.

Esta guerra no ha sido una necesidad, ha sido una tragedia

Durante su alocución en el pórtico del antiguo Palacio Real de Varsovia, Joe Biden pronunció frases determinantes y ampliamente definitorias que cumplen el propósito de contrarrestar la narrativa de Putin y dejar claro lo que sucede en la realidad.

"Nuevamente le hablo al pueblo ruso" dijo Biden. "Estados Unidos y sus aliados europeos no buscan controlar o destruir a Rusia. Occidente no planeó atacar a Rusia como dijo hoy Putin. Millones de ciudadanos rusos solamente quieren vivir en paz con sus vecinos. Ellos no son el enemigo. Esta guerra nunca fue una necesidad, ha sido una tragedia. El presidente Putin escogió ir a la guerra. Cada día que sigue la guerra es porque él lo decide".

Entre los fragmentos del discurso que venían a dejar muy claro la determinación del su gobierno en el apoyo a Kiev, Biden diría: "Un año de guerra y Putin ya no duda de la fortaleza de nuestra coalición, pero sigue dudando de nuestra convicción y de nuestro poder. Duda de que vayamos a seguir apoyando a Ucrania, duda si la OTAN va a seguir estando unida. No tiene que haber ninguna duda: nuestro apoyo a Ucrania será inquebrantable. La OTAN no se va a dividir y no nos vamos a cansar".

Un desafío abierto para Putin

"La intención del presidente Putin fracasará y el amor del pueblo ucraniano prevalecerá. Conseguirán su libertad y perdurará mañana y para siempre. Eso es lo que está en juego aquí: la libertad. Es el mensaje que llevé ayer hasta Kiev, directo a los ciudadanos de Ucrania.

Cuando el presidente Zelenski vino a EEUU en diciembre, dijo que esta lucha "definirá al mundo" y cómo vivirán nuestros hijos y nuestros nietos.

No hablaba solo de los hijos y nietos de Ucrania, estaba hablando de todos nuestros hijos y nietos. De los míos".

"Porque la gente libre se niega a vivir en un mundo sin esperanza y con oscuridad".

"Hoy de nuevo vemos lo que la gente de Polonia y de toda Europa: ese apetito de los autócratas, al que hay que oponerse. Los autócratas sólo entienden una palabra: "No", "no" y No".

"No, no te vas a quedar con mi país. No te vas a quedar con mi libertad. No te vas a quedar con mi futuro". Sentenció un Joe Biden con más determinación de lo que se había visto hasta ahora desde el comienzo de la invasión rusa.

Biden levantaría la bandera más preciada de los Estados Unidos, la libertad, y al respecto dijo: "Repito lo que dije aquí mismo hace un año: un dictador nunca podrá acabar con el amor de la gente por la libertad. La brutalidad nunca estará en el mundo de los libres. Ucrania nunca será una victoria para Rusia. Nunca".

También se ocupó de dejar muy en claro cuál y como sería el papel de la OTAN y al respecto señaló: "El año que viene recibiré a todos los miembros de la OTAN para la cumbre que celebramos en EEUU. Juntos celebraremos el 75 aniversario de la alianza más fuerte de la historia: la OTAN".

En su discurso, Joe Biden trató a Putin de tirano, algo poco convencional para el protocolo y el trato entre jefes de Estado, pero quién podría desmentirlo o negarle la razón.

Como consigna consagratoria Joe Biden declararía: "Las democracias de todo el mundo velarán por la libertad hoy, mañana y siempre".

Así, el presidente norteamericano enmendaba numerosos actos de debilidad frente a Putin, sobre todo al comienzo de la invasión como lo menciono en el primer tomo de mi libro sobre el tema. Solo para recordar un corto periodo de un mes, después de la invasión rusa a Ucrania, Joe Biden no había tenido una sola declaración fuerte contra Putin, aun cuando este había amenazado con el uso de armas atómicas desde el comienzo de la invasión, y luego jugaba con el uso de armas químicas (tratándole de atribuir un ataque de ese tipo a Kiev), hasta la primera reunión de la OTAN, que sucedió un mes después del comienzo de la invasión.

GEORGIA MELONI

En lo que parecería una pasarela de mandatarios internacionales muy importantes, solo un día después de que el presidente norteamericano visitara Kiev y ambos proyectaran una poderosa imagen en una foto que los mostraba abrazados en el centro de la guerra, llegaba a Ucrania Georgia Meloni, la joven y bella primera ministra italiana.

Meloni es una figura política muy fuerte y una mujer muy audaz, que llegó al poder con tan solo 45 años el 22 de octubre de 2022. Es la primera mujer en ocupar el cargo de primera ministra de Italia. Nacida en la ciudad de Roma un 15 de enero de 1977, criada en el barrio obrero de *La Garbatella*, ubicado fuera de la muralla Aureliana, próxima a la plaza de Eugenio Biffi, fue una niña que se crio sin padre, porque este abandonó a su familia cuando ella tenía seis años.

Meloni llegó el lunes 20 de febrero (2023) a Polonia, donde se reuniría con el primer ministro polaco Mateusz Morawiecki. Luego de la reunión, la mandataria italiana declaró que: "Nuestros puntos de vista sobre cómo debe ser la UE en la escena internacional son muy parecidos"[75]. "Queremos que Europa sea un gigante político, pero no

---

[75] INFOBAE. La primera ministra italiana Giorgia Meloni llegó a Ucrania para visitar Irpin y Bucha antes de reunirse con Zelensky. 21 de febrero de 2023. https://www.infobae.com/america/mundo/2023/02/21/la-primera-ministra-italiana-giorgia-meloni-llego-a-ucrania-para-visitar-irpin-y-bucha-antes-de-reunirse-con-zelensky/

burocrático, y estamos trabajando por una Europa así"[76], sostuvo Meloni, al final del encuentro.

Posteriormente al encuentro con el Primer Ministro polaco, Meloni se reunió con el presidente Andrzej Duda. Un nombre, que resulta paradójico, el del presidente polaco, porque si hay un país que no ha tenido la menor duda de su apoyo incondicional a Ucrania, es Polonia.

También después del encuentro de Meloni con los mandatarios polacos, Piotr Müller, vocero de ese gobierno, dio a conocer que el viaje de Meloni a Polonia y a Ucrania era parte de una estrategia diplomática con mayor énfasis por cumplirse un año del comienzo de la invasión a Ucrania[77].

Meloni partiría desde Polonia en tren hacia Kiev, la única forma de acceso posible desde que comenzó la invasión a Ucrania. En este tipo de viajes se acostumbra avisar al gobierno de Putin por la seguridad de los mandatarios que lo hacen, pero esto en definitiva no es ninguna garantía absoluta en términos de seguridad personal.

El arribo de Meloni a Kiev se realizaba casi inmediatamente después de la visita del presidente Joe Biden a Ucrania. Justo por este motivo, ambos mandatarios sostuvieron una llamada telefónica mientras esto sucedía para hablar y reforzar el apoyo a Ucrania, lo cual incluye ayuda en

---

[76] Ídem.
[77] SWISSINFO.CH. Meloni afirma en Varsovia que Polonia y Ucrania pueden contar con Italia. 20 de febrero de 2023. https://www.swissinfo.ch/spa/ucrania-guerra_meloni-afirma-en-varsovia-que-polonia-y-ucrania-pueden-contar-con-italia/48301850

equipos militares, en materia económica y asistencia humanitaria[78].

Antes de llegar a Kiev, Meloni decidió visitar las ciudades de Irpín y Bucha donde se encontraron un escandaloso número de muertos enterrados en fosas comunes. Dos ciudades que se han convertido en símbolos de los crímenes de guerra de las tropas de Putin[79].

Al llegar a Kiev, Meloni visitaría, al igual que lo hizo el presidente Biden, el Muro de los Recuerdos de los Soldados Caídos. En el, ambos mandatarios depositarían una corona de flores en honor a los combatientes caídos.

El Muro de los Recuerdos de los Soldados Caídos, es un muro que ha levantado el gobierno ucraniano, con las fotos de cada uno de los soldados caídos durante la guerra contra Rusia. Algo que además de ser una medida para rendir un cabal homenaje a cada soldado que ha entregado su vida por la defensa de Ucrania, algo similar de la forma de honrar a sus soldados muertos en las costumbres de Israel, también viene a desmentir, de paso, cualquier versión de que Ucrania esconde el verdadero número de soldados muertos.

Allí Meloni dijo: "Creo que es justo y necesario estar aquí. Traer la postura del gobierno italiano. Darme cuenta personalmente y ver con mis propios ojos lo que necesita

---

[78] INFOBAE. La primera ministra italiana Giorgia Meloni llegó a Ucrania para visitar Irpin y Bucha antes de reunirse con Zelensky. 21 de febrero de 2023. https://www.infobae.com/america/mundo/2023/02/21/la-primera-ministra-italiana-giorgia-meloni-llego-a-ucrania-para-visitar-irpin-y-bucha-antes-de-reunirse-con-zelensky/

[79] SWISSINFO.CH. Meloni llega a Kiev y visita Irpín y Bucha antes de reunirse con Zelenski. 21 de febrero de 2023. https://www.swissinfo.ch/spa/ucrania-guerra_meloni-llega-a-kiev-y-visita-irp%C3%ADn-y-bucha-antes-de-reunirse-con-zelenski/48303106

este pueblo que lucha por su libertad", "Quiero ayudar a los italianos a entender lo que está pasando aquí", afirmó la mandataria[80].

Durante esta visita, Meloni reiterará el apoyo de Italia a Ucrania y también el envío de ayuda humanitaria y el envío de generadores eléctricos para cubrir las necesidades de 3 millones de personas y también como adelantó el ministro de Exteriores, Antonio Tajani, del envío de Samp-Ts, misiles tierra-aire de defensa aérea[81].

Después, Meloni sería recibida por Zelenski en el Palacio Presidencial. Al final del encuentro ambos mandatarios ofrecerían una conferencia de prensa conjunta.

---

[80] INFOBAE. La primera ministra italiana Giorgia Meloni llegó a Ucrania para visitar Irpin y Bucha antes de reunirse con Zelensky. 21 de febrero de 2023. https://www.infobae.com/america/mundo/2023/02/21/la-primera-ministra-italiana-giorgia-meloni-llego-a-ucrania-para-visitar-irpin-y-bucha-antes-de-reunirse-con-zelensky/

[81] SWISSINFO.CH. Meloni llega a Kiev y visita Irpín y Bucha antes de reunirse con Zelenski. 21 de febrero de 2023. https://www.swissinfo.ch/spa/ucrania-guerra_meloni-llega-a-kiev-y-visita-irp%C3%ADn-y-bucha-antes-de-reunirse-con-zelenski/48303106

El presidente ucranio, Volodímir Zelenski y la primera ministra italiana, Giorgia Meloni, durante su conferencia de prensa conjunta del martes, 21 de febrero de 2023, en Kiev. Foto Diario El País de España.

Zelenski, un hombre acostumbrado a decir la verdad con toda claridad, a señalar lo que no sirve sin miramientos, aprovechó la conferencia de prensa conjunta para recriminarle al ex mandatario italiano Silvio Berlusconi, aliando político de Meloni, sus declaraciones a favor de Rusia sobre la guerra.

Berlusconi, había declarado el domingo 12 de febrero de 2023, que Ucrania no debería haber atacado el Donbás, responsabilizando de esta forma a Kiev por la invasión rusa[82].

En esa oportunidad Berlusconi también dijo: "**¿Yo hablando con Zelenski**? Si yo hubiera sido primer ministro, nunca habría ido allí porque estamos siendo testigos de la devastación de su país y de la matanza de sus soldados y civiles"[83].

---

[82] EL CONFIDENCIAL. Berlusconi culpa a Ucrania de la guerra y afirma que Zelenski no debería haber "atacado" el Donbás. 13 de febrero de 2023. https://www.elconfidencial.com/mundo/europa/2023-02-13/berlusconi-culpa-ucrania-guerra-rusia-zelenski-atacado-donbas_3574848/
[83] Ídem.

Zelenski diría delante de Meloni que: "La casa de Berlusconi nunca ha sido bombardeada, nunca han llegado tanques a su jardín, nadie ha matado a sus familiares, nunca ha tenido que hacer su maleta a las tres de la mañana y todo esto es gracias al amor fraternal de Rusia"[84].

Esa misma tarde Zelenski retomó el tema de Berlusconi, y se pronunció deseándole paz y bienestar a todas las familias italianas, incluyendo a aquellos que no simpatizan con Ucrania, y mostrando comprensión al decir que "la tragedia ucraniana, es algo que hay que entender".

Sobre este tema dijo finalmente: "Quiero que vengan aquí a ver con sus propios ojos el rastro de sangre que han dejado"[85].

Georgia Meloni es considerada una política de derecha por decir que solo existen dos sexos. Sin embargo, ante las acusaciones de que es de derecha, ella dice muy claro que: "nunca tuve simpatía por el fascismo."[86] Así lo dijo en su primer discurso ante el Congreso de Italia, donde también comenzó su gestión. Señalo que su país continuará con su adhesión a la Alianza Atlántica (OTAN) y dejó muy claro que se opone totalmente a la ocupación de Ucrania por parte de la Federación Rusa.

En un discurso efectuado en España, en un evento con los dirigentes de VOX, (Partido dirigido por Santiago Abascal

---

[84] EUROPAPRESS. Zelenski recrimina ante Meloni las últimas declaraciones de Berlusconi: "Su casa nunca ha sido bombardeada". 21 de febrero de 2023. https://www.europapress.es/internacional/noticia-zelenski-recrimina-meloni-ultimas-declaraciones-berlusconi-casa-nunca-sido-bombardeada-20230221192550.html

[85] Ídem.

[86] RTVE NOTICIAS. Meloni, en su primer discurso en el Parlamento: "Nunca tuve simpatía por el fascismo". 25 de octubre de 2022. https://www.youtube.com/watch?v=ZJlmmN_YPvo

y considerado de Ultraderecha) sostuvo claramente que: "todo lo que nos identifica está siendo atacado"[87].

Meloni dijo durante ese discurso, pronunciado frente a miles de personas, a mediados de octubre de 2021 (casi exactamente un año antes de haber asumido como Primer Ministra de Italia) que: "Yo aquí me siento en casa. Y me siento en casa porque estoy inmersa en el magnífico patrimonio de tradiciones que ha forjado la civilización española a lo largo de los siglos. Y me siento en casa porque hay un aire de cultura y orgullo, de raíces y de futuro, de historia y de identidad. Y la identidad, es precisamente el tema que constituye el núcleo de nuestro compromiso compartido. Y el fundamento principal de la confrontación de nuestro tiempo. La identidad, es el enemigo principal de la corriente globalista, y todos nosotros que la defendemos somos el objetivo de los pasionarios del progresismo. Piense sobre esto, todo lo que nos identifica está siendo atacado. La persona, está siendo atacada. Y con ella, el propio valor de la vida humana. De cada vida humana. Porque cada uno de nosotros tiene un código genético único, e irrepetible. Con o sin placer es sagrado. Los presuntos buenistas, quieren una cultura de despilfarro. De vidas que no son dignas de ser vividas, según cánones subjetivos. De vidas que pueden seleccionarse, comprarse o venderse como productos de supermercados. De vidas que pueden auto destruirse con drogas. No lo aceptamos. Y los monstruos, no somos nosotros. Sino quienes, en nombre de una supuesta libertad, ofrecen prácticas abominables como el útero en alquiler o drogas gratuitas. Ellos son los monstruos".

---

[87] VOX ESPAÑA. Giorgia Meloni en VIVA21: "Todo lo que nos identifica está siendo atacado". 14 de octubre de 2021. https://www.youtube.com/watch?v=rVasTgK66RI

"La familia, está siendo atacada. Cuyo núcleo es esencial para la procreación, la educación, la formación de nuestros hijos, el elemento central de los afectos, y de la solidaridad entre generaciones, el primer lugar de pertenencia. Se está atacando a la identidad sexual, que los grupos de presión LGBT, desean abatir en la escuela, en los medios de comunicación, en las instituciones, con el principio de Silfidi[88], yo no soy lo que soy, soy lo que siento.

Se afecta principalmente a los derechos y a los logros de las mujeres. Nuestra espiritualidad, el sentido de las raíces sagradas y cristianas están siendo atacadas. En nombre de un relativismo absoluto y de un ateísmo agresivo, que en última instancia allanan el camino para el camino para el proselitismo fundamentalista. Así pues, el laicismo de Estado se utiliza como garrote contra los símbolos del cristianismo, mientras se finge no ver, que en Europa existen barrios enteros, que están en manos del derecho Islámico".

Es importante conocer el pensamiento de Meloni, en sus detalles y particularidades, para poder analizar cuánta razón tiene, o para poder diferir en todo caso con conocimiento de causa, pero sobre todo para evitar los prejuicios de sus detractores.

Esta mujer valiente, decidida, firme en sus convicciones, llegaría a Ucrania para decir claramente que quería ver personalmente "lo que necesita este pueblo que lucha por su libertad". Y en ese contexto reiteró el envío de ayuda humanitaria, de generadores eléctricos y de misiles.

En su visita a Ucrania Meloni también respondió a Putin, quien en su discurso calificó al gobierno Zelenski de

---

[88] https://www.treccani.it/enciclopedia/silfidi/

"régimen contrario a los intereses de la gente". Sobre esto Meloni dijo: **"Yo aquí lo que veo es un pueblo que está combatiendo".**

"Con su capacidad de combatir el pueblo ha demostrado que Ucrania es una nación extraordinaria", aseveró la Primer Ministra italiana.

LA AMENAZA DE LOS MISILES SATÁN II

Un día después del discurso de Joe Biden en Polonia, lo que significa decir también un día después de que Putin hablara ante la Asamblea de la Federación rusa (hablaron el mismo día, con una diferencia de horas, haciéndolo primero Putin, como ya hemos dicho), el mandatario ruso amenazaría al mundo con poner en alerta los misiles intercontinentales Sarmat, conocidos en occidente como Satán II.

Putin con ese tipo de amenazas ya no juega a quién es el más fuerte, no parece estar sentado frente a un juego de ajedrez, por el contrario, ya juega a quién es el más bestial, juega a quién es el loco capaz de destruir el planeta completo, la civilización humana como la conocemos y la vida en la tierra. Y no parece tener ningún pudor por decir: ese loco soy yo. Al menos es lo que está diciendo claramente con su amenaza de desplegar los misiles nucleares de más poder destructivo que existen en la actualidad[89].

De todas las amenazas nucleares que ha realizado Putin desde que comenzó la invasión el 24 de febrero de 2022, esta es la peor de todas. En primer lugar, porque según su anuncio implica poner en alerta el sistema de misiles más ofensivo que Rusia tiene. Pero también por mostrar que está dispuesto a usar las armas más terribles que se conocen hasta hoy sobre la tierra.

---

[89] CAMBIO COLOMBIA. Qué son los temidos misiles Satán II que Putin dice que desplegará este 2023. 23 de febrero de 2023.
https://cambiocolombia.com/internacional/que-son-los-temidos-misiles-satan-ii-que-putin-dice-que-desplegara-este-2023

Algo que hay que tener muy en cuenta, es que, cuando Putin habla de poner en alerta un sistema de misiles intercontinentales, ya no está amenazando únicamente a Ucrania, sino decididamente a todo el planeta, o al menos a todo occidente, puesto que eso significa justamente esa denominación de esa clase de misiles, que pueden trasladarse de un continente a otro.

Lo insólito de esto, es que el mundo entero permanece impávido ante las amenazas de Putin. No se ve ni se escucha a ninguna multitud, a ningún conjunto de comunidades, ni siquiera a líderes religiosos, salir a las calles clamando que impere la razón, repudiar a Putin por amenazar con destruir el mundo, porque eso es lo que pasaría si hay una guerra nuclear. Además, en su amenaza, Putin diría claramente su propósito. El primer mandatario ruso dejaría muy clara la intención que conlleva su amenaza: "Para hacer reflexionar dos veces a occidente".

La molestia más grande de Putin es el apoyo de la comunidad internacional y el aprovisionamiento de armas al gobierno de Zelenski, lo cual ha permitido, al menos hasta ahora, junto con el enorme heroísmo y valentía de los ucranianos, ir derrotando a Putin en el campo de batalla.

Por eso desde el gobierno ruso, distintos personajes cercanos a Putin, autorizados por él desde luego, como el ex presidente Dmitri Anatólievich Medvédev, han amenazado también con la utilización de armas nucleares. Medvédev quien fuera presidente de la federación rusa desde 2008 a 2012 y Primer Ministro de ese país desde 2012 a 2020, ya a finales septiembre de 2022 desafió a la OTAN y dijo que Rusia "**tiene derecho a defenderse con armas nucleares si se le empuja más allá de sus límites y que esto ciertamente no es una broma**".

El ex presidente ruso había comenzado amenazando con la probable utilización de un arma nuclear en Ucrania por parte de Rusia, afirmando: "Imaginemos que Rusia se ve obligada a utilizar el arma más temible contra el régimen ucraniano, que ha cometido un acto de agresión a gran escala que es peligroso para la propia existencia de nuestro Estado"[90].

Pero Medvédev después fue todavía más lejos. terminaría desafiando a la OTAN. Según sus cálculos la OTAN, aún frente a este escenario, no respondería con armas nucleares por miedo a un apocalipsis nuclear. Al respecto afirmó: "Creo que la OTAN no interferiría directamente en el conflicto incluso en este escenario", dijo Medvédev. "Los demagogos del otro lado del océano y de Europa no van a morir en un apocalipsis nuclear"[91].

"Tengo que recordárselo de nuevo, para aquellos oídos sordos que sólo se escuchan a sí mismos. **Rusia tiene derecho a utilizar armas nucleares si es necesario**", dijo Medvédev, añadiendo que lo haría "en casos predeterminados" y en estricto cumplimiento de la política estatal[92].

Todos los países que tienen Armas Nucleares tienen una "Doctrina Nuclear". Esto significa que tienen un protocolo que señala cómo deberán actuar y en qué casos para utilizar Armas Nucleares. La Doctrina Rusa al respecto dice que "el presidente puede utilizar las armas nucleares si el Estado se enfrenta a una amenaza existencial, incluso de las armas convencionales"[93].

El jueves 19 de enero de 2023 Medvédev, volvería a la carga con sus amenazas nucleares.

Dmitri Medvédev, en la actualidad, es nada menos que el número dos del Consejo de Seguridad del Kremlin. En esta oportunidad esgrimiendo la amenaza nuclear dijo: "nunca se les ha ocurrido sacar la conclusión elemental de que una derrota por parte de una potencia nuclear en una guerra convencional puede provocar el estallido de una guerra nuclear. Las potencias nucleares no han perdido nunca en grandes conflictos en los que está en juego su destino"[94].

Para dejar más en claro su amenaza, el ex presidente ruso afirmó textualmente: "Esto es algo que debería ser obvio para todo el mundo, incluso para un político occidental capaz de demostrar, aunque sea un atisbo de inteligencia"[95].

Acá hay varios elementos interesantes. Por un lado, las declaraciones Medvédev son un intento más por frenar el suministro de armas de parte de occidente a Ucrania, pero por otro lado, seguramente sin querer, está dejando entrever la posibilidad de una derrota militar rusa mediante armas convencionales en el campo de batalla. Una posibilidad que Putin niega sistemáticamente, y lo hizo en forma particular el martes 21 de febrero de 2023 durante su discurso ante la Asamblea de la Federación rusa, cuando dijo que Rusia era invencible.

---

[93] Ídem.
[94] ABC. El expresidente ruso Medvédev amenaza con una «guerra nuclear» si sigue aumentando la ayuda occidental a Ucrania. 20 de enero de 2023. https://www.abc.es/internacional/expresidente-ruso-medvedev-amenaza-guerra-nuclear-sigue-20230120202918-nt.html
[95] Ídem.

Desde el seno del gobierno ruso, otro personaje siniestro que ha amenazado reiteradas veces con el uso de Armas Nucleares desde que comenzó la invasión de ese país a Ucrania es Dimitri Peskov, quien es nada menos que el vocero del Kremlin.

El 22 de marzo de 2022, es decir a tan solo casi un mes de que había comenzado la invasión rusa a Ucrania, en una entrevista para CNN con la periodista Christiane Amanpour, Peskov había dicho que Rusia usaría Armas Nucleares si hubiera una amenaza existencial para su país, de acuerdo a su concepto, refiriéndose a la Doctrina Nuclear rusa[96].

El lunes 29 de marzo de 2022 Peskov, saldría a decir que "Cualquier resultado de la operación, por supuesto, no es motivo para el uso de un arma nuclear". Así, el vocero del gobierno de Putin, en una entrevista para la cadena televisiva PBS, volvería sobre sus propias palabras y diría que: "Nadie está pensando en usar (o) ni siquiera en la idea de utilizar armas nucleares". En esa oportunidad también diría que "no cree" que el presidente de su país se refiriera a usar armas nucleares[97].

Pero a mediados de enero de 2023, Dimitri Peskov sostendría ante la prensa que si las palabras de Putin sobre la posibilidad de la utilización de Armas Nucleares, "está

[96] CNN EN ESPAÑOL. Rusia usaría armas nucleares en caso de una "amenaza existencial", dice el portavoz del Kremlin. 22 de marzo de 2022. https://cnnespanol.cnn.com/video/rusia-uso-armas-nucleares-amenaza-existencial-portavoz-kremlin-amanpour-conclusiones-cnne/
[97] HERALDO. El Kremlin afirma que nadie está pensando en usar armas nucleares en Ucrania. 29 de marzo de 2022. https://www.heraldo.es/noticias/internacional/2022/03/29/el-kremlin-afirma-que-nadie-esta-pensando-en-usar-armas-nucleares-en-ucrania-1563410.html

totalmente en consonancia con nuestra doctrina nuclear. Lean nuestra doctrina defensiva y verán que no hay contradicciones"[98].

Pero el vocero del Kremlin además en esa oportunidad amenazó con que si de la reunión de ministros de Defensa, occidentales, realizada en la base aérea estadounidense de Ramstein, se decidiera suministrar carros pesados a Ucrania, las consecuencias serán negativas.

Al respecto dijo textualmente: "Hemos dicho en repetidas ocasiones que estos suministros no cambiarán nada de forma sustancial, pero añadirán problemas a Ucrania y el pueblo ucraniano"[99].

Para el 30 de junio de 2022, se daba a conocer unas declaraciones de Andrey Gurulyo, un ex comandante militar de la región sur de Rusia, quien actualmente es diputado en la Duma, a un canal de televisión dependiente del Kremlin, donde afirmaba que ante una posible extensión de la guerra, "El primero en ser atacado será Londres. Sin duda, la amenaza para el mundo proviene de los anglosajones. Destruiremos todo el grupo de satélites espaciales del enemigo durante la primera operación aérea"[100].

Las mencionadas son solo algunas de las amenazas nucleares esgrimidas durante el año que lleva la invasión

---

[98] ABC. El expresidente ruso Medvédev amenaza con una «guerra nuclear» si sigue aumentando la ayuda occidental a Ucrania. 20 de enero de 2023. https://www.abc.es/internacional/expresidente-ruso-medvedev-amenaza-guerra-nuclear-sigue-20230120202918-nt.html

[99] Ídem.

[100] ABC. Por qué Londres sería la primera ciudad en ser atacada por Rusia ante una eventual Tercera Guerra Mundial. 30 de junio de 2022. https://www.abc.es/internacional/abci-motivos-londres-primera-ciudad-atacada-rusia-tercera-guerra-mundial-nsv-202206301535_noticia.html

rusa a Ucrania, por parte de Putin y de algunos voceros de su gobierno.

A principios de febrero de 2023, el tabloide Daily Star de Gran Bretaña, fundado en 1978, publicó que la televisión estatal rusa, había publicado una animación en video, de cómo desaparecerían de la faz de la tierra a Gran Bretaña con un misil hipersónico. La noticia generó preocupación social, por el hecho de que se hablara así, sin el menor reparo moral, de un holocausto nuclear, que pudiera hacer desaparecer Inglaterra, Gales, Escocia e Irlanda del Norte. Además, la amenaza incluía detalles como que el ataque sería realizado con un misil hipersónico. Este tipo de misiles superan entre cinco y diez veces la velocidad del sonido y no son detectados por los radares.

De acuerdo con el Daily Star, la animación muestra cuando "el misil cae en picada hacia el Océano Atlántico Norte, provocando un maremoto gigante que envuelve tanto a Irlanda como al Reino Unido". Todo esto mientras el presentador ruso de televisión se regocija, como si los que fueran a morir no pertenecieran a la raza humana[101].

Esta no es la única vez que la televisión rusa ha proyectado videos animados de las posibles consecuencias de ataques rusos con Armas Atómicas, incluyendo los misiles Satán II. Pero entonces lo que acá tenemos, hasta donde hemos llegado, es que a tan solo un día de que se cumpla un año de la invasión de Rusia a Ucrania, Vladimir Putin, ha amenazado a la humanidad con poner en alerta los misiles

---

[101] MDZ. Rusia amenaza: así borraría del mapa al Reino Unido con un solo misil hipersónico. 2 de febrero de 2023.
https://www.mdzol.com/mundo/2023/2/2/rusia-amenaza-asi-borraria-del-mapa-al-reino-unido-con-un-solo-misil-hipersonico-311834.html

intercontinentales Satán II[102] , para que reflexione dos veces occidente.

Pero veamos ahora en que consiste el arma de destrucción masiva más potente del mundo jamás conocida, que es eso lo que son y no ninguna otra cosa esos misiles.

10 cabezas nucleares

Un solo misil de estos, denominados Satán II, pueden trasportar diez cabezas nucleares de gran tamaño, o 16 cabezas nucleares más pequeñas. Cada misil mide unos 35.5 metros en extensión y tres metros de diámetro, y son alimentados por 178 toneladas de combustible líquido. Se calcula que el poder de destrucción de estos misiles es de unos 40 megatones, es decir, unas 2000 veces superior a la bomba atómica de Hiroshima[103] [104].

Hay que recordar que la explosión de la bomba atómica lanzada sobre Hiroshima e 6 de agosto de 1945, llamada *Little Boy*, arrojada por el bombardero *Enola Gay*, produjo una explosión de 16 kilotones.

---

[102] FRANCE 24. Putin anuncia el despliegue de misiles hipersónicos y armamento nuclear. 23 de febrero de 2023.
https://www.france24.com/es/europa/20230223-putin-amenaza-a-occidente-con-misiles-hipers%C3%B3nicos-y-nuevas-armas-nucleares
[103] LA VOZ. Vladimir Putin lanzó una dura amenaza contra Occidente: promete alistar los misiles nucleares "Satán II". 23 de febrero de 2023.
https://www.lavoz.com.ar/mundo/vladimir-putin-lanzo-una-dura-amenaza-contra-occidente-promete-alistar-los-misiles-nucleares-satan-ii/
[104] CAMBIO. Qué son los temidos misiles Satán II que Putin dice que desplegará este 2023. 23 de febrero de 2023.
https://cambiocolombia.com/internacional/que-son-los-temidos-misiles-satan-ii-que-putin-dice-que-desplegara-este-2023

A diferencia de la bomba atómica *Fat Man*, lanzada sobre la ciudad de Nagasaki el 9 de agosto de 1945, por el bombardero denominado *Bockscar* produjo una explosión de 21 kilotones[105].

Para entender la diferencia entre estas bombas nucleares y la suma de las trasportadas por un solo misil Satán II ruso, hay que saber que un kilotón equivale a tan solo 0.001 megatón.

En el presente, a una bomba nuclear cuya potencia está denominada en kilotones, es decir, es similar a las de Horishima y Nagasaki, se las considera bombas nucleares tácticas (una gran aberración) y a las bombas atómicas cuya energía o capacidad destructiva se mide en el orden de los megatones se las denomina bombas atómicas estratégicas. Un megatón es equivalente a un millón de toneladas de TNT.

Entonces tenemos que cada misil Satán II con una potencia de destrucción equivalente a 40 megatones, tiene un poder de destrucción equivalente a 40 millones de toneladas de TNT.

Ahora bien, para explicarlo de una forma más sencilla, tenemos que decir que cada misil Satán II puede impactar a diez ciudades diferentes, en caso de ser cargado con diez cabezas nucleares de gran tamaño y potencia, o puede impactar a 16 ciudades a la vez, en caso de que el misil sea cargado con 16 bombas nucleares de menor tamaño.

---

[105] NATIONAL GEOGRAPHIC. las bombas atómicas de Hiroshima y Nagasaki: tres días que cambiaron el mundo.
https://historia.nationalgeographic.com.es/a/bombardeos-hiroshima-y-nagasaki_10590#:~:text=La%20detonaci%C3%B3n%20de%20la%20bomba,una%20potencia%20de%2021%20kilotones.

Los misiles Satán II pueden ser lanzados desde el aire, es decir por aviones; desde el mar, ya sea desde un barco de guerra de superficie, o por un submarino, lo cual hace mucho más difícil su localización; o desde tierra, ya sea desde lanzaderas móviles o desde rampas de lanzamiento de misiles fijos, como también desde silos nucleares. El alcance de este misil es de 6,000 kilómetros pero se considera que su rango puede a los 17 mil kilómetros.

El despliegue de los misiles Satán II, sería acompañado de misiles hipersónicos Kinzhal y Tsirkon que serán entregados a las fuerzas armadas rusas, según anunció Putin, durante el discurso en mención[106] [107] [108].

Digamos, al cumplirse un año de la invasión a Ucrania parece que de parte de Rusia la locura se exacerba. La derrota infringida en el campo de batalla a Putin sólo le hace pensar en tener mayor poder de destrucción y emplearlo, también contra todos los países que apoyen a Ucrania.

---

[106] CAMBIO. Qué son los temidos misiles Satán II que Putin dice que desplegará este 2023. 23 de febrero de 2023.
https://cambiocolombia.com/internacional/que-son-los-temidos-misiles-satan-ii-que-putin-dice-que-desplegara-este-2023
[107] CANAL 26. Putin promete tener listos misiles nucleares "Satán II" para hacer "reflexionar" a Occidente. 23 de febrero de 2023.
https://www.youtube.com/watch?v=ubDuhYm9smY
[108] MILENIO. Putin promete poner en marcha los misiles intercontinentales Sarmat este año. 23 de febrero de 2023.
https://www.youtube.com/watch?v=RSi4oQrVASk

LA RESOLUCIÓN DE LA ONU

Justo un día antes de que se cumpla un año de la invasión de Rusia a Ucrania, y el mismo día que Putin amenazaba al mundo con los misiles Satán II rusos, la ONU aprobaba una resolución en la que reitera la necesidad de una retirada inmediata, completa e incondicional de todas las fuerzas militares rusas del territorio ucraniano "dentro de sus fronteras reconocidas internacionalmente". También, dicha resolución, "solicita el cese inmediato de las hostilidades"[109].

La resolución representa un durísimo golpe político para Rusia, donde sin duda la mayoría de los países del mundo dejan claramente expresado su absoluto repudio a la agresión rusa a Ucrania. La iniciativa, basada en un texto presentado por el gobierno del presidente Zelenski, fue respaldada por 75 países y logró 142 votos a favor y solo tuvo siete en contra, de Bielorrusia, Eritrea, Mali, Nicaragua, la República Popular Democrática de Corea, Rusia y Siria.

También hubo 32 países de estos que juegan a querer aparecer como neutrales, o que no parecen tener compromiso con el futuro del mundo, que se abstuvieron.

---

[109] Naciones Unidas. Ucrania: La Asamblea General "recalca la necesidad de alcanzar una paz general, justa y duradera". 23 de febrero de 2023. https://news.un.org/es/story/2023/02/1518857

Los que votaron en contra

Nicaragua, subordinada a Rusia ideológica, militar y políticamente fue el único país del continente americano que puso su voto en contra de la resolución a favor de Ucrania.

Los otros países que votaron en contra de la resolución son todos países aliados de Rusia, estos son: Bielorrusia, Corea del Norte, Eritrea (país de África Oriental), Mali, Rusia (obviamente) y Siria.

Los países que se abstuvieron de votar:

Argelia, Angola, Armenia, Bangladesh, Bolivia, Burundi, República Centroafricana, China, Congo, Cuba, El Salvador, Etiopía, Gabón, Guinea, India, Irán, Kazajistán, Kirguistán, Laos, Mongolia, Mozambique, Namibia, Paquistán, Sri Lanka, Sudáfrica, Sudán, Tayikistán, Togo, Uganda, Uzbekistán, Vietnam, Zimbabue.

Los que votaron a favor:

Afganistán, Albania, Alemania, Andorra, Antigua y Barbuda, Arabia Saudita, Argentina, Australia, Austria, Bahamas, Bahrein, Barbados, Bélgica, Belice, Benín, Bosnia y Herzegovina, Botsuana, Brasil, Brunéi, Bulgaria, Bután, Cabo Verde, Camboya, Canadá, Catar, Chad, Chequia, Chile, Chipre, Colombia, Comores, Congo (Rep. Democrática), Corea del Sur, Costa de Marfil, Costa Rica, Croacia, Dinamarca, Ecuador, Estados Unidos, Egipto, Emiratos Árabes, Eslovaquia, Eslovenia, España, Estonia, Filipinas, Finlandia, Fiyi, Francia, Gambia, Georgia, Ghana, Grecia, Guatemala, Guayana, Haití, Honduras, Hungría,

Indonesia, Irak, Irlanda, Islandia, Islas Marshall, Islas Salomón, Israel, Italia, Jamaica, Japón, Jordania, Kenia, Kiribati, Kuwait, Lesotho, Letonia, Liberia, Libia, Liechtenstein, Lituania, Luxemburgo, Macedonia del Norte, Madagascar, Malasia, Malaui, Maldivas, Malta, Marruecos, Mauricio, Mauritania, México, Micronesia, Moldavia, Mónaco, Montenegro, Myanmar, Nauru, Nepal, Níger, Nigeria, Noruega, Nueva Zelanda, Omán, Países Bajos, Palaos, Panamá, Papúa Nueva Guinea, Paraguay, Perú, Polonia, Portugal, Reino Unido, República Dominicana, Ruanda, Rumania, Samoa, San Cristóbal, San Marino, San Vicente y las Granadinas, Santa Lucía, Santo Tomé y Príncipe, Serbia, Seychelles, Sierra Leona, Singapur, Somalia, Sudán del Sur, Suecia, Suiza, Surinam, Tailandia, Timor Oriental, Tonga, Trinidad y Tobago, Túnez, Turquía, Tuvalu, Ucrania, Uruguay, Vanuatu, Yemen, Yibuti, Zambia[110].

Es importante observar cómo algunos de los países que no votaron a favor de la resolución, que condenan la invasión, han jugado sus cartas. Entre ellos, hay dos que destacan asombrosamente, y que son Irán y China. Ambos países se abstuvieron durante la votación. Es decir, en los dos casos continúan haciendo esfuerzo por presentarse ante la comunidad internacional como países neutrales. No quieren condenar a Rusia ni salir apoyando una resolución a favor de Ucrania, pero tampoco votan en contra. Esto, a pesar que en ambos casos, ahora se sabe, han ayudado a Rusia después de establecidas las sanciones, que se fueron tomando por el conjunto de naciones a partir de que comenzó la invasión a Ucrania. En el caso de Irán, está absolutamente comprobado el envío de al menos cientos

---

110 INFOBAE. Cómo votó cada país en la resolución de la ONU sobre la invasión rusa a Ucrania. 23 de febrero de 2023.
https://www.infobae.com/america/mundo/2023/02/23/como-voto-cada-pais-en-la-resolucion-de-la-onu-sobre-la-invasion-rusa-a-ucrania/

de drones para uso militar a Rusia que han sido y son empleados contra Ucrania. En el caso de China, a pesar de las sanciones, el país asiático firmó nuevos acuerdos petroleros con Rusia, que le han permitido a Putin poder sobrellevar de mejor forma las sanciones. Si bien es cierto que los acuerdos en este sentido entre Rusia y China ya se habían incrementado desde el 2014, después que las sanciones contra Rusia habían establecido límites para la comercialización en esta área con Occidente, un nuevo acuerdo fue firmado en febrero de 2022. Al respecto, de acuerdo al portal especializado en energía, denominado: "Energía Hoy", en un artículo firmado por Juan Carlos Chávez se señala que: "La petrolera rusa Rosneft firmó un acuerdo de suministro de 10 años con China National Petroleum Corporation (CNPC) para suministros de 100 millones de toneladas, o 200.821 b/d de petróleo crudo; al margen de una visita de estado del presidente Vladimir Putin a China"[111].

En el artículo se sostiene que: "De acuerdo con Rosneft, las entregas se enviarán a través de Kazajstán para su refinación en plantas en el noroeste de China. En este apartado, la petrolera rusa ya coopera con socios chinos en la producción de petróleo crudo a través de la instalación Udmurneft, adquisición de la petrolera china Sinopec.

Cabe mencionar que, los envíos de crudo ruso a través de oleoductos a China se mantuvieron estables en 2021; con 40 millones de toneladas, o 803.287 b/d, según el operador

---

[111] ENERGÍA HOY. Rusia y China firman nuevos acuerdos petroleros tras tensión con Ucrania. 4 de febrero de 2022.
https://energiahoy.com/2022/02/04/rusia-y-china-firman-nuevos-acuerdos-petroleros-tras-tension-con-ucrania/#:~:text=La%20petrolera%20rusa%20Rosneft%20firm%C3%B3,presidente%20Vladimir%20Putin%20a%20China.

de oleoductos ruso Transneft. Una cuarta parte de estas entregas se enviaron a través de Kazajstán"[112].

Este sería uno de los acuerdos visibles. Pero diversas fuentes de inteligencia occidentales estiman que el flujo comercial entre ambos países es mucho más alto de lo que se ve a simple vista, sobre todo después del establecimiento de severas sanciones a Rusia luego de haber invadido Ucrania.

En el terreno militar, el secretario de Estado norteamericano, Antony Blinken, dijo el domingo 19 de febrero de 2023, que su país disponía de pruebas de que China contemplaba enviar armas a Rusia[113][114].

Este juego de China, de simular ser neutral y de ayudar incluso militarmente a Rusia, ya lo había anticipado en el primer libro sobre la invasión a Ucrania, publicado el 27 de abril de 2022. En el capítulo referente, donde concluyo diciendo que esta es la única actitud que se puede esperar de China[115].

También en la forma de votar de los países africanos se puede observar el enorme trabajo político que tiene Rusia

---

[112] Ídem.

[113] DW. Blinken denuncia que China contempla enviar armas a Rusia. 19 de febrero de 2023. https://www.dw.com/es/blinken-denuncia-que-china-contempla-enviar-armas-a-rusia/a-64757390

[114] LOS ÁNGELES TIMES. ONU aprueba resolución para exigir retiro ruso de Ucrania. 23 de febrero de 2023. https://www.latimes.com/espanol/internacional/articulo/2023-02-23/onu-aprueba-resolucion-para-exigir-retiro-ruso-de-ucrania

[115] MONGES, MARCELO FABIÁN. Putin La Invasión a Ucrania La amenaza contra toda la humanidad (Edición en español pasta blanda). 27 de abril de 2022. Pg. 99 https://www.amazon.com.mx/Invasi%C3%B3n-Ucrania-amenaza-humanidad-Spanish/dp/B09YMLT47V

en ese continente, una región que parece olvidada para el Tío Sam: política, humanitaria, y estratégicamente.

Ahora bien, en su aspecto más fundamental, la resolución de la ONU, muestra a una Rusia aislada, repudiada por la mayoría del mundo y a Putin como un líder paria, fuera de las normas de convivencia internacionales.

La resolución de la ONU, tomada el jueves 23 de febrero, durante la 11a sesión de emergencia, "recalca la necesidad de alcanzar cuanto antes una paz general, justa y duradera" en Ucrania, de acuerdo con los principios de la Carta de las Naciones Unidas.

Las sesiones de emergencia son un mecanismo que se ha utilizado solo 11 veces en toda la historia de la ONU, y que fue establecido en 1950, por la resolución 377 A (V) y que señala que se pueden pedir requerir una sesión de emergencia cuando se: "Resuelve que si el Consejo de Seguridad, por falta de unanimidad entre sus miembros permanentes, deja de cumplir con su responsabilidad primordial de mantener la paz y la seguridad internacionales en todo caso que resulte haber una amenaza a la paz, un quebrantamiento de la paz o un acto de agresión, la Asamblea General examinará inmediatamente el asunto, con miras a dirigir a los miembros recomendaciones apropiadas para la adopción de medidas colectivas, inclusive, en caso de quebrantamiento de la paz o acto de agresión, el uso de fuerzas armadas cuando fuere necesario, a fin de mantener o restaurar la paz y la seguridad internacionales.

De no estar a la sazón reunida, la Asamblea General puede reunirse en período extraordinario de sesiones de emergencia dentro de las 24 horas siguientes a la presentación de una solicitud al efecto. Tal período extraordinario de sesiones de emergencia será solicitado si así lo solicita el Consejo de Seguridad por el voto de siete cualesquiera de sus miembros, o bien la mayoría de los Miembros de las Naciones Unidas"[116].

Ucrania: La Asamblea General "recalca la necesidad de alcanzar una paz general, justa y duradera"

Foto: Página oficial de la ONU.
https://news.un.org/es/story/2023/02/1518857

En este contexto, el periodista mexicano Enrique Acevedo, de NMÁS (Televisa) durante una conferencia de prensa en Kiev presidida por el presidente Zelenski, decidió increpar al primer mandatario ucraniano preguntándole por el resultado de la resolución de la ONU, y en particular por la forma de votar de cada país. Acevedo le preguntó textualmente a Zelenski: "Señor presidente, mencionaba usted la resolución en la que más de 140 países votaron para exigir que las fuerzas rusas salgan de Ucrania de inmediato y sin condiciones, ¿Qué le dice usted a los países, a una

---

[116] NACIONES UNIDAS. Ucrania: La Asamblea General "recalca la necesidad de alcanzar una paz general, justa y duradera". 23 de febrero de 2023. https://news.un.org/es/story/2023/02/1518857

minoría que no votó a favor de esta resolución, que votaron o con Rusia o contra la resolución, o que se abstuvieron de votar?

Entonces llegaría la magistral respuesta de Zelenski, una respuesta que lo muestra a la altura de los más grandes de la historia, una manera de resolver que vuelve perfectamente justificable la comparación que ha hecho de Zelenski con Churchill personajes de la talla de Boris Johnson o Nanci Pelosi. Ante cientos de periodistas, Zelenski le respondió así al periodista mexicano: "Mira, para entender la guerra y sus consecuencias, y pérdidas, porque te recuerdo que no solo pierdes territorio sino a tu gente, y si no estás en guerra y no has perdido a nadie de esa manera, te es difícil entender que está pasando, el dolor de quien está pasando por eso. Y no es fácil dar a conocer esta información. Para eso trabajamos todos los días para que se entienda las consecuencias de la guerra en países que no están pasando por esto. Y eso no es fácil. Porque es doloroso y te encuentras en una posición muy débil. Además, les recuerdo que estamos pasando una guerra en las que se cometen actos de tortura, violaciones, en las que las viviendas de la gente son blancos d ellos bombardeos. ¿Cómo hacer que la gente entienda la crueldad y el enfermo liderazgo de la Federación rusa?

Creo que perdimos mucho tiempo durante muchos años. Desde el inicio de nuestra independencia. Por eso nos encontramos luchando otra vez. Y mira, no es coincidencia que no tuviéramos muchos aliados antes de la guerra, pero ahora, sí los tenemos... pero necesitamos más. Y así como hablaba yo de África, América Latina también es muy importante. A mí me encantaría celebrar una conferencia o una cumbre de América Latina y Ucrania, aunque sí me es muy difícil salir de Ucrania, pero yo lo haría para hablarles de nosotros. Tanto a su prensa, como a su gente. Nadie imaginó esto de un país vecino. Es decir, de Rusia, que lo único que quiere es destruirnos. Nosotros trabajamos mucho para ganarnos el apoyo de Europa. Y no solo me refiero a los países de la Unión Europea. Hicimos un gran esfuerzo para superar esa neutralidad. Para que no se pronunciaran como neutrales respecto de la guerra. La victoria se gana en el campo de batalla. Es ahí donde te ganas la confianza. Porque a nadie les gustan los perdedores. Por muy duro que suene, pero esa es la realidad. A todos les gusta estar del lado de la victoria y es por la victoria por la que estamos trabajando. Tanto dentro como fuera del país. Muchas gracias por tu pregunta"[117].

Un análisis muy breve del discurso de Zelenski nos deja claro al menos estos elementos. En primer lugar, Zelenski no se enoja. No se va contra la prensa porque la pregunta es adversa. La pregunta tiene algo de insidia, en un estilo muy mexicano, porque de alguna forma el periodista le está diciendo: ¿Y cómo te las arreglas o que les dices a las minorías que tienen sus razones, aparentemente, para no apoyarte, o para estar en contra, o al menos para abstenerse? Pero Zelenski usa la pregunta a su favor. No le hace caso a la insidia. Tampoco en su discurso Zelenski busca descalificar a esos países. Como harían muchos líderes. Entre los gobiernos de esos países hay verdaderos simuladores. Hay muchos intereses y razones inmorales. Pero Zelenski no se va para ese lado. El presidente ucraniano busca poner sobre la mesa razones humanas. Como hacer posible que la gente entienda lo que pasa. Lo que es sufrir una guerra. Que ataquen a tu gente. Ver morir a tu pueblo, a tu familia. Pero después Zelenski muestra una gran visión de la historia. Reconoce errores e ingenuidad en

---

[117] NMAS. "Es Difícil Entender el Dolor", Responde Zelenski a Enrique Acevedo. 24 de febrero de 2023.
https://www.nmas.com.mx/internacional/zelenski-enrique-acevedo-conferencia-hoy-ucrania-video

la historia de los ucranianos. Al respecto dice: "Creo que perdimos mucho tiempo durante muchos años. Desde el inicio de nuestra independencia. Por eso nos encontramos luchando otra vez." También muestra una gran visión para saber mirar qué han hecho sus antecesores, la política internacional que tenía Ucrania antes de la guerra, y entonces dice: "Y mira, no es coincidencia que no tuviéramos muchos aliados antes de la guerra, pero ahora, sí los tenemos". En su respuesta, Zelenski muestra una gran visión del mundo. Habla de las regiones donde quiere buscar aliados y todavía no los tiene. Se refiere a América Latina y a su gente. También habla del trabajo en el que se han empeñado para poder conseguir el apoyo de Europa.

En esto, Zelesnki muestra que es plenamente consciente de sus logros, pero no los alardea. Zelenski sabe perfectamente que esto no es una cuestión personal, que su lucha no tiene nada que ver con su ego. Con instalar su nombre en la historia. Esto es completamente secundario para Zelenski. Esto viene por añadidura. Su lucha es por la supervivencia de su pueblo. Por la sobrevivencia de Ucrania como país, y para eso está dispuesto a darlo todo. A no ahorrarse ningún sacrificio. Son estas cosas las que lo han vuelto desde el comienzo de la invasión a Zelenski un soldado de primera línea.

LA ENTREGA DE LOS OSCAR

En la entrega de los Premios Oscar sucedió algo grandioso. En su edición 2023, la entrega de los premios de la Academia de las Artes y las Ciencias Cinematográficas se realizó el 23 día 23 de marzo, regresando a su lugar más icónico, el Dolby Theatre de Los Ángeles.

Figuras como el actor Brandan Fraser, Jamie Lee Curtis, Ke Huy Quan, Guillermo del Toro, vieron coronado su trabajo con la preciada estatuilla.

Todo el glamour, las luces y el encanto de que es capaz el mejor cine del mundo ofrecerían sus mejores destellos como cada año. Su alfombra roja, que este año tuvo un color champagne, vería pasar este año a una deslumbrante Ana de Armas, que el público mundial se encargaría de no cansarse de alabar posteriormente en redes sociales. La sensualidad y el carisma de la mexicana Salma Hayek bendecirían con sus pasos el furor de ánimo que se destila de dicha alfombra.

Por ahí pasaría Ricardo Darín, Alfonso Cuarón, Angela Bassett, la irlandesa Kerry Condón, su coterráneo Brendan Gleeson, Cate Blanchett quien también sería alabada en las redes sociales por su elegancia y buen gusto. En la alfombra champagne de este año también se verían los destellos de Nicole Kidman, Jessica Chastain, Emily Blunt, Kate Hudson, Ariana Debose, Eva Longoria, Cara Delevigne, quien luciría un vestido y alardearía de una elegancia propias de una Diosa griega[118] [119] [120].

Todo eso fue a desembocar en la ceremonia de entrega de los Premios de la Academia, donde sucedió algo monumental. Si bien allí todo es radiante, y es una ceremonia vista por miles de millones de personas en el mundo, hubo un momento cumbre. Y fue cuando se anunció la premiación con un Oscar a Navalny, el documental sobre el opositor ruso apresado actualmente por Putin. Fue entonces cuando apareció en escena Yúlia Navalnaya, la esposa de Alexéi Navalny. La rubia y de ojos azules tomó el micrófono para dar un mensaje muy breve, pero muy claro: "Mi esposo está en prisión por decir la verdad. Mi marido está en prisión sólo por defender la democracia. Alexéi, sueño con el día que seas libre, y nuestro país sea libre. Sé fuerte mi amor, gracias"[121].

El momento era, políticamente hablando, tan grande como el lanzamiento de una bomba electromagnética, pero de razones contra Putin. No era una agresión, de ninguna manera. Era como haber juntado muchos millones de contundentes razones, y haberlas lanzado, desde la elegancia, el buen gusto, la razón, el humanismo, el arte,

---

[118] MARCA. Los mejores momentos de la alfombra roja de los Oscar 2023. 12 de marzo de 2023. https://www.youtube.com/watch?v=LZ94aEMfaBY
[119] TNT AMÉRICA LATINA. ¡La alfombra de los Oscars® 2023 en vivo! 12 de marzo de 2023. https://www.youtube.com/watch?v=NJZ8bfZVlq4
[120] FOTOGRAMAS. Alfombra roja de los Premios Oscars 2023: de Ana de Armas a Cate Blanchett. 12 de marzo de 2023. https://www.fotogramas.es/premios-oscar-cine/g43283640/premios-oscar-2023-vestidos-alfombra-roja/#:~:text=Por%20la%20alfombra%20roja%20de,Actriz%20de%20Repar to%20en%20los
[121] EL PAÍS. La gala de los Oscar, en cuatro minutos. 13 de marzo de 2023. Minuto 3:28. https://www.youtube.com/watch?v=W289LqNXDEA

contra un dictador que tiene injustamente preso a su opositor más importante.

Pero para tener dimensión del nivel de injusticia cometida por Putin contra Navalny, para tener una idea verdadera de la mente criminal de Putin y de sus hechos, nada mejor que ver el documental, que cuenta de forma maestra, cómo Navalny fue mandado envenenar por Putin, con el agente radioactivo Novichok, una forma de envenenamiento que el líder ruso y su gobierno han agarrado como "de moda" para mandar a asesinar opositores.

Navalny, el Documental

En realidad, lo debería ver todo el mundo. Toda la humanidad, es imprescindible que lo vea. Así hay cosas de la historia que deberían enseñarse en los colegios, en las escuelas primarias, desde lo que sucedió en el Holocausto, las torturas de la inquisición, las consecuencias del calentamiento global, o las consecuencias de las bombas atómicas de Hiroshima o Nagasaki. No se hace porque por encima de tratar de tener una mejor humanidad hay intereses económicos.

Navalny, el documental disponible en HBO, cuenta la historia de cómo fue envenenado el opositor más importante de Putin durante todo su gobierno. Es de esos documentos que debería ver cada niño, en toda la humanidad, que debería ser parte de la conciencia colectiva de toda la humanidad, para que cada habitante del mundo pueda saber quién es quién en la historia y la geopolítica humana y estar así blindados contra las mentiras y propagandas emitidas muchas veces desde el poder.

El documental comienza con una entrevista a Navalny, donde le avisan que lo están grabando, y le piden un mensaje para el pueblo ruso en caso de que él muera. Porque Putin lo mandó a envenenar con Novichok, un agente químico radiactivo que fabrican los rusos. Por lo que está claro que su destino final podría ser morir asesinado.

-Si te matan, si sucede, ¿qué mensajes dejas al pueblo ruso?

Así de crudo comienza el documental.

Una pregunta que no le gusta al líder opositor ruso, y lo deja ver. "Vamos Daniel, le dice Navalny al productor, es como si estuvieras haciendo una película sobre mi muerte. Estoy listo para responder esa pregunta. Pero que sea otra película...la película número dos. Y en caso de que me maten, hagamos una película aburrida de mi memoria...".

Navalny comienza diciendo en primera persona: Hola, soy Navalny, estoy en Alemania ahora, pero no por elección. Me trajeron aquí porque casi me asesinan. Ellos están ofendidos porque intentaron matarme y sobreviví. Así que ahora me amenazan con meterme a la cárcel." Dice Navalny, lo cual después sucedió.

"Inesperadamente, Vladimir Putin tiene un auténtico contrincante, un apuesto abogado de 41 años, Alexéi Navalny, que ha elegido una de las profesiones más peligrosas del mundo, enfrentarse al hombre que controla al Kremlin". Se dice en el documental.

Daniel Roher, el canadiense director del documental sobre Navalny, hace ver durante el mismo que ningún otro opositor en Rusia ha logrado movilizar a la sociedad rusa como lo ha hecho Navalny, lo cual, desde luego lo ha convertido en una figura temible para Putin.

Daniel Roher, de 30 años, ha tenido carrera con un ascenso meteórico. El sitio Docsbarcelona por ejemplo, destaca que sus "películas lo han llevado a todos los rincones del mundo, desde Japón hasta Uganda, pasando por Nunavut y más allá. Su documental debut, Once Were Brothers: Robbie Robertson and the Band, fue producido por Martin Scorsese y Ron Howard. Fue la película de la noche de apertura del Festival Internacional del Cine de Toronto de 2019. Es un artista visual reconocido"[122].

En el documental se le puede ver a Navalny diciendo en un evento público al aire libre: "En nuestro país la gente muere a los 60 o 65 años, los países europeos se horrorizan con nuestra esperanza de vida". También se puede ver cómo desde el público, en el mismo evento, le preguntan: ¿Qué opina sobre la guerra en Ucrania (la que se venía desarrollando desde el 2014 con la invasión a Crimea y de la guerra en Siria)?

Entonces Navalny le pregunta a la multitud: ¿Quieren pagar por la guerra o no?

La gente responde que: No. "Pondré fin a la guerra", dice Navalny

Entonces, ya entrevistado para el documental, Navalny comenta: "Me excluyeron de todos lados. La televisión, prohibida. Los periódicos, en la lista negra. Los mítines prohibidos".

Navalny cuestionaba todo, desde lo fundamental hasta lo más básico que estaba mal. Entonces no sería una figura tolerable para alguien como Putin.

---

122 DOCSBARCELONA. Daniel Roher.
https://docsbarcelona.com/es/perfiles/daniel-roher

En el impecable trabajo de Daniel Roher, Navalny relata: "Me di cuenta de que podría hacer mucho, por mi cuenta, por el apoyo de mi esposa Yulia. Solo puedo confiar en un grupo pequeño de personas. Sin dinero, mucho trabajo. Internet y nada más".

Se podría decir que Navalny es algo así como todo lo contrario de los políticos occidentales. Ni qué hablar de los políticos mexicanos, que si no tienen primero un presupuesto de un montón de millones de pesos, no se les va a ocurrir ni una lastimosa idea.

Así, sin dinero, con ingenio, y las pocas herramientas que enumeró, Navalny se convirtió en el principal opositor político en toda la historia de Putin. Fue entonces cuando lo mandó a envenenar.

El Kremlin odia tanto a Navalny que literalmente se niegan a pronunciar su nombre, se afirma en el documental, y se ofrecen discursos de Putin donde se refiere a "la persona esa", pero sin mencionarlo. Así en un discurso tras otro.

El documental muestra cómo a Navalny le arrojan un líquido tóxico en la cara, en una ocasión. En otra oportunidad lo arrestan amenazándolo con romperle un brazo. También se le puede ver a Navalny diciendo que cada vez su vida era más segura porque cada vez se volvía más famoso. Y sería problemático matarlo para ellos. Error. Con un asesino como Putin, nada de eso hará que alguien esté más seguro.

Hay un momento culminante del documental, y es donde se muestra un video, con la situación que se presenta en un vuelo de avión, desde Siberia, en donde se le puede oír a Navalny gritar de dolor para ser bajado después en camilla y ser internado con un respirador artificial. La prensa le preguntaba a su mujer si había sido un intento de asesinato del Kremlin. A su mujer no le permitían entrar al hospital donde estaba su marido ahora internado. No la dejaban hablar con los doctores. Yúlia Navalnaya entonces comenzó a filmar con el celular y a denunciar lo que estaba sucediendo. Los guardias la empujaban y le pedían que se sentara en un pasillo donde no la iba a atender nadie.

El avión en el que iba Navalny iba de Siberia a Moscú. Cuando el líder opositor ruso se descompuso, el capitán del vuelo decidió hacer un aterrizaje de emergencia en la ciudad de Omsk[123].

Esto permitió que Navalny fuera atendido a tiempo y así salvara su vida.

Todo estaba estudiado por el aparato de inteligencia ruso que llevó a cabo el atentado, para que, por el tiempo de duración del vuelo, de Siberia a Moscú, Navalny muriera en el trayecto. Pero los asesinos de Navalny, y quienes concibieron el plan, no contaban con la parada de emergencia del avión, y con que Navalny fuera atendido a tiempo.

Lo sucedido en el avión

Sobre lo que sucedió en el vuelo, donde iba Navalny ese 20 de agosto de 2020, periodistas del servicio ruso de la BBC de Londres reconstruyeron la secuencia de hechos, para dar cuenta de "cómo auxiliares de vuelo, y médicos lucharon para salvar su vida en los cielos de Siberia".

---

[123] BBC MUNDO. Alexei Navalny: las dos horas que le salvaron la vida al opositor ruso crítico de Putin. 4 de septiembre de 2020. https://www.bbc.com/mundo/noticias-internacional-54024880

La secuencia de lo que sucedió ese día, investigado por el servicio ruso de la BBC, es relatado así:

"Otro pasajero del vuelo, Ilya Ageev, ve a Navalny bebiendo el té una hora antes del despegue.

El crítico del Kremlin sonríe y bromea con los pasajeros que lo reconocen.

08:01 de Tomsk (01:01 GMT)

Navalny empieza a sentirse mal durante la primera media hora del vuelo.

Cuando los asistentes de vuelo reparten agua entre los pasajeros, él la rechaza. Luego se levanta para ir al baño.

08:30 (01:30 GMT)

Otro pasajero intenta usar el lavabo, pero Navalny ya lleva dentro del mismo unos 20 minutos. Una cola empieza a formarse en la puerta.

08:50 (01:50 GMT)

Para este momento los cuatro asistentes de vuelo ya saben que uno de los pasajeros no se siente bien.

09:00 (02:00 GMT)

Minutos después, un asistente de vuelo pregunta por los altavoces si hay doctores a bordo. Los otros pasajeros se dan cuenta de que la situación es grave.

La tripulación de cabina informa al piloto y trata de administrarle primeros auxilios a Navalny.

Su asistente, Ilya Pakhomov, camina por el pasillo pidiendo asistencia médica. Una mujer, que no ha sido identificada, se presenta como enfermera.

Según S7 Airlines, durante la siguiente hora, ella y los auxiliares de vuelo se concentran en mantener a Navalny consciente hasta que el piloto pueda realizar un aterrizaje de emergencia.

"No hablaba, gritaba"

El abogado Sergey Nezhenets estaba sentado en la última fila, cerca de donde estaba siendo tratado Navalny. Debía trasladarse a Moscú antes de volar a Krasnodar, en el sur de Rusia.

"Comencé a prestar atención a lo que estaba sucediendo cuando un asistente de vuelo pidió que los profesionales médicos a bordo se identificaran", relató Nezhenets.

"Unos minutos después, el piloto anunció que aterrizaríamos en Omsk, porque un pasajero no se encontraba bien. Solo me di cuenta de que el pasajero en cuestión era Navalny después de que aterrizamos, cuando revisé Twitter y vi las publicaciones de su portavoz", le dijo a la BBC.

"Poco después de que pidieran a un médico, Alexéi comenzó a gemir y gritar. Estaba claramente adolorido. Estaba tirado en el suelo en la parte del avión reservada para la tripulación de cabina. No decía ninguna palabra ... solo gritaba".

Según Nezhenets, fue entonces cuando una enfermera se identificó y ofreció asistencia médica.

"No sé qué hizo, no vi. Pero les oí seguir diciendo 'Alexéi, bebe, bebe, Alexéi, respira', contó el abogado.

"Cuando él estaba gimiendo, el resto de nosotros nos sentimos mejor, porque eso significaba que por lo menos todavía estaba vivo. Insisto, en ese momento no sabía que era Navalny", aseguró.

Dos de los asistentes de Navalny estaban con él. Uno era su secretaria de prensa, Kira Yarmysh.

"Estaba muy nerviosa", contó Nezhenets. "El médico le preguntó qué le había pasado y Kira dijo: 'No sé, probablemente fue envenenado'".

08:20 (02:20 GMT)

La tripulación gestiona rápidamente permiso para un aterrizaje de emergencia en Omsk, que recibe de inmediato.

El avión, sin embargo, tarda poco más de 30 minutos en aterrizar después de que la medida es comunicada a los pasajeros.

La tripulación de cabina "2seguía revisando las ventanas y quejándose de que, debido a que estaba tan nublado, estaba tardando más en aterrizar mientras Alexéi estaba tan mal", cuenta Nezhenets.

El abogado escucha ruidos de arcadas cuando instan a Navalny a beber[124].

Si bien, la información recabada sobre lo que sucedió en el vuelo de Siberia a Rusia en el que viajaba Navalny por el servicio de la BBC, seguramente es inobjetable, en el documental no se muestra o se recrea toda esta situación tal vez por no apelar a la dramatización, por conservar la credibilidad mostrando exclusivamente lo que tenían filmado. El documental sólo trabaja con imágenes reales.

La internación en Alemania

Cuando la esposa de Navalny vio que no podía confiar en los médicos rusos que estaban atendiendo a su esposo, entonces ella dice: "Pensé que como estaba solo, el FSB, el Servicio Federal de Seguridad, (lo que antes sería la KGB) y Putin, sacarían el máximo provecho de la situación e intentarían asegurarse de que estuviera muerto"[125].

Entonces, en el documental, se la puede ver a Yúlia Navalnaya, en una filmación realizada en el momento de los hechos, cómo comenzaron a exigir la liberación inmediata de Alexéi Navalny, "porque ahora, en este hospital, hay más policías y agentes del gobierno que médicos".

Los médicos salieron a hacer declaraciones de que no se encontró en la sangre de Navalny veneno ni ningún otro

---

[124] BBC MUNDO. Alexei Navalny: las dos horas que le salvaron la vida al opositor ruso crítico de Putin. 4 de septiembre de 2020. https://www.bbc.com/mundo/noticias-internacional-54024880
[125] HBO. Navalny (documental). Minuto 11:36

material biológico y a afirmar que el líder opositor tenía un trastorno metabólico[126].

Lo que debería servir, para tener muy en cuenta, que hay médicos de todo tipo, también como estos que atendieron a Navalny en Rusia, capaces de mentir deliberadamente en un diagnóstico, para seguir las instrucciones o los intereses de un gobierno, para su beneficio personal, o por dinero.

"Escuchamos que las agencias estatales, respaldadas por el Kremlin, sugieran que las drogas alucinógenas pueden estar involucradas, pero no el envenenamiento". Se dice en el documental.

Desde el gobierno de Putin hablaron de la toma de antidepresivos ilegales en Rusia, del consumo de alcohol y cocaína, de homosexualidad, y de orgías. Ensuciar a la víctima para no quedar como el agresor. Embarrar a la víctima para tapar el propio crimen. Lo ha utilizado tanto la CIA, como Cristina Fernández de Kirchner con el asesinato del Fiscal Federal Alberto Nisman, y ahora lo utilizaba Putin en contra de Navalny sin ningún pudor.

Entonces fue cuando la mujer de Navalny, Yúlia Navalnaya, junto con su encargada de prensa, Kira Yarmysh comenzaron a hacer todo lo necesario para poderlo trasladar a Alemania, para que fuera atendido. En esos momentos todo ayudaba, inclusive los pequeños grupos de opositores que se habían comenzado a reunir en la puerta del hospital donde estaba internado Navalny, haciendo declaraciones a viva voz donde decían que eran unos asesinos. Esos opositores eran detenidos por supuesto, por el régimen fascista de Putin.

---

[126] HBO. Navalny (documental). Minuto 12: 40.

Cuando la esposa de Navalny pudo entrar finalmente al hospital, cuenta que su marido "apenas tenía los ojos abiertos y estaba convulsionando otra vez"[127].

Si no hubiera sido por la gran determinación de la esposa de Navalny, Yúlia Navalnaya, de exigir frente a la prensa, parada en la puerta del hospital, dirigiéndose a las autoridades rusas de que su marido fuera trasladado a un hospital europeo, seguramente Navalny hubiera muerto en ese hospital.

Navalny fue llevado en una ambulancia aérea hasta Alemania. De su atención se ocuparía incluso hasta la Canciller Ángela Merkel. Después de una semana de permanecer en Alemania con su marido internado, Yúlia Navalnaya recibió una llamada del Ministerio de Asuntos exteriores de Alemania, en donde le dijeron: Hemos descubierto que su marido fue envenenado, con un agente del grupo Novichok"[128] [129].

La Investigación

Algo que muestra el documental, y que es un verdadero lujo, es cómo el equipo de Navalny, con algunas ayudas extras, investigó y dio con cada uno de los agentes rusos que estuvieron involucrados en el operativo para envenenarlo.

---

[127] Ídem. minuto 14:38
[128] HBO. Navalny (documental). Minuto 22:33.
[129] BBC MUNDO. Novichok: qué es y cómo actúa el agente nervioso de origen soviético que Alemania dice que se usó contra Alexei Navalny. 2 de septiembre de 2020. https://www.bbc.com/mundo/noticias-internacional-43381592

Apenas se supo del envenenamiento de Navalny, parte de su equipo inmediatamente se fue al cuarto de hotel donde se había hospedado el líder opositor ruso, para sacar de ahí, todos los indicios y pruebas que pudieran encontrar. No sin antes tomar una serie de cuidados para no tener ellos mismos contacto directo con lo que lo hubiera envenenado.

Hasta el envenenamiento de Navalny, el intento de asesinato más cercano que se había podido rastrear hasta ese momento, como un crimen encargado por el Kremlin, era el envenenamiento de Sergei Skipal, un es espía ruso, cuyo ataque se realizó en la ciudad de Londres en 2018.

Chisto Grozev, Investigador en Jefe de Bellingcat, quien trabajó con el equipo de Navalny en las investigaciones de su envenenamiento, buscando de forma increíblemente efectiva a todos los agentes rusos que participaron en el caso, explica en el documental cómo funciona el Novichok. Al respecto dice: "lo insidioso del Novichok, es que realmente comienza a apagar todo tu cuerpo, los conectores nerviosos en tu cuerpo uno por uno. Si se dosifica correctamente, apagará todo tu cuerpo. Pero luego, en cuestión de horas, su rastro desaparecerá, como si fuera una muerte natural"[130].

Grozev, también explica que: "por esto que parece ser la forma preferida de matar a personas cuya muerte estará bajo escrutinio público, como Navalny"[131].

Chisto Grozev, relata para el trabajo de Daniel Roher, que al principio, hubo mucha presión, incluso de los medios de comunicación para que empezaran a investigar, pero les

---

[130] HBO. Navalny (documental). Minuto 18:51.
[131] HBO. Navalny (documental). Minuto 19:11.

parecía muy difícil investigar hechos sucedidos en Rusia desde fuera del país. Y que por eso al principio ni siquiera lo intentaron.

María Pechikh, Investigadora en Jefe, de la Fundación Anticorrupción Navalny, afirma que "al principio éramos muy escépticos sobre la investigación del envenenamiento de Alexéi. A diferencia de casos anteriores, este envenenamiento ocurrió en suelo ruso, así que nadie nos compartirá las imágenes de las cámaras de seguridad. No vamos a tener videos del aeropuerto, donde los envenenadores entren y salgan, y por mucho que duela admitirlo, mientras Putin siga en el poder nunca sabremos la verdad"[132].

Era lo que pensaban quienes estaban en ese momento en el entorno de Navalny.

Cuando despertó Navalny y se lo contaron no lo podría creer. Envenenarlo con Novichok era como dejar la firma del crimen de parte de Putin.

En ese momento, Angela Merkel, la Canciller Alemana, de forma valiente, responsabilizó al gobierno ruso directamente[133].

Chisto Grozev relata entonces que se dieron cuenta que nadie estaba investigando el intento de asesinato de Navalny. Entonces empezaron por seguirle la pista al Novichok, que se fabrica en una unidad llamada Signal Institute. Este centro "trabaja bajo el pretexto de producir bebidas deportivas y nutritivas, esa es la leyenda. Sin embargo, emplean para este trabajo a doce científicos cuya

---

[132] Ídem. Minuto 22:15.
[133] Ídem. Minuto 24:43.

única experiencia y antecedentes es sobre armas químicas"[134], explica.

Entonces comenzaron a trabajar bajo "la hipótesis que es la entidad que proporciona el veneno para los asesinos, que viajaban por el mundo envenenando gente con Novichok"[135].

Lo cierto es que a partir de allí y bajo esa hipótesis hicieron un trabajo absolutamente increíble. Grozev relata, en el documental, que compraron en el mercado negro ruso, los registros telefónicos del jefe de Signal Institute, y comenzaron a buscar los nombres solamente de quienes aparecían vinculados al instituto desde antes que fuera envenenado Navalny. A partir de ahí revisaron números que les resultaban sospechosos y estaban en las agendas de esas personas. "El primer número que busqué, cuenta Grozev, apareció como Alexey, médico del FBS. Bueno eso fue interesante. ¿Un médico del FSB? ¿Alexey? Pero eso no era suficiente. No podíamos situar a una persona real con ese nombre. Entonces busqué si este número estaba en una base de datos de matriculación de coches. Y encontramos a un verdadero Alexey Alexandrov que tiene un coche y este número estaba en la lista para contactarlo. Entonces tienes un nombre real con un cumpleaños. Luego buscas en el archivo su pasaporte, y ves la cara. Repite eso muchas veces con los números sospechosos y luego tienes una pequeña lista de gente interesante".

"Ahora, sabíamos cuándo Navalny había viajado a Siberia, teníamos los manifiestos de pasajeros, de seis vuelos diferentes que habían volado a Novosibirsk"[136], relata Grozev.

---

[134] Ídem. Minuto 32:00.
[135] Ídem. Minuto 32:15.
[136] HBO. Navalny (documental). Minuto 33:51.

Lo increíble, es que montaron una investigación sobre la forma operativa, de un grupo de agentes secretos y asesinos del gobierno ruso, pudieron localizarlos en cada viaje que había realizado Navalny siguiéndolos y posteriormente, los llamaron diciéndole que eran sus jefes, para pedirles sus opiniones del por qué el operativo para asesinar a Navalny había fracasado y hubo quienes cayeron y hablaron, a pesar de que todo era por teléfono.

La investigación es algo completamente increíble, por lo efectiva. Pero para saber todos los detalles tendrán que ver el documental.

Después de la entrega del Oscar al documental sobre Navalny, Elsa Fernández Santos, articulista y crítica de cine del diario El País de España, publicaría un artículo titulado: "Navalny, el Oscar anti Putin, para un mediocre documental"[137]. Tal vez alguien debería explicarle a Elsa Fernández Santos, cuál es el valor de un documental, que es justamente ese, el de ser un documento, el de dar fe sobre algo. El principal valor de un documental siempre será el testimonial. Es un género que presenta determinadas dificultades, incluso para mantener la atención del público, debido al formato propio que le es específico.

El documental de Navalny logra perfectamente mantener la atención de quien está al frente de la pantalla todo el tiempo y también documenta con lujo de detalles y precisión lo que su director se propuso atestiguar.

El documental sobre Navalny que recibió el Oscar, de mediocre, no tienen nada. La crítica de Elsa Fernández Santos de mediocre lo tiene todo. Tal vez para poder hacer

---

[137] EL PAÍS. 'Navalny': el Oscar anti-Putin para un documental mediocre. 14 de marzo de 2023. https://elpais.com/cultura/premios-oscar/2023-03-15/navalny-el-oscar-anti-putin-para-un-documental-mediocre.html

una crítica un poco más lúcida, Fernández Santos no debería dejarse empañar la visión por sus simpatías ideológicas.

El regreso

Después de haber estado en Alemania el tiempo necesario para recuperarse y sentirse bien, Navalny decidió volver a Rusia. Partió hacia su país natal el 17 de enero de 2021, acompañado de su esposa, su equipo de trabajo y una gran cantidad de periodistas. Desde antes de llegar lo esperaba una gran multitud en el aeropuerto Sheremétievo de Moscú. A medida que el avión donde viajaba Navalny se fue acercando al aeropuerto, la policía del régimen comenzó a detener gente, pese a que era una manifestación pacífica. Cuando vieron que era mucha la gente que se seguía congregando para recibir a Navalny y que tendrían problemas para detener a todos decidieron desviar el vuelo en el que arribaría el líder opositor hacia otro aeropuerto. Al llegar, apenas mostró su pasaporte en la ventanilla de migraciones, llegó la policía y se lo llevó preso[138].

Navalny, que ya había sido perseguido y encarcelado en el año 2013[139], enfrenta ahora al menos 20 años de cárcel.
En lo personal, creo que la decisión de Navalny de regresar a Rusia fue un gran error.

---

[138] PÚBLICO. El infierno de Navalny, entre el vía crucis judicial y la tortura en prisión. 16 de febrero de 2022.
https://www.publico.es/internacional/infierno-navalny-via-crucis-judicial-tortura-prision.html
[139] REUTERS. Rusia encarcela a líder de oposición, Putin denunciado como dictador. 18 de julio de 2013.
https://www.reuters.com/article/internacional-rusia-politica-opositor-idLTASIE96H03520130718

¿Qué podía esperarse que hiciera Putin?

1) Dejarlo ser activista libremente y que participara de mítines multitudinarios y organizara a la gente para ser candidato a la presidencia.
2) Hacer que se lo lleven preso.
3) Mandarlo matar.

En cuanto a la primera opción, esperar eso de Putin, constituye una gran ingenuidad. Hay que saber que esperar misericordia o consideración de un dictador es un gran error. Siempre será un gran error. Y lo digo después de haber vivido en mi niñez la dictadura militar de Videla en Argentina, y de haber tenido que vivir desde niño exiliado en Brasil por el secuestro de mi padre.

La segunda opción, la que sucedió, era la más probable. Tal vez alguien debería haber convencido a Navalny que era más útil denunciando a Putin permanentemente desde el exilio, que preso o muerto, y por lo tanto callado en cualquiera de estas dos opciones, en Rusia.

Navalny, realizando conferencias, denunciando hoy a Putin le estaría prestando un gran servicio al mundo, a los países libres, podría estar levantando la voz por lo que Putin está haciendo en Ucrania.

Lo más probable es que la salida de Navalny de prisión, solo sea posible cuando Putin ya no esté en el poder.

Zelenski, los Oscar y el Mundial

El presidente de Ucrania, Volodimir Zelenski, le pidió, por segundo año consecutivo, a la Academia de las Artes y las Ciencias Cinematográficas, que es la que entrega los Premio Oscar, poder hablar durante la ceremonia de entrega. La academia le respondió, por segunda ocasión que no. Zelenski también le había solicitado a la FIFA, poder hablar y dar un mensaje de paz durante la final del Mundial de fútbol, realizada en Qatar, que se jugó el 18 de diciembre en el Estadio Lusail[140].

En todos los casos la propuesta del gobierno de Ucrania era que la intervención de Zelenski, sería, desde luego, vía remota, es decir por Zoom o por video conferencia. La FIFA, también le respondió que no.

Cuando tienes una causa tan grande como la de Zelenski, que es defender a tu pueblo en una guerra, a su gente, a sus niños, a sus mujeres, conseguir armas, comida, dinero, provisiones, desde luego, si tu compromiso es total, vas a hacer todo lo que puedas por eso, todo lo que esté a tu alcance, hasta tus últimas fuerzas. Es lo que está haciendo Zelenski, con un gran éxito, probablemente como nadie lo hizo nunca en la historia de la humanidad. En cuanto a desarrollo de relaciones, a la cantidad de veces que ha hablado en un Parlamento, desde el Congreso de Estados Unidos, visita que hizo presencialmente, como ya vimos, hasta en el Congreso de Londres o de Italia, vía remota. Zelenski ha logrado poder hablar en la entrega de los Grammy y en la Cumbre del G-20, por ejemplo.

---

[140] CNN ESPAÑOL. Exclusiva: la FIFA rechaza la petición de Zelensky de compartir un mensaje de paz en la final del Mundial. 16 de diciembre de 2022. https://cnnespanol.cnn.com/2022/12/16/exclusiva-fifa-rechaza-zelensky-mensaje-final-mundial-trax/

Si bien pudiera ser entendible el punto de vista de la Academia de las Artes y las Ciencias Cinematográficas, que un mensaje sobre la guerra de verdad, allí en medio del glamour, la elegancia, la seducción, rompería tal vez un poco con todo el encanto, los argumentos del gobierno de Ucrania son muy buenos, y, desde lo humano, completamente atendibles.

Por ejemplo, el Ministro de Relaciones Exteriores de Ucrania, Dmytro Kuleba sobre esto dijo: "Creo que si 'Sin novedad en el frente occidental' consigue un Oscar a la mejor película extranjera mientras que al presidente Zelenski, que lucha, que dirige el país, que libra la mayor guerra desde la II Guerra Mundial en Europa, no se le permite hablar en los Oscar, no se podrá encontrar mejor ejemplo de la hipocresía de los altos directivos y productores de la industria cinematográfica", dijo en declaraciones al dominical "Bild am Sonntag"[141].

El Ministro de Relaciones Exteriores de Ucrania, sobre esto abundó: "Sólo estoy diciendo, gente, si estáis a punto de premiar una película sobre la guerra y no os dais cuenta de que justo cuando estáis bebiendo champán y luciendo preciosos vestidos y diamantes, otra persona no quiere escuchar una historia real de la guerra que está ocurriendo aquí y ahora, hay algo con vosotros que va mal"[142].

Un despacho de la Agencia EFE, publicado el 11 de marzo de 2023, asegura que: "El productor estadounidense Will Packer había rechazado ya el año pasado una

---

[141] EL COMERCIO. Negativa a dejar hablar a Zelensky en los Oscar es el "mejor ejemplo de hipocresía", califica Kuleba. 11 de marzo de 2023. https://elcomercio.pe/mundo/europa/negativa-a-dejar-hablar-a-volodymyr-zelensky-en-los-oscar-es-el-mejor-ejemplo-de-hipocresia-califica-dmytro-kuleba-noticia/
[142] Ídem.

comparecencia de Zelenski en la gala, según el portal "Variety", supuestamente por la preocupación de que la guerra de agresión rusa sólo recibiera atención en Hollywood porque las víctimas son blancas"[143].

Si las víctimas de la guerra fueran negras, habría que denunciarlo, tienen derechos como todos. Pero si las víctimas de la guerra son blancas, eso no significa que hay que callarse y esconderlas, tienen derechos por supuesto, como todos los demás. A veces los pensamientos de moda, como en este caso, se establecen por encima de razones de verdad, lo cual termina siendo lamentable.

En cuanto a la negativa de la FIFA, de que Zelenski hablara, dando un mensaje de paz durante la final del mundial, desde el gobierno de Ucrania, respondieron que "Pensábamos que la FIFA quería utilizar su plataforma para el bien común"[144]. Un argumento fulminante.

---

[143] SWISS INFO.CH. Kuleba califica de hipócrita negativa a dejar hablar a Zelenski en los Oscar. 11 de marzo de 2023. https://www.swissinfo.ch/spa/ucrania-guerra_kuleba-califica-de-hip%C3%B3crita--negativa-a-dejar-hablar-a-zelenski-en-los-oscar/48352392
[144] CNN ESPAÑOL. Exclusiva: la FIFA rechaza la petición de Zelensky de compartir un mensaje de paz en la final del Mundial. 16 de diciembre de 2022. https://cnnespanol.cnn.com/2022/12/16/exclusiva-fifa-rechaza-zelensky-mensaje-final-mundial-trax/

DONALD TRUMP VATICINA UNA
TERCERA GUERRA MUNDIAL

Nadie puede acusar a Donald Trump de falta de visión. De no saber hacia dónde mover las piezas del ajedrez en la política, en los negocios o en la vida. Tampoco nadie lo puede acusar, de falta de decisión en ningún caso. Cualquiera que haya estudiado a Donald Trump como personaje, sus conductas, sus mañas, sus gustos, su forma de moverse en la vida, sabe que Donald Trump no es un personaje que haya triunfado en la vida por azar, por casualidad, o simplemente por haber tenido un padre rico. Donald Trump es en sí un personaje con un peso específico muy grande. Lo muestra casi todo en su historia. Desde su estilo, sus propósitos, sus objetivos, sus gustos y hasta su ímpetu para actuar. Puede haber muchas cosas de él que a mucha gente le puedan resultar antipáticas, otras clasistas deliberadamente e incluso otras racistas. Pero nadie podrá negar la importancia del personaje en la política mundial, ni el peso de Donald Trump a la hora de pronunciar una visión, y menos en la toma de decisiones. Y lo digo después de haber estudiado al personaje profundamente, para la realización de mi libro: "Trump la Resistencia", publicado en 2017, antes de que Donald Trump asumiera la presidencia de Estados Unidos. Pero todo lo que queremos acreditar acá, es que Donald Trump no es alguien que no sepa de lo que habla, cuando se refiere a una probable o muy probable Tercera Guerra Mundial[145]. Ha tenido en sus manos los códigos secretos de lanzamiento del arsenal

---

[145] AS. Trump predice una Tercera Guerra Mundial y apunta cómo sería. 14 de marzo de 2023. https://as.com/actualidad/trump-predice-una-tercera-guerra-mundial-y-apunta-como-seria-n/

nuclear de Estados Unidos. Ha tenido a su disposición y a su mando al ejército más grande del mundo de todos los tiempos. Conoce personalmente a Putin y sabe perfectamente, en el tablero internacional, los riesgos que representan la actual invasión rusa a Ucrania.

Ahora Donald Trump está en campaña, para ser presidente nuevamente en 2024. Y en medio de esa campaña, abordando el grave tema de la guerra en Ucrania[146].

El 13 de marzo de 2023, en un discurso de campaña en el estado de Iowa, en la localidad de Davenport, Donald Trump dijo que el mundo va hacia una Tercera Guerra Mundial.

Durante el evento, sin miramientos, Donald Trump lanzó: **"Será una guerra nuclear. Así es que esto no es como una Segunda Guerra Mundial, en la que teníamos tanques y rifles del Ejército y nos perseguíamos unos a otros. Este es un nivel que posiblemente acabará con el mundo. Y tenemos gente que no sabe lo que hace"**[147].

Las declaraciones de Trump sobre el tema continuaron, pero analicemos lo sucedido hasta acá. Para empezar, Donald Trump es el primer político de más alto nivel en Estados Unidos y la Unión Europea que se está tomando en serio las amenazas de Putin al decir esto. Es el primero que habla sin tapujos, sin reservas sobre el tema y el peligro

---

[146] 20 MINUTOS. Trump asegura ser el único candidato a las elecciones de EEUU capaz de prevenir una Tercera Guerra Mundial. 14 de marzo de 2023. https://www.20minutos.es/noticia/5109428/0/trump-asegura-ser-el-unico-candidato-a-las-elecciones-de-eeuu-capaz-de-prevenir-una-tercera-guerra-mundial/

[147] AS. Trump predice una Tercera Guerra Mundial y apunta cómo sería. 14 de marzo de 2023. https://as.com/actualidad/trump-predice-una-tercera-guerra-mundial-y-apunta-como-seria-n/

de una confrontación nuclear. Hasta el momento de estas declaraciones de Trump, solo ha habido dos personajes con un papel fundamental en ambos casos en el horizonte político internacional que han hablado claramente del peligro nuclear, después de las amenazas de Putin y uno ha sido el Secretario General de la ONU, António Guterres y el otro es el Papa Francisco. A pesar de que Putin ha amenazado a toda la humanidad desde el primer día de la invasión a Ucrania con la posibilidad de que use Armas Nucleares, el Papa Francisco recién habló del tema nuclear y se refirió a Rusia y a Putin el 24 de agosto de 2022, al cumplirse seis meses de la invasión.

Habrá quienes quieran ver las palabras de Trump como pirotecnia de campaña. Pero en realidad en su discurso deja claro hacia dónde se conduce el conflicto de Rusia con Ucrania y el peligro real que pende sobre toda la humanidad.

En este sentido, **Trump ha declarado que cree que el mundo se enfrenta a una guerra** de tales dimensiones, acusando a la Administración Biden de ser "incapaz de hablar bien" y de llevar al país a una guerra nuclear "que podría acabar el mundo"[148].

También dijo que, de los candidatos presidenciales en Estados Unidos, él es el único que puede salvar al mundo de esa Tercera Guerra Mundial.

---

[148] 20 MINUTOS. Trump asegura ser el único candidato a las elecciones de EEUU capaz de prevenir una Tercera Guerra Mundial. 14 de marzo de 2023. https://www.20minutos.es/noticia/5109428/0/trump-asegura-ser-el-unico-candidato-a-las-elecciones-de-eeuu-capaz-de-prevenir-una-tercera-guerra-mundial/

¿Qué factores de estos podrían ser ciertos?

El primer factor importante a tener en cuenta acá es que Trump conoce a Putin personalmente, se dice su amigo, y en realidad no subestima la amenaza de Putin.

El segundo factor es que Putin le tiene tomado el tiempo al presidente Biden, por lo que sabe que puede amenazar al mundo indefinidamente con Armas Nucleares y que Biden no se va animar a responderle en los mismos términos.

El tercer elemento es que Putin también sabe que Donald Trump es alguien con una gran capacidad de decisión, por lo tanto, alguien que no es para jugar.

El cuarto elemento es que Putin sabe, y desde su gobierno lo han dicho varias veces, que, si Rusia lanzara una bomba nuclear en Ucrania, Biden y la OTAN no se animarían a responder con Armas Nucleares.

Las respuestas que han brindado en distintos momentos a este tipo de amenazas por parte de Putin o de otros voceros de su gobierno siempre han sido ambiguas. Nunca dijeron desde la OTAN o desde el gobierno de Biden que la respuesta sería nuclear.

El 25 de septiembre de 2022, Jake Sullivan, asesor de seguridad nacional de la Casa Blanca, advertía que si Putin utilizara Armas Nucleares esto tendría consecuencias catastróficas para Rusia y que tanto Estados Unidos como sus aliados responderían de manera decisiva. Sullivan realizaría estas afirmaciones en una entrevista para la cadena CBS, y lo haría en un momento en donde ya casi era intolerable que desde occidente, nadie le respondiera a

Putin, absolutamente nada, sobre sus permanentes amenazas de utilizar Armas Nucleares[149].

La respuesta más clara que se produciría desde occidente sobre este tema, la daría el ex director de la CIA, David Petraeus, a tan solo unos días de las declaraciones de Sullivan, el 6 de octubre de 2022.

Hasta este momento, el de las declaraciones de Petraeus, el mundo entero se preguntaba y qué harían Estados Unidos y la OTAN si Putin decidiera lanzar un ataque nuclear sobre Ucrania. El ex director de la CIA, una voz autorizada por el gobierno estadounidense, afirmó entonces que: "Eliminaríamos todas las tropas rusas que podamos identificar en el campo de batalla, no sólo en Ucrania, sino también en Crimea y en el Mar Negro, destruyendo hasta el último barco"[150]. Petraeus haría estas declaraciones a la cadena ABC News, propiedad de The Walt Disney Company y durante la entrevista especificaría también que Estados Unidos acabaría con todo el ejército de Putin en Ucrania.

Esta ha sido, desde que comenzó la invasión rusa a Ucrania, la respuesta más clara de qué harían Estados Unidos y la OTAN en caso de que Putin decidiera lanzar un ataque nuclear contra Ucrania.

Claro, esta respuesta reviste varios inconvenientes. En primer lugar, algo así, definitivamente es más fácil decirlo

---

[149] DW. EE.UU. advierte a Rusia de una "respuesta decisiva" si usa armas nucleares. 25 de septiembre de 2022. https://www.dw.com/es/eeuu-advierte-a-rusia-de-una-respuesta-decisiva-si-usa-armas-nucleares/a-63233900

[150] AS. Aviso del médico Carlos Umaña: "Estamos ante el riesgo más alto de que se inicie una guerra nuclear a gran escala". 17 de noviembre de 2022. https://as.com/actualidad/el-exdirector-de-la-cia-david-petraeus-desvela-que-haria-eeuu-si-rusia-usa-armas-nucleares-n/

que hacerlo. En segundo lugar, lo más probable es que Estados Unidos tenga la superioridad tecnológica para pulverizar el ejército ruso en Ucrania sin que Putin pudiera evitarlo. Sin embargo, no está claro si un ataque de esta envergadura podría hacerse únicamente con la aviación y con misiles BGM-109 Tomahawk, o también se necesitarían tropas de tierra con lo cual cambiaría drásticamente la situación, donde por ejemplo, estas tropas podrían verse envueltas en escenarios con alta radioactividad, en zonas próximas a donde haya ocurrido un ataque nuclear. Los imprevistos para una operación de esta envergadura podrían ser muchos. El principal de todos, sería la respuesta de Putin a un ataque semejante. Porque suponiendo que Putin mueve la primera pieza y lanza un ataque nuclear sobre Ucrania, y la OTAN le responde destruyendo todo el ejército ruso en Ucrania incluyendo Crimea, nada garantiza que Putin se quedara entonces con el golpe asestado y lo asimilara, siendo esto lo menos probable. No es fácil imaginar que después de que la OTAN le pulverizara a Putin su ejército en Ucrania y en Crimea este tenga un autollamado a la cordura y diga bueno, hasta aquí llegamos, esto ya es mucho, entonces le paramos. Lo más probable que ocurriera es más bien todo lo contrario. Putin, quien viene demostrando unas ansias locas de demostraciones de poder, lo más seguro es que escalara su ataque y su agresión y que utilizara más Armas Nucleares, esta vez incluyendo en sus objetivos a países de la OTAN, que sería quien le devolvió el golpe.

Acá hay dos cuestiones muy importantes a tener en cuenta. Si Putin utiliza Armas Nucleares en Ucrania, la OTAN está obligada a responderle militarmente. No hacerlo sería aceptar la nueva supremacía mundial de Putin y la subordinación a la acción del más malo y criminal del planeta. Y la segunda cuestión es que aun cuando la OTAN y Estados Unidos decidieran responderle con un ataque muy contundente, pero medido, por hacerlo con armas convencionales, no nucleares, y no atacar el territorio ruso, es muy difícil, en lo personal diría imposible, que Putin no volviera a contestar con otro ataque con Armas Nucleares, cuyos arsenales no se encuentran desde luego ni en Ucrania ni en Crimea que es la zona donde se produciría la respuesta estadounidense y de la OTAN.

Dicho de otra forma, si Putin decidiera utilizar armas Nucleares en Ucrania, el desastre sería de tal magnitud, que sería casi imposible que el conflicto no escale hasta una guerra nuclear entre las dos potencias, incluyendo la participación de la OTAN.

Donald Trump parece tener perfectamente claras todas estas ecuaciones. Y sobre esto, afirma ser el único candidato para las próximas elecciones de Estados Unidos de desactivar la guerra en Ucrania y por lo tanto de salvar al mundo de una Tercera Guerra Mundial.

Alguien se puede preguntar con todo derecho, ¿Y acaso el presidente Biden no tiene claro cualquier desenlace de este tipo? En realidad, cualquiera que tuviera claro el peligro real de la amenaza nuclear de Putin, estaría ejerciendo un papel de liderazgo para establecer una mesa de negociaciones que permita desactivar el conflicto armado en Ucrania. Ese liderazgo, hoy, a un año del comienzo de la invasión a Ucrania, y después de más de 365 días de acciones bélicas, que permita tener una salida negociada hacia la paz, no existe.

Las propuestas de paz que se han realizado como las de López Obrador o China son todas engañosas y están a favor de Rusia.

El problema es que, de llegar Donald Trump a la presidencia en 2024, lo más seguro que haría sería sentar en la mesa de negociaciones a Zelenski y decirle que tiene que aceptar que Rusia se quedará con parte de su territorio, porque de lo contrario, Putin no parará de ninguna manera la guerra. Y esto para empezar no le va a gustar a Zelenski ni a los ucranianos.

Por otra parte, si bien Donald Trump ha probado largamente ser un hombre de decisiones rápidas, lo más seguro es que no se enfrentaría a Putin en términos reales, por varias razones. En primer lugar, porque Trump considera a Putin su amigo, al menos en el discurso político. En segundo lugar, porque está la sombra de que Putin influyó en las elecciones norteamericanas, con diversas campañas encubiertas para que Trump ganara la elección de 2016.

Sobre esto, diversas agencias de seguridad y de inteligencia norteamericana como el FBI, Agencia Federal de Investigaciones; la NSA, Agencia de Seguridad Nacional; y la CIA, Agencia Central de Inteligencia; finalmente descubrieron que diversas personas vinculadas al gobierno ruso hackearon miles de correos electrónicos de la campaña del Partido Demócrata y los difundieron para perjudicar la campaña de Hillary Clinton y beneficiar a Donald Trump[151].

Sobre este tema, Donald Trump primero dijo que "Rusia "no tenía motivos" para interferir en las elecciones de Estados Unidos y defendió la postura de Putin que desde luego negaba el asunto, haciéndolo luego de una cumbre

---

[151] BBC MUNDO. Rusia "intervino en las elecciones para promover la victoria de Donald Trump", dicen agencias de inteligencia de EE.UU. 10 de diciembre de 2016. https://www.bbc.com/mundo/noticias-internacional-38274334

con el líder ruso realizada en Helsinki, la capital de Finlandia[152].

Pero esto le trajo a Donald Trump un enorme alud de críticas, porque la opinión pública norteamericana y muchos miembros del congreso incluyendo a integrantes del Partido Republicano comenzaron a cuestionar cómo podía ser que el presidente norteamericano confiara más en la palabra de Putin que en el trabajo de sus agencias de inteligencia.

Entonces, Donald Trump rectificó y finalmente dijo: "Acepto la conclusión de nuestra comunidad de agencias de inteligencia de que Rusia sí interfirió en las elecciones de 2016"[153].

A este tipo de "forma" en la relación entre Donald Trump y Putin hay que agregarle otro asunto, uno mucho más espinoso.

Trump filmado bañándose con prostitutas en hoteles de Moscú

Un titular de ese tamaño parece simplemente un rumor, algo no comprobable, una bajeza propia de esos programas de chismes. Pero no. Nada menos que la BBC Mundo, en una nota publicada el 15 de febrero de 2017, en donde se dan detalles de la participación de algunos miembros de la campaña de Donald Trump con vínculos rusos, sobre este

---

[152] BBC MUNDO. Cumbre de Helsinki: Trump defiende la postura de Putin sobre la injerencia rusa en las elecciones de Estados Unidos. 16 de julio de 2018. https://www.bbc.com/mundo/noticias-internacional-44802851
[153] BBC MUNDO. Trump rectifica: ahora acepta que Rusia sí interfirió en las elecciones presidenciales de Estados Unidos en 2016. 17 de julio de 2018. https://www.bbc.com/mundo/noticias-internacional-44867589

tema sostiene: "En enero, el sitio *Buzzfeed* publicó **un documento compilado por Christopher Steele, un exagente de inteligencia británico y experto en Rusia, que sostenía que Moscú tenía información comprometedora sobre Trump, que lo podría hacer susceptible al chantaje.**

Entre los varios memos del expediente había uno que afirmaba que las agencias de seguridad rusas habían filmado a Trump con prostitutas en un hotel de la capital rusa".

Trump en ese momento salió al cruce afirmando que era información falsa.

CNN daría a conocer después, que para ese entonces, tanto el presidente Obama como Donald Trump habían sido puestos al tanto, por agentes de inteligencia de su país sobre el documento en documento en cuestión[154].

La divulgación del informe tuvo un alto impacto en la opinión pública norteamericana. Trump saldría a decir que todo esto era una "cacería de brujas". ¿Y qué podría decir? Hasta su esposa Melani estaba enojada por la existencia y divulgación de esta versión, de su estancia en Moscú.

Cualquiera que conozca a Donald Trump y cómo actuaba la KGB, que de hecho seguramente lo seguiría en sus visitas a Rusia, debería saber que esto tiene muchas o todas las probabilidades de ser cierto.

Sin embargo, este tipo de sucesos o de conductas en un Donald Trump, magnate o empresario, deberían pertenecer a su ámbito privado. El problema es que, si Putin dispone

---

[154] BBC MUNDO. Rusia y Vladimir Putin: la controversia que Donald Trump no consigue sacarse de encima. 15 de febrero de 2017. https://www.bbc.com/mundo/noticias-internacional-38974595

de ese material y al que tiene filmado en tales circunstancias es al presidente de Estados Unidos, la cuestión cambia de sobremanera.

Pero la cuestión no terminaría ahí…

Las confesiones de Trump a James Comey

El viernes 20 de abril de 2018, el Departamento de Estado norteamericano entregó a la Cámara de Representantes una serie de memorándums, en los que el ex director del FBI James Comey recoge sus conversaciones con Donald Trump hasta que este lo despidiera. El motivo de su despido fue no quererle jurar lealtad a Trump sobre la investigación que él personalmente dirigía sobre la inferencia rusa en las elecciones presidenciales del 2016.

Los documentos tratan sobre las conversaciones que tuviera Donald Trump con el ex director del FBI, desde enero de 2017, cuando Donald Trump asumiera como presidente de los Estados Unidos, hasta mayo de ese mismo año, cuando Trump lo despidiera. Las conversaciones que tuviera Trump con Comey durante ese periodo de tiempo fueron siete, y siete por lo tanto los memorándums que elaboró el ex director del FBI. En el centro de esas conversaciones está el tema de la injerencia rusa, pero además hay una perla para la corona. Y esta es una "confesión" que le hiciera Trump a Comey. En un momento, después de varias conversaciones, y de negar rotundamente que lo de las prostitutas fuera cierto, incluso de haberle contado anteriormente a Comey que su esposa Melanie estaba enojada por el tema, Trump le dijo al ex director del FBI, que Putin le había dicho que en Rusia "Tenemos algunas de las putas más bonitas del mundo"[155].

Los datos del dossier del espía británico Christopher Steele, no eran datos al azar. Tampoco estaban basados en un rumor. Eran datos muy concretos. En el dossier se afirma que Trump solicitó varias prostitutas a la suite presidencial del Hotel Ritz Carlton de Moscú. La misma donde se habían alojado Barac Obama y su esposa Michelle. Según la información de Steele, una vez en la suite, Trump les pidió a las prostitutas que le hicieran una "lluvia dorada", es decir, que le orinaran encima mientras él miraba. Esto sería lo que habría filmado la inteligencia rusa[156].

Después de todo eso, si Putin le dijo a Trump: **"Tenemos algunas de las putas más bonitas del mundo", habría que ser muy mal entendedor para no comprender el mensaje.**

El 20 de abril de 2018 la Agencia EFE daría a conocer que había accedido a una carta con la cual el Departamento de Justicia notificaba el envío de los memorándums del ex director del FBI, James Comey a tres congresistas republicanos, "el presidente del Comité Judicial, Bob Goodlatte; el líder del comité de Supervisión del Gobierno, Trey Gowdy; y el jefe del comité de Inteligencia, Devin Nunes"[157].

---

[155] EL MUNDO. Las confesiones de Putin a Trump, según el ex director del FBI James Comey: "En Rusia tenemos algunas de las prostitutas más bonitas del mundo". 20 de abril de 2018.
https://www.elmundo.es/internacional/2018/04/20/5ad99387e2704ed76
38b4587.html
[156] Ídem.
[157] Ídem.

Esto tampoco pararía a Trump, ni siquiera en su nueva carrera presidencial hacia el 2024.

Del entorno de Trump a la mano de Putin

El prestigioso diario The Washington Post, daría a conocer el 9 de febrero de 2017, una investigación que daba cuenta de que el **asesor en seguridad nacional, Michael Flynn**, había discutido en privado con el embajador de Rusia en Estados Unidos, el retiro de las sanciones a ese país, antes de que Donald Trump asumiera como presidente. Las conversaciones se habrían producido justo un mes antes de que Trump asumiera el cargo.

"Las comunicaciones de Flynn con el embajador ruso Sergey Kislyak fueron interpretadas por algunos altos funcionarios estadounidenses como una señal inapropiada y potencialmente ilegal al Kremlin de que podía esperar una suspensión de las sanciones que imponía la administración Obama a fines de diciembre para castigar a Rusia por su supuesta interferencia. en las elecciones de 2016"[158], destaca el Washington Post.

El influyente diario, en su informe destaca que: "Flynn negó el miércoles haber discutido las sanciones con Kislyak. Cuando se le preguntó en una entrevista si alguna vez lo había hecho, dijo dos veces: "No"[159].

---

[158] THE WASHINGTON POST. National security adviser Flynn discussed sanctions with Russian ambassador, despite denials, officials say. 9 de febrero de 2017. https://www.washingtonpost.com/world/national-security/national-security-adviser-flynn-discussed-sanctions-with-russian-ambassador-despite-denials-officials-say/2017/02/09/f85b29d6-ee11-11e6-b4ff-ac2cf509efe5_story.html
[159] Ídem.

Y continúa: "El jueves, (9 de febrero, 2017) Flynn, a través de su portavoz, se retractó de la negación. El portavoz dijo que Flynn "indicó que si bien no recordaba haber discutido las sanciones, no podía estar seguro de que el tema nunca surgiera"[160].

En el informe se detalla que: "las conversaciones fueron parte de una serie de contactos entre Flynn y Kislyak que comenzaron antes de las elecciones del 8 de noviembre y continuaron durante la transición, dijeron funcionarios. En una entrevista reciente, Kislyak confirmó que se había comunicado con Flynn por mensaje de texto, por teléfono y en persona, pero se negó a decir si habían discutido las sanciones"[161].

El escándalo tomaría tales proporciones que finalmente el asesor, nada menos que de seguridad nacional Michael Flynn, un ex general, debió ser despedido por Donald Trump.

Después se sabría que Michael Flynn habría comido con Putin ya en el 2015, y habría fotografías del encuentro[162].

---

[160] Ídem.

[161] Ídem.

[162] BBC MUNDO. Estados Unidos: 3 preguntas que deja la renuncia de Michael Flynn como asesor de seguridad nacional de Donald Trump por sus contactos con Rusia. 14 de febrero de 2017. https://www.bbc.com/mundo/noticias-internacional-38974035

Michael Flynn, saludando a Putin, al retirarse después de comer con él. 10 de diciembre de 2015. Foto AP, News.

La BBC Mundo, en unja nota titulada: "Estados Unidos: 3 preguntas que deja la renuncia de Michael Flynn como asesor de seguridad nacional de Donald Trump por sus contactos con Rusia", publicada el 14 de febrero de 2017, consignaba así la gravedad del tema: "Los contactos de Flynn con altos cargos rusos (entre ellos, su presencia en una gala de la cadena Russia Today sentado en una mesa junto al presidente ruso, Vladimir Putin, en el mencionado viaje a Moscú en 2015) vuelven a poner bajo los focos un tema espinoso para Trump: su supuesta cercanía con la Rusia de Putin"[163].

En otra nota, también de la BBC, esta publicada el 2 de diciembre de 2017 y firmada por Gerardo Lissardy, se afirmaba lo siguiente: "El presidente de Estados Unidos, Donald Trump, acaba de recibir el mayor revés en el transcurso de la investigación especial sobre una posible injerencia de Rusia en las elecciones que ganó un año atrás.

---

[163] BBC MUNDO. Estados Unidos: 3 preguntas que deja la renuncia de Michael Flynn como asesor de seguridad nacional de Donald Trump por sus contactos con Rusia. 14 de febrero de 2017.
https://www.bbc.com/mundo/noticias-internacional-38974035

El exconsejero de seguridad nacional de Trump, Michael Flynn, se declaró culpable este viernes de haber mentido al Buró Federal de Investigaciones (FBI, por sus siglas en inglés) sobre sus contactos con Rusia tras los comicios.

La nota de Lissardy continúa: "Más aún, la admisión de culpabilidad de Flynn indica que, lejos de actuar por cuenta propia, sus conversaciones con el embajador ruso en EE.UU. eran conocidas y hasta dirigidas por importantes miembros del equipo de transición de Trump.

Quiénes eran esos asesores del actual presidente es algo que los documentos mostrados en la corte evitan precisar"[164].

Foto: AP News. El exasesor de seguridad nacional Michael Flynn, a la derecha, le da la mano al presidente ruso, Vladimir Putin, en Moscú el 10 de diciembre de 2015, mientras asistía al décimo aniversario de la cadena de televisión rusa RT. (Ruptly/a través de AP) Nota de Washington Post: https://www.washingtonpost.com/politics/new-details-released-on-russia-related-payments-to-flynn-before-he-joined-trump-campaign/2017/03/16/52a4205a-0a55-11e7-a15f-a58d4a988474_story.html firmada por Rosalind S. Helderman y Tom Hamburger, Publicada el 16 de marzo de 2017.

---

[164] **BBC MUNDO.** https://www.bbc.com/mundo/noticias-internacional-42205306. **2 de diciembre de 2017.**
https://www.bbc.com/mundo/noticias-internacional-42205306

El Washington Post, en una nota de investigación publicada el 16 de marzo de 2017, firmada por Rosalind S. Helderman y Tom Hamburger, daba a conocer que: "Michael Flynn, quien se vio obligado a renunciar como asesor de seguridad nacional en medio de la controversia sobre sus contactos con el embajador de Rusia, recaudó casi $68,000 en honorarios y gastos de entidades relacionadas con Rusia en 2015, una cantidad más alta de lo que se conocía anteriormente, según documentos publicados recientemente".

La indagación del Post daba detalles precisos y alarmante: "Los registros muestran que la mayor parte del dinero, más de 45.000 dólares, provino de la cadena de televisión RT, respaldada por el gobierno ruso, en relación con un viaje que Flynn realizó en diciembre de 2015 a Moscú. Flynn reconoció que RT patrocinó su viaje, durante el cual asistió a una gala que celebraba el décimo aniversario de la red y estuvo sentado cerca del presidente ruso, Vladimir Putin. Su oficina de oradores tomó una parte de la tarifa.

Los documentos recientemente publicados muestran que Flynn también recibió $ 11,250 ese año de la subsidiaria estadounidense de una firma rusa de seguridad cibernética, Kaspersky Lab, y otros $ 11,250 de una compañía de carga aérea estadounidense afiliada al Grupo Volga-Dnepr, que es propiedad de un empresario ruso. La firma cibernética y la aerolínea dijeron que los pagos se realizaron por discursos que Flynn pronunció en Washington"[165].

---

[165] THE WASHINGTON POST. New details released on Russia-related payments to Flynn before he joined Trump campaign. 16 de marzo de 2017. https://www.washingtonpost.com/politics/new-details-released-on-russia-related-payments-to-flynn-before-he-joined-trump-campaign/2017/03/16/52a4205a-0a55-11e7-a15f-a58d4a988474_story.html

Rosalinda S. Helderman y Tom Hamburger dan detalles muy específicos de la gravedad del caso: "Este mes, (marzo de 2017) Flynn presentó documentos que indican que había sido agente extranjero durante los meses en que fue asesor principal de la campaña de Trump. La empresa de Flynn fue contratada por una empresa holandesa propiedad de un empresario turco para realizar trabajos relacionados con los intereses del gobierno turco.

Los documentos recién revelados fueron publicados por el representante Elijah E. Cummings (Md.), el principal demócrata en el Comité de Supervisión y Reforma Gubernamental de la Cámara. Incluyó los pagos adicionales a Flynn en una carta a Trump, al secretario de Defensa Jim Mattis y al director del FBI James B. Comey, cuestionando si los honorarios de Flynn violaban las prohibiciones de que los oficiales militares retirados aceptaran pagos o regalos de gobiernos extranjeros".

Los periodistas del Post continúan: "Cummings también solicitó la publicación de los documentos que Flynn presentó para obtener una autorización de seguridad para su trabajo en la Casa Blanca, para examinar si Flynn fue sincero en respuesta a preguntas detalladas sobre sus contactos con gobiernos extranjeros.

"No puedo recordar ningún momento en la historia de nuestra nación cuando el presidente seleccionó como su asesor de seguridad nacional a alguien que violó la Constitución al aceptar decenas de miles de dólares de un agente de un adversario global que atacó nuestra democracia", escribió Cummings.

Los correos electrónicos muestran que, además de pagar la tarifa por hablar de Flynn, RT pagó los viajes en clase ejecutiva y el alojamiento en el lujoso hotel Metropol mientras cubría los gastos del hijo de Flynn, Michael G. Flynn, quien se desempeñó como jefe de personal. Después de concretar la logística, un miembro del personal de la oficina de oradores de Flynn le escribió a un miembro del personal de RT: "¡Estoy tan feliz de haber podido resolver todo y obtener exactamente lo que querías!".

El gobierno de EE. UU. ha dicho que RT, que recibe fondos del Kremlin, es parte de una red de medios de propaganda que ayudan a popularizar una perspectiva prorrusa en las noticias y ha emitido una advertencia sobre la red que data de antes de que Flynn ingresara al sector privado. En enero, la comunidad de inteligencia de EE. UU. concluyó que la propaganda de RT desempeñó un papel en el esfuerzo de Rusia por influir en las elecciones presidenciales de EE. UU. y ayudar a Donald Trump a derrotar a la demócrata Hillary Clinton".

El ex asesor de seguridad de Donald Trump, el ex general Michel Flynn debió renunciar después de 24 días de haber obtenido su cargo, luego de tener que asumir que había engañado al vicepresidente Mike Pence sobre la verdadera forma de sus relaciones con el embajador ruso en Washington. Flynn también se vería perseguido judicialmente y condenado por la opinión pública, por haber aceptado pagos provenientes del extranjero después de dejar de perteneces a la Agencia de Inteligencia de Defensa en el año 2014[166].

---

[166] THE WASHINGTON POST. New details released on Russia-related payments to Flynn before he joined Trump campaign. 16 de marzo de 2017. https://www.washingtonpost.com/politics/new-details-released-on-russia-related-payments-to-flynn-before-he-joined-trump-campaign/2017/03/16/52a4205a-0a55-11e7-a15f-a58d4a988474_story.html

Michael Flynn debería haber sido acusado de traición a la Patria. Decidió finalmente colaborar a cambio de impunidad.

Todos estos antecedentes son muy importantes porque revelan cómo podría ser la mediación de Trump entre Putin y Ucrania. Algo que difícilmente, muy difícilmente, pudiera tener un desenlace justo para el gobierno de Zelenski.

En caso de que Trump quisiera apretar a Zelenski para que entregue territorio para parar la guerra, dos cosas pueden suceder, en primer lugar, lo más probable es que Zelenski se niegue y lo segundo es que probablemente, Trump le deje de brindar ayuda militar a Ucrania. Esta posibilidad debería ser tenida muy en cuenta desde ahora por Zelenski, quien entonces debería buscar una forma de resolver el conflicto desde ahora, antes de la llegada de Trump a la presidencia de Estados Unidos nuevamente.

ATAQUES A HOSPITALES

Putin no es alguien que se ande con tapujos. No es una persona a la que le importe quedar mal. Si tiene que emplear el terror, bombardeando civiles, matando y violando mujeres, o haciendo que lo hagan sus tropas, se encarga de eso sin ningún problema. Si para aterrorizar a los ucranianos le parece bien bombardear escuelas y hospitales, lo hace sin ningún problema. Digamos, no es alguien que va a andar con miramientos a la hora de cometer crímenes de guerra o asesinatos atroces. En este contexto de acción de Putin, tenemos que la Organización Mundial de la Salud ha denunciado con un riguroso trabajo de documentación previa, que desde que comenzó la invasión rusa a Ucrania, hace poco más de un año, Putin ha hecho que sus misiles atacaran 812 instalaciones sanitarias[167] y que 173 hospitales fueran completamente destruidos. Una política más atroz y más criminal que la llevada a cabo durante la Segunda Guerra Mundial, donde una norma básica de humanidad en medio de la guerra era no bombardear las instalaciones señaladas como hospitales. Putin está más allá de eso. No le importa si en esas instalaciones se curan enfermos, se atienden heridos, si hay mujeres embarazadas, niños o ancianos refugiados. Reparte muerte por doquier al igual que una persona sana espiritual y emocionalmente siembra flores.

---

[167] VANGUARDIA. La OMS denuncia 812 ataques de Rusia a instalaciones sanitarias ucranianas durante la guerra. 22 de febrero de 2023.
https://www.lavanguardia.com/vida/20230222/8777267/oms-denuncia-812-ataques-rusia-instalaciones-sanitarias-ucranianas-guerra.html

Ya para el 12 de mayo de 2022, es decir, a menos de tres meses de que comenzara la invasión, Rusia ya había destruido por completo un total de 101 hospitales, según denunciaba el Ministerio de Salud del gobierno ucraniano. Desde la misma dependencia, a esa altura, se denunciaba también que Rusia había dañado o se había apropiado de al menos unas 200 ambulancias[168].

La misma denuncia daba cuenta de la destrucción de unas 450 farmacias por parte de Rusia.

Putin convirtió así en objetivos militares todo lo vinculado a la salud y a la recuperación de los enfermos en Ucrania. Un apolítica completamente criminal. Pero después, sin vergüenza alguna, argumentaría que su "operación especial" en Ucrania era para desnazificar el país.

Putin, así, desde el comienzo de la invasión, ha mostrado un grado de falta de humanidad espeluznante. Algo solo comparable tal vez con la Alemania nazi en el siglo XXI, o con las características de los ataques mongoles en la antigüedad, donde no tenían el menor pudor por matar mujeres y niños o incendiar pueblos enteros.

Ataques a las escuelas

Para comienzos de junio de 2022, es decir a menos de cuatro meses de haber comenzado la invasión rusa, la Organización No Gubernamental Save the Children había

---

[168] EL FINANCIERO. Rusia ha destruido más de 100 hospitales en Ucrania, dice Kiev. 12 de mayo de 2022.
https://www.elfinanciero.com.mx/mundo/2022/05/12/rusia-ha-destruido-mas-de-100-hospitales-en-ucrania-dice-kiev/

documentado el ataque a 1,888 centros escolares en Ucrania por las tropas rusas[169].

Uno de los casos más atroces se produjo el 7 de mayo de mayo de 2022, cuando el mismo presidente Zelenski denunció así lo sucedido: "Ayer mismo, en la aldea de Bilogorivka, en la región de Lugansk, una bomba rusa mató a 60 civiles"[170].

Para el 8 de septiembre de 2022, el Ministerio de Educación de Ucrania, daba a conocer que 2,400 colegios de distintos niveles educativos habían sido bombardeados por los rusos.

El mismo Ministerio informaba posteriormente que desde septiembre de 2022 hasta mediados de diciembre de 2022, fueron completamente destruidas 48 escuelas por ataques con bombas o misiles[171].

---

[169] INFOBAE. Las tropas rusas atacaron cerca de 1.900 centros escolares ucranianos desde el inicio de la invasión. 2 de junio de 2022.
https://www.infobae.com/america/mundo/2022/06/02/las-tropas-rusas-atacaron-cerca-de-1900-centros-escolares-ucranianos-desde-el-inicio-de-la-invasion/
[170] EURONEWS. Ucrania confirma la muerte de 60 personas en el bombardeo ruso a una escuela de Lugansk. 8 de mayo de 2022.
https://es.euronews.com/2022/05/08/ucrania-teme-la-muerte-de-60-personas-en-el-bombardeo-ruso-a-una-escuela-de-lugansk#:~:text=Ucrania-,Ucrania%20confirma%20la%20muerte%20de%2060%20personas%20en%20el,a%20una%20escuela%20de%20Lugansk&text=Ucrania%20confirma%20la%20muerte%20de%20m%C3%A1s%20de%2060%20personas%20en,que%2030%20pudieron%20ser%20rescatadas.
[171] SAVE THE CHILDREN. UCRANIA: Un colegio destruido cada dos días.
https://www.savethechildren.es/notasprensa/ucrania-un-colegio-destruido-cada-dos-dias#:~:text=Kiev%2C%2024%20de%20enero%20de%202023.&text=Los%20informes%20del%20Ministerio%20de,mediados%20de%20diciembre%20de%202022.

Para el 24 de febrero de 2023, es decir justo a un año de haber comenzado la invasión, según la ONG Save the Children, Rusia destruyó 3,025 centros educativos, durante ese año. "Esto incluye guarderías, institutos de secundaria, escuelas de educación especial y colegios de infantil y primaria. De ellos, 406 han quedado completamente destruidos"[172].

Es decir, una escuela ha sido destruida cada dos días en Ucrania desde el comienzo del curso académico, según cálculos de esta organización.

Foto: Save the Children. Una escuela de un pueblo cercano a Kharkiv (Ucrania) reducida a escombros tras un bombardeo.
https://www.contenthubsavethechildren.org/Package/2O4C2SDQO85P

Ataques antes de la invasión total

Pero la destrucción de escuelas ucranianas por parte de los rusos tiene ya larga data. Desde el comienzo de la invasión

_____

[172] Ídem.

rusa a Crimea en el 2014, 750 centros educativos fueron destruidos en Ucrania según la UNICEF.

En el portal oficial de UNICEF, al respecto, se señala textualmente: "Entre enero y abril de 2019 se produjeron 12 ataques contra escuelas, en comparación con los tres incidentes ocurridos en el mismo período del año pasado. Este aumento tan preocupante recuerda la violencia que sufrieron los escolares y los maestros en 2017, cuando se produjeron más de 40 ataques contra escuelas"[173].

Un informe de la UNICEF publicado en mayo de 2019, es decir tres años antes de la invasión total de Rusia a Ucrania, señalaba ya en ese tiempo que: "Las escuelas de Ucrania Oriental… han sufrido cuatro veces más ataques contra las escuelas durante los primeros cuatro meses del año que durante el mismo período en 2018, una situación que los traumatiza y aumenta el peligro de que sufran lesiones o mueran, dijo hoy UNICEF"[174].

Los ataques a hospitales y a escuelas en Ucrania hacen volver a la memoria los atropellos y los crímenes de Rusia en Siria.

---

[173] UNICEF. Los ataques contra las escuelas se cuadruplican en Ucrania oriental, un país asolado por el conflicto. 20 de mayo de 2019. https://www.unicef.org/es/comunicados-prensa/ataques-contra-escuelas-cuadruplican-ucrania-oriental-pais-asolado-conflicto
[174] Ídem.

LA CORTE PENAL INTERNACIONAL ORDENA DETENER A PUTIN

De repente estaba allí, con gestos adustos y actitud solemne. Erguido en el horizonte de la humanidad. Era el jurista polaco Piotr Hofmanski, presidente de la Corte Penal Internacional, diciendo:

"Hoy 17 de marzo de 2023, la Corte Penal Internacional ha emitido dos órdenes de arresto por la situación en Ucrania, contra Vladimir Putin, presidente de la Federación rusa, y contra María Alekseyevna Lvova-Belova, Comisionada del presidente de Rusia por los derechos de los niños, de los territorios ucranianos ocupados, hacia la Federación de Rusia".

El tema era la deportación ilegal de niños ucranianos hacia Rusia. Los niños ucranianos utilizados como botín de guerra. La apropiación de niños utilizada como un arma para infringir el máximo dolor posible a los padres ucranianos. Niños a los que no vuelven a ver más, porque incluso les cambian el nombre, por lo que es muy difícil ubicarlos.

El Polaco Piotr Hofmanski continuaría su alocución, dirigiéndose a todo el mundo: "Está prohibido por las leyes internacionales que fuerzas de ocupación, transfieran civiles del territorio donde viven hacia otros territorios. Los niños tienen especial protección bajo la Convención de Ginebra. El contenido de las órdenes será secreto para proteger a las víctimas. Esta corte le da gran importancia a la protección de las víctimas, especialmente cuando son niños. De todas maneras, los jueces de este cámara, están tratando este caso, decidida a develar la existencia de estas órdenes, al público mundial, por interés de la justicia y para prevenir, la comisión de futuros crímenes.

Este es un momento importante en el proceso ante la Corte Criminal Internacional. Los jueces han revisado la información y la evidencia presentada por el fiscal y han determinado que hay pruebas suficientes, contra estas personas, por los supuestos crímenes. Esta Corte está haciendo su parte de trabajo, como Corte de Ley, y los jueces han librado las órdenes de arresto. La ejecución depende de la cooperación internacional"[175].

¿Qué significa?

En el terreno político, la orden de detención es un mazazo político del que nunca habrá de levantarse Putin. En el terreno jurídico, deja al presidente de Rusia no solamente fuera de la Ley internacional, sino que también lo coloca como perseguido por la justicia mundial.

Si después de la invasión a Ucrania, Rusia quedó prácticamente aislada del mundo, por las sanciones, por las resoluciones en la ONU, por haber violado el derecho internacional al arremeter militarmente sin justificación alguna real contra un país vecino, ahora, después de la orden de detención de la Corte Penal Internacional, Putin quedará aislado en Rusia. Solo podrá moverse en territorios de países cómplices, que para el mundo, se verán cada vez más parias al acoger a Putin. Lo contrario es

[175] CNN ESPAÑOL. La Corte Penal Internacional acusa a Putin de crímenes de guerra: 11 cosas que debes saber. 17 de marzo de 2023. https://cnnespanol.cnn.com/2023/03/17/analisis-cpi-putin-crimenes-de-guerra-lo-que-debes-saber-trax/

arriesgarse a ser detenido en cualquier país que haya firmado la competencia de la Corte Penal Internacional.

Si las sanciones le han complicado la vida a Rusia, en la producción de armas, de suministros, en su economía, aunque Putin haga caras y muecas tratando de mostrar que no le duele ni le afecta la orden de detención de la Corte Penal Internacional, lo convierte en un perseguido por la justicia, nada menos que en la "aldea global.

Si fuera cierto que las sanciones no le han afectado en nada a Rusia, como han tratado de hacer parecer todo el tiempo, entonces cómo explican que piden el levantamiento de las sanciones cada vez que pueden, incluyendo esto como propuesta para acabar con la guerra en Ucrania.

Ante la orden de detención de Putin, desde el gobierno ruso han tratado de simular lo mismo, que en nada les afecta, total, Rusia no ha firmado la competencia de la Corte Penal Internacional, por lo cual no tienen por qué acatarla. Uno de los que se expresó al respecto desde el gobierno ruso fue el vicepresidente del Consejo de Seguridad ruso, Dmitri Medevév, quien ha sido presidente de Rusia, al respecto puso un tuit donde decía: "no hace falta explicar dónde debe ser usado ese papel" [con el pedido de arresto], colocando una imagen de un rollo de papel higiénico[176].

---

[176] LA NACIÓN. Un expresidente ruso antecesor de Vladimir Putin comparó la orden de detención de la CPI con papel higiénico. 17 de marzo de 2023. https://www.lanacion.com.ar/el-mundo/un-expresidente-ruso-antecesor-de-vladimir-putin-comparo-la-orden-de-detencion-de-la-cpi-con-papel-nid17032023/

La importancia de la orden de detención para Putin

El primer problema práctico y real para Putin, un jefe de Estado en funciones es que por lo pronto, no podrá viajar a 123 países que son los firmantes de la competencia de la Corte Penal Internacional, porque en cualquiera de ellos podría ser detenido en cumplimiento de la orden del máximo tribunal global.

En segundo lugar, la orden lo coloca como un presunto criminal de guerra y como el responsable de probables crímenes Contra la Humanidad.

Los agoreros de siempre

Por supuesto, pronto salieron los que no ven más allá de sus narices. Esos personajes que transfieren sus frustraciones y sus limitaciones al espectro social, ya sea su círculo cercano, amigos o conocidos, como a cualquier análisis social, para restarle importancia a la orden de la CPI, y decir que a Putin, "no lo podrán detener", "que lo vayan a buscar", "que a ver si los rusos se lo van a entregar", "que cómo van a detener a un presidente con el mayor arsenal del mundo en Armas Nucleares". Son los mismos que frente a la vida, primero ven los problemas y casi nunca las soluciones. Y estos personajes son así, en su vida personal desde para emprender un viaje hasta para buscar trabajo.

Las voces más sensatas

El fiscal jefe de la Corte Penal Internacional, Karim Khan, alguien que sin duda sabe muy bien lo que habla, en una entrevista concedida a la cadena CNN, el día 17 de marzo de 2023, ante la pregunta de la periodista sobre si cree que es posible que algún día veamos al presidente Putin en el banquillo de los acusados, al respecto dijo: "Creo que aquellos que piensan que es imposible no entienden la historia, porque los principales criminales de guerra nazis, Milosevich, Karavis, Milavish, el ex presidente Sahs Teilor, Joan Cambanda, de Ruanda, todos ellos eran individuos muy poderosos, y sin embargo se encontraron en tribunales, cuya conducta estaba siendo juzgada por jueces independientes, y eso, también da motivos para esperar que la Ley pueda, por difícil que sea, la Ley pueda ser suprema". La periodista de CNN le dice a Karim Khan: "Entonces el mensaje de hoy es que nadie está por encima de la Ley", a lo que el fiscal de la CPI, responde: "Creo que el mensaje debe ser que los principios básicos de humanidad, unen a todos y nadie debería sentir que tiene un pase libre. Nadie debería sentir que puede actuar con abandono, y definitivamente nadie debe sentir que puede actuar y cometer genocidio o crímenes de lesa humanidad o crímenes de guerra con impunidad"[177].

Algunos inconvenientes

También es cierto que no se podrá armar una expedición militar e ir a detener a Putin en Rusia. Ni tampoco lo podrá hacer una fuerza multinacional. Mientras Putin esté en Rusia y continúe en el poder, que sea detenido es algo prácticamente muy improbable.

---

[177] CNN EN ESPAÑOL. La Corte Penal Internacional acusa a Putin de crímenes de guerra: 11 cosas que debes saber (ver video). 17 de marzo de 2023. https://cnnespanol.cnn.com/2023/03/17/analisis-cpi-putin-crimenes-de-guerra-lo-que-debes-saber-trax/#:~:text=El%20fiscal%20jefe%20de%20la,construir%20casos%20met%C3%B3dicamente%20con%20pruebas.

Para que Putin sea detenido tendría que pasar una de estas dos situaciones: o que Putin viaje al exterior y pise suelo en algunos de los países miembros de la Corte Penal Internacional y que allí lo detengan; o que Putin sea depuesto por su entorno y entregado para ser juzgado por un tribunal. Algo que por ahora parece, desde fuera de Rusia, altamente improbable.

Sin embargo, pudiera ser que la orden de la CPI, socavara las condiciones políticas internas del gobierno de Putin, y comenzara a generar corrientes de conspiración para deponerlo en un futuro, algo a lo que Putin le teme como buen paranoico que ha sido desde niño.

Un detalle fundamental

Aun cuando Putin pueda decir, yo estoy acá en Rusia, es uno de los países más grandes del mundo, en realidad en extensión lo es, como potencia militar es el segundo en importancia, y tengo el arsenal nuclear más grande de todo el mundo. Mientras me quede acá y no salga, o solamente vaya con los chinos o a Corea del Norte, puedo seguir reeligiéndome y gozar de todos los privilegios y riquezas de las que gozo hasta ahora. Aun cuando Putin pueda decir todo eso y ser cierto, hay una cuestión fundamental de la que nadie ha hablado hasta ahora, y que la orden de la Corte Penal Internacional cambia radicalmente la situación de Putin, y esto es en cuanto a la amenaza nuclear que ha ejercido desde el primer día de la invasión a Ucrania.

Putin, hasta la orden de detención de la Corte Penal Internacional, ha amenazado al mundo permanentemente con el uso de Armas Nucleares. Y lo ha hecho impunemente. Nadie, ni siquiera el mismo presidente de los Estados Unidos Joe Biden, se ha atrevido a responderle en los mismos términos. Algo que es lamentable y terrible porque no responderle en los mismos términos cancela la teoría de la destrucción mutua. Antes, durante la guerra fría, se sabía que, si una potencia utilizaba Armas Nucleares contra la otra, o contra un país de la OTAN, por ejemplo, la otra potencia le respondería también con Armas Nucleares, lo cual le quitaría las ganas o la idea de la mente al potencial agresor, porque entonces la situación quedaría definida por la "destrucción mutua". Al no responderle a Putin de que si utiliza Armas Nucleares se le contestaría con Armas Nucleares también, Putin puede sentir que puede provocar un gran daño, quedar como el más malo del planeta, cumplir tal vez su cometido de ser el más temido, pero nada destruiría a Rusia, ni Moscú, ni su sede de gobierno ni su refugio nuclear.

Ahora bien, la Orden de la Corte Penal Internacional deja a Putin con un pie en el vacío, si se atreviera a utilizar Armas Nucleares.

La orden de la CPI, le ha puesto una marca en la frente a Putin que dice criminal de guerra, autor de crímenes contra la humanidad. Si además Putin después de esto, de la orden de la CPI se atreviera a utilizar Armas Nucleares, ante el mundo, probablemente Hitler sería visto casi como un bebé de pecho al lado de Putin. Hitler tiene su propia dimensión en los monstruos para la historia humana, y nadie se lo va a quitar. Pero si después de la orden de aprehensión de la Corte Penal Internacional se atreviera a realizar un ataque nuclear, parcial, en Ucrania, terminaría siendo visto por el mundo entero, al menos en la actualidad, como el más malo de todas las películas.

Dicho de otra manera, Putin, después de la orden de detención de la Corte Penal Internacional ya está sepultado políticamente ante el mundo libre. Le podrán hacer caso los gobiernos descarados como el chino, el de Venezuela, Corea del Norte, o Nicaragua, que hoy por hoy son gobiernos sin principios, sin decencia se podría decir, y hasta sin pudor. Pero para el mundo civilizado, la orden de detención de Putin, aunque no se lo pueda llevar preso por ahora, funciona como una condena.

Claro, tampoco hay que subestimar el aparato de propaganda ruso, como el coro de gobiernos supuestamente de izquierda, los precursores del socialismo del siglo XXI, que entre el derecho internacional y sus intereses son capaces, muchos de ellos, de elegir sin pudor sus negocios e intereses con Rusia. Tampoco hay que subestimar la locura de Putin, o sus desquicios psiquiátricos, quien por más condenado que pueda estar por la justicia internacional y la opinión pública mundial, sigue teniendo en sus manos el mayor arsenal nuclear del mundo, y nada, pero nada, mientras no sea depuesto del gobierno o esté preso, quiere decir que no pueda usarlo.

Breve historia de la Corte Penal Internacional

La Corte Penal Internacional tiene su sede en la Haya. Fue creada en 1998 con la elaboración y la firma del Estatuto de Roma, el 17 de julio de ese año, firmado en la ciudad de Roma.

La Corte Penal Internacional se rige por el Estatuto de Roma, y es, en la práctica, al menos hasta hoy, el mayor tribunal internacional en el mundo. A pesar de haber sido creada en 1998, comenzó a funcionar a partir del 2002.

Los crímenes sobre los que puede contender la CPI están delimitados en el artículo V del Estatuto de Roma, y ellos son: 1) El genocidio 2) Los crímenes de Lesa Humanidad

3) Los crímenes de guerra 4) Los crímenes de agresión. Este crimen, incorporado dentro de la competencia de la corte recién en el año 2018, al cumplirse 20 años de la creación del Estatuto de Roma, que rige a la CPI.

El crimen de agresión comprende "planear, preparar, iniciar o ejecutar una agresión que por su carácter y gravedad viole la carta de Naciones Unidas"[178].

A través de la incorporación de esta "nueva figura jurídica", se puede encuadrar dentro del delito de agresión, el inicio de una guerra, o de una invasión y juzgar así a sus responsables. Esto es la primera vez que se establece en la historia de la humanidad. Los antecedentes más directos al respecto, son los juicios de Núremberg, realizados a los criminales de guerra nazis y los juicios de Tokio, efectuados a los criminales de guerra japoneses de la Segunda Guerra Mundial. Para ello, se estableció un Tribunal Penal Militar Internacional.

Algo muy importante a tener en cuenta es que el Estatuto de Roma, es decir la normatividad con la que se sustenta la Corte Penal Internacional, es aplicable a cualquier persona física, no moral, indistintamente del cargo o puesto oficial que ocupe, incluyendo si es jefe de Estado y máximo representante de un gobierno, o miembro de este, o de un parlamento. También es fundamental que los crímenes que persigue la CPI no prescriben. (Artículo 29 del Estatuto de Roma). Aunque como es de principio jurídico, nadie puede ser juzgado por crímenes cometidos con anterioridad a la existencia de la Corte Penal Internacional (Artículo 24 del Estatuto de Roma).

---

[178] EL PAÍS. La Corte Penal Internacional amplía sus competencias en su vigésimo aniversario. 17 de julio de 2018.
https://elpais.com/internacional/2018/07/17/actualidad/1531810693_408303.html

La Corte Penal Internacional se conduce por una serie de disposiciones muy bien delimitadas, como corresponde en el ámbito jurídico. Estas disposiciones constituyen sus principios de acción y sus lineamientos para su actuación.

Estos principios[179] son:

• La Corte funciona solo cuando un país no juzga o no puede juzgar los hechos de competencia del Tribunal. A esto se le denomina el principio de complementariedad.

• En el artículo 22 del Estatuto de Roma se deja claro el principio denominado: **Nullum crime sine lege**. Al respecto se señala: "1. Nadie será penalmente responsable de conformidad con el presente Estatuto a menos que la conducta de que se trate constituya, en el momento en que tiene lugar, un crimen de la competencia de la Corte. 15 2. La definición de crimen será interpretada estrictamente y no se hará extensiva por analogía. En caso de ambigüedad, será interpretada en favor de la persona objeto de investigación, enjuiciamiento o condena. 3. Nada de lo dispuesto en el presente artículo afectará a la tipificación de una conducta como crimen de derecho internacional independientemente del presente Estatuto".

El Artículo 23 del Estatuto de Roma proclama el principio llamado: **Nulla poena sine lege**. Que indica que: "quien sea declarado culpable por la Corte únicamente podrá ser penado de conformidad con el presente Estatuto".

---

[179] ORGANIZACIÓN DE LAS NACIONES UNIDAS. Estatuto de Roma de la Corte Penal Internacional. 17 de julio de 1998.
https://www.un.org/spanish/law/icc/statute/spanish/rome_statute(s).pdf

El artículo 25 del Estatuto de Roma delimita los casos de **responsabilidad penal**, y por lo tanto el principio llamado con ese nombre.

Además de los principios ya mencionados con anterioridad.

Ahora bien, hay que tener en cuenta que para que exista de forma completa en todo el planeta la jurisdicción de la Corte Penal Internacional, hasta el presente, ha habido grandes avances y algunas limitaciones serias. Entre los avances podemos mencionar que en la actualidad, 124 países del orbe han firmado su adhesión a la competencia de la Corte. Pero hay algunos países que no la han firmado, y entre ellos están las principales potencias, Estados Unidos, Rusia, China, Israel, India, Cuba e Irak.

En el caso de Estados Unidos, incluso en un momento pretendió solicitar inmunidad para sus tropas, en cualquier lugar del planeta en el que tuvieran que actuar, algo absolutamente inconcebible, desde la igualdad ante la Ley que obliga a conceder el derecho.

En el caso norteamericano además se aprobó el 2 de agosto de 2002 la Ley denominada American Service Members Protection Act (Ley de Protección del Personal de Servicio estadounidense) que establece la disposición de no someter a ningún soldado, funcionario o ciudadano estadounidense a la competencia de la CPI, prohibiendo a todas las instituciones federales, estatales, y locales, su asistencia a la CPI. Dicha Ley prohíbe también la extradición de cualquier ciudadano estadounidense por la Corte e incluso, establece la prohibición de llevar a cabo investigaciones en Estados Unidos.

Digamos, en materia de derechos humanos y justicia universal, todavía hay mucho por hacer y tenemos mucho por avanzar en este planeta.

Los Derechos Humanos, como parte de la evolución de la humanidad

Si miramos la historia de los derechos humanos, de acuerdo a la evolución de la humanidad, podemos decir, sin temor a equivocarnos, que la Corte Penal Internacional es aún muy joven. De ahí muchas limitaciones y deficiencias, como la lentitud en las investigaciones, que aún son parte de los problemas de este máximo tribunal.

Para comprender la evolución de los derechos humanos en referencia a la evolución de la humanidad podemos mencionar por ejemplo que en la antigüedad y aún en la Edad Media, la tortura era algo no solo normal, sino que en muchos casos era legal. Como en el caso de la Santa Inquisición, por ejemplo, una "Institución" de la Iglesia Católica, creada en el siglo XIII, cuyos castigos y abusos, entiéndase torturas y asesinatos de personas vivas quemadas en leña verde, que no solamente se infringieron para perseguir a los "infieles", sino que también fue utilizada como control social, e incluso para quedarse con los bienes de viudas y personas solas. Seis siglos duró la "Santa Inquisición" en Europa. Hasta que en España, por ejemplo, Napoleón Bonaparte la abolió el 4 de diciembre de 1808.

En Francia en el siglo XII, surgieron dentro del cristianismo algunos grupos como los valdenses y los cátaros, que comenzaron a cuestionar la vida de los jerarcas de la iglesia de ese momento, por vivir de una manera muy ostentosa. Fue entonces cuando al Papa Lucio III no le agradó esto, y viendo los privilegios de la Iglesia en riesgo, promulgó una bula Papal que llamó ***Ad abolendam***, dirigida particularmente contra estos grupos. Pero también "contra los cátaros, los patarinos, [...] los josefinos, los arnaldistas y todos los que se dan a la predicación libre y creen y enseñan contrariamente a la Iglesia católica sobre la Eucaristía, el bautismo, la remisión de los pecados y el matrimonio"[180].

Esto sentaría las bases para la posterior persecución de "los herejes". Sin embargo, recién en el año 1229 se promulgó una ordenanza real que establecía que las autoridades civiles y eclesiásticas tenían la obligación de "buscar y castigar a los herejes".

Sería el Papa Gregorio IX, sobrino del Papa Inocencio III, quien, en 1231, emitiría una bula papal denominada "*Excommunicamus*".

Pero el Papa Gregorio IX dispuso, cuando solo habían pasado dos años, que esa era una atribución exclusiva para de la iglesia, y lo hizo mediante una norma que denominó "*Excommunicamus*", con la que establecería formalmente cómo se realizaría el proceso llamado a partir de allí de la Inquisición, donde se establecía las formas que con la que debían hacerse la investigación y el castigo de los "herejes".

Pero el Papa Inocencio IV tuvo una mejor idea. En 1252 estableció oficialmente el uso de la tortura. (Lo de mejor idea es irónico y que habría que preguntarse cómo hubiera sido si no se llama "Inocencio"). La bula decía específicamente que: «El oficial o párroco debe obtener de todos los herejes que capture una confesión **mediante la**

---

[180] SÁNCHEZ HERRERO, JOSÉ. (2005). Los orígenes de la Inquisición medieval. Universidad de Sevilla. Ed. Clio & Crimen: no 2, pp. 17 a 52.

tortura sin dañar su cuerpo o causar peligro de muerte, pues son ladrones y **asesinos de almas y apóstatas** de los sacramentos de Dios y de la fe. Deben confesar sus errores y acusar a otros herejes, así como a sus cómplices, encubridores, correligionarios y defensores» [181] [182].

La Inquisición tenía además la potestad de expropiar bienes a los que fueron acusados de herejía. También tenía la facultad de desterrar a los declarados herejes incluyendo a todos sus familiares si así lo consideraban necesario. ¿Qué conveniente no? Le quitan los bienes, y los echan de sus tierras, con familiares incluidos para que nadie se queje ni se pueda revelar.

Entre las torturas "legales" utilizadas por la Inquisición estaba El Potro, el cual consistía en una máquina que iba tirando de las extremidades del preso, hasta desmembrarlas si el torturado no hablaba. "El tormento del agua", que tenía varias formas de implementarlo, pero que consistía básicamente en provocarle un ahogamiento al preso, algo similar a la tortura llamada "submarino" utilizada por ejemplo por la última dictadura militar argentina, en forma regular, y por diversos servicios de inteligencia. "La pera vaginal, anal u oral". Que consistía en introducirle al "hereje" un instrumento con forma de pera, para ocasionarle dolor desde luego. También había otros igual o peor de terribles, como "La Garrucha", "La Cuna de Judas", "La Doncella de Hierro". Por si fuera poco, también tenía como forma de tormento "La Sierra", castigo reservado para mujeres que hubieran quedado "embarazadas del diablo". Atienda usted el tamaño de la locura que los inquisidores manejaban. El castigo en sí

---

[181] Ídem.

[182] ABC. Las torturas más sanguinarias y crueles de la Inquisición. 4 de diciembre de 2015. https://www.abc.es/historia/abci-torturas-mas-sanguinarias-y-crueles-santa-inquisicion-201512040253_noticia.html

consistía en colocar a la mujer colgando con la cabeza hacia abajo, con las piernas abiertas, y desnuda desde luego, cortarla al medio con una sierra a partir de sus genitales. La víctima permanecía consciente hasta que llegaban prácticamente al pecho, por tener la sangre fluyendo hacia la cabeza por estar boca abajo. Para eso elegían esta posición. Una forma de tortura extremadamente cruel que no buscaba una confesión, sino el sufrimiento por el sufrimiento mismo.

Es decir, estos tipos de tormentos, entre muchos otros eran ordenados y ejecutados por los hombres supuestamente más "piadosos" de esa sociedad. Los sacerdotes. Para que quede muy claro, en la Inquisición, la tortura era oficial. Y legal. No era para nada algo clandestino.

Diversas fuentes calculan que la Inquisición, durante todos los siglos que duró, produjo al menos unos cinco millones de víctimas. Casi, un holocausto similar al realizado por los nazis contra los judíos, pero del que nadie habla.

Mientras esto sucedía en Europa, en el continente americano, todavía no descubierto por los europeos, los aztecas les sacrificaban seres humanos a sus dioses.

Para el desembarco de la "Santa Inquisición" en América, el cardenal Francisco Jiménez de Cisneros, Inquisidor General de España, ordenaba a todos los obispos del nuevo continente, para que actuaran como inquisidores, en todos sus territorios episcopales, quedando de esta forma además de a cargo de la justicia canónica, también a cargo de la justicia ordinaria.

Para la llegada de la Santa Inquisición a América, o para la "Protección de la Fe", se estableció el 2 de noviembre de 1571, en la Ciudad de México el Tribunal del Santo Oficio.

El Rey Felipe II, mediante una cédula real, creó en 1569 los tribunales de la Santa Inquisición de la Ciudad de México y de la ciudad de Lima. Posteriormente, en 1610, se establecería el Tribunal del Santo Oficio de Cartagena de Indias.

Sobre el fin de la Inquisición en el nuevo continente el escritor Alejandro Rosas Robles escribió: "Un año antes de consumarse la independencia de México, tras casi tres siglos de existencia desaparecía una de las instituciones más temidas de la Nueva España: el Tribunal del Santo Oficio. En contraste con lo que ocurrió en Europa, aquí no hubo algazara ni manifestaciones de contento; la labor de la Inquisición estaba muy presente y, con la fe católica arraigada entre la población, más bien se pensó en el arrepentimiento"[183].

Y agrega: "En las sesiones que tuvieron lugar de diciembre de 1812 a febrero de 1813, las Cortes de Cádiz decretaron el fin de una de las instituciones más terribles de la historia de la humanidad: el Tribunal del Santo Oficio, también llamado Tribunal de la Fe o Santa Inquisición. El decreto del 22 de febrero de 1813 se extendió a las colonias en América; en Nueva España fue promulgado el 8 de junio"[184].

Todo esto para hablar de cómo, durante siglos, la tortura era algo "legal". Desde luego los de la Iglesia católica no eran los únicos que torturaban.

Con el tiempo, con el paso de la evolución y la conciencia, vendría la "Convención contra la Tortura y Otros Tratos o

---

[183] RELATOS E HISTORIAS DE MÉXICO. El fin de la Inquisición. 2022. https://relatosehistorias.mx/nuestras-historias/el-fin-de-la-inquisicion
[184] Ídem.

Penas Crueles, Inhumanos o Degradantes"[185], que entró en vigor el 26 de junio de 1987.

Estos ejemplos sirven acá a la postre para poder mirar la barbarie de la humanidad, en épocas no tan lejanas en el tiempo, y que podamos observar entonces los derechos humanos como parte de la evolución de la humanidad y la enorme importancia de contar con un organismo de justicia universal, como la Corte Penal Internacional, aunque su implementación en la historia de la humanidad, se puede decir, es bastante reciente.

Barbarie o civilización

Esta es la verdadera disyuntiva a la que se enfrenta hoy el mundo. No es solamente la elección de un sistema político para gobernar, dictadura o democracia. Estas dos alternativas son ya de por si abismales en sus diferencias. Pero el verdadero dilema es aún más profundo. Está entre los que por un lado no respetan las reglas, los derechos humanos, las leyes internacionales, como Putin y sus aliados, entre ellos China, que encabezan el bloque al que sin ningún temor al error podemos llamar: "los precursores de la barbarie". Por esto, la orden de aprensión de la Corte Penal Internacional contra Putin, por lo que está haciendo con los niños ucranianos. Para Putin no hay límites. No le importa quién o quiénes son inocentes. No le importa si son viejos, mujeres o incluso niños.

---

[185] NACIONES UNIDAS. Convención contra la Tortura y Otros Tratos o Penas Crueles, Inhumanos o Degradantes. 26 de junio de 1987. https://www.ohchr.org/es/instruments-mechanisms/instruments/convention-against-torture-and-other-cruel-inhuman-or-degrading

El dossier de la ONU

Un día antes de que fuera emitida la orden de aprensión de la Corte Penal Internacional, el jueves 16 de marzo de 2023, la Comisión Investigadora de la ONU sobre Crímenes de Guerra en Ucrania, hizo público un duro y detallado informe sobre la deportación forzada de niños ucranianos por parte de Rusia.

Esta Comisión de Investigación de la ONU fue formada por la resolución 49/1 de dicho organismo, la cual fue aprobada el 4 de marzo de 2022. Es decir, fue creada a tan solo unos días después de haber comenzado la invasión rusa a Ucrania.

Al respecto, dicha resolución señala que la Comisión fue creada "con carácter de urgencia" y que sería "integrada por tres expertos en derechos humanos, que serían nombrados por el presidente del Consejo de Derechos Humanos por un plazo inicial de un año, que complementara, consolidara y prosiguiese la labor de la misión de vigilancia de los derechos humanos en Ucrania, en estrecha coordinación con esta misión y la Oficina del Alto Comisionado de las Naciones Unidas para los Derechos Humanos"[186].

La resolución 49/1 de la ONU le impartió a dicha Comisión Investigadora un mandato que precisaba con toda claridad cuál sería su misión. Esa encomienda fue:

"Investigar todos los presuntos abusos y violaciones de derechos humanos, vulneraciones del derecho internacional humanitario y delitos conexos, en el contexto de la agresión cometida por la Federación de Rusia contra

---

[186] NACIONES UNIDAS – Consejo de Derechos Humanos. 4 de marzo de 2022. https://www.ohchr.org/es/hr-bodies/hrc/iicihr-ukraine/index

Ucrania, y establecer los hechos, las circunstancias y las causas profundas de esos abusos y violaciones;

• Reunir, consolidar y analizar las pruebas de dichos abusos y violaciones, incluida su dimensión de género, y registrar y preservar sistemáticamente toda la información, la documentación y las pruebas, incluidas las entrevistas, las declaraciones de los testigos y los elementos forenses, con arreglo a las normas del derecho internacional, con miras a cualquier procedimiento judicial futuro;

• Documentar y verificar la información y las pruebas pertinentes mediante, entre otras actividades, la labor sobre el terreno, y cooperar con entidades jurídicas y de otro tipo, según proceda;

• Identificar, en la medida de lo posible, a las personas y entidades responsables de abusos y violaciones de derechos humanos, vulneraciones del derecho internacional humanitario u otros delitos conexos en Ucrania, a fin de garantizar que los responsables rindan cuentas de sus actos;

• Formular recomendaciones, en particular sobre medidas relativas a la rendición de cuentas, con miras a poner fin a la impunidad y asegurar la rendición de cuentas, incluidos en su caso la responsabilidad penal individual y el acceso a la justicia de las víctimas;

• Presentar al Consejo de Derechos Humanos, en su 51er período de sesiones, una actualización oral, a la que seguirá un diálogo interactivo, y, en su 52° período de sesiones, un informe completo por escrito, al que seguirá un diálogo interactivo, y presentar un informe a la Asamblea General en su septuagésimo séptimo período de sesiones"[187].

Hay que destacar que los miembros de esta comisión investigadora realizaron una primera visita a Ucrania en el mes de junio de 2022. Durante la misma, entrevistaron a víctimas, a diversos testigos y escucharon a las autoridades ucranianas.

Durante una nueva visita, los miembros de la Comisión Investigadora de la ONU, brindarían, el 2 de diciembre de 2022, una conferencia de prensa en Kiev, sobre lo que serían Crímenes de Guerra cometidos por Rusia en Ucrania[188].

El lapidario informe de la Comisión Investigadora de la ONU para Ucrania, sostiene que: "Los ataques rusos contra civiles en Ucrania, incluyendo las torturas y las matanzas sistemáticas en regiones ocupadas, constituyen crímenes de guerra y posiblemente crímenes de lesa humanidad"[189].

Al respecto, la Comisión de investigación de la ONU afirma en el informe que: "hay evidencia de que cientos de niños ucranianos han sido trasladados de manera ilegal a Rusia." Para luego concluir: "La deportación forzosa de niños ucranianos "viola el derecho internacional humanitario y constituye un crimen de guerra"[190].

---

[187] NACIONES UNIDAS – Consejo de Derechos Humanos. 4 de marzo de 2022. https://www.ohchr.org/es/hr-bodies/hrc/iicihr-ukraine/index
[188] Ídem.
[189] INFOBAE. Reporte: Rusia comete crímenes de guerra en Ucrania. 16 de marzo de 2023. https://www.infobae.com/america/agencias/2023/03/16/reporte-rusia-comete-crimenes-de-guerra-en-ucrania/
[190] TRT. ONU denuncia que el traslado forzoso de niños ucranianos es un crimen de guerra. 17 de marzo de 2023.

La Comisión Investigadora también concluye que: "Rusia ha iniciado políticas como otorgar la ciudadanía rusa y conceder a los niños en familias de acogida para crear un marco en el que algunos niños puedan permanecer en Rusia de forma permanente"[191].

El noruego Erik Møse, es quien dirige actualmente la Comisión Investigadora de la ONU para Ucrania. Møse ha sido ministro del Tribunal supremo de su país, y posteriormente juez de la Corte Europea de Derechos Humanos, como también presidente del Tribunal Penal Internacional para Ruanda, un tribunal internacional creado para juzgar casos de genocidio en la masacre de la minoría étnica tutsi en Ruanda en 1994. Refiriéndose al informe publicado el 16 de marzo de 2023 por la Comisión Investigadora de la ONU para Ucrania sostuvo que los investigadores han elaborado una lista de personas que deben responder por las violaciones de derechos humanos en Ucrania.

La lista será "presentada a las autoridades pertinentes", declaró, pero el equipo reconoció las dificultades de investigar a un miembro permanente del Consejo de Seguridad de la ONU.

Los ataques rusos contra civiles en Ucrania, incluyendo las torturas y las matanzas sistemáticas en regiones ocupadas, constituyen crímenes de guerra y posiblemente crímenes de lesa humanidad, dice un reporte de una investigación con respaldo de la ONU difundido el jueves.

https://www.trt.net.tr/espanol/vida-y-salud/2023/03/17/onu-denuncia-que-el-traslado-forzoso-de-ninos-ucranianos-es-un-crimen-de-guerra-1961150

[191] Ídem.

El informe de la Comisión señala que, entre los probables crímenes de lesa humanidad, también se encuentran los ataques sistemáticos a la infraestructura ucraniana que privaron a cientos de miles de personas de electricidad y alguna defensa para el frío durante los meses más gélidos del año. También se refiere al uso "sistemático y generalizado" "de tortura en las regiones ocupadas por Rusia"[192].

Dicho informe fue publicado coincidentemente con el aniversario del bombardeo ruso a un teatro en la ciudad de Mariupol, que era utilizado como refugio por civiles, y donde había cientos de mujeres y niños, y estaba debidamente señalizado como refugio[193].

El informe de la Comisión Investigadora de la ONU para Ucrania constituye una base fundamental para la emisión de la orden de aprensión contra Putin, de parte de la Corte Penal Internacional.

Limitaciones y demoras de la Corte Penal Internacional

En realidad, la Corte Penal Internacional es el primer órgano de justicia supranacional que existe en el mundo. Estamos hablando en la historia de la humanidad. Es necesario reconocer que en su desarrollo hasta la actualidad tiene serias limitaciones. Uno sin duda es la falta de reconocimiento a su competencia a las tres principales potencias, Estados Unidos, Rusia y China, pero también a

---

[192] THE SAN DIEGO UNION TRIBUNE. Reporte: Rusia comete crímenes de guerra en Ucrania. 16 de marzo de 2023.
https://www.sandiegouniontribune.com/en-espanol/noticias/story/2023-03-16/reporte-rusia-comete-crimenes-de-guerra-en-ucrania
[193] Ídem.

países como Israel e India, por ejemplo. Para cambiar esto hacen falta campañas de concientización, la presión de la opinión pública mundial, la voz libre de líderes de comunicación independientes de las ideologías, que sean capaces de decir lo que hace falta sin estar subordinados a intereses particulares, regionales, ideológicos e incluso nacionales. Estamos hablando del mundo, de toda la humanidad. Un concepto y una idea que todavía a muchos ciudadanos del planeta les queda muy grande. Una idea que brota más fácil en los mundiales o en las olimpiadas y luego se olvida y se vuelve a guardar hasta dentro de cuatro años como si nunca hubiera existido.

Si bien la justicia no es democrática, porque su aplicación no se rige ni se debe regir por la voluntad popular de un sector social o de toda una sociedad, sino por la aplicación de las leyes que la rigen, el fin de la impunidad a nivel mundial, y la persecución de los crímenes más atroces, como la aplicación de las leyes internacionales, ya debería formar parte de todos los habitantes del planeta. Esta encomienda genética aún no existe. Pero debe existir. Es absolutamente necesaria, para poder hacer un mundo más justo y que podamos vivir en un planeta más civilizado, donde el crimen no sea parte del panorama cotidiano del ser humano. Y si bien aún puede faltar mucho como para que el sentido de justicia, de manera aguda y severa sea parte del código genético de cada habitante del planeta, por lo menos debemos aspirar a que mientras tanto, vaya aumentando la conciencia de que la injusticia no puede ser lo que predomine en una sociedad que se quiera nombrar como humana, o como racional, o como civilizada.

Para eso hace falta la intervención de todos, la presión y la colaboración de absolutamente todos. La Corte Penal Internacional tiene limitaciones, es cierto, pero es absolutamente necesaria. Entre los críticos de la Corte hay quienes ven en ella una tremenda intromisión a la soberanía del Estado. En todos los casos quienes promueven esta visión son autoridades que quieren conservar los privilegios de sus negocios y hasta de sus crímenes al interior de sus fronteras. En este tema, hay que decirlo muy claramente, todavía hay quienes no entienden, o no quieren entender que en materia de derechos humanos no existen las fronteras. Nadie puede decir: "estoy violando los derechos humanos, torturando, exterminando, persiguiendo a grupos de personas, realizando un genocidio, pero lo estoy haciendo en mi territorio, por lo tanto, es mi soberanía."

Quienes plantean el argumento de la soberanía ante los derechos humanos, son en realidad como el marido golpeador, o el tipo que golpea a su pareja, y esgrime el argumento que "está en su casa". Entonces con esa premisa, pretende que nadie puede intervenir, y él pueda ejercer el "libre derecho" de hacer con su mujer lo que le dé la gana, incluso pegarle o maltratarla. Error. Este razonamiento absurdo de la cultura machista, es llevado por algunos a lo macro, incluso al ámbito internacional, para argumentar que, en su país, dentro de su soberanía, puede hacer lo que le dé la gana, incluso violar los derechos humanos. Este no es un argumento que se puede aceptar desde un razonamiento ético y honesto.

Aunque ahí está el caso de este personaje ruin de López Obrador, que defiende a los narcos mexicanos con el argumento de la soberanía. López Obrador y otros voceros políticos y del narco.

Hay personalidades muy importantes que han levantado la voz para cuestionar el funcionamiento y la lentitud de la Corte Penal Internacional, como es el caso del periodista de CNN Fernando del Rincón, quien ha cuestionado a la Corte por su falta de celeridad y resultados en casos como las violaciones a los derechos humanos del gobierno de Nicolas Maduro. Y en realidad Fernando del Rincón tiene razón en sus cuestionamientos.

Desde su creación en el 2002, la Corte hasta el año 2015 había investigado 22 casos, todos producidos en países africanos[194].

Es decir, en primer lugar, hay que considerar que la Corte Penal Internacional es un organismo relativamente nuevo, joven, muy joven, si lo miramos desde la evolución de los derechos humanos y la justicia en la evolución de la humanidad. Pero no podemos quedarnos con eso. No puede ser eso una excusa para el consuelo y la falta de resultados o la inoperancia. A la CPI le falta mucho por crecer, por consolidarse, y sobre todo para poder aplicar la justicia universal de una manera más expedita. Pero esta tarea tiene que ser un deber de todos los habitantes de la tierra.

Con sus limitaciones y todo, y también con su lentitud en la mayoría de los casos, la Corte Penal Internacional le ha asestado un durísimo golpe al asesino de Putin.

El viaje de Putin a Mariupol

Como gesto de desafío, al día siguiente de que se diera a conocer la orden de la Corte Penal Internacional para la detención de Putin, este decidió viajar a la ciudad ucraniana de Mariupol, actualmente ocupada por el ejército ruso.

---

[194] ACEPRENSA. La Corte Penal Internacional: 22 casos, dos condenas. 22 de junio de 2015. https://www.aceprensa.com/politica/la-corte-penal-internacional-22-casos-dos-condenas/

Era la primera vez que Putin salía de Moscú para visitar un territorio ocupado después de que iniciara la invasión a Ucrania. Una pequeña osadía, destinada sobre todo para la complacencia de él mismo, y para difundir un aire de alarde y de desafío ante la opinión pública mundial.

Sin embargo, la visita a Mariupol no constituye ningún riesgo real para Putin, pues allí no podría ser detenido por nadie, ya que es una zona controlada por el ejército ruso.

El único riesgo que podría haber corrido sería ser blanco de un francotirador. Pero incluso en los videos de su visita a Mariupol se le puede ver muy bien protegido por sus guardias personales, todos equipados con chalecos antibalas, previendo cualquier situación de ese tipo.

Posteriormente, visitaría Crimea para festejar un nuevo aniversario de su anexión a Rusia.

La llegada y la visita de Putin a Mariupol se realizaría de noche. Lo cual llevó a algunas personalidades del gobierno de Ucrania a preguntar en viva voz: ¿si Putin hacía su visita de noche porque tenía miedo?

Seguramente Putin tenía dos motivos para realizar la visita a Mariupol de noche, en primer lugar, para evitar las fotos y las imágenes teniendo como telón de fondo la destrucción de la ciudad, que fue arrasada tan solo unos meses atrás por el bombardeo con misiles y cañones de las tropas rusas. Y en segundo lugar, porque la noche le ofrecía un escenario más seguro, para evitar ser blanco de un francotirador[195].

---

[195] INFOBAE. En otro gesto de provocación, Putin visitó la ocupada ciudad ucraniana de Mariupol: "El criminal internacional llegó de noche". 19 de marzo de 2023.
https://www.infobae.com/america/mundo/2023/03/19/putin-efectuo-

Mariupol, una ciudad de 450 mil habitantes, además de quedar prácticamente destruida después de los ataques rusos, perdió más de un tercio de su población que abandonó su territorio. Quienes permanecen en la ciudad viven prácticamente en la miseria, bajo la ocupación rusa. Según el alcalde ucraniano de Mariupol, la ofensiva rusa asesinó al menos a 22 mil civiles.

Un día antes de visitar Mariupol, Putin visitó Crimea, esto para "festejar" el aniversario de su anexión, ilegal, a Rusia. Por encima del derecho internacional desde luego, como lo he explicado extensamente en mi primer libro sobre la invasión a Ucrania[196].

Tal vez lo más importante de la visita de Putin a Mariupol es que se lo puede ver en un video con alguna dificultad notoria para caminar en su pierna derecha. Y lo que se observa es un Putin inseguro, en una visita poco planeada, aunque a pesar de eso cuidada sobre todo en los aspectos de seguridad[197].

El asesor del gobierno de Zelenski, Mijael Podoriav, se refirió a la visita de Putin a Mariupol como "una expresión de cinismo y falta de remordimiento". También afirmó que "Putin fue a admirar las ruinas de la ciudad, tras el asesinato de miles de familias locales"[198].

una-visita-sorpresa-a-la-ocupada-ciudad-ucraniana-de-mariupol-en-su-primer-viaje-al-donbas/
[196] NOTICIAS TELEMUNDO. Putin visita Mariupol tras ser señalado por La Haya. 18 de marzo de 2023.
https://www.youtube.com/watch?v=1BEQa_a835w
[197] AFP. Putin visita la península ucraniana de Crimea anexada por Rusia. 18 de marzo de 2023. https://www.youtube.com/watch?v=eIT1zON76s4
[198] AFP. Ucrania denuncia "cinismo" de Putin tras visita a Mariúpol, su primera a zona ocupada. 19 de marzo de 2023.
https://www.youtube.com/watch?v=V3Ear3xD1EM

Anton Gerashchenko, asesor del ministro del Interior de Ucrania, escribió en su cuenta de twitter, el domingo 19 de marzo, después de la visita de Putin a Mariupol: "Otro dictador también visitó Mariupol una vez. Sabemos cómo terminó su historia. 📷: Hitler visitando el cuartel general del Grupo de Ejércitos Sur en Mariupol, Ucrania, en diciembre de 1941. 'Muchos historiadores y contemporáneos afirman que fue aquí donde Hitler se dio cuenta por primera vez de que la guerra estaba perdida"[199].

Sobre la visita de Putin a Mariupol, desde la cuenta de Twitter "Noticias de Ucrania 24 horas", cuya dirección es: @UKR_token colocaron esta fotografía[200], señalando también que le recordaba la visita de Hitler a esa ciudad, en 1941.

---

[199] NEWSWEEK. Putin es comparado con Hitler por la visita a Mariupol después de la orden de la CPI. 19 de marzo de 2023.
https://www.newsweek.com/putin-compared-hitler-mariupol-visit-amid-icc-warrant-1788750
[200] https://twitter.com/UKR_token/status/1637600494993416193?s=20

AMENAZA A LA CPI

Este pareciera ser el nuevo apotegma por el que se rige el gobierno ruso. Como si la locura fuera parte de un derecho. incluso entre las relaciones entre las naciones. Tres días después de que la Corte Penal Internacional librara una orden de detención contra el presidente ruso, Vladimir Putin, por crímenes de guerra, Dmitri Medvédev, vicepresidente del Consejo de Seguridad de Rusia, y ex presidente de ese país, lanzó una amenaza completamente insólita, y que no cabe en ningún lado, en un mundo civilizado. Dijo textualmente, que es "completamente imaginable" un ataque de precisión con un misil ruso contra la sede la Corte Penal Internacional (CPI)".

"Todos estamos a merced de Dios y de los misiles", fue lo que rubricó Medvédev en su cuenta de Telegram.

La orden de detención contra Putin se dio a conocer el viernes 17 de marzo. Tan solo tres días después Medvédev, un miembro importantísimo del gobierno ruso, lanzó semejante amenaza.

Para dejarlo muy claro, este personaje, Medvédev, de primerísima línea en el gobierno de Putin, jamás podría hacer esta amenaza por cuenta propia, sin estar el hecho avalado por el mismo Putin. De ninguna manera. Por lo que tenemos entonces, que el gobierno de Rusia, a cargo de Valdimir Putin, amenaza físicamente a la Sede de la Corte Penal Internacional, con destruirla con un misilazo.

En su "declaración", en Telegram, Medvédev también se permitió dar detalles de su idea, de cómo sería el ataque diciendo: "es completamente imaginable el empleo preciso de un misil hipersónico Ónix lanzado por un buque ruso desde el mar del Norte contra la sede del Tribunal de La Haya".

Un Medvédev iracundo, que fuera presidente de Rusia entre 2008 y 2012, para tener una verdadera noción de la importancia de este personaje, sin reparos continuó: "El tribunal es solo una organización miserable, no es la población de los países de la OTAN. Por eso no comenzarán una guerra. Tendrán miedo. Nadie lo lamentará. Así que, señores jueces, miren atentamente el cielo...".

Por si fuera poco, Medvédev, ya encarrerado y muy suelto de boca, también dijo que serían monstruosas para el derecho internacional, las consecuencias de la expedición de una orden de detención contra el presidente de una potencia nuclear.

Al respecto, expresamente dijo: "Ahora nadie acudirá a los órganos internacionales, todos los acuerdos serán por separado. Todas las estúpidas decisiones de la ONU y otras estructuras se harán trizas. **Comienza el ocaso tenebroso de todo el sistema de relaciones internacionales**"[201] [202].

---

[201] SWISSINFO.CH. Medvédev amenaza al Tribunal de La Haya: podría ser blanco de un misil. 20 de marzo de 2023.
https://www.swissinfo.ch/spa/ucrania-guerra_medv%C3%A9dev-amenaza-al-tribunal-de-la-haya--podr%C3%ADa-ser-blanco-de-un-misil/48374594
[202] ANTENA 3. Medvédev amenaza al Tribunal de La Haya: "Todos estamos a merced de Dios y de los misiles". 20 de marzo de 2023.
https://www.antena3.com/noticias/mundo/medvedev-amenaza-tribunal-haya-todos-estamos-merced-dios-misiles_2023032064182f7131c73f0001700b1c.html

De esta forma, el ex presidente ruso, Medvédev, segundo en importancia en el Consejo de Seguridad del gobierno de Putin, deja ver que en realidad la orden de aprensión de Putin emitida por la CPI, les duele mucho más de lo que pueden aparentar, o del mayor esfuerzo que trataron de hacer al con las reacciones inmediatas. Nadie ataca militarmente, o físicamente a alguien que no le importa. Ni tampoco lo piensa.

Medvédev es uno de los principales personajes, que como parte del gobierno de Putin, desde que comenzó la invasión a Ucrania, ha lanzado amenazas permanentemente de iniciar una guerra nuclear.

Una de las más importantes fueron las proferidas a mediados de enero de 2023, cuando este personaje nefasto amenazó directamente con una guerra nuclear, "si occidente sigue aumentando la ayuda militar a Ucrania"[203].

---

[203] ABC. El expresidente ruso Medvédev amenaza con una «guerra nuclear» si sigue aumentando la ayuda occidental a Ucrania. 20 de enero de 2023. https://www.abc.es/internacional/expresidente-ruso-medvedev-amenaza-guerra-nuclear-sigue-20230120202918-nt.html

EL PESO DE LA ORDEN DE DETENCIÓN DE LA CORTE PENAL INTERNACIONAL CONTRA PUTIN

En esto de que la visión a veces lo es todo, resulta importante tener una valoración adecuada, real, del peso de los hechos, de los actos y de sus consecuencias. Sobre la verdadera dimensión del peso que tiene en el ámbito internacional y en la opinión pública mundial la orden de aprensión de la Corte Penal Internacional contra Putin, la analista de CNN Frida Ghitis sentencia al respecto: "Cuando la Corte Penal Internacional (CPI) anunció"... "que había emitido órdenes de detención contra el presidente de Rusia, Vladimir Putin, y otra importante funcionaria del gobierno por cargos relacionados con un presunto plan para deportar a miles de niños ucranianos a Rusia por la fuerza, también colocó de hecho el nombre de Putin en una lista corta junto a algunos de los líderes más brutales que el mundo ha visto desde el final de la Segunda Guerra Mundial. Con ello, lo marcó ante el mundo entero, incluido el pueblo ruso, como un paria internacional, potencialmente culpable de crímenes históricamente atroces"[204].

---

[204] CNN ESPAÑOL. La orden de arresto de la Corte Penal Internacional contra Putin es una declaración poderosa ante el mundo. 21 de marzo de 2023. https://cnnespanol.cnn.com/2023/03/21/opinion-ghitis-orden-arresto-cpi-putin-trax/

El tamaño del golpe

Frida Ghitis, quien ha sido corresponsal de CNN y productora en esa cadena norteamericana de televisión, también es columnista del Washington Post. Actualmente es articulista de opinión en CNN, y con completa agudeza señala: "Sólo tres jefes de Estado se han enfrentado a acusaciones de la CPI durante su mandato. Los otros dos fueron el difunto líder de Libia, Moammar Gadhafi y el expresidente de Sudán, Omar al-Bashir, ambos acusados de horribles crímenes contra su propio pueblo.

Rusia no es Libia ni Sudán, ambas naciones en desarrollo empobrecidas que apenas salieron del dominio colonial"- destaca Ghitis, y continúa-

Rusia es uno de los países que ayudaron a derrotar a la Alemania de Hitler en la Segunda Guerra Mundial. Es una nación antaño orgullosa que emergió de la guerra mundial, y más tarde del comunismo, con vastos recursos naturales, una población altamente educada y el impulso de convertirse en una democracia próspera. Se enfrentaba a muchos retos, pero tenía un futuro prometedor.

Entonces llegó Putin, elegido a dedo por su predecesor Boris Yeltsin y luego elegido presidente hace más de 20 años, que desmanteló la democracia bloque a bloque, afianzando su control del poder y aplastando las aspiraciones democráticas del país incluso antes de lanzar su brutal invasión no provocada de Ucrania.

Putin es ahora un criminal de guerra acusado, si bien no condenado. Según la mayoría de las fuentes, cuenta con el apoyo de la mayoría de los rusos. Tal vez esto dé a algunos de ellos razones para reconsiderarlo. Pero algún día, el pueblo ruso mirará más allá de la propaganda con la que lo han alimentado y comprenderá el horror de lo que se perpetró en su nombre"[205].

Eso de que "Según la mayoría de las fuentes, (Putin) cuenta con el apoyo de la mayoría de los rusos" es muy relativo. En primer lugar, no se pueden levantar encuestas independientes en Rusia, en segundo lugar, la gente allí vive con miedo y no puede decir libremente que está en contra del gobierno, sin temor a represalias. ¿Cómo vivir en Rusia y saber si el que te hace la encuesta no es un agente del gobierno, haya llegado este a la puerta de tu casa o la encuesta sea por teléfono? Que es lo más probable que resulte, de cualquier encuesta de ese tipo en Rusia. Que una encuesta en vez de ser una forma de medición de la visión social sobre un tema determinado de una porción de la sociedad, sea una medida de control social, dirigida por el aparato de inteligencia ruso. Tan luego ellos que han sido artífices y maestros en sistemas de control social. Tanto así que han exportado sus métodos a Cuba, un país donde si hablas mal del gobierno te dan 20 años de cárcel. En Cuba también gana con el 100 % de la votación el Partido Comunista. Y en realidad no es porque todos los cubanos estén de acuerdo con el régimen, ni dejen de ver los problemas de corrupción y de otras índoles que hay en el régimen.

La aprobación de Putin

La visión de Frida Ghitis en este sentido es muy atendible. Es completamente cierto que hay encuestas que le dan un alto índice de aprobación a Putin. Por ejemplo, un

[205] CNN ESPAÑOL. La orden de arresto de la Corte Penal Internacional contra Putin es una declaración poderosa ante el mundo. 21 de marzo de 2023. https://cnnespanol.cnn.com/2023/03/21/opinion-ghitis-orden-arresto-cpi-putin-trax/

despacho de la agencia Reuters, publicado el 8 de abril de 2002, da a conocer una encuesta publicada por la agencia estatal, VTsIOM, que según los resultados de su medición: "La proporción de rusos que confían en el presidente Vladimir Putin ha subido al 81.6% desde el 67.2% que había antes de que ordenara la entrada de soldados en Ucrania el 24 de febrero"[206].

Ahora bien, veamos, quién hace la encuesta. La casa encuestadora VTsIOM es la institución más antigua de la Rusia posterior a la era soviética. También es señalada como una "empresa" de "investigación sociológica" y de mercado en Rusia. En definitiva, es una encuesta realizada por ellos mismos, por el gobierno de Putin, para no darle tantas vueltas. O dicho de otra manera, es una encuesta, realizada por la principal casa encuestadora de Rusia, que depende del gobierno de Putin, como todo en Rusia. Entonces tenemos que, si es una encuesta realizada por ellos mismos, por encargo del gobierno ruso, desde luego Putin saldrá con un índice de aprobación optimo según les haga falta.

Según el mismo despacho de Reuters, la encuesta de VTsIOM, afirmó que: "el 78.9% de los encuestados en su último sondeo aprobó las acciones de Putin, frente al 64.3% del sondeo previo realizado antes del inicio de lo que Rusia denomina su "operación militar especial". La proporción de quienes desaprueban sus acciones cayó de 24.4% a 12.9%"[207].

El mismo despacho de la agencia Reuters, le da crédito a otra encuesta que tiene también un origen ruso: "Las cifras

---

[206] FORBES. Aprobación de Putin se dispara a 81.6% en Rusia: sondeo estatal. 8 de abril de 2022. https://www.forbes.com.mx/aprobacion-de-putin-se-dispara-a-81-6-en-rusia-sondeo-estatal/
[207] Ídem.

de VTsIOM son similares a las de una encuesta publicada el 30 de marzo por el Centro independiente Levada, en la que la proporción de rusos que aprobaban las acciones de Putin aumentó al 83% desde el 71% de febrero."

En su portal en internet, este Centro, que lleva el nombre del sociólogo ruso Yuri Levada se presenta así: "Levada Analytical Center (Levada-Center) es una organización de investigación no gubernamental rusa. El centro realiza un seguimiento regular de la opinión pública rusa y también realiza proyectos de investigación por encargo. Levada-Center realiza investigaciones para empresas, universidades, ONG en Rusia y en todo el mundo, así como para organizaciones internacionales"[208].

En cuanto a la historia de esta institución, en su página web se señala: "El equipo del Levada-Center comenzó a tomar forma en 1987 en el All-Union Center for Public Opinion Research (VTSIOM) bajo el liderazgo de la académica Tatyana Zaslavskaya (1927-2013). Yuri Levada (1930-2006) la reemplazó como directora de VTSIOM en 1992. La red de centros sociológicos en las repúblicas y regiones soviéticas de la Federación Rusa se creó en 1987-1988. Desde noviembre de 1988 se han realizado regularmente encuestas nacionales representativas. En 2003, el equipo estableció el Levada-Center independiente, y Yuri Levada se convirtió en su primer director. El Centro continúa los proyectos de investigación iniciados en los años 90, así como la realización de nuevos estudios sobre la sociedad rusa. En 2016, el Ministerio de Justicia de Rusia colocó el Centro Levada en el registro de ONG que realizan funciones de agentes extranjeros. El centro no está de

---

[208] https://www.levada.ru/en/about-us/

acuerdo con esta decisión y está tratando de impugnarla en los tribunales"[209].

Dicho de otra manera. En la Rusia de Putin, no hay nada independiente, que no sea reprimido por el Kremlin. Creer lo contrario es de una ingenuidad enternecedora.

En la Rusia de Putin existen muchas instituciones, como el Signal Institute, que trabaja bajo una fachada de producir bebidas deportivas y nutritivas, y en realidad fabrican otra cosa. Este instituto produce nada menos que el veneno radiactivo Novichok, como hemos visto en el capítulo de la entrega de los Premios Oscar.

Esto no quiere decir que una casa encuestadora también fabrique veneno, no, pero sí que de independiente seguramente y nada más. A las ONG que se han opuesto de verdad y denuncian al gobierno de Putin, les ha ido como a la Fundación Anticorrupción de Navalny que han sido declarada "extremistas" y son perseguidas por el gobierno[210].

En definitiva, es increíble que agencias y medios occidentales les den crédito, ingenuamente, a encuestas lanzadas por el gobierno de Putin, o a agencias rusas que se dedican a la propaganda.

---

[209] https://www.levada.ru/en/about-us/
[210] AMNISTÍA INTERNACIONAL. Rusia: Las ONG de Aleksei Navalny, prohibidas por "extremistas", lo que priva a miles de personas de sus derechos. 10 de junio de 2021.
https://www.amnesty.org/es/latest/news/2021/06/russia-aleksei-navalnys-ngos-banned-as-extremist-depriving-thousands-of-their-rights-2/

El destino de Putin.

La analista de CNN, Frida Ghitis, señala con toda claridad que, hasta ahora, la Corte Penal Internacional se ha centrado en un solo aspecto de los crímenes y las atrocidades de Rusia en Ucrania, y sobre esto señala:

"Putin, junto con Maria Lvova-Belova, su "comisionada para los Derechos del Niño", están ahora acusados formalmente de violar las leyes de la guerra al llevarse por la fuerza a niños ucranianos y deportarlos a Rusia. En palabras de la CPI, son "presuntamente responsables del crimen de guerra de deportación ilegal de población (niños) y del de traslado ilegal de población (niños) de las zonas ocupadas de Ucrania". La orden de detención afirma que hay "motivos razonables para creer que el Sr. Putin tiene responsabilidad penal individual por los crímenes mencionados".

Por el momento, la CPI se centra en un solo aspecto de la campaña rusa en Ucrania, aunque especialmente horripilante y cruel. Supuestamente, Rusia ha estado sacando a niños de Ucrania y colocándolos en campos de reubicación dentro de Rusia y en hogares rusos. Lvova-Belova ha desempeñado un papel decisivo en la ejecución de esta política, que no se lleva a cabo en secreto. De hecho, agradeció públicamente a Putin que hiciera posible que ella, personalmente, adoptara a un niño del Donbás, una zona de Ucrania ocupada por Rusia.

El gobierno de Rusia afirma que todo es prácticamente una medida humanitaria, destinada a salvar a los niños ucranianos en una zona de guerra. La CPI dice que es una violación de los Convenios de Ginebra. Los fiscales de la CPI, las autoridades ucranianas y los grupos que se dedican a localizar a los niños afirman que forma parte del esfuerzo concertado de Putin para borrar la nacionalidad ucraniana. Funcionarios estadounidenses y europeos afirman que los niños pasan tiempo en una red de docenas de campos donde son sometidos a reeducación política, en un esfuerzo por convertirlos en ciudadanos rusos.

Los padres ucranianos intentan desesperadamente recuperar a sus hijos.

El fiscal jefe de la CPI, Karim Khan, dijo que los actos alegados en la orden, "demuestran la intención de expulsar permanentemente a estos niños de su propio país""[211].

Sobre lo que argumenta Rusia que hace con los niños, hay que considerar que todo lo que hace Putin, lo hace por el bien de los demás. Es irónico claro. Pero así han sido sus declaraciones, al menos desde el inicio de la invasión rusa, declarada como "una operación especial militar" para "Desnazificar Ucrania", cuando el nazi es él. ¿Que podríamos esperar que nos diga Putin? Seguramente no que declare que está usando a los niños ucranianos como botín de guerra, para que sus padres sufran y no puedan volver a conocer el destino de sus hijos.

Pero hay Más

Frida Ghitis continúa en su análisis con toda coherencia: "Estas son solo las dos primeras órdenes de detención sobre un solo aspecto del asalto de Rusia a Ucrania. La oficina de Khan afirmó que están buscando a más

---

[211] CNN EN ESPAÑOL. La orden de arresto de la Corte Penal Internacional contra Putin es una declaración poderosa ante el mundo. 21 de marzo de 2023. https://cnnespanol.cnn.com/2023/03/21/opinion-ghitis-orden-arresto-cpi-putin-trax/

sospechosos y que emitirán más órdenes de detención, si las pruebas lo justifican.

Hay buenas razones para esperar más. Funcionarios ucranianos y varias organizaciones han estado documentando minuciosamente lo que consideran crímenes de guerra y crímenes contra la humanidad, con la esperanza de que finalmente haya un ajuste de cuentas."

Frida Ghitis, quien ha trabajado durante 18 años en distintos puestos en CNN, señala que: "Zelensky afirma que Ucrania lleva registrados 16.000 casos individuales de deportaciones forzosas de niños, pero la cifra total, señaló, es probablemente mucho mayor. "Semejante operación criminal", declaró, "habría sido imposible sin la orden del máximo dirigente del Estado terrorista".

"La capacidad de Putin para viajar está ahora gravemente restringida, ya que más de 120 países signatarios del Estatuto de Roma por el que se crea la CPI están ahora obligados a detenerlo si pone un pie en su territorio. El presidente de la CPI, el juez Piotr Hofmanski, dijo que los países están "obligados a ejecutar las órdenes de detención emitidas por el tribunal".

"Puede que Putin piense que nunca podría ser detenido; que nunca podría acabar en La Haya. Pero una pequeña galería de belicistas del siglo XX, considerados monstruos por muchos de sus pueblos y sus vecinos, pasaron de sentirse perfectamente seguros en sus palacios a enfrentarse a un tribunal de La Haya después de perder el poder en casa."

"Le pongan o no las esposas a Putin, su lugar en la historia está ahora asegurado en las páginas más oscuras de las masacres

XI JINPING VISITA RUSIA

Con China sucedió, exactamente lo que pronostiqué en mi primer libro sobre la invasión a Ucrania, publicado a tan solo dos meses de haber comenzado la agresión militar rusa a ese país.

En mi libro: "Putin la Invasión a Ucrania, la amenaza contra toda la humanidad", digo claramente que lo único que se podía esperar de China, era simulación y traición. Señalo que el gobierno chino hacía todo lo posible por disimular su respaldo total a Rusia en esta agresión, pero el fondo era que apoyaba a Putin incondicionalmente.

A tal punto estaba en lo cierto que el servicio de noticias alemán DW, titula un video-reportaje publicado el lunes 20 de marzo, el mismo día de la visita del presidente chino Xi Jinping a Rusia, de esta manera: "China quiere mostrarse neutral pero la visita de Xi a Putin es una clara señal de respaldo".

En mi primer libro sobre la invasión, lo había escrito y publicado once meses antes.

Durante la visita, Xi Jinping le diría a Putin: "Somos socios en una cooperación estratégica integral, y esto es lo que hace, que entre nuestros países existan estrechos lazos." Más claro, imposible.

Tal vez solo la falta de valor de Joe Biden sobre todo mostrada al principio de la invasión, fue la que no le permitió al gobierno de Estados Unidos tener clara esta realidad desde el principio.

La visita de Xi Jinping a Moscú, significaría un respaldo político enorme y de todo tipo para un Putin empequeñecido por las sanciones económicas.

Pero el presidente chino no solamente viajaría a Rusia para dejarle claro, personalmente su respaldo a Putin, sino que también lo haría disfrazado de pacificador, llevando una propuesta de mediación que a todas luces es a favor de Rusia, ya que ni siquiera contempla el retiro de las tropas de ese país de Ucrania.

Es de notar, que la visita de Xi Jinping a Putin en Moscú, se produciría el mismo día de la brutal y terrible amenaza de Medvédev a la Corte Penal Internacional. También se producía a tan solo tres días de que este organismo internacional lanzara una orden de aprensión contra Putin.

Armas chinas a Rusia

Mientras esto sucedía, a la vez que se conocía la orden de detención de la CPI contra Putin, y solo tres días antes de la visita de Xi Jinping a Rusia, "Político", un medio de comunicación estadounidense, consiguió documentos que acreditan el envío de armas chinas a Rusia. Según la publicación, estos envíos habrían sido realizados entre junio y diciembre de 2002.

A veces puede resultar algo raro pronunciar ese dicho popular, que reza: "se los dije", pero esa es la verdad. Se los dije, en mi primer libro sobre la invasión a Ucrania, publicado el 27 de abril de 2022.

Entonces tenemos que por un lado el presidente chino envía por abajo armas a Putin, en una operación oculta para no ser cuestionado por la comunidad internacional, y por otro lado, el mismo Xi Jinping llega a Moscú a visitar a Putin con una supuesta propuesta de Paz para parar la guerra. ¿Entonces? ¿Usted le creería algo al líder chino?

Según el medio de comunicación norteamericano "Político", la empresa china "China North Industries Group Corporation Limited", la que a su vez es una de las contratistas de defensa más grandes del gobierno chino, envió a Rusia mil fusiles de asalto, directamente a una empresa rusa denominada: "Tekhkrim", que a su vez es proveedora de armas del gobierno de Putin.

Los envíos habrían incluido 50 toneladas de chalecos antibalas y repuestos de drones. En el caso de los repuestos de drones, fueron acompañados de baterías y cámaras, y habrían sido enviados por una empresa china denominada "Da-Jiang Innovations Science & Technology Co.", vía los Emiratos Árabes, según el medio estadounidense.

Da-Jiang Innovations Science & Technology Co., también conocida como DJI, envió piezas de drones, como baterías y cámaras, a través de los Emiratos Árabes Unidos.

Empresas chinas, incluida una conectada con el gobierno de Pekín, han enviado a las entidades rusas 1,000 fusiles de asalto y otros equipos que podrían usarse con fines militares, incluidas piezas de drones y chalecos antibalas, aseguró la publicación estadounidense "Político".

El medio precisó que los envíos se realizaron entre junio y diciembre de 2022, según los datos proporcionados por

ImportGenius, un agregador de datos aduaneros a los que ha tenido acceso.

"China North Industries Group Corporation Limited", uno de los contratistas de defensa estatales más grandes del país, envió los fusiles de asalto en junio de 2022 a una empresa rusa llamada Tekhkrim que también hace negocios con el estado y el ejército rusos, añadió[212] [213] [214].

La CIA, tres pasos atrás

Una parte importante de las agencias de inteligencia del mundo, llevan adelante su trabajo mediante "analistas". Es decir, personas sentadas en sus escritorios supuestamente muy informados que tiene la capacidad de realizar agudos análisis de cualquier trama política como del comportamiento de los actores que en ella intervienen. Desde luego esto debe incluir el ámbito militar[215].

Si esta capacidad de "análisis" fuera buena, en los analistas de la CIA, o de cualquier otra agencia de inteligencia

---

[212] SWISSINFO.CH. China ha enviado armas y chalecos antibalas a Rusia, según POLITICO. 17 de marzo de 2023.
https://www.swissinfo.ch/spa/ucrania-guerra_china-ha-enviado-armas-y-chalecos-antibalas-a-rusia--seg%C3%BAn-politico/48368324
[213] ANTENA 3. China envió armas a Rusia, según POLITICO: fusiles de asalto, chalecos antibalas y piezas de drones. 17 de marzo de 2023.
https://www.antena3.com/noticias/mundo/china-envio-armas-rusia-segun-politico-fusiles-asalto-chalecos-antibalas-piezas-drones_20230317641437ec31c73f00016aa391.html
[214] NEGOCIOS TV. China habría enviado armas y chalecos antibalas a Rusia, escalando la guerra de Ucrania. 17 de marzo de 2023.
https://www.youtube.com/watch?v=VcwugL969xQ
[215] EL MUNDO. La CIA dice que China está evaluando la posibilidad de enviar armas a Rusia. 26 de febrero de 2023.
https://www.elmundo.es/internacional/2023/02/26/63fbb527fc6c83dc468b45b2.html

norteamericana, sus miembros deberían haber sabido con toda claridad qué haría China, respecto al conflicto en Ucrania. Sin embargo, esto no fue así.

Tan no fue así, que el mismo director de la CIA William Burns el 26 de febrero de 2023, dijo que hasta el momento China había tomado una decisión definitiva, pero que, de llevarla adelante "sería una apuesta muy arriesgada e imprudente" por parte de Xi Jinping"[216][217].

Digamos, estamos hablando de febrero de 2023. El envío de armas de China a Rusia, según los documentos hallados por "Político", ya se habían realizado a partir de junio de 2022. En una guerra, estar meses atrasados en la información de lo que hace un potencial enemigo o un país que apoya a un país que podría considerarse hostil, como Rusia, es algo así como manejar un automóvil con un parche en uno de los ojos. Si no es demasiada generosa la comparación…

"El director de la CIA, William Burns, reiteró este domingo que **EE.UU.** tiene pruebas de que **China** está evaluando enviar armas a Rusia para la guerra en **Ucrania**, pero apuntó que **Pekín** aún no ha tomado una decisión final y tampoco ha efectuado ninguna transferencia de armamento.

---

[216] INFOBAE. La CIA confirmó que China está considerando proporcionar armas letales a Rusia para su uso en Ucrania. 26 de febrero de 2023. https://www.infobae.com/estados-unidos/2023/02/26/la-cia-confirmo-que-china-esta-considerando-proporcionar-armas-letales-a-rusia-para-su-uso-en-ucrania/

[217] EL MUNDO. La CIA dice que China está evaluando la posibilidad de enviar armas a Rusia. 26 de febrero de 2023. https://www.elmundo.es/internacional/2023/02/26/63fbb527fc6c83dc468b45b2.html

Burns hizo esas declaraciones en una entrevista con la cadena CBS retransmitida este domingo y que se produce una semana después de que el secretario de Estado de EEUU, **Antony Blinken**, acusara a China de estar contemplando el envío de armamento a Rusia, en lo que fue la primera acusación de ese tipo.

El mensaje de Blinken, reveló hoy el director de la CIA, tenía como objetivo disuadir a Pekín y mostrar que Washington estaba al tanto de sus planes"[218].

"Es la primera confirmación de que empresas chinas están enviando rifles y chalecos antibalas que se podrían estar utilizando para fines militares. Según los documentos obtenidos por POLITICO, también se estarían mandando a Rusia drones, a pesar de las promesas hechas por algunas empresas chinas de suspender ese comercio con Moscú y Kiev para evitar que sus productos tomaran parte en la guerra"[219].

---

[218] EL MUNDO. La CIA dice que China está evaluando la posibilidad de enviar armas a Rusia. 26 de febrero de 2023.
https://www.elmundo.es/internacional/2023/02/26/63fbb527fc6c83dc468b45b2.html
[219] ANTENA 3. China envió armas a Rusia, según POLITICO: fusiles de asalto, chalecos antibalas y piezas de drones. 17 de marzo de 2023.
https://www.antena3.com/noticias/mundo/china-envio-armas-rusia-segun-politico-fusiles-asalto-chalecos-antibalas-piezas-drones_20230317641437ec31c73f00016aa391.html

VISITA SORPRESA A KIEV

Sólo un día después de la visita del presidente de China a Putin en Moscú, el primer ministro de Japón, Fumio Kishida, decidió visitar al presidente Zelenski en Kiev.

Xi Jinping, de 70 años, la misma edad de Putin, y quien ha manipulado la Ley China para poder reelegirse vitaliciamente, fue el primer mandatario en correr a estrecharle la mano al presidente ruso, después de que se conociera la orden de la CPI para su detención. Durante el encuentro, Putin lo llamó "querido amigo", para los que todavía no tengan claro el nivel de apoyo de ambos mandatarios.

Pero en ese entorno, como lanzado por una rampa o una catapulta, el primer ministro japonés llegaría, de manera sorpresiva, el martes 21 de marzo, a la capital ucraniana.
No sería el primer viaje sorpresa de un presidente o mandatario a Kiev. El mejor ejemplo es la propia visita de Joe Biden a Ucrania. Así lo exigen las condiciones de seguridad. No tener demasiado aviso previo, más que el necesario para hacerle saber a Rusia que no deberá tirarle un misil a ese tren que se dirige de Polonia a Kiev. La ruta obligada en todos los casos.

Si bien la mayoría de estos viajes constituyen decisiones tomadas con tiempo, bajo estrictas medidas de seguridad, llama la atención que el primer ministro japonés partió desde la India hacia Kiev, donde se había reunido con el primer ministro indio Narendra Modi.

A esto hay que sumarle que Zelenski lo había invitado públicamente a visitar Kiev desde enero de 2023.

Fumio Kishida había dado a conocer que contemplaba visitar Kiev al cumplirse el primer aniversario de la invasión rusa[220].

Pero finalmente no lo hizo en esa oportunidad. Pareciera que el impulso final, la decisión última la tomaría después de ver concretarse la visita de Xi Jinping a Rusia, entonces su visita a Ucrania se realizó inmediatamente[221] [222].

---

[220] LA TERCERA. Primer ministro de Japón baraja posibilidad de realizar visita a Kiev en primer aniversario de la guerra. 21 de febrero de 2023. https://www.latercera.com/mundo/noticia/primer-ministro-de-japon-baraja-posibilidad-de-realizar-visita-a-kiev-en-primer-aniversario-de-la-guerra/NTBHBS2XEJE6VB3RC66EOPP2RM/

[221] EUROPA PRESS. El primer ministro de Japón llega a Kiev. 21 de marzo de 2023. https://www.europapress.es/internacional/noticia-primer-ministro-japon-hace-visita-sorpresa-ucrania-20230321045746.html

[222] CNN ESPAÑOL. Primer ministro de Japón visita Ucrania este martes para reunirse con Zelensky. 21 de marzo de 2023. https://cnnespanol.cnn.com/2023/03/21/primer-ministro-japon-fumio-kishida-visita-ucrania-martes-reunion-zelensky-trax/

LA PROPAGANDA RUSA

Lo primero que hay que decir sobre la propaganda rusa es que es mucho más extensa, efectiva, amplia e intangible de lo que se puede percibir a simple vista.

También hay que decir que esta se desarrolla a través de una amplia gama de recursos, como el financiamiento a ONG´s afines ideológicamente a organismos de derechos humanos, a bancos que antiguamente eran financiados o directamente eran propiedad del partido comunista ruso. Este lobby incluye el pago a periodistas que no están dentro de una estructura visible y deliberada que se pueda identificar con la "causa rusa", o con sectores que antes promovían directamente el comunismo. También financian partidos políticos. Para todo esto, también cuentan con el respaldo monetario y la comunión en métodos e "ideales" de gobiernos como el de Venezuela. Parte de esta política fue la base "ideológica" exterior de Hugo Chávez. Todos los financiados por el gobierno chavista, ahora presidido por Maduro, sin duda también defienden a Rusia. Y lo hacen incondicionalmente, mucho más allá de las razones verdaderas que pudieran existir para cada caso. Lo hacen sin importarle sus crímenes, sus aberraciones o sus injusticias. Ni sus amenazas nucleares ni otras aberraciones. Lo hacen por dinero, de fondo, sin importarle las razones.

A partir de la invasión a Ucrania, la propaganda rusa se ha incrementado utilizando todas las plataformas disponibles en redes sociales, utilizando no solo Twitter, Telegram, Facebook, TikTok, sino también el financiamiento de youtubers pagados, dentro de Rusia, para generar corrientes de opinión entre su población, pero también en distintas partes del mundo.

La propaganda rusa es capaz de generar debates y poderosas corrientes de opinión incluso dentro de Estados Unidos. Un lugar donde la propaganda rusa actúa de manera muy activa, es en toda Latinoamérica. Todo esto bajo la subestimación del gobierno norteamericano, que pareciera no tener un área o un equipo destinado al estudio, seguimiento y la generación de políticas de comunicación que contrarresten un sistema muy articulado de propaganda e incluso de desinformación impulsado por Rusia.

Métodos

Los métodos son muchos y variados. Algunos tan buenos como para hacer cuenta de que las cosas suceden solas.

La propaganda rusa, además de los medios convencionales de comunicación y de los más modernos como las redes sociales, utiliza métodos propios del marxismo, como la agudización de las contradicciones. Esto es algo que impulsa principalmente a través de movimientos sociales de izquierda, y de "cuadros políticos" más preparados infiltrados en ellos, y el objetivo de este método o mecánica social es desestabilizar gobiernos, abollar y derrumbar su imagen, e incluso destituirlos, buscando así las "soluciones" de izquierda, o el ascenso electoral, o social de este espectro político.

Mauricio Cabrera Galvis, quien es Licenciado en Filosofía de la Universidad Javeriana, con maestría en Economía de la Universidad de los Andes, en un artículo de su autoría titulado Agudizar las contradicciones, explica que: "En la doctrina marxista, heredera de la visión hegeliana de la historia, la humanidad avanza por la dialéctica de las contradicciones, en particular entre las clases sociales; el corolario político, leninista, de esta visión, es que para que se produzcan los cambios revolucionarios es necesario hacer más intensas las contradicciones hasta que exploten. La violencia es la partera de la historia"[223].

No faltarán quienes dirán que hace mucho que no escuchan hablar de este término por lo que entonces, no existe. Se equivocan. Se equivocan todos los que por hacerse los "modernos" cuando no se habla de algo y creen que eso no existe. Fuera esto cualquier cosa.

De manera muy llamativa, pareciera que "nadie" ve este método en la trama social, o al menos son muy pocos los que lo ven y lo denuncian. Y quienes lo ven son algunos observadores más agudos en las redes sociales y unen, por ejemplo, las manifestaciones en Chile, donde se quemaron edificios, con las manifestaciones en Ecuador, donde desde distintas partes del país se trataba de generar movimientos para desestabilizar el gobierno de Lazo. Estos movimientos no suceden mientras gobierna la izquierda. Y suceden todas las veces cuando no gobierna la izquierda. Son una técnica, una práctica social de desestabilización política en la mayoría de los casos. Esa "técnica", está basada en la concepción marxista de la agudización de las contradicciones.

Un ejemplo del uso de esta técnica o de esta "forma de hacer política", es lo que sucede con los anarquistas en México. Son grupos de encapuchados, que se hacen llamar anarquistas, que muestran su repudio a ciertas políticas, a determinados políticos o a algunas instituciones

---

[223] CABRERA GALVIZ, MAURICIO. Agudizar las contradicciones. https://www.portafolio.co/opinion/mauricio-cabrera-galvis/agudizar-contradicciones-39922

atacándolas deliberadamente, mediante la rotura de vidrios, pintadas, o incendios. El Cisen, el antiguo Centro de Investigación y Seguridad Nacional, tenía identificado perfectamente, desde el 2006, que estos "anarquistas" eran financiados por López Obrador, actual presidente de México y que eran pagados a través de René Bejarano, quien era su mano derecha hasta los video escándalos de las ligas. Para la asunción del presidente Enrique Peña Nieto, el 1 de diciembre de 2012, hordas de encapuchados se encargaron de armar terrible zafarrancho y destrozos. -Nada era espontáneo-. Era la forma de hacer política de López Obrador. También la de demostrar "descontento" de la sociedad con el gobierno. Cuando llegó López Obrador al poder, los anarquistas se incrementaron y comenzaron a atacar objetivos que eran en realidad los mismos a los que odiaba López Obrador, como hoteles, restaurantes, librerías, y algunas instituciones que eran un objetivo político del caudillo de Macuspana, como el Banco de México, el INE, etc. La mejor muestra de que estos vándalos encapuchados eran mandados por el gobierno, y financiados por López Obrador es que jamás hubo detenidos, podían y pueden hacer destrozos a sus anchas, sin que ninguna autoridad sea capaz de interponerse a su paso. Digamos, constituyen una forma de amedrentar, y hacer política, de la izquierda, o al menos de un tipo de izquierda, incluso cuando están en el gobierno. Los anarquistas tal vez no sean pro rusos. Y lo más seguro es que ni sepan bien qué plantean los rusos en política. Pero quien les paga, en este caso López Obrador, conoce perfectamente el método y de fondo, sí es pro ruso.

En la realidad, estos movimientos funcionan en forma separada e independiente, de cualquier directriz rusa. Algo así como los lobos solitarios de los yihadistas o los extremistas islámicos. No necesitan una orden. No necesitan comunicación directa con el Kremlin. Pero saben perfectamente cual es la mecánica social y el método para incendiar un país, para influir en la opinión pública, para generar y mostrar descontento hasta generar corrientes de opinión y producir desestabilización. Desde luego, ninguna de estas organizaciones independientes, o lobos solitarios en el espectro de los movimientos sociales va a cuestionar a Rusia de ninguna manera. Quienes no han militado en la izquierda, la mayoría de ellos, políticos que no vienen de esta fracción, están indefensos ante una mecánica que no conocen. Tienen una enorme desventaja frente a cualquier luchador social forjado en estas técnicas. En la práctica, estas terminan siendo parte de las herramientas sociales, de las técnicas para hacer política, de quienes hoy frente al conflicto en Ucrania están del lado de Rusia, y también constituyen parte de sus "técnicas de propagandas", que están más allá de las que se ven usualmente, por los canales convencionales y por las redes sociales. Estas "técnicas" de manipulación de masas, son parte de formas de propaganda, porque tienen como objetivo, fomentar o imponer una visión de la realidad.

Con esta mecánica, la izquierda ha fomentado muchos movimientos antiguerra, por ejemplo, que ahora frente a la invasión a Ucrania, de parte de Rusia, brillan por su ausencia. ¿Por qué creen?

La percepción es la realidad

La propaganda rusa tiene determinadas características. En primer lugar, no le importa la verdad. Tampoco está sujeta a valores. No siguen los principios ni los lineamientos de los grandes periódicos ni de los mejores periodistas. Para nada. Por el contrario, se basa en culpar a los otros de lo que hacen ellos y de instaurar centros de desinformación, que funcionen como usinas de teorías confusas o que pongan en duda cualquier denuncia o percepción medianamente cierta en una guerra. Para eso, el primer vocero oficial de esa propaganda, es Putin. Quien sin ningún pudor miente sin un gramo de vergüenza. Lo hizo desde el primer día de la invasión a Ucrania, cuando anunció los objetivos de la misma. Lo hizo el gobierno de Putin, cuando al retirarse de la ciudad de Bucha, en las proximidades de Kiev, se encontraron decenas de cuerpos de civiles fusilados por las tropas rusas, que además mostraban signos de tortura. El gobierno de Putin se atrevió a decir que los habían matado el ejército ucraniano, pero fotos satelitales de Estados Unidos mostraron que los cuerpos estaban allí, tirados en las calles de Bucha, antes de que las tropas rusas se retiraran de la ciudad. Lo mismo mostraban videos tomados desde tierra[224] [225] [226]. Pero aunque parezca difícil de creer, el cinismo del gobierno de Putin mostraba que no tenía límites, desde ahí se afirmaba que las imágenes de Bucha eran un montaje[227].

Es decir, las versiones desmintiendo la realidad, producidas por el gobierno ruso, son a la vez replicadas por medios internacionales afines como RT, las agencias estatales rusas, y eso termina incluyendo youtubers y un gran número de cuentas en redes sociales.

---

[224] CNN ESPAÑOL. Cadáveres de "personas ejecutadas" quedan tirados en las calles de Bucha, mientras Ucrania acusa a Rusia de crímenes de guerra. 3 de abril de 2022. https://cnnespanol.cnn.com/2022/04/03/ucrania-cadaveres-bucha-rusia-denuncias-trax/
[225] EURONEWS. Horror en Bucha | Cadáveres en las calles de la localidad retomada por fuerzas ucranianas. 3 de abril de 2022. https://www.youtube.com/watch?v=VOAoq-B1MDI
[226] EL PERIÓDICO DE ESPAÑA. Ucrania encuentra 57 civiles muertos en una fosa común de Bucha y ya habla de genocidio. 3 de abril de 2022. https://www.epe.es/es/internacional/20220403/ucrania-encuentra-civiles-muertos-bucha-genocidio-13469665
[227] FRANCE 24. Moscú califica de "montaje mediático" las imágenes de la masacre en Bucha. 4 de abril de 2022. https://www.youtube.com/watch?v=VX_3z-RCVRA

Los mensajes tienen algunos comunes denominadores, no tienen ningún pudor, mienten sin problemas, culpan a los ucranianos de lo que hacen ellos, llegando incluso a presentar sus crímenes como actos para salvar a los demás, como en el caso de los niños apropiados por Rusia a padres ucranianos, y llevados a Rusia sin su consentimiento, lo que originó la orden de detención de la Corte Penal Internacional contra Putin.

Imponer una imagen social

Como en cualquier dictadura, la propaganda rusa tiene un objetivo bien determinado: imponer una percepción social. Esta propaganda, después de la invasión a Ucrania, se ha esforzado, desde el aparato del estado ruso, tratando de instalar la percepción entre los ciudadanos rusos que occidente es su enemigo. Particularmente Estados Unidos. Que el gobierno de Putin realiza su "operación especial" para defenderse de los avances de la OTAN. Que la acción militar rusa en Ucrania es para "desnazificar" este país. Y esta propaganda llega, como lo ha publicado una investigación de la BBC, al punto de tratar de instalar en la opinión pública rusa de que la guerra nuclear no es tan mala. Lo que no les cuenta la propaganda rusa, es que una guerra nuclear, en caso de que sobrevivan, a los que queden vivos, serían protagonistas de una vida completamente miserable. Para empezar por los crímenes cometidos contra otro pueblo, o contra otros pueblos, pero también por la forma de vivir, las carencias y las mutaciones que tendrían que ver y que vivir, además de las enfermedades por radiación.

Una propaganda que sirve a su amo

La propaganda rusa tiene otra característica determinante, y es que no le sirve a su gente, no está destinada a cuidar a su población, para nada. Está destinada a cuidar a su amo, a su gobierno, a Putin y sus jerarcas, en definitiva. Ni quienes diseñan esa propaganda, ni quienes la emiten, ni quienes la reproducen tienen como objetivos, entre sus principios ni entre sus mensajes o acciones, cuidar a la población rusa, ya no digamos a la población mundial. Para nada. Lo que tienen como misión, es enviar un mensaje que le sirva al gobierno de Putin para poder manipular a la sociedad rusa hacia la dirección que le sea más útil al presidente ruso. Si a Putin le beneficia la guerra, hacia la guerra. Si Putin necesita tapar crímenes como si fuera a tapar el sol con un dedo, que la propaganda se repita tantas veces como para que sirva para esto. Si Putin considera que va a perder la guerra en Ucrania con armas convencionales, la propaganda entonces debe servir para preparar a su sociedad para la guerra nuclear. Una forma de manipulación a tal grado que se asemeja a la locura.

Dicho de otra forma, es un manejo de técnicas de comunicación y de los medios de comunicación a su servicio, tan aberrante, que están al servicio del crimen y no de ninguna causa humana.

Por ejemplo, el célebre periódico norteamericano define de esta forma su misión: "La misión de The Washington Post se define en un conjunto de principios escritos por Eugene Meyer, quien compró el periódico en 1933. Hoy, se muestran en letras de linotipia de bronce en la entrada de la sala de redacción. (Sus referencias de género han sido suplantadas por nuestra política de inclusión, pero los valores permanecen).

Los Siete Principios para la Conducta de un Periódico:

• La primera misión de un periódico es decir la verdad en la medida de lo posible.

• El periódico dirá TODA la verdad, hasta donde pueda conocerla, sobre los asuntos importantes de América y del mundo.

• Como difusor de noticias, el periódico observará las decencias que son obligatorias para un particular.

• Lo que imprima será una lectura adecuada tanto para los jóvenes como para los mayores.

• El deber del periódico es con sus lectores y con el público en general, y no con los intereses privados de sus dueños.

• En la búsqueda de la verdad, el periódico deberá estar dispuesto a hacer sacrificios de sus fortunas materiales, si tal proceder es necesario para el bien público.

• El periódico no será aliado de ningún interés especial, sino que será justo, libre y saludable en su perspectiva de los asuntos públicos y de los hombres públicos"[228].

En el New York Times por ejemplo, el periódico más famoso y prestigioso del mundo, fundado el 18 de septiembre de 1951, definen de esta forma su misión y sus valores, que rigen su trabajo periodístico: "En The New York Times, nuestra misión y valores guían el trabajo que hacemos todos los días. Al actuar de acuerdo con su espíritu, servimos a nuestros lectores y a la sociedad,

---

[228] THE WASHINGTON POST. https://www.washingtonpost.com/about-the-post/

aseguramos la fortaleza continua de nuestro periodismo y negocios, y fomentamos una cultura del Times saludable y vibrante.

Nuestra misión

Buscamos la verdad y ayudamos a las personas a entender el mundo.

Esta misión tiene sus raíces en nuestra creencia de que el gran periodismo tiene el poder de hacer que la vida de cada lector sea más rica y satisfactoria, y que toda la sociedad sea más fuerte y más justa.

Nuestros valores

Independencia
Hace más de cien años, The Times se comprometió a "dar las noticias de manera imparcial, sin temor ni favoritismo, independientemente del partido, la secta o los intereses involucrados". Ese compromiso sigue siendo cierto hoy: Seguimos la verdad, dondequiera que nos lleve.

Integridad
La confianza de nuestros lectores es fundamental. Renovamos esa confianza todos los días a través de las acciones y el juicio de todos nuestros empleados, en nuestro periodismo, en nuestro lugar de trabajo y en público.

Curiosidad
La indagación de mente abierta está en el corazón de nuestra misión. En todo nuestro trabajo, creemos en hacer preguntas continuamente, buscar diferentes perspectivas y buscar mejores formas de hacer las cosas.

Respeto
Ayudamos a una audiencia global a comprender un mundo vasto y diverso. Para hacerlo de manera completa y justa, tratamos a nuestros sujetos, a nuestros lectores y a los demás con empatía y respeto.

Colaboración
Se necesita creatividad y experiencia de las personas en cada parte de la empresa para cumplir nuestra misión. Estamos en nuestro mejor momento cuando trabajamos juntos y nos apoyamos unos a otros.

Excelencia
Nuestro objetivo es establecer el estándar en todo lo que hacemos. La búsqueda de la excelencia toma diferentes formas, pero en cada contexto, nos esforzamos por ofrecer lo mejor[229].

Bueno, para decirlo de la manera más clara: la propaganda rusa es todo lo contrario de lo expresado por los valores, y la misión de periódicos como el Washington Post, o el New York Times. La propaganda rusa no sirve ni a sus lectores, ni a sus televidentes, ni a sus oyentes, tiene, en realidad un solo amo: su gobierno. Tampoco, lamentablemente, la propaganda rusa le sirve a su sociedad, a la que pueden llevar al cadalso nuclear, si eso le es conveniente a su gobierno.

---

[229] THE NEW YORK TIMES. Mission and Values.
https://www.nytco.com/company/mission-and-values/

Pero veamos, si la comparamos con los valores del Times:

Independencia: no tiene ninguna
Integridad: menos
Curiosidad: en la propaganda rusa les dictan todo lo que tienen que decir.
Respeto: no tienen ni por ellos mismos.
Colaboración: puede ser, entre sus cómplices. Como quienes se ayudan para delinquir.
Excelencia: no la conocen.

Si tomáramos los principios del Washington Post, los medios de comunicación rusos, tampoco conocen ninguno.

Si nos referimos por ejemplo a este principio del Post:

"El periódico no será aliado de ningún interés especial, sino que será justo, libre y sano en su perspectiva de los asuntos públicos y de los hombres públicos"[230]. Los medios rusos no conocen nada semejante. No existe en Rusia hoy ni la libertad de expresión ni la independencia de criterios, ni de pensamiento, ni en ninguno de esos terrenos.

Hay que decir sin ningún temor a equivocarnos, que esta realidad hoy por hoy, corresponde a todos los medios de comunicación en Rusia, que en realidad son medios de propaganda del gobierno de Putin, y ninguna otra cosa.

Es cierto que hay que diferenciar periodismo de propaganda, medios de comunicación de agencias de publicidad o propaganda, medios privados o estatales. Pero en la Rusia de Putin, el periodismo independiente, sobre

---

[230] THE WASHINGTON POST. https://www.washingtonpost.com/about-the-post/

todo después de la invasión a Ucrania, no existe. Todo lo que se dice es controlado y supervisado por el Estado, Tampoco existen los medios privados, al menos en cuanto a su autonomía de criterio y de pensamiento. Y en el caso de las agencias informativas estatales y de medios como RT o Sputnik en la realidad son agencias de propaganda, no agencias informativas, que de independientes no tienen nada.

Otros medios y otras formas

Una de las formas más "astutas" podríamos llamarle, a la propaganda rusa y a sus formas de manipulación social, son la organización de movilizaciones, sobre todo en ciudades europeas, en contra de la ayuda militar a Ucrania. Esta va acompañada en todos los casos de cuentas en las redes sociales que cuestionan la ayuda, en muchos casos de Estados Unidos y de los países europeos a Ucrania, señalando la inversión en el gasto militar, y mostrando las diferencias sociales en esos países o colocando fotografías de grupos vulnerables.

Hay que reconocer que la manipulación o la creación de movimientos sociales por parte de Rusia, en contra de la ayuda de occidente a Ucrania, ya sea militar o económica, puede ser un instrumento muy peligroso para las democracias occidentales, más propensas a tener que escuchar a la opinión pública. Frente a ese tipo de propaganda y de manipulación social, tanto el gobierno de Ucrania, como los gobiernos occidentales, deberían hacer mucho más de lo que están haciendo hasta el momento.

Al mejor estilo Nazi

Antes de que los nazis asumieran el poder en Alemania, existían en ese país 4,700 periódicos, que reflejaban distintas voces y opiniones con diversas tonalidades, según documenta la Enciclopedia del Holocausto[231].

"El régimen nazi eliminó rápidamente la libertad de prensa en Alemania, cerrando los periódicos de oposición y manipulando a la prensa". Se señala en esta valiosa enciclopedia[232].

Coincidentemente, el mismo día que había comenzado a escribir este apartado dentro del capítulo de la propaganda rusa (9 de abril de 2023), el empresario y banquero mexicano Ricardo Salinas Pliego, personaje polémico y audaz a la hora de opinar, escribió en su cuenta de Twitter (@RicardoBSalinas) un texto muy interesante describiendo las particularidades de la propaganda nazi, que dice así:

"¿Sabían qué?... la propaganda, desempeñó un papel fundamental en la estrategia del Partido Nazi de Adolf Hitler. Buscó promover y difundir su ideología, crear una imagen positiva del partido y su líder, y ganar el apoyo del pueblo alemán. Les dejo aquí abajo cómo se construyó la campaña del partido Nazi:

1. Crearon un líder carismático: Adolf Hitler era presentado en la propaganda nazi como un líder liberador, carismático, fuerte y visionario, con una imagen cuidadosamente construida para generar adoración y devoción. La propaganda utilizaba imágenes de Hitler en diversos contextos, como discursos masivos, desfiles y eventos

---

[231] ENCICLOPEDIA DEL HOLOCAUSTO. La redacción de las noticias. https://encyclopedia.ushmm.org/content/es/article/writing-the-news
[232] Ídem.

políticos, para crear una imagen de liderazgo carismático y poderoso.

2. Mensajes simples y repetitivos: Utilizaban mensajes simples y repetitivos para difundir su ideología de manera efectiva. Utilizaban eslóganes, lemas y consignas, como "Ein Volk, ein Reich, ein Führer" (Un pueblo, un imperio, un líder) o "Deutschland erwache!" (¡Alemania, despierta!), que repetían constantemente en los medios de comunicación, carteles, panfletos y discursos.

3. Emociones y simbolismo: La propaganda apelaba a las emociones y el simbolismo para conectar con el pueblo. Se utilizaron símbolos como la esvástica, que se convirtió en el emblema del partido, y se utilizaban imágenes y metáforas emotivas, como la glorificación de la raza aria y la demonización de los grupos considerados enemigos del Estado.

4. Medios de comunicación controlados: El régimen controlaba rigurosamente los medios de comunicación, incluyendo la prensa, radio, el cine y otros canales de difusión. Se promovía su visión del mundo como LA ÚNICA MORALMENTE CORRECTA y se atacaba a cualquier contenido que fuera considerado contrario a la ideología del partido.

5. Propaganda dirigida a diferentes audiencias: La propaganda se adaptaba a diferentes audiencias, incluyendo a la juventud, las mujeres, los trabajadores y otros grupos minoritarios específicos. Se utilizaban mensajes y enfoques diferentes para apelar a los intereses y aspiraciones de cada grupo, buscando ganar su apoyo.

6. Movilización y participación activa: La propaganda buscaba movilizar a la población y fomentar la participación activa en actividades "políticas", como mítines, manifestaciones y otros eventos políticos públicos. Se buscaba crear un sentido de comunidad y pertenencia, así como fomentar la lealtad y devoción al líder y a su partido.

7. Control de la información: La propaganda nazi también buscaba controlar la información y difundir la versión "oficial del partido" sobre los acontecimientos y la realidad. Se utilizaban tácticas de desinformación, manipulación y ocultamiento de la verdad para crear una visión sesgada y distorsionada de la realidad acorde con la ideología nazi.

En resumen, la propaganda nazi fue una herramienta poderosa utilizada por Hitler para hacerse del poder e intentar perpetuarse en él"[233].

Veamos cuáles de estas herramientas está utilizando Putin, para su propaganda y cómo lo hace.

El punto uno. Putin no es un líder carismático. Tampoco es un buen orador espontáneo. Pero ha cultivado su imagen de distintas maneras, proyectando fuerza y poder. Tal como lo relata una nota de AFP, publicada hace 11 años (24 de febrero de 2012) y que cuenta con 3 millones de vistas, "Rusia tiene su propio Superman y se llama Súper Putin". La agencia, que es la más antigua del mundo, y que tiene sede en París, afirmaba entonces que: "Súper Putin doblega animales salvajes como esta tigresa siberiana, (en las imágenes se lo puede ver cazando y con un tigre muerto) entrena en hockey sobre hielo con los mejores de este rudo deporte, es cinturón negro de judo, y pilotea un auto de Fórmula 1. Esa es al menos, la imagen que el Primer Ministro ruso ha intentado proyectar desde que llegó al poder en el 2000. Tampoco tiene reparo en cabalgar con el torso desnudo frente a las cámaras de televisión. Una forma de mostrar a los rusos que este quincuagenario, se mantiene en forma"[234].

233

https://twitter.com/RicardoBSalinas/status/1645083190522986497?s=20

[234] AFP. Putin, el macho alfa de Rusia. 24 de febrero de 2012.
https://www.youtube.com/watch?v=niwLmH2cIaI

En esto hay que saber apreciar las necesidades de una sociedad, como la rusa, que probablemente no necesite para nada un líder que hable mucho, pero sí alguien que proyecte fuerza ante los desafíos que pudieran enfrentar. La proyección de fuerza de Putin, bien lograda durante mucho tiempo, no tendría nada de malo, si no fuera que hoy, el mismo Putin, quiere erigirse como el más malo del mundo, y amenaza a toda la humanidad con Armas Nucleares.

Veamos el punto dos. Mensajes simples y repetitivos. El gobierno de Putin ha utilizado desde la invasión a Ucrania, la repetición de mensajes que han elegido para tratar de imponer en la población mundial su versión de los hechos respecto a la invasión a Ucrania. El término "operación especial militar" y la deznacificación de Ucrania, son los dos principales elegidos. Pero esta es una técnica de la que abusan hasta el cansancio las dictaduras del bloque socialista, como culpar de todo "al imperio", o frases elegidas y utilizadas hasta el cansancio por el extinto Hugo Chávez, como "Pitiyanqui", o motes como los de López Obrador, el lamentable presidente mexicano, tildando a cualquiera que lo contradiga de "conservador" o utilizando la reiteración de mensajes como "somos distintos" o "se acabó la corrupción", todas mentiras por supuesto. Si bien los ejemplos dados van más allá de Rusia y de Putin, sirven para poder visualizar el uso de una técnica comunicacional, propia del fascismo, que a Hitler le fue sumamente funcional y a otros líderes mesiánicos también.

El punto tres, emociones y simbolismos. Cualquier líder de masas sabe perfectamente que primero se gobierna por el corazón y luego por la cabeza, por lo cual, la apelación a las emociones es sumamente fundamental. En este sentido, Putin hace todo lo que está al alcance de su gobierno para hacerle creer a la sociedad rusa que su lucha en Ucrania, la misma invasión a Ucrania, es por la defensa de su país, de la OTAN que se acerca y en eso apela desde luego al sentido patriótico y al nacionalismo.

En cuanto a los símbolos, Putin los usa permanentemente y muy bien. Desde la Z en todos los carros de combate, aviones y tropas destinadas a Ucrania, como muchos otros en todos los eventos oficiales.

El punto cuatro, medios de comunicación controlados. Putin los tiene a todos controlados por completo.

El punto cinco, propaganda dirigida a distintas audiencias. Una nota publicada en el New York Times, el 11 de agosto de 2022, firmada por Steven Lee Myers y Sheera Frenkel, da cuenta de cómo la propaganda rusa se expande "en árabe, español, y en otros idiomas".

La nota toma como ejemplo concreto con lo que sucedió, con la versión de RT de un bombardeo con un misil a un centro comercial, y dice así: "Un día después de que un misil impactó contra un centro comercial en el centro de Ucrania en junio y mató al menos a 18 personas, la rama en español de la cadena de televisión global rusa, RT en español, recurrió a Facebook para cuestionar los hechos del ataque.

En su cuenta, disponible en gran parte de Centro y Sudamérica e incluso en Estados Unidos, la cadena publicó una declaración en video de un portavoz militar que afirmaba que la Fuerza Aérea rusa había bombardeado un depósito de armas suministradas por los aliados occidentales de Ucrania. Un video publicado por el gobierno ucraniano y los sobrevivientes del ataque entrevistados por The New York Times demostraron lo contrario"[235].

El artículo del Times que no tiene desperdicio, también sentencia: "En español en América Latina o en árabe en Oriente Medio, un flujo constante de propaganda y desinformación rusas sigue tratando de justificar la invasión no provocada del presidente Vladimir Putin, satanizando a Ucrania y confundiendo la responsabilidad por las atrocidades rusas que han matado a miles de civiles.

El resultado ha sido una asimetría geográfica y cultural en la guerra de la información sobre Ucrania que ha contribuido a socavar los esfuerzos liderados por Estados Unidos y Europa para ejercer una amplia presión internacional sobre Putin a fin de que suspenda su guerra"[236].

Contrarrestar este tipo de desinformación, mentiras y propaganda del gobierno de Putin también presenta serias dificultades. Al respecto, el artículo firmado por Steven Lee Myers y Sheera Frenkel, señala:

"No existe un control hermético a nivel mundial que frene la infame capacidad de Rusia de luchar no solo en el campo de batalla real, sino también de luchar con información y distorsiones de la información", comentó Paul M. Barrett, subdirector del Centro Stern para los Negocios y los Derechos Humanos de la Universidad de Nueva York, que

---

[235] THE NEW YORK TIMES. La propaganda rusa prospera en español, árabe y otros idiomas. 11 de agosto de 2022.
https://www.nytimes.com/es/2022/08/11/espanol/propaganda-rusia-mundial.html
[236] Ídem.

hace poco escribió un estudio sobre la difusión de la propaganda rusa dañina en YouTube"[237].

El punto seis, movilización y participación activa. Si en la Rusia de Putin hubiera libertad de expresión de organización, de manifestación, estas serían todas en contra de Putin. Tal vez el mejor ejemplo eran los mítines de Navalny y las manifestaciones de sus seguidores. Que fueron sistemáticamente reprimidas, aunque fueran pacíficas. Sin embargo, Putin ha organizado sus propias marchas, incluso una de un grupo de locos con carteles y pancartas a favor del uso de Armas Nucleares por parte del gobierno ruso. Algo que nadie sensato, o con dos dedos de frente promovería. Si bien Putin no tiene ni cerca la capacidad de movilización interna del nazismo, es capaz de cosas como estas.

El punto siete, control de la información. Putin la ejerce por completo, al igual que en el nazismo.

Existen otras características de la propaganda nazi y de la forma de comunicar del Tercer Reich que no están en los siete puntos descritos por Salinas Pliego. Entre esas otras características de la forma comunicacional de los nazis está la de promover el odio, la necesidad de promover un enemigo común, (aunque sí habla de demonización de los grupos considerados enemigos del Estado). La forma de comunicación promovida por los nazis se encargaba de confundir cuando no podía defender una postura o negar una verdad, algo que Putin ha realizado permanentemente (Salinas Pliego habla de "tácticas de desinformación, manipulación y ocultamiento de la verdad para crear una visión sesgada y distorsionada de la realidad").

---

[237] Ídem.

Según las latitudes

En Italia

En el país conocido también como "Bel Paese", se ha abierto un debate sobre el rol de algunos periodistas concretos que ejercen un papel a veces deliberado y otras veces un poco encubierto para la propaganda rusa. Este es el caso de Vladimir Solovyev, a quién una nota de RTVE (Radio y Televisión Española) lo describe como "polémico y combativo". La cadena española lo describe como "polémico y combativo", pero además relata que "hace suyo los mensajes del presidente Putin" y que "no duda en bromear sobre el uso de la bomba atómica"[238].

La nota de RTVE publicada el 6 de mayo de 2022, ya entonces daba cuenta de un manejo descomunal a favor de la propaganda rusa en la televisión italiana, allí se relata cómo "en horario de máxima audiencia, esta semana, entrevistaban al Ministro de Exteriores ruso, Sergej Larov, durante 40 minutos, en los que se repitió la propaganda rusa sin que nadie lo rebatiera"[239].

RTVE, en esa nota, también da cuenta de que Putin en Italia tiene apoyo de la extrema derecha como de la extrema izquierda, siendo uno de los personajes que más ha defendido a Putin el ex primer ministro italiano Silvio Berlusconi. La cadena española RTVE, afirma que, sin embargo, el 61 por ciento de los italianos "culpa de todo a Putin y un 17 por cierto le apunta a la OTAN"[240].

---

[238] RTVE NOTICIAS. ITALIA: La propaganda rusa en la televisión desata la polémica. 6 de mayo de 2022.
https://www.youtube.com/watch?v=mICbgQwF8Y8
[239] Ídem.
[240] Ídem.

Berlusconi, un empresario y magnate de los medios de comunicación en Italia, en medio de la invasión rusa a Ucrania, ha tenido el descaro de atacar a Zelenski y defender a Putin[241].

De esta forma, Berlusconi contravenía el apoyo de la primera ministra Giorgia Meloni, su amiga, a Zelenski[242].

En Francia

En el país Galo, Segolene Royal, quien entró a la policía en 1982, apoyando a François Mitterrand es miembro del Partido Socialista y tuvo el descaro de acusar a Ucrania de utilizar propaganda de guerra. Como si esto fuera poco, también puso en duda el bombardeo ruso a un hospital de maternidad en la ciudad de Mariúpol, en marzo de 2022. Al respecto dijo: "Se podría pensar que si hubiera la más mínima herida, un bebé sangrando, en la era de los teléfonos móviles, habríamos visto las imágenes". Una nota de France 24 en español, que menciona las declaraciones de la política francesa, también responde que esas imágenes existen, y muestran el caso de una mujer embarazada que es rescatada de entre los escombros[243].

En Francia hay que tener en cuenta desde luego a Marine Le Pen, quien ha sido la candidata presidencial de la

[241] EL PAÍS. Berlusconi agita la coalición italiana al atacar de nuevo a Zelenski y defender a Putin. 13 de febrero de 2023. https://elpais.com/internacional/2023-02-13/berlusconi-agita-la-coalicion-italiana-al-atacar-de-nuevo-a-zelenski-y-defender-a-putin.html

[242] AP NEWS. Berlusconi culpa a Zelenskyy por guerra en Ucrania. 13 de febrero de 2023. https://apnews.com/article/noticias-bb9e85a34349669a92d16b5058aef196

[243] FRANCE 24. Francia y otros países de la UE denuncian la propaganda rusa. 8 de septiembre de 2022. https://www.youtube.com/watch?v=g8XtOqH8c9s

derecha. Le Pen ha dicho, sobre la guerra en Ucrania, por ejemplo, que: "Si Rusia gana la guerra es catastrófico, si la gana Ucrania, será la Tercera Guerra Mundial"[244].

Le Pen, dijo también en un momento, que "cuando sea presidenta y acabe la guerra en Ucrania, impulsará una alianza de seguridad con Rusia"[245].

Algo así como la posición del primer ministro británico, Neville Chamberlain, anterior a Churchill, frente a Hitler.

La posición de esperar misericordia del lobo, o de no entender la naturaleza y el tamaño del enemigo.

En Alemania

El país teutón es otro lugar donde se han realizado llamados de atención a su población para que se les preste atención a las campañas de desinformación rusa. Esto ha llevado a su ministra de Relaciones Exteriores, Annalena Baerbock, a decir que: "esta guerra se desarrolla en diferentes niveles, no solo con armas, no solo con gas y petróleo, sino también con mentiras y falsas narrativas"[246].

A tal grado han llegado las alarmas y los focos encendidos sobre la propaganda rusa que Salvador Martínez Mas, periodista especializado en temas internacionales, en un

---

[244] NEGOCIOS TV. Marine Le Pen: "Si Rusia gana la guerra, catastrófico; si gana Ucrania, será la III Guerra Mundial". 13 de abril de 2023. https://www.youtube.com/watch?v=K42MA1OFIhY

[245] EL PAÍS. Le Pen impulsará una alianza de seguridad con Rusia cuando acabe la guerra. 13 de abril de 2022. https://www.youtube.com/watch?v=rlbF2qIN3VQ

[246] FRANCE 24. Francia y otros países de la UE denuncian la propaganda rusa. 8 de septiembre de 2022. https://www.youtube.com/watch?v=g8XtOqH8c9s

artículo de su autoría publicado desde Berlín, habla de la existencia de "una quinta columna" "putinista" en Europa. Martínez Mas menciona el caso de Hungría y destaca: "hasta Hungría, donde el primer ministro Viktor Orbán, triunfador de las últimas elecciones legislativas de su país; Europa cuenta con lo que algunos entienden que es una "quinta columna" de políticos más o menos afines a Vladimir Putin"[247].

El internacionalista, quien vive en Berlín, también señala: "Prestando atención esta suerte de "internacional putinista" lleva ya años el periodista y político ecologista austriaco Michel Reimon. En 2017 publicó un libro dedicado a los partidos de ultraderecha que, en Europa, no han dudado en acercarse al inquilino del Kremlin. Se titula Putin Rechte Freunde, o "Los amigos de derechas de Putin" (Ed. Falter Verlag, 2017)"[248].

En el contexto geopolítico que impone la ilegal guerra de Rusia contra Ucrania, -destaca Martínez Mas- "estos partidos, ya sean de derechas o izquierdas, según Reimon, "amenazan la unidad" con la que la UE y los aliados occidentales están actuando frente a Moscú. De hecho, en el Parlamento Europeo, ya se ha visto a políticos de los extremos izquierdo y derecho del espectro político votar contra las sanciones a Rusia por su guerra contra Ucrania"[249].

Sobre el caso de Austria, Martínez Mas advierte: "El cambio de liderazgo en el FPÖ, ahora en manos de Herbert Kickl, no ha evitado que se vean las filias rusas de los

---

[247] NIUS DIARIO. ¿Hay una 'quinta columna putinista' en Europa? 17 de abril de 2022. https://www.niusdiario.es/internacional/europa/hay-una-quinta-columna-putinista-europa_18_3312495012.html
[248] Ídem.
[249] Ídem.

populistas austriacos. De hecho, según Reimon, el FPÖ utiliza la propaganda rusa de medios de comunicación a sueldo del Kremlin, como Russia Today (RT) o Sputnik, "para argumentar sus posiciones"[250].

En España

En el país donde nació Miguel de Cervantes, García Lorca, Diego Velázquez, El Cid Campeador, Joan Manuel Serrat, aunque sea difícil de creer, también existe "Podemos", este partido político de Pablo Iglesias, financiado por el chavismo desde Venezuela. Podemos es el partido que quiere convertir a España en la Venezuela de Europa. Imagínense nada más el desastre que le espera con Pablo Iglesias y Podemos.

Son de esos comunistas que no la han vivido y no saben cómo es la realidad ahí, pero la sueñan.

Si es aliado del chavismo es aliado de Rusia. Es fácil.

Pablo Iglesias ha tratado de propagar la versión rusa de que si Ucrania ocupa el Dombás y Crimea, Putin utilizará seguramente Armas Nucleares. Por lo tanto, se ha pronunciado en contra de seguir armando a Ucrania. Lo que propone Iglesias es una solución "política". No parece estar enterado que Rusia emprendió una acción militar contra Ucrania y que simplemente con política no se paran las balas ni los tanques. Por lo que la propuesta de fondo de Pablo Iglesias para Ucrania, se debe traducir como: no hacer enojar a Putin, sino de lo contrario la emprenderá con Armas Nucleares y si hace falta rendirse, es mejor que una hecatombe nuclear. Nada más claro que lo postule como el representante del chavismo en España, y por lo tanto,

---

[250] Ídem.

como una voz importante de Putin en los medios de comunicación españoles[251].

Las pruebas del financiamiento del chavismo a "Podemos", en España, sobran. Tampoco ha ocultado nunca sus preferencias por los regímenes comunistas. Pablo Iglesias, junto a Iñigo Errejón y Vestrynge, integrantes de Podemos, han trabajado como asesores del régimen chavista. Imagínense qué buenos asesores, que Venezuela es el país con mayor inflación del mundo. Un lugar donde el régimen chavista convirtió a un país rico en unan sociedad donde lo que predomina es la miseria.

La prensa española ha dado sobradamente cuenta de los vínculos económicos de Iglesias con el chavismo. Como lo destaca, por ejemplo, una nota del Economista.es, firmada por África Semprúm, publicada el 4 de abril de 2020 quien sostiene:

"La sombra del régimen chavista persigue a Pablo Iglesias desde sus primeros pinitos en la política. El líder de Podemos y actual vicepresidente segundo de España no ha escondido nunca su admiración por los regímenes comunistas y, en más de una ocasión, ha blandido el artículo 128 de la Constitución como la herramienta disponible para nacionalizar la banca y algunos sectores productivos. Empezó en el programa La Tuerka, que arrancó en 2010, y ahora repite el mensaje desde La Moncloa y los platós de Telecinco".

"Tanto el programa de televisión La Tuerka como su partido político tienen la sombra del dinero del régimen venezolano en sus orígenes. Aunque Iglesias ha negado en

---

[251] HORA 25. Pablo Iglesias: "La solución en Ucrania tiene que ser diplomática. Borrell dice lo contrario". 24 de enero de 2022.
https://www.youtube.com/watch?v=Wn5pfNPd8cg

todo momento la financiación ilegal de su formación mediante la aportación de fondos del país suramericano e Irán, lo que no puede esconder es su estrecha vinculación con el movimiento del ya fallecido Hugo Chávez, puesto que el mismo ha reconocido haber trabajado durante años como asesor del mismo. Y es que, el líder de Unidas Podemos formaba parte de la fundación CEPS (Centro de Estudios Políticos y Sociales), que ha recibido fondos tanto del régimen chavista. En total, 7,1 millones de euros entre 2002 y 2012"[252].

Dinero del gobierno chavista y de Irán. Nada más, para darse una idea.

México
Si alguien quiere saber cuál es el papel del gobierno de México, presidido por López Obrador, respecto a la propaganda rusa, debe mirar el manejo de la relación con Estados Unidos.

Nadie podría explicar mejor esto, que la periodista Dolia Estévez.

Dolia Estévez explica, en una columna publicada en el portal "Eje Central", el 14 de abril de 2023 que: "El presidente de México se ganó a pulso la antipatía de Estados Unidos. Desde la mañanera, insulta y difama al gobierno estadounidense, a su población, instituciones y cultura, **al tiempo que difunde propaganda rusa contra el socio con el que México tiene la relación económica y diplomática más relevante en el mundo**".

---

[252] EL ECONOMISTA.ES Los 7,1 millones que atan a Iglesias con el régimen chavista. 4 de abril de 2020.
https://www.eleconomista.es/nacional/noticias/10462537/04/20/Los-71-millones-que-atan-a-Iglesias-con-el-regimen-chavista-.html

Después, la periodista sonorense habla en su columna de algo que nadie pareciera advertir de López Obrador, o lo más seguro es que todo el mundo lo percibe, pero nadie lo dice: "**No tiene sentido de respeto**. En sólo unos días, acusó a Estados Unidos de "doble moral'; estigmatizó a los padres de familia como personas individualistas que no inculcan valores morales a sus hijos drogadictos; criticó a la NBA por no sancionar a sus jugadores por fumar marihuana; acusó al sistema judicial estadounidense de imputar penalmente a Trump por móviles políticos y apeló al "humanismo" del líder comunista chino, acusado de genocidio contra los uigures y represión contra disidentes, para ganar su empatía en su confrontación con Estados Unidos en torno al fentanilo".

Y Estévez, con una lucidez y profundidad extraordinaria, continúa: "**Se ha hecho eco de un artículo sin pruebas, escrito por un desprestigiado reportero estadounidense, cooptado por el aparato de propaganda rusa, para acusar a Joe Biden de haber ordenado la explosión del gaseoducto ruso Nor Stream sin importarle que la versión fue desmentida por la Casa Blanca y el Departamento de Estado**".

Y para que no queden dudas, Estévez señala: "Disfrazada de un falso "neutralismo" la postura de Andrés Manuel López Obrador está más del lado de Rusia que de Occidente".

La autora de libros como "Así nos ven", "El Embajador" o "Donald Trump El Aprendiz" publicados por la editorial Planeta, señala que López Obrador: "Censura a Estados Unidos y Europa por ayudar a Ucrania a defenderse en la guerra de agresión detonada por un acusado de crímenes de guerra en la Corte Penal Internacional. No se da cuenta que el principal interés en México de Putin, a quien nunca ataca, es su vecindad con Estados Unidos".

Después, Estévez describe dónde se encuentran los engranajes que no funcionan y señala: "Parte del problema es la relación estrecha del embajador Ken Salazar con AMLO. En lugar de responder a sus agravios en tono diplomático, pero enérgico, Salazar se hace de la vista gorda. La molestia con el desempeño del hombre del sombrero crece en Washington. Su condescendencia con el inquilino de Palacio Nacional no es nueva, pero sí más evidente".

El Embajador Ken Salazar ha tomado su encargo como unas vacaciones muy bien pagadas en la Embajada de Estados Unidos en México. Y pareciera que a "el hombre del sombrero" como diría Estévez, le ha resultado mucho más agradable irse a tomar unos alcoholes a Palacio Nacional, a cada rato, con López Obrador, que estar cuestionando al gobierno de México. López Obrador, un viejo mañoso que podría fundar una universidad con membresía internacional sobre mañas, ha tenido la habilidad de convertir al Embajador norteamericano en algo así como su compadre. Y por lo mismo, el Embajador Ken Salazar se ha convertido en alguien incapaz de cuestionarlo.

Estévez continúa, inclemente: "AMLO hábilmente excluye a Biden de su torrente de insultos. Aduce a una presunta "relación personal" con él. Recientemente dijo que las críticas por violaciones de los derechos humanos en México **vinieron del "departamentito" de Estado**, no de Biden. Como si el secretario Antony Blinken se mandara solo. Biden es el presidente mejor informado del mundo, conoce perfectamente lo que sucede dentro de México, pero calla, no quiere desestabilizar el frágil equilibrio bilateral.

Guarda las apariencias en público como vimos en su viaje a la Ciudad de México en enero. Pero lo cierto es que Biden no soporta a AMLO. Como todo jefe de Estado con dignidad, resiente la ofensiva retórica contra su país de alguien que se supone es aliado y socio. Son muchas las que le ha hecho: cuestionó su triunfo, secundando los alegatos falsos de fraude electoral de Trump, a quien sigue defendiendo; saboteó durante dos meses la Cumbre de las Américas en Los Ángeles, condicionando su asistencia a la de sus amigos dictadores; Biden no cedió y AMLO no asistió. Para limar asperezas, Salazar convenció a Biden de invitarlo a la Casa Blanca, pero AMLO volvió a hacer de las suyas: leyó por 40 minutos un irrelevante texto durante un breve acto protocolario en la Oficina Oval. Biden, incómodo, aguantó sin interrumpirlo"[253].

La posición del presidente Biden, para este autor, al menos, es un grave error. Frente a un individuo como López Obrador que si lo dejas, se te sube al cuello, un personaje al que lo caracteriza el abuso, y de esto sobran pruebas, desde defender a personajes acusados de violación como Félix Salgado Macedonio, hasta todos los intentos permanentes por saltarse la Ley, funciona mucho más una política al estilo Donald Trump.

López Obrador es de esas personas que, si intentas llevarte bien por las buenas, te estafa, te engaña, te jode. Frente a esto, el gobierno del presidente Biden, ha visto cómo crece el narcotráfico en México, la complicidad del gobierno de López Obrador con los cárteles de la droga, incluso la

---

[253] EJE CENTRAL. El mexicano feo. 14 de abril de 2023.
https://www.ejecentral.com.mx/cuarto-poder-el-mexicano-feo/

comunión del gobierno de México, su vecino inmediato, con todos los países del bloque de viejas dictaduras comunistas y de socialistas del siglo XXI. También el gobierno de Biden ve cómo López Obrador hace toda clase de intentos por terminar con la democracia en México. Y frente a eso calla. O si no puede decirse en forma taxativa que calla, lo que hace en realidad es muy poco. Demasiado miedo le tiene la administración Biden al problema de las caravanas de migrantes lanzadas desde Centroamérica en diversas y sucesivas operaciones políticas, frente a tanto peligro, como representa López Obrador, de instaurar una dictadura al estilo la cubana, pro rusa, en su frontera inmediata sur.

Superando el asombro

Pero si los distintos vericuetos de la propaganda rusa se deslizan por cualquier surco, encuentra adeptos en cualquier parte, entre políticos, blogueros o periodistas, esperen a ver esto.

"Saben qué, a menos de 15 minutos en coche de la Casa Blanca, una estación de radio está transmitiendo, ahora mismo, propaganda rusa". Así comenzaba su "Apunte del Día" el periodista Camilo Egaña en CNN, el 15 de abril de 2022, al que tituló: "Durmiendo con el enemigo".

"Dos emisoras de radio diseminan la propaganda del Kremlin en Estados Unidos, lo hacen a través de radio Sputnik, cuya programación está producida por la rama estadounidense de Rosina Segovia, una agencia internacional de noticias, creada a finales de 2013, por una orden de Vladimir Putin, que difunde su contenido en más de 30 idiomas", daba a conocer Egaña, más conocido como

Camilo, quien entrara a trabajar en la cadena CNN en el año 2010.

De esta forma, el periodista de origen cubano, quien cuenta con más de 25 maños de carrera, en Cuba y en Miami, daba a conocer lo que él llamó, "la emisora de radio de Putin, en Washington D.C."[254].

"En un informe especial, de enero de 2022, el gobierno de Estados Unidos asegura que el gobierno ruso, está estrechamente implicado en las operaciones de RT y de Sputnik, y que operan como elementos críticos del ecosistema de desinformación y propaganda de Rusia". Sostiene, de manera decisiva, Camilo Egaña en este informe.

"Según los informes del gobierno estadounidense, - detalla -tanto RT como Sputnik, han promovido teorías conspiradoras relacionas con vacunas, y han amplificado casos de reacciones adversas, a las vacunas de origen estadounidenses, y cita, a la Federación de Científicos estadounidenses, que en septiembre de 2020, informó que el sitio web en español de Sputnik, estaba en el centro de una red de sitios, que alojan archivos de malware (un programa malicioso que se ejecuta sin el consentimiento del usuario)"[255].

Tal vez deberíamos decir que esto es algo completamente inesperada, si no fuera por los datos que le pasó a la Unión Soviética, Theodore Hall, el científico más joven que trabajó en el Proyecto Manhattan, el que se encargó de

---

[254] CNN ESPAÑOL. El apunte de Camilo sobre la propaganda radial rusa en Washington. 15 de abril de 2022.
https://cnnespanol.cnn.com/video/propaganda-rusa-washington-durmiendo-enemigo-apunte-camilo-egana-cnn/
[255] Ídem.

hacer la primera bomba atómica, haciendo de esta forma posible que Rusia terminara teniendo su propia bomba nuclear.

La traición de Theodore Hall, por simpatías ideológicas con el comunismo, hizo que la Unión Soviética hiciera detonar su propia bomba atómica el 29 de agosto de 1949, cuando nadie lo esperaba, convirtiéndose así en el segundo país en el mundo en poseer una bomba nuclear[256].

Es decir, de Rusia, sus servicios de inteligencia, así como de su propaganda, se puede esperar tenerlos metidos hasta la cocina, incluso en el propio territorio estadounidense, y es más, también en el propio gobierno norteamericano.

Propaganda rusa, en la ONU

Si alguien piensa que el gobierno ruso, con transmitir su propaganda desde el corazón de la capital de Estados Unidos ya se daría por hecho, y se conformaría con eso, se equivoca.

Rusia es capaz de llevar aún mucho más allá su campaña de propaganda y de desinformación. No se conforma con meterse hasta la cocina, la pondrá en el centro de la mesa.

El 11 de marzo de 2022, Rusia llevó al Consejo de Seguridad de la ONU, una denuncia por "actividades militares biológicas de Estados Unidos en el territorio de Ucrania". Algo que desde luego el gobierno de Estados Unidos y el de Ucrania han negado rotunda y reiteradamente.

---

[256] BBC MUNDO. El científico estadounidense que filtró detalles clave de la bomba atómica a la Unión Soviética y quedó impune. 13 de agosto de 2019.https://www.bbc.com/mundo/noticias-49504092

Un documento de la ONU, al respecto señala lo siguiente: "El embajador ruso ante el Consejo de Seguridad acusa a Ucrania de tener un programa de armas biológicas apoyado por Estados Unidos. Ambos países lo rechazan. La ONU llama a las partes a garantizar la seguridad de determinadas instalaciones de salud pública que están en peligro al encontrarse en zonas afectadas por el conflicto.

"Las Naciones Unidas no tienen conocimiento de ningún programa de armas biológicas" en Ucrania, aseguró este viernes al Consejo de Seguridad la alta representante para Asuntos de Desarme, Izumi Nakamitsu.

La reunión del Consejo se produjo a petición de Rusia, que denunció que Ucrania llevaba a cabo actividades militares con armas biológicas con el apoyo de Estados Unidos.

Se trata de la cuarta reunión del máximo órgano de seguridad de las Naciones Unidas -y la primera requerida por Rusia- para tratar temas relacionados con Ucrania, desde que comenzara la ofensiva militar rusa el 24 de febrero pasado"[257].

Como si fuera poco, las acusaciones las esgrimiría el mismo portavoz del Ministerio ruso de Defensa, Igor Konashenkov, quien afirmó en la ONU: "que empleados de esos laboratorios biológicos supuestamente informaron de la destrucción el pasado 24 de febrero de patógenos particularmente peligrosos como **la peste, el ántrax, la tularemia, el cólera** y otras enfermedades mortales[258].

---

[257] NACIONES UNIDAS. Las Naciones Unidas no tienen constancia de ningún programa de armas biológicas en Ucrania. 11 de marzo de 2022. https://news.un.org/es/story/2022/03/1505472
[258] 20 MINUTOS. Rusia lleva a la ONU su acusación de que EE UU tiene armas biológicas en Ucrania. 11 de marzo de 2022.

Ahora bien, ¿Cuál debe ser la traducción del mensaje ruso sobre armas biológicas en Ucrania? Porque esto de la propaganda rusa y sobre todo de las campañas de desinformación tienen de fondo un mensaje claro, un objetivo, que muchas veces es confundir, pero otras veces es culpar directamente a los otros de lo que hacen ellos, o de lo que planean hacer.

En primer lugar, hay que decir que sería ridículo que Estados Unidos lanzara un ataque con armas químicas en territorio de sus aliados, es decir, en suelo ucraniano. En segundo lugar, de la misma forma, hay que señalar que sería completamente absurdo de que el gobierno de Zelenski, que además ha mostrado una integridad a prueba de todo, lanzara un ataque con armas químicas contra su propia población, para culpar a Rusia, según el gobierno de Putin.

La lectura adecuada, conociendo la perversidad del gobierno ruso y de Putin en particular, lo que hay que saber es que si Rusia está montando una campaña de que existen armas químicas en suelo ucraniano, es porque ellos mismos están pensando en lanzar un ataque con armas químicas en Ucrania, como hicieron en Siria, y culpar a las víctimas por eso. Por esto es muy importante la traducción de los hechos, no del idioma, de los hechos. Para quien conoce la historia y de quien se habla, descifrar el verdadero sentido de la campaña rusa sobre armas químicas en Ucrania no es difícil.

https://www.20minutos.es/noticia/4969131/0/rusia-convoca-al-consejo-de-seguridad-por-las-actividades-militares-biologicas-de-ee-uu-en-ucrania/

El 1 de abril de 2022, Rusia afirma tener nuevas pruebas de armas biológicas en Ucrania[259].

El 6 de abril de 2022 Rusia volvió a denunciar en la ONU, la existencia de una red montada para funcionar como laboratorios de armas biológicas en Ucrania, financiada por el gobierno norteamericano. Algo que diversos países han denunciado como una campaña de desinformación sin ningún sustento de parte de Rusia[260].

El 27 de octubre de 2022, el Consejo de Seguridad de la ONU, volvió a tratar el tema, a petición de Rusia, de la existencia de armas biológicas en Ucrania[261].

El 2 de noviembre de 2022, el Consejo de Seguridad de la ONU rechaza investigar supuestos biolaboratorios en Ucrania, montados por Estados Unidos, según Rusia[262].

El 15 de marzo de 2023, el Departamento de Estado de Estados Unidos publicó un documento sobre el tema que dice: "Rusia, al igual que la Unión Soviética antes que ella, ha impulsado durante décadas afirmaciones falsas sobre las armas biológicas en un intento de crear desconfianza en los esfuerzos mundiales pacíficos y las instituciones de salud

---

[259] SWISS INFO.CH. Rusia dice tener nuevas pruebas de programas de armas biólogicas en Ucrania. 1 de abril de 2022. https://www.swissinfo.ch/spa/ucrania-guerra_rusia-dice-tener-nuevas-pruebas-de-programas-de-armas-bi%C3%B3logicas-en-ucrania/47484550

[260] SWISS INFO.CH. Rusia insiste en la ONU con los supuestos laboratorios biológicos en Ucrania. 6 de abril de 2022. https://www.swissinfo.ch/spa/ucrania-guerra_rusia-insiste-en-la-onu-con-los-supuestos-laboratorios-biol%C3%B3gicos-en-ucrania/47497516

[261] RTVE NOTICIAS. Guerra Ucrania: la ONU debate, a petición de Rusia, el tema de armas biológicas. 27 de octubre de 2022. https://www.youtube.com/watch?v=PqRlrHsbcZU

[262] RTVE NOTICIAS. Consejo Seguridad-ONU: rechaza investigar supuestos biolaboratorios de EE.UU. en Ucrania. 2 de noviembre de 2022.https://www.youtube.com/watch?v=CS61rc_PfBU

pública que contrarrestan las amenazas biológicas. Desde la invasión a plena escala de Ucrania en febrero de 2022, el ecosistema de desinformación y propaganda de Rusia ha aumentado el volumen y la intensidad de su desinformación sobre armas biológicas en un intento infructuoso de desviar la atención de su invasión de Ucrania, disminuir el apoyo internacional a Ucrania y justificar su guerra injustificable.

Tras el colapso de la Unión Soviética, Estados Unidos ha estado trabajando con aliados, socios y organizaciones internacionales para reducir las amenazas heredadas de las armas nucleares, químicas y biológicas de la Unión Soviética en los antiguos Estados soviéticos, incluidas Ucrania y Rusia. El Kremlin presenta ahora falsamente esta cooperación pacífica como una supuesta actividad militar biológica de Estados Unidos en el extranjero. Rusia ha abusado repetidamente de su posición como miembro de diversos foros internacionales para seguir difundiendo estas mentiras. Pero el Kremlin no menciona en su desinformación que Rusia participó activamente en estos programas hasta que cesó unilateralmente su cooperación en 2014"[263].

Una costumbre de vieja data

La costumbre rusa de sembrar falsas denuncias con noticias terribles como el supuesto uso de armas biológicas no es nuevo. No es un invento de Putin. Es algo heredado de la vieja Unión Soviética, pero que Putin utiliza en la actualidad sin ningún pudor.

---

[263] U.S. DEPARTMENT OF STATE. El intento sin fin del Kremlin de diseminar desinformación sobre las armas biológicas. 15 de marzo de 2023. https://www.state.gov/disarming-disinformation/el-intento-sin-fin-del-kremlin-de-diseminar-desinformacion-sobre-las-armas-biologicas/

Sobre esto, el Departamento de Estado de Estados Unidos señala:

"Muchos expertos han expuesto la histórica difusión de desinformación sobre armas biológicas tanto por parte de Rusia como de la Unión Soviética como campañas coordinadas destinadas a crear desconfianza en Estados Unidos y entre nuestros aliados y socios. Un caso particularmente bien documentado ocurrió entre 1951 y 1953 durante la Guerra de Corea. La Unión Soviética, Corea del Norte y la República Popular China (RPC) acusaron a Estados Unidos de infectar animales con agentes patógenos y liberarlos en la RPC y Corea del Norte. Los representantes soviéticos plantearon estas falsas acusaciones en diversos foros internacionales, incluida la Organización de las Naciones Unidas (ONU). Entre mediados de marzo y mediados de abril de 1952, el 25% de toda la cobertura mediática soviética se centró en estas falsas acusaciones. La intensa cobertura generó una importante atención pública sobre este asunto, que dio lugar a que millones de personas protestaran contra el presunto uso de armas biológicas por parte de Estados Unidos. Los historiadores han identificado al menos 12 documentos del archivo del Comité Central del Partido Comunista de la Unión Soviética que demuestran que las acusaciones eran falsas. A pesar de las pruebas, estos relatos ficticios resurgen de vez en cuando y, en febrero de 2023, la RPC repitió la falsa afirmación soviética de que Estados Unidos había utilizado armas biológicas en Corea del Norte en la década de 1950"[264].

---

[264] U.S. DEPARTMENT OF STATE. El intento sin fin del Kremlin de diseminar desinformación sobre las armas biológicas. 15 de marzo de 2023. https://www.state.gov/disarming-disinformation/el-intento-sin-fin-del-kremlin-de-diseminar-desinformacion-sobre-las-armas-biologicas/

El Uso de las Organizaciones Multilaterales

El Departamento de Estado norteamericano, sobre la utilización descarada de parte de Rusia de estos organismos para distraer la atención de sus propias atrocidades y sembrar desinformación destaca:

"Además de la comisión señalada, el Kremlin intenta difundir sus falsas afirmaciones abusando de la plataforma pública de las organizaciones multilaterales. Siguiendo la práctica de la Unión Soviética en la década de 1950, Rusia ha promovido la desinformación sobre armas biológicas en varios foros multilaterales. Poco después de lanzar su invasión a gran escala de Ucrania en febrero de 2022, y desde entonces, Rusia ha abusado repetidamente de su condición de miembro permanente del Consejo de Seguridad de la ONU para forzar la agenda del Consejo e impulsar sus afirmaciones infundadas sobre supuestos laboratorios de armas biológicas en Ucrania. La mayoría de los miembros del Consejo de Seguridad han refutado y desestimado repetida y enérgicamente las afirmaciones de Rusia. Izumi Nakamitsu, secretaria general adjunta de la ONU y alta representante para Asuntos de Desarme, ha llegado a afirmar que "las Naciones Unidas no tienen conocimiento de ningún programa de armas biológicas" en Ucrania. Desde la invasión a gran escala de Ucrania por parte del Kremlin, Rusia ha convocado numerosas reuniones en las Naciones Unidas para plantear sus acusaciones sobre armas biológicas, que la embajadora de Estados Unidos ante las Naciones Unidas, Linda Thomas-Greenfield, ha calificado de "colosal pérdida de tiempo" y de intento "de distraer la atención de las atrocidades que las fuerzas rusas están llevando a cabo en Ucrania y de táctica desesperada para justificar una guerra injustificable"[265].

Para el 11 de abril de 2023, en los precisos momentos en que se escribe este capítulo, Rusia continúa insistiendo con el cuento de los laboratorios de armas biológicas en Ucrania. Lo cual debe leerse como que, aunado a las permanentes amenazas de Armas Nucleares de parte de Putin, Rusia no ha abandonado la idea de realizar un ataque con Armas Biológicas o Químicas en Ucrania, y culpar a las víctimas y a Estados Unidos del ataque.

Una nota del medio de propaganda rusa RT, del 11 de abril, sostiene lo siguiente: "Rusia no ha recibido ninguna explicación sobre la actividad de los laboratorios biológicos estadounidenses en el territorio de Ucrania, declaró el martes a los periodistas el ministro adjunto ruso de Exteriores, Serguéi Riabkov.

El diplomático señaló que el informe de la comisión parlamentaria que investiga las circunstancias relacionadas constata la inaceptable actividad de EE.UU. y de Ucrania en el ámbito de la bioseguridad debido a su componente militar, algo que "no se ajusta a los requisitos de la Convención sobre la Prohibición de Armas Biológicas y Tóxicas".

---

[265] U.S. DEPARTMENT OF STATE. El intento sin fin del Kremlin de diseminar desinformación sobre las armas biológicas. 15 de marzo de 2023. https://www.state.gov/disarming-disinformation/el-intento-sin-fin-del-kremlin-de-diseminar-desinformacion-sobre-las-armas-biologicas/

"Lamentablemente, las preguntas que la Federación Rusa planteó a dichos países y nuestras reclamaciones quedaron sin respuesta", dijo el funcionario"[266].

Como si fuera poco, el medio RT anunciaba el mismo 12 de abril de 2022, que Rusia había encontrado 240 peligrosos patógenos en laboratorios ucranianos.

---

[266] RT ACTUALIDAD. Moscú: las preguntas sobre los biolaboratorios de EE.UU. en Ucrania quedaron sin respuesta. 11 de abril de 2023. https://actualidad-rt.com/actualidad/463588-riabkov-preguntas-biolaboratorios-eeuu-ucrania-sin-respuesta

Esta capacidad de invención, solo muestra la perversión del gobierno ruso, y la desesperación de recurrir a cualquier mentira e incluso a cualquier arma si le fuera necesario, ante la derrota en el campo de batalla que se libra por armas convencionales.

Propaganda rusa en América Latina

El gobierno de Rusia tiene muy claro que probablemente la batalla o la guerra más importante se libra en la opinión pública. Es por eso que desde hace tiempo ha invertido en financiamiento a distintas organizaciones sociales, de derechos humanos, periodistas y partidos políticos en América Latina, junto a sus otros países socios, en cuanto a ideología y objetivos sociales, económicos y estratégicos. América Latina es hoy un enorme territorio en donde se puede observar de manera pasmosa, la perdida de liderazgo de Estados Unidos, por un lado, y la proliferación de gobiernos "populistas de izquierda" entre los que hay "socialistas del siglo XXI" y simples y llanas dictaduras con discursos o pretextos de izquierda. Todo esto no es casualidad, desde luego. Se debe al abandono de políticas estratégicas para la región de parte de Estados Unidos, y también al trabajo, de parte de los países afines al bloque que antes era liderado por la Unión Soviética, y ahora sigue siendo liderado por Rusia.

Un estudio realizado por DW sobre el tema señala que: "América Latina es, simbólicamente, un espacio importante para la presencia comunicacional rusa, porque, en la región, Rusia puede desafiar geopolíticamente a Estados Unidos en su propio terreno", señala Andrés Cañizález, politólogo y periodista venezolano especializado en medios de comunicación.

El estudio de DW destaca que: "Las cuentas de redes sociales de Rusia en español son algunos de los micrófonos más poderosos del Kremlin", asegura, por su parte, Joseph Bodnar, de la Alianza para la Seguridad de la Democracia. En entrevista con DW, el analista estadounidense detalla que, si bien en los primeros seis meses de la guerra rusa en Ucrania solo un 14 por ciento de todos los contenidos de redes sociales de medios estatales y diplomáticos rusos fueron publicados en español, estos han generado el 37 por ciento de todos los retuits y el 25 por ciento de los likes.

Tras un pico de visitas e interacciones al inicio de la guerra, siguieron meses de declive para RT en Español (también conocida como Actualidad RT) y Sputnik Mundo, como consecuencia del bloqueo de estas cuentas en plataformas como Facebook y Twitter. Sin embargo, Bodnar hace notar que los diplomáticos rusos que hablan español han empezado a llenar el vacío y muchas cuentas oficiales han crecido considerablemente desde el inicio de la invasión a Ucrania"[267].

DW, en su estudio entrevista a distintos especialistas en la materia provenientes de distintos países y resalta por ejemplo el análisis de: "Vladimir Rouvinski, politólogo de la Universidad Icesi, en Cali, y especialista en relaciones ruso-latinoamericanas, hace hincapié en que RT y Sputnik lograron "ocupar un segmento anteriormente casi vacío en el espacio informativo latinoamericano: la cobertura de noticias internacionales desde un punto de vista diferente a las narrativas que provienen de Occidente".

Tras seis meses de guerra, Rouvinski observa una tendencia hacia la "normalización" de la guerra en los principales medios de comunicación de la región, donde cada vez hay menos noticias sobre Ucrania. "Es un escenario que aprovechan los medios rusos para posicionarse como una fuente confiable y 'completa' de información acerca de la guerra""[268].

El medio alemán, abunda: "Según este experto ruso-colombiano, "a diferencia de Europa o Estados Unidos, en la región de América Latina y el Caribe hay muy pocos debates públicos acerca de la presencia de los medios de comunicación financiados por el Gobierno ruso. Adicionalmente, entre los miembros de las élites políticas e

---

[267] DW. Medios rusos en América Latina: "Muchos países son caldo de cultivo para la desinformación". 30 de agosto de 2022. https://www.dw.com/es/medios-rusos-en-am%C3%A9rica-latina-muchos-pa%C3%ADses-son-caldo-de-cultivo-para-la-desinformaci%C3%B3n/a-62972978

[268] DW. Medios rusos en América Latina: "Muchos países son caldo de cultivo para la desinformación". 30 de agosto de 2022. https://www.dw.com/es/medios-rusos-en-am%C3%A9rica-latina-muchos-pa%C3%ADses-son-caldo-de-cultivo-para-la-desinformaci%C3%B3n/a-62972978

intelectuales de la región, hay poca consciencia acerca de los objetivos de la estrategia comunicativa rusa, mientras domina el punto de vista de que la presencia de los medios rusos hace parte del ejercicio de la libertad de expresión".

El analista venezolano Andrés Cañizález comparte esta opinión. Subraya que "los Gobiernos democráticos no están prestándole la debida atención al tema del fenómeno de la desinformación". Y advierte que "están dejando de lado que ha cambiado radicalmente el consumo de la información y que muchos de los países de América Latina son, hoy, caldo de cultivo para la propagación de desinformación"[269].

Además, por supuesto, en América Latina hay que tener en cuenta medios como Telesur, que si bien es una cadena del gobierno venezolano, replica textualmente toda la propaganda rusa y las distintas versiones sobre la realidad emitida por el gobierno de Putin.

Después en América Latina hay que saber ver el rol de los distintos gobiernos respecto a Rusia, algunos de forma encubierta a favor de Putin y otros de manera abierta y desembozada. Que son mayoría en el continente. Teniendo a otros gobiernos como islas tratando de tener posiciones más sensatas respecto a la guerra en Ucrania. Pero tenemos por ejemplo al gobierno de López Obrador, en México, que no ha querido participar de las sanciones a Rusia, y que está a favor de Putin aunque salga a la palestra disfrazado de pacifista. Tenemos el gobierno de Daniel Ortega en Nicaragua que está deliberadamente a favor de Rusia. El de Cuba, ni se diga, es y será un aliado histórico de Rusia, mientras subsista la Revolución Cubana. El de Xiomara Castro en Honduras, la mujer del ex presidente chavista

---

[269] Ídem.

Manuel Zelaya, desde luego alineado con el gobierno de Venezuela y por lo tanto de Rusia. El gobierno de Maduro, que incluso tiene militares rusos en su territorio. El presidente de Bolivia, Luis Arce Catacora, político adscripto a la línea del ex presidente Evo Morales, quien salió a condenar la orden de aprensión de la Corte Penal Internacional en contra de Putin. Alberto Fernández, presidente de Argentina, que antes de que comenzara la invasión rusa a Ucrania, hizo un viaje para visitar a Putin y le dijo que quería que Argentina fuera la puerta de entrada de Rusia a América Latina, una posición que tuvo que ir modificando, al menos en el discurso, por necesitar del gobierno de Biden por la crisis económica que vive Argentina, para solicitar préstamos al FMI. Para qué decir del gobierno de Gustavo Petro en Colombia, ex guerrillero, que desde luego, no condenó a Rusia por la invasión a Ucrania[270]. Tenemos a Chile, con el gobierno del presidente Gabriel Boric, que a pesar de conformar un gobierno de izquierda ha condenado con mucha fuerza la invasión rusa a Ucrania. En Brasil, tenemos al presidente Lula da Silva, quién está abrogando por un "plan de paz" en el que pretende que Ucrania le done, o le ceda la península de Crimea a su amigo Putin para que este se quede tranquilo.

Paraguay, Uruguay, el Salvador, Guatemala, no responden a esa línea.

---

[270] INFOBAE. Gustavo Petro no condenó a Rusia por invasión a Ucrania y afirmó: "Yo no ayudaré a prolongar ninguna guerra". 27 de enero de 2023. https://www.infobae.com/colombia/2023/01/27/gustavo-petro-no-condeno-a-rusia-por-invasion-a-ucrania-y-afirmo-yo-no-ayudare-a-prolongar-ninguna-guerra/

África

El gobierno de Putin ha realizado un enorme y extenso trabajo de política internacional para lograr numerosos aliados en el continente africano. Un continente olvidado por el gobierno de Estados Unidos, en el mejor de los casos, cuando no utilizado para experimentos químicos y biológicos. Un continente olvidado por Estados Unidos, en términos humanitarios, por racismo, hay que decirlo.

La mejor propaganda rusa en África es acción política, desarrollo de políticas internacionales, acuerdos con los gobiernos. En esta línea, el gobierno de Putin, en un excelente movimiento de demostración de fuerza, en medio de las sanciones más severas occidentales, decidió condonarle 20 mil millones de dólares de deuda a países africanos, anuncio que dio a conocer Putin personalmente el 20 de marzo de 2023[271].

La propaganda rusa se apoya, para dar a conocer noticias como esta, de youtubers como Jesús López Almejo, mexicano, de Baja California, cuyo canal TuProfeDelRi, @tuprofederi2.0 tiene más de 141 mil suscriptores. Quien además está en Telegram, Facebook, Instagran, y Twitter[272].

El perfil de Jesús López Almejo dice que es profesor de la Universidad Autónoma de Baja California, Facultad de economía y Relaciones Internacionales.

---

[271] SANA Agencia Siria de Noticias. Putin: Rusia condona más de 20 mil millones de dólares de deuda a países africanos. 20 de marzo de 2023. https://sana.sy/es/?p=291623
[272] LÓPEZ ALMEJO, JESÚS. África respalda a Rusia. Putin les condona deuda de 20 millones de dólares. 21 de marzo de 2023. https://www.youtube.com/watch?v=h8OBpoqCjac

China

Ante la abrumadora propaganda rusa, y también china a favor de Rusia, cualquier observador avezado podría creer que el gobierno de Estados Unidos está durmiendo, pero no. En realidad, está despertando. El Departamento de Estado estadounidense, creó un organismo "para exponer y contrarrestar" la propaganda y desinformación extranjeras.

Dicho organismo lleva el nombre de "Global Engagement Center". Además, como si fuera poco, mandó al coordinador de dicho organismo, James Rubin, a una gira por Europa a principios de marzo de este 2023.

Rubin comenzó bien. Denunció que "China gasta miles de millones en todo el mundo para difundir "perniciosa" desinformación a favor de Rusia sobre la invasión a Ucrania"[273].

James Rubin, un ex funcionario de la administración Clinton, comenzó tan bien, que empezó reconociendo el retraso de su país para reaccionar frente a la abrumadora maquinaria china y de Rusia para difundir información, así como a las inversiones que le dedican al tema. Al respecto, Rubin dijo: "Nosotros, como nación, y Occidente, hemos tardado en responder, y es justo reconocer que nos enfrentamos a un reto muy, muy grande", declaró el

---

[273] INFOBAE. El enviado especial de Estados Unidos contra la desinformación advirtió que China gasta miles de millones en propaganda prorrusa. 1 de marzo de 2023.
https://www.infobae.com/america/mundo/2023/03/01/el-enviado-especial-de-estados-unidos-contra-la-desinformacion-advirtio-que-china-gasta-miles-de-millones-en-propaganda-prorrusa/

funcionario. "En el sector de la comunicación, la alineación entre China y Rusia es casi completa"[274].

El flamante funcionario del Departamento de Estado, nombrado para contrarrestar la propaganda rusa y China, en particular dijo que, esos dos países "estaban gastando miles de millones de dólares en un esfuerzo por manipular la información. Sin embargo, agregó, Beijing operaba a nivel mundial y gastaba más que Moscú"[275].

Rubin también señaló que: "Si vamos a combatir la amenaza de la desinformación, que es real y peor de lo que jamás pensé, por parte de China, por parte de Rusia a nivel mundial, vamos a necesitar la unidad de todos los aliados, la división del trabajo de todos los aliados. Vamos a necesitar acciones aliadas similares a las que vimos en épocas anteriores".

"China, afirmó, estaba "repitiendo y promulgando los argumentos de Rusia sobre la guerra que fue iniciada por la OTAN"[276].

10 millones de perfiles en Facebook

Aunque los hechos nos remontan al momento de la elección presidencial en Estados Unidos, cuando ganó Donald Trump la presidencia, constituye un claro ejemplo de cómo, la propaganda rusa, es utilizada para fines nada

---

[274] Ídem.

[275] INFOBAE. El enviado especial de Estados Unidos contra la desinformación advirtió que China gasta miles de millones en propaganda prorrusa. 1 de marzo de 2023.
https://www.infobae.com/america/mundo/2023/03/01/el-enviado-especial-de-estados-unidos-contra-la-desinformacion-advirtio-que-china-gasta-miles-de-millones-en-propaganda-prorrusa/

[276] Ídem.

lícitos, incluyendo tratar de hacer ganar elecciones en otros países, a candidatos que les puedan ser afines. En 2017, luego de que Donald Trump ganara las elecciones en Estados Unidos, se abrió una investigación judicial por el escándalo de una operación realizada desde Rusia, vía redes sociales, en particular Facebook para influenciar sobre el electorado estadounidense. La investigación determinó que al menos diez millones de usuarios de Facebook en Estados Unidos, vieron al menos unos 3,000 anuncios pagados desde Rusia, en rublos, producidos para influir en el resultado de las elecciones. Los anuncios fueron comprados "entre 2015 y 2017, por el grupo de troles conocido como Agencia de Investigación de Internet"[277].

Operaciones similares ha realizado Rusia en las elecciones de otros países[278].

Sobre esto, una investigación increíblemente buena de CNN, logró filmar, a través de una infiltrada rusa, una fábrica de manipuladores rusos en internet, montada en la ciudad de San Petersburgo, donde operadores en distintos sitios web, trabajan (al menos en ese momento) turnos de 12 horas para influir y distorsionar el debate político en Estados Unidos. La Cadena CNN, logró ubicar a una periodista rusa, que se infiltró en dicha fábrica de bots. Su nombre es Lyudmila Savchuk, y cuenta que las elecciones en Estados Unidos "son el tema clave" para el Kremlin y por supuesto Rusia invirtió significativamente en ellas, por

---

[277] CNN ESPAÑOL. Troles rusos apuntaron a los mexicanos-estadounidenses en Facebook tras la elección de Trump, según anuncios recién revelados. 11 de mayo de 2018.
https://cnnespanol.cnn.com/2018/05/11/troles-rusos-facebook-anuncios-objetivos-publicidad-elecciones-estados-unidos/
[278] TU EXPERTO. La trama rusa llegó a 10 millones de personas con publicidad en Facebook. 3 de octubre de 2017.
https://www.tuexperto.com/2017/10/03/la-trama-rusa-llego-a-10-millones-de-personas-con-publicidad-en-facebook/

eso funcionan las fábricas de manipuladores profesionales"[279].

La nota de CNN, publicada el 11 de mayo de 2018, da cuenta de la presentación en la Cámara Baja, de los documentos presentados por la Comisión de Inteligencia de la Cámara de Representantes de EE.UU. el jueves 10 de mayo de 2018. Dichos documentos señalan que: "El grupo de troles vinculado al Gobierno de Rusia y acusado por el fiscal especial Robert Mueller, en febrero pasado, apuntó a más segmentos de la población estadounidense de lo que se había reportado previamente, según documentos revelados por los demócratas"[280].

Otra clase de trucos

Una nota del New York Times, publicada el 28 de septiembre de 2017, firmada por Scott Shane, da cuenta de cómo operan esta clase de grupos desde Rusia, para influir en el comportamiento social, en Estados Unidos. Sobre esto, Shane relata: "El aviso apareció en Facebook el año pasado (2016) e invitaba a los ciudadanos de Twin Falls, Idaho, a una junta urgente sobre el "gran incremento de la violencia en contra de ciudadanos estadounidenses" a manos de refugiados musulmanes asentados ahí.

"Sin embargo, la incendiaria publicación no se originó en Idaho, sino en Rusia. La convocante a la reunión, una página antinmigrante llamada "Secured Borders", era una de cientos de cuentas falsas de Facebook creadas por una

---

[279] CNN ESPAÑOL. roles rusos apuntaron a los mexicanos-estadounidenses en Facebook tras la elección de Trump, según anuncios recién revelados. 11 de mayo de 2018. https://cnnespanol.cnn.com/2018/05/11/troles-rusos-facebook-anuncios-objetivos-publicidad-elecciones-estados-unidos/
[280] Ídem.

empresa rusa vinculada con el Kremlin para propagar mensajes corrosivos sobre asuntos divisorios".

"La semana pasada (septiembre de 2017)- relata Shane- Facebook reconoció que había cerrado las cuentas después de relacionarlas con publicidad con un costo de 100,000 dólares comprada como parte de la campaña rusa de influencia durante las elecciones de 2016 y después de estas. No obstante, la empresa se negó a describir o divulgar en detalle las páginas y perfiles que había relacionado con Rusia".

Pero el tema no quedó allí. Una investigación arrojaba datos muy concretos abunda Scott Shane: "Sin embargo, un informe del medio de comunicación ruso RBC el pasado marzo identificó a la página "Secured Borders" como obra de la Agencia de Investigación en Internet, una empresa con sede en San Petersburgo que emplea a cientos de los llamados troles para publicar material en apoyo de las políticas gubernamentales rusas. Un funcionario de Facebook confirmó que "Secured Borders" se eliminó como parte de la purga de páginas rusas falsas".

"La página "Secured Borders", según muestra una búsqueda de imágenes archivadas, pasó meses publicando como un grupo activista estadounidense y propagando mensajes provocadores en Facebook, en los que llamaba a los inmigrantes "escoria" y "arrimados", además de asociar a los refugiados con el crimen y alabar la mano dura del presidente Trump respecto de la inmigración. La página atrajo a más de 133,000 seguidores antes de que la cerraran." Detalla el periodista del New York Times[281].

---

[281] THE NEW YORK TIMES. La purga de la propaganda rusa en Facebook. 28 de septiembre de 2017.
https://www.nytimes.com/es/2017/09/28/espanol/la-purga-de-la-propaganda-rusa-en-facebook.html

Cabe tener en cuenta que la operación rusa montada para influir en las elecciones presidenciales del 4 de noviembre de 2017 en Estados Unidos, tuvo distintos frentes, y diferentes operaciones, entre las que se incluyen el hackeo de correos demócratas y la difusión de sus de sus datos a la opinión pública.

No todo es miel sobre hojuelas

"Venceremos a todos, mataremos a todos, robaremos a todos según sea necesario. Tal como nos gusta". Esto solía decir el bloguero ruso Vladlen Tatarsky, quien muriera el domingo 2 de abril de 2023, cuando una bomba le explotara en las manos, que había sido colocada en una estatuilla que le entregaron.

Según cuenta la BBC, Tatarsky, un bloguero militar ruso, pronunció "su célebre" frase dentro del Kremlin, mientras filmaba un video para apoyar la invasión rusa a Ucrania[282].

Tatarsky, un traidor a sus orígenes, puesto que había nacido en Ucrania, en la ciudad de Makiivka, en la región del Donbás, se enfiló en las fuerzas irregulares separatistas pro rusas, financiadas por Putin, en el 2014, para pasar posteriormente a convertirse en el bloguero militar más famoso de Putin.

En realidad, Tatarsky como comunicador tenía más el perfil de un asesino. Se había hecho de unos 500 mil seguidores en Telegran, escribiendo cosas como: "Al menos un poco

---

[282] BBC NEWS. Conocido bloguero ruso que apoyaba la guerra en Ucrania muere en un ataque con bomba en San Petersburgo. 3 de abril de 2023. https://www.bbc.com/mundo/noticias-internacional-65158363

distraído de pensar constantemente cómo podemos matar rápidamente a todos los enemigos"[283].

Tatarsky, quien en realidad se llamaba Maxim Fomin, había sido invitado como orador, a una reunión pro guerra, en un bar, llamado Street Food Bar No. 1. El lugar, ubicado en el centro de San Petersburgo, era propiedad del Yevgueni Prigozhin, el dueño del grupo Wagner, los asesinos a sueldos contratados por el Klemlin para pelear en la guerra en Ucrania, y antes en la de Siria, entre otros lugares.

Mientras Tatarsky se preparaba para hablar en el evento, llegó una mujer rubia, y le entregó "un regalo", que consistía en una estatuilla pintada color oro, y que tenía un casco, como él solía utilizar en sus emisiones de radio. La estatuilla contenía 200 gramos de un poderoso explosivo, que hizo volar al bloguero pro guerra en pedazos y dejó heridas a otras 32 personas, diez de ellas de gravedad[284].

Posteriormente, los servicios de inteligencia rusos, detendrían a la mujer rubia, de nombre Daria Trepova, quien le entregó la estatuilla con la bomba a Tatarsky.

Desde el gobierno de Putin se culparía sin pruebas a Ucrania del atentado y también a los seguidores de Navalny, quien está preso hace más de un año, en condiciones inhumanas.

---

[283] CNN ESPAÑOL. Vladlen Tatarsky nació en Ucrania, pero se convirtió en un firme partidario de su destrucción. 3 de abril de 2023. https://cnnespanol.cnn.com/2023/04/03/vladlen-tatarsky-nacio-ucrania-se-convirtio-firme-partidario-destruccion-trax/
[284] INFOBAE. Las fuerzas de seguridad del Kremlin detuvieron a una mujer sospechosa de la muerte del bloguero ruso Vladlen Tatarsky. 3 de abril de 2023. https://www.infobae.com/america/mundo/2023/04/03/emitieron-orden-de-captura-en-contra-de-una-mujer-sospechosa-de-la-explosion-en-la-que-murio-un-bloguero-militar-ruso/

Resulta increíble cómo la mujer rubia, Daría Trepova, realizara el atentado sin tener un plan de escape bien pensado, o al menos un cómplice que la esperara con un auto para poder huir.

El marido de Trepova diría que probablemente ella fue engañada, por alguien que le pagó para que le entregara ese paquete a Tatarsky.

Daría Trepova, el mismo 24 de febrero de 2022, el día que comenzó la invasión rusa a Ucrania, había sido detenida por manifestarse en contra de la guerra. Ya es sabido que las manifestaciones en contra no son del agrado de Putin.

Una nota de Infobae señala que: "El jefe del Grupo Wagner cedía la cafetería los fines de semana al Frente Cibernético Z para que celebrase allí sus eventos nacionalistas sobre la campaña militar rusa en Ucrania, tal y como fue el caso el domingo cuando el orador estrella fue Tatarsky"[285] [286].

El manejo del terror

La propaganda rusa también apela al terror, como forma comunicacional. Una gran conmoción mundial provocaría la publicación de dos videos donde miembros del grupo de mercenarios Wagner, muestran a soldados ucranianos decapitados. En el primer video, publicado el día 8 de abril,

[285] INFOBAE. Las fuerzas de seguridad del Kremlin detuvieron a una mujer sospechosa de la muerte del bloguero ruso Vladlen Tatarsky. 3 de abril de 2023. https://www.infobae.com/america/mundo/2023/04/03/emitieron-orden-de-captura-en-contra-de-una-mujer-sospechosa-de-la-explosion-en-la-que-murio-un-bloguero-militar-ruso/
[286] CNN ESPAÑOL. Videos muestran momentos previos a explosión en café en San Petersburgo que mató a bloguero ruso. 4 de abril de 2023. https://cnnespanol.cnn.com/2023/04/04/videos-momentos-previos-explosion-cafe-san-petersburgo-rusia-mato-bloquero-ruso-trax/

dado a conocer en una red social pro rusa, se muestra a soldados ucranianos decapitados, a los que también les habrían cortado las manos, junto a un vehículo de trasporte capturado, en donde viajarían. En un segundo video, cuya filmación pareciera corresponder a otro momento, se muestra la decapitación con un cuchillo, de un soldado ucraniano que estaba vivo.

La publicación de este tipo de videos responde a una intención muy clara, que curiosamente nadie menciona, y es la instauración del miedo y del terror.

Quien lo dijo claramente fue la asesora del jefe de la Oficina del presidente Zelenski, Dariia Zarivna, quien señaló que tanto el crimen como la difusión de estos actos forman parte de una operación psicológica, "destinada a intimidar".

Dariia Zarivna, también dijo que esto "Deshumaniza por completo y demuestra la esencia de un país terrorista".

La asesora ucraniana, fue muy clara con la intención de los videos, sobre lo que destacó: "Pero es importante entender el propósito. Se trata de una operación psicológica destinada a intimidar. El público objetivo no es solo Ucrania, sino también las sociedades occidentales".

También fue muy claro con los efectos psicológicos que producen estos videos en los ucranianos: "Sin embargo, no funciona con nosotros. Los rusos lo temen, pero nosotros no", añadió[287].

---

[287] CNN ESPAÑOL. Zelensky arremete contra las "bestias" que supuestamente decapitaron a soldados ucranianos a la luz de la publicación de videos. 12 de abril de 2023.
https://cnnespanol.cnn.com/2023/04/12/zelensky-bestias-soldados-ucranianos-decapitados-videos-trax/

"No es la primera vez que sucede, ya han aparecido cabezas cortadas en Bajmut, escenario de la batalla más larga y sangrienta desde el inicio de la invasión rusa, una ciudad casi completamente destruida donde las fuerzas ucranianas resisten a los asaltos del grupo paramilitar Wagner. Sí es la primera vez, sin embargo, que se filma la decapitación de una persona viva, además presumiendo de ello", relata una nota del diario El Mundo, de España, publicada el miércoles 12 de abril de 2023[288].

La nota también señala que: "Merece la pena recordar otras atrocidades cometidas por el grupo Wagner. El pasado verano, por ejemplo, salieron a la luz vídeos que mostraban a soldados rusos castrando a un militar ucraniano. En aquella ocasión hasta tres grabaciones distintas mostraban a un soldado en el suelo con las manos atadas a la espalda. Primero era mutilado y después asesinado"[289].

A esto hay que sumarle el video del soldado fusilado, Tymofiy Mykolayovych Shadura, quien había sido reportado como desaparecido en el mes de febrero de este año, y cuya ejecución, mediante varias ráfagas de ametralladora, fue realizada mientras el soldado estaba desarmado en una trinchera, pero desarmado, y cuando ve llegar a los rusos les dice en la cara: ¡Gloria a Ucrania!

Tymofiy Mykolayovych era un soldado de la 30ª Brigada Mecanizada y el video de su ejecución circuló por primera vez en Telegram el lunes 6 de marzo, provocando una enorme ola de indignación. El cuerpo del militar ucraniano, quien murió como un héroe, se encuentra actualmente en

---

[288] EL MUNDO. Un vídeo muestra a un mercenario del grupo Wagner decapitando a un soldado ucraniano. 12 de abril de 2023.
https://www.elmundo.es/internacional/2023/04/12/64365f3ae4d4d8674e8b456e.html
[289] Ídem.

territorio ocupado por los rusos, por lo que no ha podido ser recuperado[290] [291].

Otros crímenes del Grupo Wagner

Activistas de derechos humanos, en enero pasado, exigían una investigación autónoma, para esclarecer los crímenes del Grupo Wagner en Mali, que operó allí a partir del año 2021.

De acuerdo a una investigación del Instituto para el Estudio de la Guerra (ISW, en inglés), mercenarios del Grupo Wagner serían los ejecutores de crímenes de guerra durante los combates por la localidad ucraniana de Bakhmut. Al respecto existen videos publicados en redes sociales rusas, en los que se pueden observar una cabeza de un militar ucraniano decapitado, y colocada en una varilla. El hecho habría sido cometido en la localidad de Bakhmut[292].

Pero esto no serían los únicos casos, ya que según diversas cuentas en redes sociales, con perfiles serios, es decir de personas de verdad, casos como este, con cabezas

---

[290] EL DIARIO.ES. Ucrania identifica al prisionero de guerra supuestamente fusilado por soldados rusos y cuyo vídeo circula en redes. 7 de marzo de 2023. https://www.eldiario.es/internacional/theguardian/ucrania-identifica-prisionero-guerra-supuestamente-fusilado-soldados-rusos-cuyo-video-circula-redes_1_10011181.html

[291] UKRINFORM. Tropas-terrestres: el soldado ucraniano ejecutado por los rusos es Tymofiy Shadura. https://www.ukrinform.es/rubric-ato/3679306-tropas-terrestres-el-soldado-ucraniano-ejecutado-por-los-rusos-es-tymofiy-shadura.html

[292] INFOBAE. El Grupo Wagner fue acusado de crímenes de guerra tras la publicación del video que muestra la decapitación de un soldado ucraniano. 12 de abril de 2023. https://www.infobae.com/america/mundo/2023/04/12/el-grupo-wagner-fue-acusado-de-crimenes-de-guerra-tras-la-publicacion-del-video-que-muestra-la-decapitacion-de-un-soldado-ucraniano/

colocadas en palos después de haber sido decapitadas, se vieron también en las ciudades como Oblast, Luhansk, Popasna, donde operaba también el Grupo Wagner[293].

El 20 de enero de 2023, Estados Unidos declaró al Grupo Wagner, como "organización criminal transnacional".

En realidad, se demoraron en tener claras sus actividades y en declararlo de esta manera. Pero veamos por qué.

La investigación de la BBC, sobre el Grupo Wagner

La BBC, con el prestigio y la eficiencia que ha caracterizado a lo largo de toda su historia, se dio a la tarea de realizar una investigación exhaustiva y minuciosa sobre el Grupo de mercenarios Wagner. En ella se establece la "participación de un exoficial del Ejército ruso de 51 años, Dmitri Utkin, en el grupo. Se cree que fue quien fundó Wagner y le dio su nombre, basado en su anterior mote en el Ejército.

Utkin es un veterano de las guerras de Chechenia, exoficial de las fuerzas especiales y teniente coronel del GRU, el servicio de inteligencia militar ruso".

Según la investigación de la BBC, "**El Grupo Wagner entró en combate durante la anexión rusa de Crimea en 2014**", dice la profesora German.

"Se cree que sus mercenarios son algunos de los 'hombrecillos verdes' que ocuparon la región", apunta.

"Dirigir un ejército de mercenarios va en contra de la Constitución rusa", agrega. "Sin embargo, Wagner

---

[293] Ídem.

proporciona al gobierno una fuerza que es negable. **Wagner puede involucrarse en el extranjero y el Kremlin puede decir: 'No tiene nada que ver con nosotros'".**

Algunos sugieren que la agencia de inteligencia militar de Rusia, la GRU, financia y supervisa en secreto al Grupo Wagner.

Fuentes mercenarias le dijeron a la BBC que su base de entrenamiento en Mol'kino, en el sur de Rusia, está al lado de una base del Ejército ruso.

Rusia ha negado sistemáticamente que Wagner tenga alguna relación con el Estado.

La investigación de la BBC que identificó los vínculos de Utkin con el grupo también destacó el papel de Yevgeny Prigozhin, el oligarca conocido como "el chef de Putin", llamado así porque surgió luego de ser restaurador y proveedor de servicios de catering al Kremlin.

Muchas de las empresas de Prigozhin están actualmente bajo sanciones estadounidenses por su "influencia política y económica maliciosa en todo el mundo". Siempre ha negado tener cualquier conexión con el Grupo Wagner.

En septiembre de 2022, se difundió una grabación en la que el Prigozhin trata de reclutar prisioneros rusos para luchar por el Grupo Wagner en Ucrania.

Prigozhin les dijo a los presos que sus sentencias serían conmutadas si se inscribían al grupo".

¿Dónde se ha reportado actividad del Grupo Wagner?

Siempre, según la BBC, "En 2015, el Grupo Wagner comenzó a operar en Siria, luchando junto a las fuerzas a favor del gobierno y protegiendo campos petroleros.

Ha estado activo en Libia desde 2016, apoyando a las fuerzas leales al general Khalifa Haftar. Se cree que hasta 1.000 mercenarios de Wagner participaron en la avanzada de Haftar sobre el gobierno oficial en Trípoli en 2019.

En 2017, el Grupo Wagner fue invitado a la República Centroafricana (RCA) para proteger las minas de diamantes. También hay reportes de que está trabajando en Sudán, protegiendo minas de oro.

En 2020, la Secretaría del Tesoro de EE.UU. dijo que Wagner había estado "sirviendo como frente" en estos países para algunas de las empresas mineras de Prighozin, como M Invest y Lobaye Invest , y les impuso sanciones.

Más recientemente, el Grupo Wagner fue invitado por el gobierno de Mali, en África occidental, para brindar seguridad contra grupos militantes islámicos. Su llegada en 2021 influyó en la decisión de Francia de retirar sus tropas del país.

En Burkina Faso, el coronel Ibrahim Traoré, quien tomó el poder en un golpe militar, ha indicado que su gobierno está dispuesto a trabajar con el Grupo Wagner para combatir a los militantes de Estado Islámico, que controlan gran parte del país.

Ramani dice que fuera de Ucrania, el Grupo Wagner tiene alrededor de 5,000 mercenarios en total operando en todo el mundo.

Y explica que, desde el comienzo de la guerra en Ucrania, el grupo se ha vuelto mucho más público"[294].

Según la cadena de noticias británica, estos son algunos otros de los hechos que involucran al Grupo Wagner: "Tanto Naciones Unidas como el gobierno francés han acusado a los mercenarios de Wagner de cometer violaciones y robos a civiles en la República Centroafricana, y la Unión Europea impuso sanciones en su contra en respuesta.

En 2020, las Fuerzas Armadas de EE.UU. también acusaron a mercenarios de Wagner de haber sembrado minas y otro tipo de artefactos explosivos alrededor de la capital de Libia, Trípoli.

"El uso irresponsable de minas y trampas por parte de miembros de Wagner están haciéndole daño a civiles inocentes", dijo el contralmirante de inteligencia del comando africano del ejército de EE.UU"[295].

Las reacciones

Hay algo que en el mundo nadie puede ignorar, y es la facilidad con la que estas bestias matan. Este video, la ejecución de un ucraniano cautivo…el mundo debe verlo.

---

[294] BBC MUNDO. Guerra en Ucrania: qué hace el "opaco" grupo de mercenarios Wagner en el país y qué se sabe de sus otras operaciones en el extranjero. 11 de diciembre de 2022.
https://www.bbc.com/mundo/noticias-internacional-63849610
[295] Ídem.

El video muestra a Rusia tal como es, son bestias. Dijo el presidente Zelenski en un video[296].

El Ministro de Relaciones Exteriores de Ucrania, Dmytro Kuleva, escribió en su cuenta de Twitter, que: "Es absurdo que Rusia, que es peor que el ISIS, presida el Consejo de Seguridad de la ONU. Los terroristas rusos deben ser expulsados de Ucrania y de la ONU y rendir cuentas por sus crímenes".

Por su parte, quienes integran la misión de derechos humanos de la ONU en Ucrania, dijeron estar horrorizados por video en el que se puede ver, a un soldado ruso decapitando a un soldado ucraniano prisionero[297].

Desde el gobierno de Putin, con el cinismo y la hipocresía que lo caracterizan, dijeron que había que verificar las imágenes, y que ya abrieron una investigación[298].

La confirmación

El portal de noticias argentino Infobae, que ha seguido desde el principio de la invasión la guerra en Ucrania, y que además ha enviado a valientes y destacados corresponsales de guerra como Joaquín Sánchez Mariño (quien ya ha ido dos veces a cubrir la guerra en Ucrania) dio a conocer dos

---

[296] EURONEWS. Vídeo de la decapitación de un preso de guerra ucraniano | Zelenski denuncia a las "bestias" rusas. 12 de abril de 2023.
https://es.euronews.com/2023/04/12/video-de-la-decapitacion-de-un-preso-de-guerra-ucraniano-zelenski-denuncia-a-las-bestias-r
[297] Ídem.
[298] SWISS INFO.CH. Rusia abre investigación sobre vídeo con decapitación de soldado ucraniano. 13 de abril de 2023.
https://www.swissinfo.ch/spa/ucrania-guerra_rusia-abre-investigaci%C3%B3n-sobre-v%C3%ADdeo-con-decapitaci%C3%B3n-de-soldado-ucraniano/48433304

días después de la publicación del video con la decapitación del soldado ucraniano, la confirmación de la participación del Grupo Wagner en el crimen. Sobre esto, Infobae dio a conocer lo siguiente: "El ex mercenario del Grupo Wagner que huyó en enero pasado de Rusia a Noruega aseguró que los combatientes de la compañía militar privada rusa decapitaron al militar ucraniano tras identificar las voces en el video que muestra la ejecución y cuya autenticidad se está investigando.

"El ex combatiente de Wagner Andréi Medvédev, quien huyó a Noruega, reconoció las voces de sus colegas en una grabación de video", aseguró el fundador de la organización Gulagu.net, Vladímir Osechkin, en su canal de Telegram, donde publicó un fragmento de su intervención en el programa Jodorkovski Live""[299].

Agencia de noticias Ria Fan

El consejo de países de la Unión Europea, dio a conocer el jueves 13 de abril, que sancionaba a la agencia de noticias Ria Fan, por ser parte de un Holding de medios de comunicación ruso, cuyo consejo de administración es presidido por Prigozhin, el jefe del Grupo Wagner. Además, por estar involucrada en forma permanente en la difusión de propaganda a favor de la guerra en Ucrania, del gobierno de Putin y en tareas de desinformación.

---

[299] INFOBAE. Un ex mercenario ruso confirmó que el Grupo Wagner fue el encargado de decapitar al militar ucraniano. 13 de abril de 2023. https://www.infobae.com/america/mundo/2023/04/13/un-ex-mercenario-ruso-confirmo-que-el-grupo-wagner-fue-el-encargado-de-decapitar-al-militar-ucraniano/

También la Unión Europea dio a conocer sanciones contra el Grupo de Mercenarios Wagner[300].

Tik Tok

Lo primero que hay que tener en cuenta, es que TikTok es una plataforma china. De ahí en más, lo que podemos esperar de ella.

Al comienzo de la invasión Putin bloqueó Twitter y Facebook en Rusia. Sin embargo, a pesar que desde el 4 de marzo de 2022, es decir solo a unos días de haber comenzado la invasión a Ucrania, comenzaron el cierre de medios periodísticos independientes en Rusia, incluyendo la puesta en vigor de una Ley que estipula que puede ser acreedor de "15 años de cárcel" quien difunda información falsa. La traducción de esto debe ser, que pueden darle hasta 15 años de cárcel, a quien se atreva a decir algo que no le guste al gobierno de Putin. Pero casualmente, TikTok no fue objeto de ninguna censura de parte del gobierno de Putin.

La organización europea sin fines de lucro Tracking Exposed, que se encarga de la defensa del derecho de los usuarios en internet, realizó un estudio de 11 mil videos en TikTok, teniendo como resultado que la mayoría de estas publicaciones están destinadas a reproducir discursos de Putin y a ensalzar su imagen. En resumidas cuentas, el

---

[300] ALBERTONEWS. La UE sanciona al grupo ruso Wagner y a la agencia de noticias RIA FAN por guerra en Ucrania (Detalles). 13 de abril de 2023. https://albertonews.com/internacionales/ultima-hora-la-ue-sanciona-al-grupo-ruso-wagner-y-a-la-agencia-de-noticias-ria-fan-por-guerra-en-ucrania-detalles/

estudio muestra que TikTok favorece los mensajes a favor de la guerra y de la versión rusa de la misma[301] [302].

La batalla en la opinión pública

La batalla en la opinión pública entre Putin y occidente la va ganando el presidente Zelenski. Si no fuera por la enorme habilidad de comunicar de Zelenski, y porque además es alguien con un compromiso total, que hace todo lo que puede por ganar la guerra en todos los niveles, el gobierno de Estados Unidos, Europa y occidente en general, irían perdiendo la batalla en comunicación de manera lamentable y abrumadora.

Algo que queda muy claro de lo planteado en este capítulo sobre la propaganda rusa, es que el gobierno de Putin invierte mucho más y trabaja de una manera mucho más vasta y voluminosa que lo que lo hacen los países occidentales para difundir, tanto su ideología, sus propósitos, el desprestigio de sus enemigos, como su propia versión de la guerra. También lo hace a través de muchas formas y métodos mucho más variados.

Lo que tiene en contra la propaganda rusa, es que está basada en la vileza, en la mentira, en una visión sesgada que no se sostiene frente a la realidad. Justamente esto, junto a las extraordinarias habilidades como comunicador del presidente Zelenski, ha hecho que Rusia, pese a todos sus

---

[301] EL INDEPENDIENTE. TikTok, el oasis de la propaganda rusa. 24 de abril de 2022.
https://www.elindependiente.com/internacional/2022/04/22/tiktok-el-oasis-de-la-propaganda-rusa/
[302] HIGHXTAR. Los tiktokers como herramientas propagandísticas de la guerra. 8 de abril de 2022. https://highxtar.com/los-tiktokers-como-herramientas-propagandisticas-de-la-guerra/

esfuerzos propagandísticos, haya quedado exhibida de forma muy clara con sus crímenes y por lo tanto políticamente frente al mundo, como no dignos de confianza, dueños de acciones bestiales y de **Crímenes Contra la Humanidad** que un día tendrán que ser juzgados.

Para este capítulo también fueron consultadas las siguientes fuentes:

https://www.iri.edu.ar/revistas/revista_dvd/revistas/cd_revista_47/hi storia/Primera_Guerra_Parte_II.pdf

https://www.reuters.com/article/rusia-propaganda-idLTAKBN1I81AZ-OUSLT

https://www.cronista.com/apertura/empresas/la-maquina-de-confundir-de-putin-como-funciona-rt-el-medio-de-propaganda-rusa-prohibido-enee-uu-yeuropa/

https://share.america.gov/es/el-kremlin-presiona-al-silencio-a-mas-medios-de-comunicacion-en-rusia/

https://regeneracion.mx/facebook-habria-recibido-100-mil-dolares-de-rusos-para-desinformar-politicamente-en-eu/

https://www.youtube.com/watch?v=eVCi4sfHtSU

https://reutersinstitute.politics.ox.ac.uk/es/news/bloqueada-en-occidente-la-propaganda-rusa-prospera-en-espanol-en-tv-y-redes-sociales

https://www.nytimes.com/es/2017/09/28/espanol/la-purga-de-la-propaganda-rusa-en-facebook.html

Y este documental de DW que es altamente recomendable:

https://www.youtube.com/watch?v=GQ4iMNvZUdw

EL COLMO DEL FASCISMO

Una de las características más sobresaliente del fascismo ha sido siempre la intolerancia más absoluta a cualquier crítica en contra de su sistema político e incluso, el castigo desmedido a cualquier ejercicio de libertad de expresión. Esto, exactamente, es lo que está haciendo Putin en la Rusia de hoy y no es ninguna otra forma política.

El martes 28 de marzo de 2023, un tribunal ruso condenó a dos años de cárcel, al padre de una alumna de 12 años, que en su escuela cuando le ordenaron realizar un dibujo sobre las fuerzas armadas rusas, en vez de eso realizó un dibujo en contra de la guerra en Ucrania.

Foto: Imagen tomada de la nota del EL PAÍS. La justicia rusa condena a dos años de cárcel al padre de una niña que hizo un dibujo contra la guerra https://elpais.com/internacional/2023-03-28/la-justicia-rusa-condena-a-dos-anos-de-carcel-al-padre-de-una-nina-que-hizo-un-dibujo-contra-la-guerra.html

El padre de la niña fundamentó que él no había hecho los dibujos. Algo absolutamente lógico. Nadie es responsable jurídicamente por los hechos o las acciones de otros. Sin embargo, donde se llevaba a cabo el juicio, en una sala de una corte de Moscú, al momento de leerse la condena, también se difundió que el hombre había huido, por lo que se ordenaba su captura. Entre el público en general presente durante la audiencia, hubo un estallido de júbilo y aplausos al conocerse que el hombre había huido.

Es tal el Estado represivo en Rusia que cuando la niña realizó el dibujo en la escuela, las autoridades del establecimiento, aparentemente horrorizadas, llamaron a la policía. La delación como norma de convivencia entre los ciudadanos. Una forma de "convivencia" propia del fascismo. Lo mismo sirve y se utiliza en Cuba que en la Alemania nazi. Después de que la policía acudió a la escuela por el dibujo de la niña, el padre de ésta, de 54 años, fue multado. Pero no conformes con ello, fue condenado a dos años de cárcel. Algo que está fuera de todo lo racional y de lo cualquier aspecto civilizado[303].

En el mismo tenor, de reprimir cualquier gesto de libertad de expresión, el gobierno de Putin comenzó este 21 de marzo pasado, un proceso penal contra Oleg Orlov, director de una Organización No Gubernamental rusa, llamada "Memorial", ganadora del Premio Nóbel de la Paz

---

[303] CADENA SER. Rusia condena a dos años de cárcel al padre de la niña rusa que hizo un dibujo contra la guerra de Ucrania. 28 de marzo de 2023. https://cadenaser.com/nacional/2023/03/28/rusia-condena-a-dos-anos-de-carcel-al-padre-de-la-nina-rusa-que-hizo-un-dibujo-contra-la-guerra-de-ucrania-cadena-ser/

en 2022, por "desacreditar reiteradamente las acciones del ejército ruso en Ucrania", publicó dicha organización[304].

Tanto Oleg Orlov como su ONG se han convertido en objeto de sanciones y persecuciones de parte del Kremlin por "distorsionar la historia" y crear una imagen falsa de Rusia.

Para el año 2010 un documento de Amnistía Internacional señalaba: "El 6 de julio de 2010, el presidente del centro ruso de derechos humanos Memorial, Oleg Orlov, fue acusado formalmente de calumnias al presidente de Chechenia, Ramzan Kadyrov, delito punible con un máximo de tres años de cárcel en virtud de la legislación rusa". Mientras que solicitaba el inmediato retiro de todos los cargos[305].

En el año 2022, cuando recién comenzó la invasión rusa a Ucrania, a Oleg Orlov, el gobierno de Putin le impuso una multa de 50 rublos (650 dólares) esa vez, por realizar una manifestación solitaria, frente al Teatro Bolshói de Moscú, expresándose en contra de la guerra[306].

Una nota del portal suizo Swissinfo, publicada el 21 de marzo de 2023, señala lo siguiente: "Este mismo martes

[304] QUÉ PASA. Incoan una causa penal contra destacado miembro de Memorial por difamar al Ejército ruso. 21 de marzo de 2023. https://quepasamedia.com/noticias/incoan-una-causa-penal-contra-destacado-miembro-de-memorial-por-difamar-al-ejercito-ruso/

[305] AMNISTÍA INTERNACIONAL. Federación Rusa: Deben retirarse los cargos penales contra defensor de los derechos humanos. 11 de agosto de 2010. https://www.amnesty.org/es/documents/eur46/028/2010/es/

[306] SWISS INFO.CH. Incoan causa penal contra miembro de Memorial por difamar al Ejército ruso. 21 de marzo de 2023. https://www.swissinfo.ch/spa/ucrania-guerra_incoan-causa-penal-contra-miembro-de-memorial-por-difamar-al-ej%C3%A9rcito-ruso/48379458

Memorial denunció que la Policía rusa registró las casas de siete miembros de la entidad, incluyendo la de Orlov.

«Los registros se llevan a cabo en el marco de la causa sobre la rehabilitación del nazismo», indicó la ONG, ilegalizada el año pasado por las autoridades rusas.

El caso penal por rehabilitación del nazismo fue abierto el pasado 4 de marzo contra varios integrantes de Memorial, en base a la sospecha de que la ONG incluía en sus listas de represaliados durante el estalinismo a personas que colaboraban con ocupantes nazis durante la Segunda Guerra Mundial.

La organización, liquidada por decisión judicial hace más de un año, rechazó la acusación y aseguró que los intentos de una nueva persecución de Memorial son «ilegales» e «infundados».

En diciembre de 2021 los tribunales rusos liquidaron tanto Memorial Internacional como el Centro de Derechos Humanos Memorial por crear una «imagen falsa de la Unión Soviética como Estado terrorista» y haber ocultado información sobre su función como agente extranjero"[307].

Queda claro de esta forma que Putin ejerce en Rusia las prácticas más deleznables del fascismo. Algo de lo que él mismo, de la manera más hipócrita ha acusado a Ucrania una y otra vez, siendo este uno de sus principales argumentos para haber comenzado la invasión a Ucrania, un país vecino que en absoluto le había hecho nada: La desnazificación de Ucrania. El mismo día del comienzo de

---

[307] SWISS INFO.CH. Incoan causa penal contra miembro de Memorial por difamar al Ejército ruso. 21 de marzo de 2023.
https://www.swissinfo.ch/spa/ucrania-guerra_incoan-causa-penal-contra-miembro-de-memorial-por-difamar-al-ej%C3%A9rcito-ruso/48379458

la invasión rusa a Ucrania, Putin, en su discurso dijo textualmente: "He tomado la decisión de llevar a cabo una operación militar especial. Su objetivo será defender al pueblo que durante ocho años ha sufrido persecución y genocidio por parte del régimen de Kiev. Para ello, apuntaremos a la desmilitarización y desnazificación de Ucrania"[308].

Se hace necesario mirar las principales características del nazismo, para poder definir claramente si es una forma de gobierno que Putin está empleado en Rusia, incluso más allá de un hecho muy injusto y aberrante como este.

Según la Enciclopedia de la Historia.com[309] las principales características del Nazismo son:

• Concentró todos los resortes del Estado en una sola persona, Adolf Hitler, caracterizado como líder único e infalible, que exigía la obediencia absoluta de sus subordinados. Por esa razón se lo considera un movimiento totalitario y autoritario en el que el poder emana del líder y no del pueblo.
• Rechazó el sistema democrático, proclamó al Partido Nazi como el único de Alemania y persiguió y reprimió a los opositores.
• Sostenía ideas racistas que pretendían la superioridad de la raza aria y la inferioridad de todas las demás. Esto dio lugar al culto de la fuerza y condujo a la eliminación de las minorías étnicas y a la implementación de métodos de control reproductivo para «perfeccionar» la raza aria.

---

[308] BBC MUNDO. Rusia y Ucrania: "¿Desnazificar Ucrania?": la historia detrás de la justificación de Putin para invadir Ucrania. 26 de febrero de 2022. https://www.bbc.com/mundo/noticias-internacional-60524958
[309] https://enciclopediadehistoria.com/nazismo/

• Defendió el pangermanismo, que fomentaba la unión política y cultural de todos los pueblos de origen germánico.
• Implementó políticas imperialistas y expansionistas, que promovieron la conquista de territorios en busca de un espacio vital que asegurara la provisión de combustibles y materias primas a la Alemania de entreguerras.
• Manipuló los medios de comunicación y la educación para obtener el apoyo popular. Las propagandas en cine, radio, diarios y televisión jugaron un rol fundamental en la estrategia del nazismo para difundir su ideología. La finalidad de este control era mantener aglutinado al pueblo alemán en torno a ciertos objetivos, como vengar la derrota en la Primera Guerra Mundial, abolir el Tratado de Versalles, hacer de Alemania la primera potencia mundial y mantener la pureza de la raza aria.

Otra fuente, la enciclopedia de humanidades[310], describe de esta forma las características propias del fascismo.
Señala que: "Entre las principales características del fascismo se destacan:

• El culto a la tradición y el rechazo al modernismo y a la Ilustración.
• El culto a la acción por la acción en oposición al libre pensamiento.
• El rechazo a toda crítica al régimen, que era considerada traición.
• El autoritarismo infundado en el miedo a lo diferente o a la diversidad.
• La apelación a la frustración social para dirigirse a la población.
• La obsesión por la seguridad nacional.
• El entrelazamiento entre gobierno y religión.

---

[310] https://humanidades.com/fascismo/#ixzz7xLjF9S7e

- La protección del poder corporativo por parte de la nación.
- La supresión de la fuerza de trabajo organizada.
- La supresión de toda libertad individual.
- El control de los medios de comunicación.
- El uso desmedido de la propaganda política.
- El rechazo a los intelectuales y pensadores.
- La obsesión por la represión y el castigo.
- La corrupción desenfrenada.
- La intervención ilícita en el proceso electoral.

A esto habría que agregarle la necesidad de un enemigo común. Algo de lo que se sirven en general los dictadores para "hacer ir" a las masas, o a la opinión pública, en un solo sentido, que es justamente el contrario de cualquier cuestionamiento posible a él. Como se puede ver, Putin reúne la mayoría d ellos elementos descritos como características del nazismo por estas dos enciclopedias académicas.

Hay un punto, que llama mucho la atención en la última descripción del fascismo que hemos citado, y es la referente a: "La apelación a la frustración social para dirigirse a la población." Esto constituye un punto muy determinante, en las técnicas de conducción de masas del fascismo. Algo que sin duda el nacional socialismo de Hitler empleó en medio de una Alemania frustrada, sin empleo, castigada severa y abusivamente después de la Primera Guerra Mundial y que hizo que las personas se identificaran con el nazismo desde las sensaciones y sentimientos más básicos como lo puede ser la frustración. Ningún movimiento social ni humano que tenga la frustración como un elemento positivo llegará a buen fin. Justo en esto, en cuanto al manejo de la frustración, es preciso poner el énfasis en la forma de hacer política del jefe del Ejecutivo mexicano López Obrador, quien basa su forma de hacer política en el resentimiento, el odio y la frustración. De esta forma ha logrado que las capas más bajas de la sociedad mexicana se identifiquen con él, sin que tengan en cuenta las escandalosas y permanentes denuncias de corrupción o de ineptitud de su gobierno. De esta manera ha logrado hordas de fanáticos, que, por encima de cualquier razonamiento, lo defienden a cualquier costo. López Obrador, por cierto, fiel aliado político de Putin, aunque al igual que en el caso de China, ha hecho hasta lo imposible por tratar de disimularlo.

EL HOMBRE QUE SALVÓ AL MUNDO

Nadie lo supo hasta que el tiempo casi se había perdido en la memoria. El mundo tampoco sabía el peligro en el que estaba. Hacía falta solo una chispa para hacer arder a toda la humanidad en una guerra atómica y esa chispa estaba en sus manos, y este hombre en vez de encenderla la apagó. Cuando la orden de su comenzante había sido encenderla.

Corría el año de 1962. Un calor agobiante cubría el Mar Caribe ese 27 de octubre. A bordo del submarino soviético B-59, sumergido en esas aguas, hacía 40 grados de calor, debido a que se había roto el aire acondicionado de la embarcación.

Arriba, en la superficie, se vivía el momento más espeluznante de la Guerra Fría: la crisis de los misiles.

Rusia había instalado misiles nucleares en Cuba. Estados Unidos lo había descubierto por medio de fotos satelitales. De inmediato exigió que los misiles fueran retirados. No era una opción que Norteamérica pudiera tolerar, porque por la poca distancia de Cuba al país del norte la capacidad de reacción, ante un eventual lanzamiento de misiles, se reducía a un tiempo que casi no tenía respuesta para una reacción efectiva.

Era la Cuba de Fidel Castro y del Che Guevara. Que como revolucionarios podían ver seguramente con mucho regocijo el poder contar con misiles nucleares en su propio territorio, como una forma extremadamente mortal, de responder ante el peligro de otra invasión norteamericana.

El intento de invasión ya se había producido, un año antes. El 15 de abril de 1961 ocho aviones A-26, que llevaban falsas banderas cubanas en el fuselaje, comenzaron a bombardear, a horas de la madrugada, tres aeropuertos militares: los de las bases de Santiago de Cuba, San Antonio de los Baños, y Ciudad Libertad. Así comenzaba la invasión conocida como de Bahía de Cochinos, o Playa Girón. Una operación organizada por la CIA, con cubanos opositores al régimen y exiliados, con apoyo en equipos, logística y hasta aviación norteamericana, pero camuflada. La invasión fracasó. Pero los cubanos sabrían que los norteamericanos volverían a intentarlo. Entonces decidieron negociar con Rusia la instalación de misiles nucleares en la isla. El gobierno norteamericano no podía permitirlo porque un ataque con misiles desde la isla no le daba tiempo para poder interceptarlos, por el poco tiempo de respuesta después de que fueran interceptados.

Por encima del Che Guevara y de Fidel, estaban los líderes de las dos más grandes potencias. Nikita Jrushchov, líder de la Unión Soviética en ese momento, y el 35 presidente de los Estados Unidos John Fitzgerald Kennedy por el otro. Estados Unidos exigió el inmediato desmantelamiento de los misiles nucleares en la isla de Cuba. Sus reclamos no fueron escuchados. Entonces Kennedy ordenó un bloqueo naval a la isla de Cuba. Un bloqueo que ya no era con sanciones o con discursos o con castigos a empresas que negociaran con la isla, sino un bloqueo físico, con una flota de barcos y aviones que no permitieran ningún contacto con la isla. El objetivo del bloqueo naval era exigir el desmantelamiento de los misiles nucleares de la Unión Soviética en Cuba. Comenzó así el máximo periodo de riesgo de una guerra nuclear a gran escala en la historia de la humanidad.

Una nota de la BBC, firmada por José Carlos Cueto, publicada el 17 de octubre de 2022, con motivo de cumplirse los 60 años de aquella crisis, el periodista de la BBC reseña de esta forma aquel momento:

"Así, durante el verano de 1962, Moscú y La Habana comenzaron a instalar en secreto decenas de plataformas de lanzamiento de misiles traídos desde la URSS.

El "secreto" duró hasta el 14 de octubre. Ese día, un avión de reconocimiento estadounidense sobrevolando Cuba notó un paisaje distinto al habitual.

Entre las palmeras se ensamblaban plataformas de lanzamiento de misiles capaces de impactar Washington y otras ciudades estadounidenses y causar muerte y destrucción similares o peores a las de Hiroshima y Nagasaki en 1945.

La crisis de octubre acababa de desatarse.

14-22 de octubre
El mundo a espaldas del conflicto nuclear

Seguramente, aquel 14 de octubre del 62 fue un domingo apacible para la mayoría de estadounidenses, pero no para el piloto Richard Heyser.

Este hombre pilotaba el avión espía U-2 sobre Cuba en las primeras horas de aquella mañana. Su misión era comprobar las sospechas e información que EE.UU. manejaba sobre la presencia de armamento soviético en la isla.

Seis minutos de vuelo fueron suficientes para tomar las primeras 928 fotos que verificaron el despliegue armamentístico.

Al día siguiente, el Centro de Interpretación Fotográfica Nacional de la CIA empezó el análisis a toda prisa de las imágenes, identificando los componentes de misiles balísticos de medio alcance en un campo de San Cristóbal, en la provincia de Pinar del Río en el occidente de la isla.

Más vuelos de reconocimiento confirmaron otras localizaciones de ensamblaje.

Lo primero que hizo Kennedy al enterarse el 16 de octubre fue reunir a un selecto grupo de consejeros, conocido como el Comité Ejecutivo del Consejo de Seguridad Nacional (Excomm por sus siglas en inglés), para decidir una respuesta estratégica.

"Su secretario de Defensa, Robert McNamara, le presentó tres opciones: la política de 'acercarse a Castro y Jrushchov', un bloqueo naval de barcos soviéticos llevando armamento a Cuba y una 'acción militar dirigida directamente contra Cuba'", cuenta Peter Kornbluh, director del Proyecto de Documentación de Cuba del Archivo de Seguridad Nacional.

Cueto destaca, de forma muy acertada que: "Kennedy se sienta frente a las cámaras el 22 de octubre y parece dispuesto a responder con fuerza ante cualquier ataque, pero varios analistas aseguran que detrás de esa fachada se encuentra un hombre flexible cuyo propósito es evitar el Armagedón.

Habla con determinación y entereza, pero también con cautela. Una palabra mal escogida podía ser malinterpretada, conducir a un accidente y originar la catástrofe.

Por eso, cuando anuncia que interceptará cualquier envío adicional de armas a Cuba desde la URSS, se refiere a la operación como una "estricta cuarentena" en vez de "un bloqueo""[311].

En medio de todo eso, hay una historia escondida, debajo del mar, que la opinión mundial nunca supo hasta muchos años después. Y era una historia que sucedía en un submarino ruso, sumergido en el caribe, que casi hizo estallar al mundo.

En medio de tensiones como las descritas, o como las vividas ahora con la permanente amenaza de una guerra nuclear de parte de Putin a partir de que inició la invasión a Ucrania, las responsabilidades no están únicamente en manos de los presidentes de cada potencia mundial. Hay muchas responsabilidades compartidas en muchos puestos de mando, en cada barco, en cada submarino, en cada base aérea o cada base naval, etc. y un error en cualquiera de esos lugares podrían encender la chispa que hiciera detonar al mundo. Así de frágil es la vida de toda la especie humana en el planeta cuando algunos dirigentes mundiales ponen en la mesa a jugar a las Armas Nucleares.

La historia de la que acá tratamos se refiere a uno de esos momentos de la humanidad.

El submarino ruso sumergido en aguas del caribe era el B-59. Corría el día sábado 27 de octubre de 1962. A bordo la

---

[311] BBC MUNDO. Crisis de los misiles en Cuba: cómo fue el evento que casi lleva a una guerra nuclear entre Estados Unidos y la Unión Soviética. 17 de octubre de 2022. https://www.bbc.com/mundo/noticias-internacional-62982023

situación era algo desesperante por el calor producido por la ruptura del aire acondicionado. El submarino no podía emerger. Debía permanecer en silencio. Pero sucedió lo impensable. El submarino ruso fue descubierto por un barco de guerra de los Estados Unidos. Como en la superficie regía el bloqueo naval ordenado por el presidente Kennedy, el buque de guerra norteamericano le exigió al submarino que se identificara y que emergiera. El submarino ruso no respondió. Fue entonces cuando el buque norteamericano comenzó a lanzar cargas de profundidad alrededor del submarino, para exigirle que emergiera. Los tripulantes del buque de guerra norteamericano no tenían conocimiento que el submarino B-59 ruso estaba cargado con misiles nucleares.

El capitán Valentin Savitsky, al sentir las cargas de profundidad explotando en las proximidades del submarino a su cargo, supuso que tal vez había comenzado una guerra total y que ellos no estaban enterados. El marino, atribulado, bajo estrés y con miedo, ordenó lanzarle un torpedo nuclear, con una capacidad de destrucción superior a la bomba de Hiroshima, al buque de guerra norteamericano. La orden había sido dada. El camino a la guerra nuclear entre las dos potencias estaba abierto y encendido, y con ello, el fin de la humanidad. Lo que salvó al mundo, en ese momento, fue la desobediencia, la templanza, la oposición del oficial naval soviético Vasili Alexandrovich Arkhipov, quien le dijo que no, a su comandante. Arkhipov, le dijo que no, que no estaba de acuerdo, y por eso no se desató la Tercera Guerra Mundial. El argumento de Arkhipov fue duro, claro y contundente, para él, "aquello no era un ataque".

El historiador y periodista Guillermo de Olmo narraría aquel momento así:

"En medio del bombardeo yanqui, a unos centenares de metros bajo el Caribe, los tres marinos celebran una reunión que decidió el destino de la humanidad. El oficial político está de acuerdo con Savitsky en abrir fuego. Solo falta Arkhipov. Pero él dice que no. En esas circunstancias extremas, únicamente la frialdad y el coraje de un hombre evitan lo que habría supuesto una catástrofe sin precedentes"[312].

El temple en la paz como en la guerra, tiene tal importancia que, como se puede ver, puede salvar al mundo. No porque sí una orden de caballeros, en la Edad Media, le dedicó a este valor, su nombre y su vida, llena de normas y disciplina para lograr esta condición y este valor.

Algo también asombroso es que ese evento no salió a la luz hasta décadas después. Cuando Vasili Alexandrovich Arkhipov salvó al mundo tenía 34 años. Esta historia se dio a conocer recién en el año 2002, tres años después la muerte de Arkhipov. Ese año, Robert McNamara, después de haber sido Secretario de Defensa de Estados Unidos (entre 1961 y 1968) en el trascurso de un Congreso, aludiendo a documentos desclasificados por Estados Unidos, habló del episodio hasta allí desconocido, aceptando que se estuvo mucho más cerca la guerra nuclear de lo que nadie había sabido. En esa oportunidad, Thomas S Blanton[313], quien ha sido director del Archivo de Seguridad Nacional independiente y no gubernamental de la Universidad George Washington, le dijo después del Congreso, al

---

[312] CNDH. Vasili Arjípov, oficial naval soviético que impidió un desastre nuclear durante la Guerra Fría. https://www.cndh.org.mx/noticia/vasili-arjipov-oficial-naval-sovietico-que-impidio-un-desastre-nuclear-durante-la-guerra
[313] NATIONAL SECURITY ARCHIVE. Thomas S. Blanton. https://nsarchive.gwu.edu/about/staff/thomas-s-blanton

Boston Globe que: ""La lección de esto es que un tipo llamado Vasili Arkhipov salvó al mundo"[314][315].

Robert Krulwich, en una nota publicada en National Geographic sobre el tema dice lo siguiente: "El mundo tiene una deuda enorme con un discreto y firme oficial naval ruso el cual probablemente ha salvado mi vida. Y la tuya. Y la de todos los que conoces. Incluso los que no habían nacido por aquel entonces"[316].

Sobre el desenlace del crucial episodio para la humanidad, Robert Krulwich escribió: "Después de la confrontación, el misil no se preparó para el lanzamiento. En su lugar, el submarino ruso subió a la superficie, donde se encontró con un destructor americano. Los estadounidenses no subieron a bordo. No hubo inspecciones, así que la marina estadounidense no tenía ni idea de que había torpedos nucleares en esos submarinos, y no lo sabrían en los próximos 50 años, cuando los antiguos contrincantes se encontraron en la reunión del 50 aniversario. Así que los rusos dieron la vuelta y se dirigieron al norte, de vuelta a Rusia"[317].

En 2017, cuando se cumplían 55 años de que Arkhipov salvara al mundo de una guerra nuclear, al cumplirse

---

[314] CNDH. Vasili Arjípov, oficial naval soviético que impidió un desastre nuclear durante la Guerra Fría. https://www.cndh.org.mx/noticia/vasili-arjipov-oficial-naval-sovietico-que-impidio-un-desastre-nuclear-durante-la-guerra

[315] THE GUARDIAN. Soviet submarine officer who averted nuclear war honoured with prize. 27 de octubre de 2017. https://www.theguardian.com/science/2017/oct/27/vasili-arkhipov-soviet-submarine-captain-who-averted-nuclear-war-awarded-future-of-life-prize

[316] NATIONAL GEOGRAPHIC. El oficial ruso que evitó una catástrofe nuclear en la Guerra Fría. https://www.nationalgeographic.es/historia/el-oficial-ruso-que-evito-una-catastrofe-nuclear-en-la-guerra-fria

[317] Ídem.

también 19 años de su muerte, el Instituto del Futuro de la Vida, decidió honrar al marino otorgándole el "Premio Futuro de la Vida".

El Premio de 50 mil dólares le fue entregado a la hija de Arkhipov, Elena Andriukova, y a Sergei, su nieto.

El Instituto del Futuro de la Vida[318], es una institución no gubernamental norteamericana, que en su página web destaca cuatro riesgos principales, a los que nos enfrentamos como humanidad, ellos son: Armas Nucleares, Inteligencia Artificial, Cambio Climático y Biotecnología.

El Future of Life Institute fue fundado en 2014 y está integrado por una junta directiva encabezada por Antonio Aguirre, Jaan Tallin, Victoria Krakova, Meia Chita-Tegmark y Max Tegmark. Y entre sus asesores externos cuenta con personalidades de la relevancia de Elon Musk, Morgan Freeman, Francesca Rossi, Sandra Faber, Alan Alda, entre otros[319].

Una nota del prestigioso periódico inglés The Guardian, firmada por Nicolás Davis, publicada el 27 de octubre de 2017, señala sobre el premio que: "El *Future of Life* es un premio otorgado por un acto heroico que ha beneficiado enormemente a la humanidad, realizado a pesar del riesgo personal y sin ser recompensado en el momento", dijo Max Tegmark, profesor de física en el MIT y líder del *Future of Life Institute*."

El artículo de Nicolas David, también menciona que: "Beatrice Fihn, directora ejecutiva de la organización

---

[318] https://futureoflife.org/
[319] https://futureoflife.org/about-us/our-people/

ganadora del premio Nobel de la paz, la Campaña Internacional para la Abolición de las Armas Nucleares, dijo que las acciones de Arkhipov eran un recordatorio de cómo el mundo había estado al borde del desastre. "La historia de Arkhipov muestra lo cerca que hemos estado de una catástrofe nuclear en el pasado".

El momento del premio, agregó Fihn, es adecuado. "Dado que el riesgo de una guerra nuclear está aumentando en este momento, todos los estados deben unirse urgentemente al tratado sobre la prohibición de las armas nucleares para evitar tal catástrofe"[320].

Cuánta razón tendrían estos amigos. Y después de la invasión a Ucrania donde el peligro de una guerra nuclear ha aumentado exponencialmente, con las amenazas prácticamente diarios de Putin hacia la humanidad, la actuación de Arkhipov, en ese submarino, el Premio de "El Instituto del Futuro de la Vida" y la actuación de militantes por la vida como Beatrice Fihn, deben valorarse cada vez más.

[320] THE GUARDIAN. Soviet submarine officer who averted nuclear war honoured with prize. 27 de octubre de 2017. https://www.theguardian.com/science/2017/oct/27/vasili-arkhipov-soviet-submarine-captain-who-averted-nuclear-war-awarded-future-of-life-prize

EL OTRO HOMBRE QUE TAMBIÉN SALVÓ AL MUNDO

El caso de Vasili Aleksándrovich Arjípov, quien salvó al mundo, oponiéndose a que el comandante de su submarino atacara un buque de guerra norteamericano, con un torpedo nuclear, en medio del bloqueo a Cuba, durante la Guerra Fría, no fue el único.

Hubo otro caso que alcanzaría dimensiones catastróficas planetarias, de no haber sido por el tino, la templanza y la conciencia de otro hombre ruso, el militar Stanislav Petrov.

El 26 de septiembre de 1983, apenas 14 minutos después de pasada la medianoche, hora de Moscú, en el Bunker Serpukhov 15, un centro de alerta temprana antimisiles, establecido para la recepción de información y coordinación de satélites de radares rusos, se detectó, según las modernas computadoras de ese tiempo, el lanzamiento de un misil balístico intercontinental norteamericano. Al mando de esa importante base militar y centro de inteligencia estaba Stanislav Petrov, teniente coronel de la Fuerza de Defensa Aérea. La misión de Petrov era monitorear la red de alerta temprana, basada en una primera instancia en la información proporcionada por satélites, para dar aviso al alto mando de cualquier ataque con misiles contra Rusia.

En la enorme sala de control del Bunker Serpukhov, esa noche, de repente una de las pantallas se pone en rojo, indicando el lanzamiento de un misil nuclear intercontinental "Minuteman" norteamericano, detectado por los satélites rusos. Así, de la nada. Sin previo aviso. El operador mira hacia el piso superior aterrado, en donde se encontraba el comandante de la base militar, el teniente coronel Stanislav Petrov. El operador vio a Petrov inconmovible, pese a la gravedad de la situación. Entonces le dijo en voz alta lo que estaba sucediendo: "Comandante, nos atacan. Estados Unidos acaba de lanzar un misil balístico". Pero Petrov no creyó en el ataque. Dudo de la fiabilidad del sistema. Por lo que no ordenó comunicarle el ataque a sus superiores, como lo establecía el protocolo. Lo cual hubiera provocado un contrataque soviético que hubiera producido una tercera guerra mundial.

Con el tiempo, Petrov le confesaría al corresponsal Diego Merry del Val del diario ABC de España, que: "Sin embargo, en aquellos momentos no podía evitar una sensación de perplejidad ante lo que veía"[321].

Pero el incidente no terminó ahí. Unos instantes después se encendió la alarma por el lanzamiento de otro misil, y después de otro, haciendo crecer la tensión en la sala de control. Y un minuto después, las pantallas indicaban el lanzamiento de otros dos misiles nucleares hacia Rusia. Lo que sumaban cinco en total.

Petrov, quien era especialista en ingeniería informática, y que para entonces contaba con 44 años de edad, no creyó en lo que estaba marcando el sistema, aun cuando lo que marcaban las pantallas ya no era un ataque con un solo misil, si no el lanzamiento de cinco misiles. Con el tiempo, también diría que él no habría querido ser el responsable de una guerra nuclear. Por lo que ordenó no hacer nada.

---

[321] ABC. La venganza de la URSS: el triste final en la absoluta ruina del soviético que evitó el holocausto nuclear. 4 de febrero de 2022. https://www.abc.es/archivo/abci-hombre-perdio-todo-evitar-hecatombe-nuclear-202009250059_noticia.html

"Cinco o seis segundos después de que sonara la alarma, miré para abajo -mi despacho estaba en el piso superior del puesto de mando- y vi a la gente que salía de sus sitios de trabajo y se quedaban mirándome, esperando mis órdenes. Teníamos que ponernos a trabajar, así que les dije que volviesen a sus tableros de control, pero por el momento no tomamos ninguna decisión"[322] Relataría Petrov muchos años después en una entrevista con Diego Merry del Val.

El centro militar llamado Oko, que significa "ojo" en ruso, recibía información de los satélites soviéticos, que a su vez, habían sido confundidos por confusas señales captadas desde el espacio.

Los satélites soviéticos instalados para prevenir cualquier lanzamiento de misiles se movían en una órbita llamada Molnyia, de gran altitud, y ese día la conjunción de una alineación astronómica y el reflejo proyectado sobre unas nubes de gran altitud les hicieron interpretar todas esas señales como un lanzamiento de misiles desde territorio norteamericano. Esto se produjo justo en el equinoccio de otoño, un momento en que los rayos solares caen perpendiculares sobre la tierra. Por esto el episodio es conocido como el incidente del equinoccio de otoño.

Hay que tener mucha personalidad y mucha seguridad en sí mismo, para confiar más en uno, en el criterio propio, que en la mejor tecnología del momento. Esto fue, entre otras cosas lo que tuvo Stanislav Petrov frente a aquel momento. Pero Petrov además tuvo una intuición a prueba de balas. Pensó, contaría años después, que un ataque nuclear por parte de Estados Unidos contra Rusia no podía hacerse con un misil, ni con cinco, porque de esa forma no se evitaría la aplastante respuesta de la Unión Soviética. Si hubiera un

---

[322] Ídem.

ataque nuclear real, pensó Petrov, lo harían con cientos de misiles.

Desde la base militar comandada por Petrov se llamó sucesivamente a la red de bases auxiliares de radares de defensa que estaban en el camino y eran los encargados de detectar cualquier lanzamiento de misiles, todas conectadas con el sistema Oko. Ninguno reportaba nada. Desde ninguna de esas bases de radares se había detectado un solo misil en el aire. Los minutos, aunque dramáticos, le fueron dando la razón a Petrov.

El protocolo establecía que, ante una señal de alarma por el lanzamiento de un misil, el comandante de la base, en este caso Petrov, debía tomar las decisiones de acuerdo a lo que indicaban los datos de las computadoras en el centro de mando Oko. Ante una señal de alarma o de ataque, debía llamar inmediatamente al Secretario General del Partido Comunista. En ese momento Yuri Andropov. Cuyas características para poder llegar al cargo debía ser ostentar un fanatismo que superara cualquier razón, y ser de los más duros de todos. Es decir, un funcionario que jamás hubiera razonado con criterio propio, y nunca hubiera desobedecido una orden, ni se hubiera saltado los protocolos. Petrov, no lo hizo. No levantó el teléfono y no le avisó a tan palaciego funcionario, con semejante poder. El protocolo establecía que Petrov debía llamar por teléfono inmediatamente también al Ministro de Defensa, y al jefe del Estado Mayor. Tampoco lo hizo. En vez de todo eso, Petrov decidió confiar en sus instintos.

Esto evitó que la respuesta rusa se produjera por una falsa alarma, desatando una tercera guerra mundial.

Petrov sería condenado al ostracismo. Los encargados de la investigación le exigieron a Petrov los escritos del incidente y le preguntaban una y otra vez por qué no había escrito todo mientras sucedía. A lo que Petrov les respondió que escribía o actuaba.

Pero los infames que dirigían la investigación habían sido los mismos encargados de construir el sistema que falló y el centro de mando, por eso estaban más ocupados en expiar sus culpas y sus errores y en culpar a Petrov, que en averiguar de verdad qué paso.

Una nota del diario ABC de España reporta así lo sucedido con la investigación y las consecuencias para Petrov: "La comisión que investigó el ahora conocido como «Incidente del Equinoccio de Otoño» estuvo formada por los verdaderos responsables del mismo, entre ellos el general Yuri Votintsev, comandante supremo de las Fuerzas de Defensa Espacial, y el constructor general del Instituto Central de Investigación Científica «Kometa», Igor Savin, creador del sistema de alerta contra misiles. Petrov cargó con la culpa y fue expulsado del Ejército. «Perdió no sólo el empleo, sino también la salud, pues sufrió una crisis nerviosa que le obligó a recibir atención psiquiátrica y cuyas trazas todavía son evidentes», escribió Merry del Val"[323].

Todo esto sucedía en momentos que tenían como antecedente una enorme tensión entre Estados Unidos y la Unión Soviética en medio de la Guerra Fría. El 1 de septiembre, un avión civil, un Boing 747-200, con 269 pasajeros a bordo, el vuelo KAL 007, de la aerolínea surcoreana Korean Airlines, se internó por error en el espacio aéreo ruso. El vuelo de la aerolínea surcoreana había despegado desde Nueva York y se dirigía a Seúl.

---

[323] ABC. La venganza de la URSS: el triste final en la absoluta ruina del soviético que evitó el holocausto nuclear. 4 de febrero de 2022. https://www.abc.es/archivo/abci-hombre-perdio-todo-evitar-hecatombe-nuclear-202009250059_noticia.html

Entre los pasajeros se encontraba el congresista norteamericano por el estado de Georgia, Larry MacDonald. Luego de que el avión hiciera una escala en Alaska, el piloto configuró de manera equivocada el piloto automático. Programó al avión sin querer con unas coordenadas equivocadas, que lo harían pasar por el espacio aéreo ruso. El alto mando soviético, convencido de que era un avión espía norteamericano, ordenó su derribo. Murieron todos sus pasajeros[324].

No es difícil imaginarse lo que habría sucedido si Petrov ese 26 de septiembre, a pocos días de cumplirse un mes del incidente del avión, hubiera levantado el teléfono para reportarle a sus superiores el falso ataque norteamericano con misiles nucleares "Minuteman", detectado por la computadora del su centro de mando.

El repudio internacional por el derribo del avión fue abrumador sobre la Unión Soviética, lo cual incrementó las tensiones.

Tan solo unos días antes, la Unión Soviética había interceptado un avión espía norteamericano, U-2 en una ruta muy próxima al avión derribado de Korean Airlines.

Rusia lo delegó al olvido

Con un destino injusto, como sucede con casi todo en los gobiernos autoritarios, Petrov fue condenado al ostracismo. Lo degradaron en el ejército y luego de un año

---

[324] INFOBAE. "Apunten al objetivo": el vuelo 007, 269 muertos y el misil soviético que "confundió" al boeing con un avión espía. 9 de abril de 2022. https://www.infobae.com/historias/2022/04/09/apunten-al-objetivo-el-vuelo-007-269-muertos-y-el-misil-ruso-que-confundio-al-boeing-con-un-avion-espia/

lo obligaron a abandonar la institución. Su esposa, a la que amaba profundamente, se enfermó de cáncer, y luego de un largo padecimiento falleció. Lo cual condenó a Petrov a la depresión.

La historia de lo que sucedió ese 26 de septiembre pasada la medianoche, en la base militar Serpukhov 15 y la "salvación del mundo" que había hecho Petrov, fue condena al olvido.

Un día, el periodista ruso Iván Safranov, quien en ese momento trabajaba en el diario Kommersant, escuchó la historia del incidente de primera mano de un colaborador directo de Petrov, pero no sabía dónde encontrarlo. Luego de una serie de investigaciones Sapronov logró ubicar a Petrov, pero se encontró primero con la seria advertencia de que el caso estaba bajo secreto militar[325].

Ivan Sapronov, considerado uno de los mejores periodistas rusos, sería condenado a 22 años de prisión, en septiembre de 2022. El gobierno de Putin lo acusó de "Traición al Estado", y de espiar para la República Checa. La traducción correcta debería ser que Putin lo mandó a encarcelar por realizar exhaustivos trabajos de investigación y de publicar trabajos que no le eran convenientes y no le gustaban. Su detención sería condenada por Amnistía Internacional, por

---

[325] ABC. La venganza de la URSS: el triste final en la absoluta ruina del soviético que evitó el holocausto nuclear. 4 de febrero de 2022. https://www.abc.es/archivo/abci-hombre-perdio-todo-evitar-hecatombe-nuclear-202009250059_noticia.html

Reporteros Sin Fronteras y por múltiples organizaciones de derechos humanos de todo el mundo[326] [327].

Pero sigamos con Petrov. El episodio recién fue revelado dos años después del desmoronamiento de la Unión Soviética que se produjo en agosto de 1991. El caso sería sacado a la luz por el semanario ruso Sovershenno Sekretno ("Top Secret")[328].

Posteriormente el semanario ruso Kommersant Vlast volvería a retomar el tema en 1998. Entonces, el rostro del héroe de ese 26 de septiembre de 1983 saldría a la luz pública y el mundo descubriría a un héroe[329] [330].

El documental

"El hombre que salvó al mundo", se llama el documental realizado por el director de cine alemán Karl Schumacher, que cuenta el episodio dramático donde el mundo estuvo

---

[326] AMNISTÍA INTERNACIONAL. Rusia: Experiodista condenado a 22 años de prisión por cargos falsos de traición. 5 de septiembre de 2022. https://www.amnesty.org/es/latest/news/2022/09/russia-journalist-sentenced-22-years-trumped-up-charges/
[327] REPORTEROS SIN FRONTERAS. El periodista ruso Ivan Safronov, condenado a 22 años de prisión por una acusación "incoherente y absurda". 6 de septiembre de 2022. https://www.rsf-es.org/rusia-el-periodista-ruso-ivan-safronov-condenado-a-22-anos-de-prision-por-una-acusacion-incoherente-y-absurda/#:~:text=Ivan%20Safronov%20est%C3%A1%20considerado%20uno,de%20los%20servicios%20de%20inteligencia.
[328] https://www.sovsekretno.ru/
[329] REVISTA PODER KOMMERSANT. https://www-kommersant-ru.translate.goog/vlast?_x_tr_sl=ru&_x_tr_tl=es&_x_tr_hl=es&_x_tr_pto=sc
[330] CLARÍN. La trágica historia de Stanislav Petrov, el hombre que salvó al mundo del holocausto nuclear. 25 de septiembre de 2020. https://www.clarin.com/internacional/tragica-historia-stanislav-petrov-hombre-salvo-mundo-holocausto-nuclear_0_qNOEEItKG.html

al borde de la guerra nuclear ese 26 de septiembre de 1986 y la historia de Stanislav Petrov. El filme tiene una hora con cuarenta y cinco minutos de duración y está disponible en Amazon Prime. Quien no lo haya visto, no debería perderse la oportunidad. El documental, además de mostrar testimonios y entrevistas directas a Petrov, cuenta con la participación de Robert De Niro, Kevin Costner, entre otros.

En el documental se relata uno de los episodios claves que podrían haber provocado la extinción de la humanidad. También evidencia cómo la Unión Soviética fue sumamente injusta con el héroe que evitó ese desenlace y se muestra cómo finalmente Petrov fue reconocido por la ONU, por el gobierno de Australia. También fue reconocido por la Association of World Citizens (Asociación de Ciudadanos del Mundo) que le otorgó su premio World Citizen Award el 21 de mayo de 2004. Entre otros.

Petrov moriría a los 77 años de edad, el 19 de mayo de 2017, en un pueblo en las afueras de Moscú donde residía.

Su muerte fue conocida recién después de que el 7 de septiembre de ese año, el director de cine que realizo el documental sobre su vida, Karl Schumacher, llamó a su casa para saludarlo por su cumpleaños. Pero en su lugar lo atendió su hijo Dmitry Petrov, quien le diera la noticia de que su padre había fallecido.

SUIZA APRUEBA PROYECTO DE LEY PARA LLEVAR ANTE LA JUSTICIA 'CRÍMENES DE AGRESIÓN'

En general, en la evolución de la humanidad, cuando alguien da un paso hacia adelante en el terreno de la conciencia, esto tiene un efecto expansivo y multiplicador. Una acción abre puertas que a la vez abren otros caminos y plantea nuevas encrucijadas.

El jueves 16 de marzo, el parlamento suizo, aprobó un proyecto de Ley para juzgar bajo las leyes nacionales a los responsables de los crímenes de agresión. Se entiende por crímenes de agresión la invasión de un país sobre otro, o un ataque militar de un país sobre otro, o la búsqueda del control político sobre un Estado soberano, sin que esto constituya un acto de defensa.

La aprobación de este proyecto de Ley, en el parlamento suizo, se produce apenas unas horas después de la publicación del informe de la Comisión Investigadora de la ONU para Ucrania, y tan solo un día antes de que se hiciera pública la orden de detención para Putin emitida por la Corte Penal Internacional.

El proyecto fue aprobado en el parlamento suizo por 127 votos a favor y 53 en contra[331]. Que como en todos lados, nunca falta alguien que se oponga por deporte, aunque no tenga razón.

---

[331] TVP WORLD. Parlamento suizo aprueba proyecto de ley sobre 'crímenes de agresión'. 16 de marzo de 2023. https://tvpworld.com/68541003/swiss-parliament-approves-crimes-of-aggression-bill

A VECES LA VISIÓN LO ES TODO

En un extremo de la falta de visión de las consecuencias de los propios actos, están, por ejemplo, los 8 *rugbiers* argentinos, que mataron a patadas a Fernando Báez el 18 de enero de 2020[332] y terminaron enfrentando, al menos cinco de ellos, una condena a cadena perpetua. Los otros tres fueron condenados a 15 años de prisión. Para estos *rugbiers* originarios de la localidad de Zárate, matar a Fernando Báez era fácil. Era menos de una cuestión de minutos. De hecho, el ataque a golpes y patadas duró alrededor de un minuto. Un minuto les alcanzó para terminar con la vida de un joven. Y un minutó también les bastó para arruinar por completo sus propias vidas. Ejemplo de crímenes producidos repentinamente, sin pensar, podemos encontrar miles.

Para arrepentirse después, siempre es tarde. Los hechos ya fueron cometidos. Es difícil resucitar a los muertos. Tan difícil que sólo un personaje lo ha hecho en toda la historia de la humanidad, Lázaro, según cuenta la leyenda, o el mito, o la realidad según los creyentes.

Pero lo cierto es que una vez que mataste a alguien sin pensar, el muerto ya no se levanta, y las consecuencias son para siempre. Lo mismo pasaría sin Putin decide un ataque nuclear.

---

[332] CNN ESPAÑOL. ¿Qué le pasó a Fernando Báez Sosa? ¿Cómo fue su muerte? 6 de febrero de 2023.
https://cnnespanol.cnn.com/2023/02/06/caso-fernando-baez-sosa-juicio-rugbiers-muerte-a-golpes-2020-orix/

El primer problema sobre una probable decisión de este tipo, en el líder ruso, es que Putin parece actuar sin demasiada lucidez, lo menos que podría decirse es que sin precisión, desde el comienzo de la invasión a Ucrania.

En primer lugar, le erró con su cálculo de que la invasión a Ucrania aterrorizaría a todos los ucranianos que saldrían huyendo. Lo cual no sucedió. Los ucranianos se resistieron y sacaron corriendo al ejército ruso de casi todas partes. Algo que todavía puede ser difícil de creer, pero sucedió. De igual manera, pasó con la expectativa de Putin de que Zelenski saldría huyendo a un exilio dorado. ¿Qué podía esperar alguien como Putin?, ex agente de la KGB, entrenado en espionaje, en el arte de la mentira, cinturón negro de yudo, experto en manejo de armas, forjador de la imagen de hombre rudo, un símil del oso de las estepas siberianas, al menos en lo que él intentó proyectar por mucho tiempo, de un cómico de televisión como Zelenski. Puede parecer lógico que alguien como Putin solo esperara que Zelenski huyera, pero se equivocó. Detrás del cómico había un hombre, entero, muy entero, preparado, que ama a su país y a su gente, y que no sólo no huyó, sino que ha conducido hasta ahora de manera muy efectiva la guerra, y la resistencia contra las tropas rusas.

Pero así ha continuado Putin con sus lecturas de la realidad y con sus sucesivas derrotas en el frente de batalla. Putin pese a esto, a la permanente sangría de su ejército en Ucrania, ha continuado intentando concretar de cualquier forma, también por la vía militar, desde luego, devolver a Rusia su tamaño y dimensión no solamente de lo que era la Unión Soviética, sino también de su época imperial. Y para eso parece estar dispuesto a todo. El problema es que Putin no parece medir bien las consecuencias. Tal vez acostumbrado ahora que en el Kremlin impone lo que quiere, que sus incondicionales con tal de conservar sus privilegios le aceptan todo, le dicen que sí a todo, no parece enterado hacia afuera, en sus acciones para con el mundo, que a cada acción le corresponde una reacción. Y esto incluye lo que le ha sucedido con las sanciones y el aislamiento político después de la invasión a Ucrania. Ahora clama por el levantamiento de las sanciones a cambio de sentarse a negociar casi de inmediato la paz con Ucrania. Lo hace a través de sus aliados, claro. Pero a la vez continúa su camino hacia la Rusia imperial alardeando tener los brazos llenos de misiles nucleares. Se equivoca otra vez Putin si cree que va a utilizar Armas Nucleares en Ucrania, o en cualquier otro lado y sus acciones no van a ser respondidas y no va a tener consecuencias. Se equivoca tanto como lo hicieron los *rugbiers* que mataron a Fernando Báez en menos de un minuto y terminaron condenados a cadena perpetua. La diferencia es que poner en la mesa Armas Nucleares y estar dispuesto a usarlas de verdad, lo que puede conseguir en vez de una cadena perpetua, sea la destrucción de su pueblo, o al menos de buena parte de Rusia, si no es del planeta entero.

Alguien podría decir, con toda razón que la diferencia entre el crimen de los *rugbiers* argentinos, realizado en un minuto y un ataque nuclear de Putin es que este lo ha estado planteando y pensando desde que inició la invasión a Ucrania. Es cierto que Putin ha amenazado al mundo entero, una y otra vez, con Armas Nucleares desde que comenzó la invasión rusa a Ucrania el 24 de febrero de 2022, por lo que alguien podría decir que, a diferencia del crimen de los *rugbiers*, Putin ha premeditado y planificado largamente el uso de Armas Nucleares. El establecimiento de esta diferencia puede ser así. Un acto repentino, sin pensar, como el crimen de los *rugbiers* contra Fernando Báez, en oposición a un asesinato en masa que debería considerarse como un Crimen Contra toda la Humanidad, el uso de Armas Nucleares por parte de Putin. Sin embargo, hay un denominador común en la forma de actuar de este tipo de agresores, sin visión y sin sentido. Digo sin sentido porque un acto de agresión, en defensa propia, puede tener el sentido de la propia supervivencia, por ejemplo. O de la defensa de un tercero, una figura legal que existe en muchos códigos penales. El común denominador es la escalada en los actos y en las tensiones.

El caso de los *rugbiers*, no era la primera vez que le pegaban entre muchos a alguien a la salida de una discoteca. Lo hacían casi habitualmente. Era para ellos parte de la diversión a la hora de sus salidas a bailar. El abuso permanente. La agresión como una práctica constante, como un deporte. Esto, es absolutamente malo, porque el agresor en general se comporta así, va escalando el grado de su agresión. Lo mismo sucede con la violencia intrafamiliar. Cuando un hombre agrede a su pareja, en la mayoría de los casos, esto se vuelve a repetir, incluyendo las amenazas, y estas son cada vez más severas, hasta que en muchos casos termina con la muerte de la víctima. Lo mismo está sucediendo con Putin y su nivel de amenaza con Armas Nucleares. La escalada de la intimidación va en aumento. Y esto sucede en el mundo como si nadie, o casi nadie estuviera oyendo a Putin. No solamente Biden no le ha respondido nunca con la fuerza suficiente. Tampoco el resto de la humanidad. Los habitantes naturales del planeta permanecen ajenos a todas las amenazas nucleares de Putin y eso no es bueno. Definitivamente no es bueno. Nada, absolutamente nada, puede asegurar que Putin un día no cumplirá sus amenazas, si Ucrania no le permite quedarse con los territorios ocupados, si el mundo entero no lo deja hacer sus caprichos expansionistas. Y con esto de que Putin desde el comienzo de la invasión le ha faltado visión para asumir la realidad de sus posibilidades, de las de su ejército, y de las consecuencias de sus actos, y al conjunto de la humanidad le falta visión para percibir que tan real es la amenaza de una guerra nuclear, la contienda podría terminar de la peor manera.

LULA DA SILVA, SU VIAJE A CHINA Y SU PROPUESTA DE PAZ

En 120 días de gobierno Lula da Silva, presidente de Brasil viajó a ocho países. Fue a Argentina, Uruguay, Estados Unidos, China, Emiratos Árabes Unidos, Portugal, España y Reino Unido.

A Inglaterra, viajó para asistir a la coronación del Rey Carlos III, hijo de la Reina Isabel II, quien ostentara el trono por nada menos que 70 años. Allí Lula da Silva, el presidente de los pobres, (otro, como López Obrador, en México o Cristina Fernández de Kirchner, de Argentina), fue recibido por una multitud de ciudadanos brasileros que le gritaron: "Lula ladrón, tu lugar es la prisión", en medio del centro de Londres. Esto debido sobre todo a sus antecedentes de haber estado preso por acusaciones de corrupción. En Londres, el viernes 3 de mayo de 2023, Lula llegaría a la capital inglesa con su esposa, la primera dama Rosângela da Silva, para la coronación del rey Carlos III, y se hospedaría en la suite real del hotel JW Marriott Grosvenor House London. El precio por día de la suite presidencial allí es de 15 mil libras, lo que equivale en Brasil a unos 95 mil reales. Esto representa bastante más de un año de sueldo de un trabajador promedio en Brasil. Además, un piso entero fue reservado para la comitiva del gobierno de Brasil. El JW Marriott Grosvenor House fue inaugurado en 1929, y originalmente se llamaba Grosvenor House Hotel. Se encuentra ubicado en Park Lane, a sólo unos pocos metros del Palacio de Buckingham, en el barrio de Mayfair. El *JW Marriott Grosvenor House* se encuentra muy cerca del lujoso barrio de West End, donde se encuentra la zona comercial más importante de Londres, una zona que antiguamente se consideraba un refugio para la élite de Londres. Allí se pueden visitar lugares como la plaza de Trafalgar Square, Picadilly Circus, Hyde Park, Carnaby Street, Westminster, Covent Garden y el centro de espectáculos de Leicester Square.

Pero los lujos de Lula da Silva en Londres acá solo vienen a dar cuenta de las características del personaje y de coherencia política. Porque lo que acá nos interesa en realidad, es la visita de Lula da Silva a China, a donde el presidente brasilero llegaría la noche del 12 de abril de este año, a la ciudad de Shangai.

Hasta ahí llegaría Lula da Silva, para sentirse más fuerte, y, al lado de su par Ji, Xi Jinping, según él promover una propuesta de paz para la guerra en Ucrania. Sin embargo, lo que hizo fue lanzar una serie de andanadas de dardos en contra de los que ayudan a Ucrania con armamento para poder defenderse.

Ya a comienzos del mes de abril, siete días antes de su visita a China, Lula, promoviendo su "Plan de Paz para Ucrania", había dicho que Ucrania debería ceder la península de Crimea a Rusia para detener la guerra[333] [334].

Textualmente, al respecto, Lula dijo: "Putin no puede quedarse con el territorio de Ucrania. Tal vez se discuta

---

[333] EL MUNDO. Lula, frenado por Ucrania ante su propuesta de que ceda Crimea: "Zelenski no puede quererlo todo". 7 de abril de 2023. https://www.elmundo.es/internacional/2023/04/07/64303c9fe4d4d86c27 8b456f.html

[334] TELAM. Lula sugirió que Ucrania podría tener que ceder Crimea. 7 de abril de 2023. https://www.telam.com.ar/notas/202304/624794-lula-ucrania-crimea.html#:~:text=El%20presidente%20de%20Brasil%2C%20Luiz,no%20 comercia%20con%20sus%20territorios%E2%80%9D.

Crimea. Pero lo que invadió de nuevo, tiene que repensarlo. Zelenski no puede tampoco quererlo todo"[335].

Como buen socialista, Lula da Silva es proclive a repartir lo ajeno, pero a cuidar lo propio. Dicho de otra forma, la propuesta de paz de Lula da Silva para Ucrania es una propuesta a favor de Rusia. Esto quedaría completamente claro durante su visita a China.

Siguiente escena, Lula da Silva ya estando en China, junto al presidente Xi Jinping pasó a decir que "los países que están enviando armas para la guerra, deben parar".

Es algo burdo, completamente burdo, lo que hizo Lula da Silva, en su papel deliberado a favor de Rusia, proponiéndose como mediador.

Alguien debería explicarle a Lula da Silva, que un mediador, no es alguien que se pone en medio de dos que están en conflicto, y deliberadamente y sin vergüenza le levanta la mano para que gane a quien considera su amigo, o con quien tiene afinidades ideológicas y espera que el perdedor se rinda y si no lo hace, sufra la vergüenza de quedar como el que no quiere la paz.

Tanto el viaje de Lula a China, como su "propuesta de paz" para Ucrania son parte del lobby y de la propaganda rusa. A la que hay que reconocerle que ha sabido incluso usar a sus aliados para utilizarlos de voceros para poder amplificar sus propias pretensiones.

---

[335] EL MUNDO. Lula, frenado por Ucrania ante su propuesta de que ceda Crimea: "Zelenski no puede quererlo todo". 7 de abril de 2023. https://www.elmundo.es/internacional/2023/04/07/64303c9fe4d4d86c27 8b456f.html

Lula, al igual que Xi Jinping, colocan en el mismo plato de la balanza al agresor que a la víctima, pretenden que el mundo se olvide que fue Rusia quien invadió China, y bregan para que Putin pueda "obtener algo" y no tener que retirarse del campo de batalla derrotado y con las manos vacías, buscando incluso volver comprensible el hecho de que "si Putin se enoja puede tirar una bomba nuclear". Aunque este no sea el mensaje textual en las palabras, es este el metamensaje implícito en todas sus declaraciones.

La alianza BRICS

Ya en China, junto al presidente Xi, Lula se sintió más fuerte y comenzó a lanzar dardos envenenados a los países que apoyan a Ucrania con armamento, nombrándolos como alentadores de la guerra. "Dejen de alentar la guerra, y empiecen a alentar la paz" dijo un Lula crecido ya en territorio chino[336].

Allí, Lula da Silva firmaría 20 acuerdos con el presidente chino. Los 20 acuerdos que son fundamentalmente comerciales, pero también contemplan algo que Rusia, Brasil y China le llaman el multilateralismo, que en realidad es la asociación e integración de los países que integran el grupo denominado BRICS, que está integrado por Brasil, Rusia, India, China y Sudáfrica, para abordar de forma conjunta los temas internacionales; "la cooperación para la paz mundial", lo cual en la práctica parece ser la constitución de un eje para un nuevo imperialismo, porque

---

[336] CNN EN ESPAÑOL. Lula da Silva, presidente de Brasil, dice que EE.UU. debería dejar de "fomentar" la guerra en Ucrania. 15 de abril de 2023. https://cnnespanol.cnn.com/2023/04/15/lula-da-silva-presidente-de-brasil-dice-que-ee-uu-deberia-dejar-de-fomentar-la-guerra-en-ucrania-trax/#:~:text=%E2%80%9CEstados%20Unidos%20necesita%20dejar%20de, a%20los%20periodistas%20en%20Beijing.

todos estos países, que dicen unirse "para la paz mundial", en la práctica apoyan a Rusia en su invasión a Ucrania, aunque algunos de ellos se siguen esforzando por disimularlo, y el desarrollo global[337].

China, ha sido el principal socio comercial de Brasil durante los gobiernos de Lula da Silva (no así durante el gobierno de Bolsonaro).

Ambos países pretenden sustituir el dólar o al menos evitarlo como principal moneda para sus transacciones comerciales. Al menos esto es en las declaraciones, aunque en la práctica todavía no parecen saber cómo hacerlo. También pretender realizar la creación de un banco conjunto, integrado por los países que conforman el grupo BRICS, con la creación de una moneda propia. Algo a lo que todavía le falta mucho camino por recorrer.

---

[337] Ídem.

EL DÍA MÁS TRÁGICO PARA
LA FUERZA AÉREA RUSA

Se produjo el mismo día que el presidente Zelenski visitó Italia y se entrevistó con Georgia Meloni y el Papa Francisco. Hablamos del 14 de mayo del 2023. Al parecer ese día, mientras en el ámbito internacional Zelenski lograba un triunfo político abrumador, realizando una visita a Italia, donde fue recibido con el presidente, Sergio Matarella, en una entrevista posterior también con Georgia Meloni, la primera ministra, y después por el Papa Francisco, todo el mismo día, Rusia buscaba golpear fuerte en el orden militar en territorio ucraniano. La política de Putin consistente en el garrote ciego. La única que tiene y alardea. El uso de la fuerza bruta más allá de cualquier razón. La receta que ha usado para gobernar con los rusos y la que ha empleado desde el comienzo de la invasión a Ucrania. La misma con la que amenaza con utilizar Armas Nucleares.

Como Zelenski triunfaba ante el mundo, siendo recibido por el Papa Francisco y por los líderes de Italia, Putin decidía golpear a Ucrania con mayor fuerza. En ese contexto, Rusia decidió bombardear un depósito de municiones en la ciudad de Khmelnitsky, una de las ciudades industriales de mayor importancia de Ucrania, donde se encuentra también una central nuclear construida después de la de Chernóbil. Khmelnitsky tenía, al menos antes del comienzo de la invasión, una población de unos 274 mil 176 habitantes y es el corazón administrativo de la región del Óblast. Allí, según la versión rusa, de acuerdo a lo publicado en algunos medios locales, un bombardeo ruso provocó una explosión masiva en un centro de almacenamiento de explosivos y de municiones[338].

La versión fue acompañada de un video donde se puede ver una enorme bola de fuego que se proyecta al aire de una manera impactante, que, según los rusos, su autenticidad fue corroborada por imágenes satelitales. Este video tendría amplia difusión principalmente entre las cuentas de Twitter y de Telegram, pertenecientes a la propaganda rusa. Pero según lo promocionado por la propaganda rusa, en ese depósito de municiones, se encontraban los misiles de largo alcance Storm Shadow, proporcionados recientemente (tan solo unos días antes) por la Gran Bretaña a Ucrania. No hay forma de confirmar esta versión. Si fuera cierta, el gobierno de Ucrania no la confirmaría, desde luego. Pero puede ser solo un golpe de efecto del ejército de Putin. Un ejército ampliamente entrenado en operaciones especiales. En ese caso, lo más probable que haya sucedido es que Rusia sí bombardeó un lugar donde efectivamente había un depósito de municiones. Algo que ya ha hecho varias veces desde el comienzo de la invasión. Y que se buscara promocionar como golpe de efecto parte de la guerra psicológica, que allí estaban almacenados los misiles recién llegados Storm Shadow. Una pérdida que sin duda sería desmoralizante para el ejército ucraniano. La única forma de saber a ciencia cierta si los misiles Storm Shadow estaban mayoritariamente almacenados en ese lugar y alcanzados por las bombas rusas, es observar en los días posteriores si los Storm Shadow entran en funcionamiento, abatiendo objetivos rusos en el aire, o no. En el caso de que no fuera así, la deducción lógica debería ser que esos misiles ya no existen más. En el caso de que se puedan ver a los Storm Shadow cruzando los cielos ucranianos para defender su

---

[338] THE DRIVE. Massive Explosion Rocks Town In Western Ukraine. 13 de mayo de 2023. https://www.thedrive.com/the-war-zone/gigantic-fireball-explosion-rocks-town-in-western-ukraine

territorio, es porque la versión rusa es solo una mentira más. En lo personal, apostaría a decir que todo es una jugada maestra de la propaganda rusa en donde hay que separar algunos elementos. En primer lugar, el bombardeo existió; por eso la incursión de aeronaves rusas y el posterior derribo de algunas de ellas, que ahora veremos. En segundo lugar, si hubiera habido allí algunos misiles Storm Shadow, seguramente no estarían todos en el mismo lugar, ya que seguramente el ejército ucraniano, que a todas luces ha demostrado ya sobradamente ser un buen ejército, algo habría aprendido de lo sucedido con otros bombardeos de depósito de municiones por parte de los rusos y entonces no colocarían todos los misiles de largo alcance, recién llegados a Ucrania, todos en el mismo lugar.

Pero ese día, al parecer de regreso de esos ataques, Rusia perdería dos aviones de combate de quinta generación y dos helicópteros.

Uno de esos aviones era un Su 35, que alcanza una velocidad de 2 mil 778 kilómetros por hora, casi Mach 3, y que es uno de los mejores aviones de combate que tiene Rusia en la actualidad. El costo de este avión varía según su equipamiento entre 40 y 65 millones de dólares. Aunque los aviones de este tipo que Rusia ha vendido a países aliados han sido a un costo de 80 millones de dólares. De hecho, el caza SU 35 ruso es equivalente o comparable a un avión de combate F 35 norteamericano, uno de los más modernos que tiene ese país y la OTAN.

A esto hay que sumarle el derribo de un avión SU 34 ruso, que se estrelló junto con un helicóptero Mi-8 en la región de Bryansk.

Sobre el derribo de los dos aviones cazas rusos existen videos. Es decir, no hay ninguna duda[339].

Los derribos fueron publicados en medios rusos y bielorusos.

Algo inquietante es que los aviones habrían sido derribados cuando se encontraban ya en espacio aéreo ruso.

La agencia rusa de noticias Tass, publicaría entrevistas con miembros de servicios de emergencia que afirmaban que un avión Su 34 cayó cerca de la frontera con Ucrania[340].

Desde el gobierno ruso se reconoció la caída de un helicóptero Mi-8, según ellos por el incendio de uno de sus motores, pero existe un video donde se puede observar que el helicóptero es alcanzado por un misil[341].

A unos diez kilómetros de donde cayó el caza Su-34 habría caído el segundo helicóptero Mi-8. Oficialmente, desde el gobierno no se aclaró la suerte de sus ocupantes, pero desde medios rusos se afirmaban que todos habrían fallecido.

El periódico ruso Kommersant afirmaba que los cuatro aparatos fueron derribados de forma casi simultánea.

---

[339] INFOBAE. Catastrófico día para la Fuerza Aérea de Rusia: perdió cuatro aeronaves de combate derribadas por su propio sistema de defensa. 13 de mayo de 2023.
https://www.infobae.com/america/mundo/2023/05/13/catastrofico-dia-para-la-fuerza-aerea-de-rusia-perdio-cuatro-aeronaves-de-combate-derribadas-por-su-propio-sistema-de-defensa-en-la-region-de-bryansk/
[340] DW. Cuatro aeronaves rusas caen cerca de la frontera con Ucrania. 13 de mayo de 2023. https://www.dw.com/es/cuatro-aeronaves-rusas-caen-cerca-de-la-frontera-con-ucrania/a-65614463
[341] Ídem.

Un canal de Telegram ruso, llamado Baza, sostenía que los muertos serían nueve, tres ocupantes de cada helicóptero, 1 piloto del caza Su 35 y dos pilotos en el caza Su-34.

Según la cuenta de Twitter Noticias de Ucrania 24 hoas[342], un espacio serio, que ha venido difundiendo información desde el comienzo de la invasión, las aeronaves derribadas el 13 de mayo serían cinco, tres helicópteros y dos aviones, según medios rusos.

Sobre quien realizó los derribos hay versiones opuestas. Medios rusos y bielorusos afirman que las aeronaves fueron derribadas por las defensas antiaéreas rusas. Es muy probable que los rusos prefieran pasar por tontos antes de reconocer que Ucrania les derribó cinco aeronaves en un solo día, lo cual es un desastre. Y desde Ucrania, de manera no oficial, se adjudican los derribos, con un mensaje: "vengaremos a todos, mataremos a todos".

El portavoz de la Fuerza Aérea de #Ucrania, Yurii Ihnat, diría en la televisión nacional de Ucrania, que serían cinco las aeronaves derribadas, tres helicópteros y dos aviones caza, "por las defensas aéreas rusas" el día 13 de mayo[343].

De lo que parece no haber duda es que las cuatro aeronaves ya estaban en espacio aéreo ruso, cerca de la frontera con Ucrania, y que venían de misiones de combate[344].

---

[342] Cuenta de Twitter Noticias de Ucrania 24 horas.
https://twitter.com/UKR_token
[343] Cuenta de Twitter Noticias de Ucrania 24 horas.
https://twitter.com/UKR_token
[344] DW. Cuatro aeronaves rusas caen cerca de la frontera con Ucrania. 13 de mayo de 2023. https://www.dw.com/es/cuatro-aeronaves-rusas-caen-cerca-de-la-frontera-con-ucrania/a-65614463

ZELENSKI CON MELONI
Y EL PAPA

El presidente ucraniano Volodimir Zelenski, con su omnipresencia en el mundo, llegó el día 13 de mayo a Italia para reunirse en Roma con el Papa Francisco y con la primera ministra Georgia Meloni.

Omnipresencia porque a pesar de los peligros, de las dificultades para salir de Ucrania, Zelenski se las ha arreglado para llegar, como hemos visto, al Congreso de Estados Unidos, visitar Finlandia, y llegar a Roma para entrevistarse en primer lugar con el presidente de este país, Sergio Mattarella, con su primera ministra Georgia Meloni y con el Papa Francisco. La mención se da en este orden porque esa fue la secuencia de los encuentros. No por el orden de importancia de los mismos. Sin duda, la entrevista más importante lograda allí fue con el Papa Francisco, por su peso político, y por la misión de paz, que el pontífice ha revelado que encabeza para lograr la paz en Ucrania.

Del presidente Mattarella y de la primer ministra Georgia Meloni, Zelenski lograría que le aseguraran apoyo militar y financiero permanente.

Zelenski resultaría omnipresente para el mundo, porque su fervor por defender a su país, lo ha llevado a estar presente y poder hablar en forma virtual, en una gran cantidad de congresos de distintos países y en otra enorme cantidad de eventos internacionales.

Mucho se había hablado de una probable visita del Papa Francisco a Ucrania. A lo cual el pontífice ante esa posibilidad también sostenía que iría a Rusia. El mismo Zelenski invitó al Papa Francisco en innumerables ocasiones a Ucrania. Tal vez el presidente ucraniano, utilizando el dicho que dice: "Si la montaña no va a Mahoma, Mahoma debe ir a la montaña", decidió ir él mismo a Roma en busca del pontífice. Sin duda, un golpe de mano para Putin.

Georgia Meloni, una mujer valiente y muy decidida, ya había ido a Kiev, como lo hemos visto. Ya en Roma, Meloni recibiría a Zelenski con todos los honores que corresponden a un Jefe de Estado. Frente a las tropas italianas, Meloni lo saluda con sorpresa y agrado como a un ser querido. Con el mismo gusto que una mujer valiente puede saludar a un héroe. Zelenski siempre en su lugar, siempre correcto, respetando las formas, pensando en los objetivos de las necesidades de su país. A Meloni, mientras les pasa revista a sus tropas al lado de Zelenski, se le puede ver todos los buenos y mejores sentimientos que puede emanar una gran mujer, sin hablar, al lado de un hombre así. Las ganas de protegerlo, de ayudarlo, de resguardarlo[345].

Aunque tal vez muchos no lo sepan, Zelenski sigue en peligro. Putin es alguien sin palabra. Dispuesto a no respetar nada. Una bestia más cercana a la demencia que a la razón.

Zelenski tendría en Roma cada una de sus entrevistas con los mandatarios por separado. En primer lugar, se entrevistaría con el presidente italiano Sergio Mattarella, con quien conversó unos 25 minutos. Posteriormente,

---

[345] PALAZZO CHIGI. Incontro Meloni - Zelensky a Palazzo Chigi, l'arrivo. 13 de mayo de 2023. https://www.youtube.com/watch?v=vHG-H-aUOgM

tendría su entrevista con la primera ministra Georgia Meloni. De ambos, obtendría la promesa de apoyar a Ucrania para que su incorporación a la Unión Europea se haga realidad cuanto antes. Zelenski por su parte, les agradecería a ambos la ayuda que le están prestando a Ucrania en el terreno militar[346].

Foto: Captura de pantalla de:
https://www.youtube.com/watch?v=2uscjwNZ5yU

Zelenski por su parte, dijo además que: "Italia está del lado correcto en la guerra"[347].

El prestigioso diario italiano Corriere de la Sera destaca que Meloni le dijo a Zelenski que: "Desde el principio Italia ha estado en la cabeza para atribuir el estatus de candidato a la Unión Europea de Ucrania y seguirá asegurando su apoyo para facilitar su incorporación progresiva. Kiev lucha por

---

[346] CNN ESPAÑOL. ¿Qué relación guarda la reunión de Zelensky y el papa Francisco con la misión de paz de El Vaticano en Ucrania? 13 de mayo de 2023. https://cnnespanol.cnn.com/video/visita-zelesnky-papa-francisco-italia-vaticano-ucrania-javier-romero-mirador-lkl/

[347] EL DEBATE. Giorgia Meloni le reafirma a Zelenski su apoyo total en la guerra y el respaldo a su ingreso en la UE . 13 de mayo de 2023. https://www.eldebate.com/internacional/20230513/giorgia-meloni-le-reafirma-zleneski-apoyo-total-guerra-respaldo-ingreso-ue_114512.html

defender los valores europeos de libertad y democracia y es una avanzada de la seguridad del continente europeo"[348].

Meloni recibió a Zelenski en el Placio de Chigi, sede del gobierno italiano, ubicado en la Piazza Colonna y la Via del Corso. Lo hizo en una recepción solemne, aunque muy afectuosa. Para después invitarlo a un almuerzo de trabajo. Sin duda el liderazgo, la intervención oportuna y el protagonismo de Georgia Meloni, respecto de la guerra en Ucrania, ha sido mucho más grande que el que ha tenido el propio presidente italiano Sergio Mattarella. Todo esto se producía en el día 455 de la guerra.

La entrevista con el Papa Francisco

Lo primero que hay que decir es que la entrevista de Zelenski con el Papa argentino es una patada en el estómago, o un poco más allá para Putin. Aunque desde luego, no es la intención del Sumo Pontífice, quien desde el mes de marzo ha anunciado que participa en una propuesta de paz para terminar con la guerra en Ucrania.

Sin embargo, así resulta en el plano internacional, en cuestión de imagen en el concierto de las naciones, ese es el resultado inevitablemente para Putin.

[348] EL DEBATE. Giorgia Meloni le reafirma a Zelenski su apoyo total en la guerra y el respaldo a su ingreso en la UE . 13 de mayo de 2023. https://www.eldebate.com/internacional/20230513/giorgia-meloni-le-reafirma-zleneski-apoyo-total-guerra-respaldo-ingreso-ue_114512.html

Foto: tomada de Infobae:
https://www.infobae.com/america/mundo/2023/05/13/en-vivo-volodimir-zelensky-se-reune-con-el-jefe-de-estado-italiano-sergio-mattarella-antes-de-su-encuentro-con-el-papa-francisco/

El comienzo protocolario comenzaría con un intercambio de regalos entre Zelenski y el Papa Francisco. El presidente de Ucrania le entregaría al Papa una obra de arte, que consiste en una Virgen pintada sobre un chaleco antibalas, mientras el Papa Francisco le entregaría a Zelenski una escultura que tiene una rama de olivo, como símbolo de paz.

La audiencia duraría 40 minutos. Durante ese tiempo, Zelenski no se ahorró nada. Fue a fondo. Aunque con todo el respeto que lo caracteriza. Sabía que la ocasión era única. Nadie puede ver al Papa a cada rato, como para volver y plantear algo que se le haya olvidado. Así que como de costumbre, Zelneski había preparado muy bien los temas de antemano. Por su parte, el Papa Francisco invocó la protección para "Ucrania". Lo cual constituye una nueva patada en el estómago o más allá para Putin.

El Papa Francisco también le entregaría a Zelenski una "encíclica por la paz en Ucrania". También le daría el Documento sobre la Fraternidad Humana, y el Mensaje por la Paz correspondiente a este año.

Foto: tomada de Infobae:
https://www.infobae.com/america/mundo/2023/05/13/en-vivo-volodimir-zelensky-se-reune-con-el-jefe-de-estado-italiano-sergio-mattarella-antes-de-su-encuentro-con-el-papa-francisco/

Durante la audiencia, que duró 40 minutos, Zelenski le dijo al Papa que: "No puede haber igualdad entre la víctima y el agresor". También le pidió al Sumo Pontífice condenar los crímenes de Rusia. Habló sobre la tragedia humanitaria que la guerra significa para Ucrania, y en particular el caso de los niños apropiados por Rusia, que "llegarían a 200 mil" según afirmó Zelenski en la ocasión.

Después del encuentro, el portavoz del Vaticano, Matteo Bruni, dio a conocer que durante la audiencia: "el Papa ha asegurado su oración constante, testimoniada por sus numerosos llamamientos públicos y su continua invocación al Señor por la paz, desde febrero del año pasado. Ambos coincidieron en la necesidad de continuar con los esfuerzos humanitarios para apoyar a la población. El Papa subrayó en particular la urgente necesidad de 'gestos humanos' hacia las personas más frágiles, víctimas inocentes del conflicto"[349].

Los antecedentes

Sobre la actitud del Papa Francisco ante la invasión a Ucrania, es preciso tener presente que esta ha ido cambiando a lo largo del tiempo, desde el comienzo de la invasión. Durante los primeros seis meses de comenzada la invasión a Ucrania, el Papa Francisco, si bien se expresó múltiples veces en contra de la guerra, nunca nombró a Putin directamente, ni tampoco a Rusia, ni tampoco habló una sola vez de la amenaza nuclear de Putin a toda la humanidad. Una amenaza realizada de forma constante desde el 24 de febrero del 2022, el día que Rusia invadió Ucrania. Esto, a pesar de que, hasta la invasión a Ucrania, el Papa Francisco desde el comienzo de su pontificado siempre fue un activista potente y decidido contra las Armas Nucleares. Llegando a decir incluso que era inmoral tener Armas Nucleares[350]. Es decir, las condenaba sin medias tintas, en todas las formas posibles. Un tema que trato en cuatro capítulos de mi primer libro sobre la invasión a Ucrania, publicado el 27 de abril de 2022[351].

---

[349] INFOBAE. Zelensky se reunió con el papa Francisco: "Pedí que se condenen los crímenes de Rusia, porque no puede haber igualdad entre la víctima y el agresor". 13 de mayo de 2023.
https://www.infobae.com/america/mundo/2023/05/13/en-vivo-volodimir-zelensky-se-reune-con-el-jefe-de-estado-italiano-sergio-mattarella-antes-de-su-encuentro-con-el-papa-francisco/
[350] VATICAN NEWS. El Papa: El uso y la posesión de armas nucleares es inmoral. 1 de agosto de 2022.
https://www.vaticannews.va/es/papa/news/2022-08/el-papa-el-uso-y-la-posesion-de-armas-nucleares-es-inmoral.html
[351] MONGES, MARCELO FABIÁN. Putin La Invasión a Ucrania La amenaza contra toda la humanidad. 27 de abril de 2022.
https://www.amazon.com.mx/Invasi%C3%B3n-Ucrania-amenaza-humanidad-Spanish/dp/B09YMLT47V

Fue recién en agosto de 2022, al cumplirse seis meses del comienzo de la invasión a Ucrania, que el Papa Francisco se manifestó en contra de la amenaza nuclear, y nombró a Rusia.

Ese día, el 24 de agosto de 2022, cuando se cumplían los seis meses de la invasión el Papa Francisco dijo: "Espero que se tomen medidas concretas para poner fin a la guerra y evitar el riesgo de un desastre nuclear en Zaporizhzhia. Pienso en los presos, los niños, en los refugiados, pienso en tanta crueldad"[352].

El cambio en la actitud del Papa no se produjo solo. Desde muchos sectores le reclamaron al Papa su falta de decisión para condenar la invasión a Ucrania llamándola por su nombre y el hecho de no querer nombrar a Putin ni a Rusia de ninguna manera al hablar de la "guerra en Ucrania".

La mayoría de estos reclamos provenían sobre todo desde Argentina, que por ser el lugar de origen del Papa, se sigue su labor de una manera más cercana. Incluso el Papa Francisco, tuvo que enfrentarse a periodistas como Joaquín Morales Solá, del periódico argentino La Nación quien le preguntó de frente y directamente ¿Por qué al hablar de Ucrania no quería decir la palabra invasión, ni nombrar a Rusia o a Putin? Una entrevista que menciono en mi primer libro sobre la invasión a Ucrania. Lo cierto es que los reclamos eran muchos. Estos se expresaban también en las redes sociales y provenían de distintos sectores, desde ciudadanos comunes hasta analistas políticos. El reclamo a esta actitud del Papa Francisco durante los primeros seis meses de la guerra incluyó cuatro capítulos de mi primer

---

[352] VATICAN NEWS. El Papa: La guerra es una locura. Los comerciantes de armas son delincuentes. 24 de agosto de 2022. https://www.vaticannews.va/es/papa/news/2022-08/ucrania-guerra-rusia-llamamiento-papa-francisco-siria-yemen.html

libro y la exposición en todas las presentaciones que realicé del mismo, tanto presencial como vía remota.

Pero finalmente los reclamos rendirían su fruto. El Papa, de seguir en la misma actitud, quedaría como cómplice de Putin. La comparación con Pío XII y el nazismo era odiosa, pero calzaba justo. Por lo que, en una buena lectura de la realidad y ante la creciente amenaza nuclear, el Papa Francisco, ese 24 de agosto de 2022 comenzó a llamar a las cosas por su nombre.

Sobre esto, el portal Vatican News, en una publicación de ese mismo día, sostiene: Una vez más Francisco ha clamado por la paz en Ucrania y en otros países donde llevan tanto tiempo sufriendo guerras, como Siria que lleva más de 10 años, o Yemen. Bergoglio hizo su llamamiento al final de la Audiencia General. Hace seis meses estalló la primera bomba rusa en Kiev. Todos "locos", dijo, porque de la locura de la guerra nadie está exento. Y son "siempre los inocentes" los que pagan el precio[353].

En agosto de 2015 el Papa Francisco clamaba por la prohibición total de las Armas Nucleares[354].

---

[353] VATICAN NEWS. El Papa: La guerra es una locura. Los comerciantes de armas son delincuentes. 24 de agosto de 2022. https://www.vaticannews.va/es/papa/news/2022-08/ucrania-guerra-rusia-llamamiento-papa-francisco-siria-yemen.html
[354] REUTERS. El papa Francisco pide prohibición global a armas nucleares en aniversario de Nagasaki. 9 de agosto de 2015. https://www.reuters.com/article/oestp-nuclear-papa-solicitud-idESKCN0QE0J120150809

El 25 de septiembre de 2015 el Papa Francisco hablaba en la sede la ONU contra las Armas Nucleares. Un hecho sin precedentes. Absolutamente histórico[355].

En noviembre de 2017, durante un Congreso Internacional organizado por el Vaticano, el Papa Francisco dijo que: "las relaciones internacionales no pueden ser dominadas por la fuerza militar, por las intimidaciones recíprocas, por la ostentación de los arsenales bélicos". "Las armas de destrucción masivas, en especial las atómicas -aseguró el Pontífice-- no generan más que un engañoso sentido de seguridad y no pueden constituir la base de la pacífica convivencia entre los miembros de la familia humana, que, en cambio, debería inspirarse en una ética de solidaridad"[356].

En noviembre de 2019, el Papa Francisco culminó una gira por Japón condenando las Armas Nucleares. En esa ocasión, el Papa volvió a condenar el uso de Armas Nucleares, pero también su posesión. Y visitó incluso a sobrevivientes de la bomba nuclear lanzada en Hiroshima en 1945[357].

---

[355] CNN ESPAÑOL. Papa: "Hay que empeñarse por un mundo sin armas nucleares, hacia la total prohibición de estos instrumentos". 25 de septiembre de 2015.
https://cnnespanol.cnn.com/2015/09/25/expectativa-por-el-discurso-de-francisco-en-las-naciones-unidas/
[356] EL MUNDO. El Papa Francisco condena el uso de armas nucleares. 10 de noviembre de 2017.
https://www.elmundo.es/internacional/2017/11/10/5a05c64f468aebe274 8b45d0.html
[357] DW. El papa Francisco termina gira por Japón con fuerte condena a las armas nucleares. 26 de noviembre de 2019. https://www.dw.com/es/el-papa-francisco-termina-gira-por-jap%C3%B3n-con-fuerte-condena-a-las-armas-nucleares/a-51413742

Estas no eran las únicas veces que el Papa Francisco se pronunciaba contra las Armas Nucleares. Pero desde que comenzó la invasión a Ucrania, y Putin desde ese mismo día lanzó cientos de amenazas de utilizar Armas Nucleares, algunas pronunciadas por él mismo y otras por distintos miembros de su gobierno, el Papa Francisco parecía no estar enterado, o hacer caso omiso al desafío a toda la humanidad del presidente ruso. Fue recién a los seis meses de comenzada la invasión que la presión social rindiera sus frutos, y Francisco comenzara a condenar nuevamente el tema del uso de Armas Nucleares.

Tan solo unos días antes de la visita de Zelenski a Roma, que el Papa Francisco daría a conocer que trabaja junto con Ucrania y Rusia en una propuesta de paz. La única propuesta seria que existe hasta el momento. La única propuesta que no ha sido mayormente alardeada, trabajada de manera más discreta, y con mayores posibilidades de prosperar, ya que al parecer el gobierno ucraniano la ve con buenos ojos, y también, al menos para las negociaciones, parece aceptada por el gobierno ruso.

Las otras propuestas de paz, como la del presidente de México López Obrador, la de Lula de Brasil, y la de China son propuestas a favor de Rusia, que buscan generar corrientes de opinión pública en el sentido que Rusia estaría dispuesta a sentarse a hablar de paz, pero Ucrania no. Esto al establecer condiciones o propuestas que para Ucrania no son aceptables, por lo que de fondo solo contribuyen a la propaganda rusa.

Por último, existe una última propuesta de paz de los países africanos. Esta es la propuesta de paz más reciente, presentada a mediados de mayo de 2023[358].

Si bien hay que considerar que es justamente Rusia, como hemos visto, quien tiene un mayor trabajo político y cercanía con los países africanos. Por esto a la hora de analizar las posibilidades de esta propuesta de paz hay que recordar que países como el Senegal, Sudáfrica, Uganda, y la República Democrática del Congo se abstuvieron de condenar en la Asamblea General de Naciones Unidas la invasión rusa a Ucrania. Mientras otros países africanos como Egipto y Zambia sí condenaron la violación al derecho internacional de parte de Rusia al invadir Ucrania.

A pesar de esto, el gobierno de Zelenski se ha mostrado con total disposición para recibir la comitiva africana que llevará la propuesta de paz. Por su parte el gobierno de Putin hará lo mismo.

La delegación africana estará compuesta por miembros de los gobiernos de Senegal, Egipto, Uganda, Zambia, la República Democrática del Congo, y Sudáfrica.

Hay que recordar que después de que comenzó la invasión a Ucrania, Estados Unidos ha acusado a Sudáfrica de proporcionar armamento a Rusia. Algo que ese país ha tratado de desmentir reiteradamente. Como todos los que ayudan a Rusia, pero se esfuerzan en disimularlo para no sufrir sanciones económicas.

Más adelante trataremos cada una de las propuestas de paz por separado.

---

[358] ATALAYAR. África presentará un plan de paz para Ucrania. 17 de mayo de 2023. https://www.atalayar.com/articulo/politica/africa-presentara-plan-paz-ucrania/20230517124004184849.html

Por el bien de Ucrania, de todos los seres humanos que sufren por esta contienda bélica y por el bien de toda la humanidad, ojalá que la propuesta de paz llevada por el Papa Francisco a los gobiernos contendientes prospere pronto y pueda poner fin a esta guerra.

ZELENSKI EN ALEMANIA

En lo que se podría considerar la previa de la visita del presidente de Ucrania a Alemania, el sábado 13 de mayo, mientras el presidente Zelenski todavía se encontraba en Italia, el Ministerio de Defensa del país teutón daba a conocer la entrega de un nuevo paquete de ayuda militar a Ucrania, que suma unos 2 mil 700 millones de euros.

El paquete de ayuda militar destinado por Alemania a Ucrania es el mayor desde el comienzo de la invasión rusa. En un comunicado del Ministerio de Defensa alemán se da a conocer que el envío de armas comprende: 30 tanques Leopoard 1 A5 y 20 Marder, más de 100 vehículos blindados, vehículos para tropas de infantería, 200 drones de reconocimiento, sistemas antiaéreos de defensa, doce lanzadores IRIS-T SLM.

También dicho comunicado cita: 18 obuses con ruedas, munición de artillería, misiles guiados para los sistemas de defensa aérea y cuatro unidades de fuego IRIS-T SLM y 12 lanzadores IRIS-T SLS.

El moderno sistema IRIS-T de defensa antiaéreo, es producido por Alemania y cuesta unos 140 millones de dólares cada uno de esos equipos. Las últimas pruebas para ponerlos en funcionamiento se realizaron tan solo en el 2021. El sistema está diseñado para interceptar misiles de mediano alcance y defender el espacio[359].

---

[359] DW. ¿Qué es el sistema de defensa aérea IRIS-T? 12 de octubre de 2022. https://www.dw.com/es/qu%C3%A9-es-el-sistema-de-defensa-a%C3%A9rea-iris-t/a-63420258

Los IRIS-T SLS, son considerados misiles defensivos. Son guiados por rayos infrarrojos para detectar objetivos aéreos como misiles o aviones. Tienen un alcance de 20 kilómetros de altitud y uno 20 kilómetros de autonomía. Están integrados con un radar que tiene una cobertura de 250 kilómetros. Utiliza una plataforma de lanzamiento móvil, que cubre un radio de 360 grados.

Este sistema es utilizado para defender ciudades chicas o zonas de una ciudad grande. Los IRIS-T SLS alcanzan mayor efectividad cuando se coordinan con el establecimiento de los sistemas Patriot PAC-3 de origen norteamericano. Un sistema que tiene mayor alcance y altitud. Los Patriot[360].

La entrega de sistemas de defensa antiaérea Patriot de parte de Estados Unidos a Ucrania fue anunciada a principio en octubre de 2022. Posteriormente, a mediados de marzo de 2023[361], se anunciaría que los primeros Patriot llegarían a Ucrania antes de lo previsto inicialmente.

Finalmente, los primeros Patriot llegarían a Ucrania en abril de 2023[362].

---

[360] Ídem.

[361] CNN ESPAÑOL. Estados Unidos enviará sistemas antimisiles Patriot a Ucrania más rápido de lo planeado originalmente. 21 de marzo de 2023. https://cnnespanol.cnn.com/2023/03/21/estados-unidos-misiles-patriot-ucrania-trax/#:~:text=(CNN)%20%2D%2D%20Los%20sistemas%20de,martes%20funcionarios%20de%20Defensa%20estadounidenses.

[362] EL FINANCIERO. Guerra en Ucrania: llegan los misiles estadounidenses Patriot para combatir a los rusos. 19 de abril de 2023. https://www.elfinanciero.com.mx/mundo/2023/04/19/guerra-en-ucrania-llegan-los-misiles-estadounidenses-patriot-para-combatir-a-los-rusos/#:~:text=Llegada%20de%20los%20misiles%20Patriot%2C%20un%20acontecimiento%20hist%C3%B3rico&text=El%20web

Pero el paquete de ayuda militar alemán también comprende, según el comunicado del Ministerio de Defensa: 30 tanques Leopard 1 A 5, 20 vehículos blindados Mardel 1A3 para el combate de tropas de infantería. También un total de 200 drones de reconocimiento y 100 vehículos blindados de combate[363] [364] [365].

Zelenski llegaría a Alemania el domingo 14 de mayo de 2023, después de haber visitado Italia.

Allí sería recibido por el presidente alemán Frank-Walter Steinmeier, en el Palacio de Bellevue, que se encuentra cerca de la Columna de la Victoria de Berlín, y que se utiliza desde 1994 como la residencia oficial del presidente de Alemania.

Allí, Zelenski, antes de su encuentro con el presidente Steinmeier, dejaría consagrado su agradecimiento a Alemania por su apoyo a Ucrania, escribiendo en inglés en el libro de visitas: "Juntos venceremos y devolveremos la paz a Europa".

Zelenski también escribiría que: "En el momento más difícil en la historia moderna de Ucrania, Alemania ha

---

[363] SWISS INFO.CH. Alemania anuncia un paquete de ayuda militar a Ucrania por más de 2.700 millones de euros. 13 de mayo de 2023. https://www.swissinfo.ch/spa/ucrania-guerra_alemania-anuncia-un-paquete-de-ayuda-militar-a-ucrania-por-m%C3%A1s-de-2.700-millones-de-euros/48510330

[364] EUROPA PRESS. Alemania anuncia la entrega del mayor paquete de ayuda militar a Ucrania desde el inicio de la guerra. 13 de mayo de 2023. https://www.europapress.es/internacional/noticia-alemania-anuncia-entrega-mayor-paquete-ayuda-militar-ucrania-inicio-guerra-20230513105138.html

[365] PÚBLICO. Alemania anuncia un paquete de ayuda militar a Ucrania por más de 2.700 millones de euros. 13 de mayo de 2023. https://www.publico.es/internacional/alemania-anuncia-paquete-ayuda-militar-ucrania-2700-millones-euros.html

demostrado ser nuestro verdadero amigo y aliado fiable, que se mantiene con decisión al lado del pueblo ucraniano en la lucha por defender la libertad y los valores democráticos"[366].

Después de la reunión con el presidente Steinmeier, Zelenski sería recibido con honores por el canciller Olaf Scholz.

Hay que recordar que con anterioridad, en diferentes momentos de la invasión, el primer ministro Olaf Scholz fue reticente a enviar tanques a Kiev, y otros equipos militares, de una manera más decidida. En una actitud que no se puede explicar de otra forma que por temor a Putin. En mi primer libro sobre la invasión a Ucrania se detallan con exactitud varios de esos momentos.

Pero finalmente Alemania tendría una actitud más decidida y comprometida para ayudar a Ucrania. Entendiendo, como el resto de Europa, que al ayudar a Ucrania a defenderse también se están defendiendo y ayudando ellos mismos.

El Premio Carlomagno

El mismo domingo 14 de mayo de 2023, en la ciudad alemana de Aquisgrán, el canciller alemán Olaf Scholz, le entregaría a Zelenski el Premio Carlomagno. Es el premio más antiguo de Europa, con el que se distingue a personalidades sobresalientes e instituciones. La creación

---

[366] SWISS INFO.CH.
Zelenski en Alemania: "Juntos venceremos y devolveremos la paz a Europa". 14 de mayo de 2023. https://www.swissinfo.ch/spa/ucrania-guerra-alemania_zelenski-en-alemania---juntos-venceremos-y-devolveremos-la-paz-a-europa-/48511970

del premio tiene su origen el 19 de diciembre de 1949 y se entregó por primera vez en 1950. El premio Carlomagno se entrega por servicios a la humanidad y a la paz mundial.

El fundador del premio, Kurt Pfeiffer, definió así los objetivos del este reconocimiento:

"El premio actúa hacia el futuro y conlleva un deber de contenido sumamente ético. Se dirige, regenerado por una nueva fuerza, a la unificación de los pueblos europeos para defender los más altos valores humanos: la libertad, la humanidad y la paz, para ayudar a los pueblos oprimidos y marginados, y para asegurar el futuro de los hijos y de los nietos".

Entre los acreedores del premio Carlomagno se encuentran: Winston Churchill, en 1956; Juan Pablo II, 2004; Angela Merkel, 2008; el Papa Francisco, 2016; António Guterres, Secretario General de la ONU, 2010; entre otros.

La ceremonia para la entrega del Premio a Zelenski comenzó con la proyección del primer mensaje del presidente ucraniano después de haber comenzado la invasión rusa. Inmediatamente después, el canciller alemán diría: "Pocas veces en la historia unas palabras tan breves han tenido un efecto tan enorme"[367].

---

[367] DW. Volodimir Zelenski recibe el Premio Carlomagno en Aquisgrán. 14 de mayo de 2023. https://www.dw.com/es/volodimir-zelenski-recibe-el-premio-carlomagno-en-aquisgr%C3%A1n/a-65621307#:~:text=El%20presidente%20de%20Ucrania%2C%20Volodimir,los%20valores%20de%20Europa%20ante

Admiración y afecto

Tal vez solo para conservar la dignidad de su encargo, los líderes europeos presentes en la premiación, no manifestarían con esas palabras su forma de ver a Zelenski por su manera de defender a su pueblo. Pero dirían lo mismo con muchas actitudes y otras palabras.

Ursula von der Leyen, presidenta de la Comisión Europea, quien ha tenido un compromiso total con la defensa y ayuda para Ucrania desde el primer momento de la invasión, habiendo sido la primera mujer en visitar Kiev después del retiro de las tropas rusas de la capital ucraniana, dijo durante la ceremonia que: "El presidente Zelenski y el pueblo de Ucrania luchan por los valores que encarna este premio". También aseguró que: "Con ello, también luchan por nuestra propia libertad y nuestros valores: la democracia, el estado de derecho, la libertad de expresión y la libertad de crear su propio destino". En un emotivo mensaje, Ursula von der Leyen, afirmó durante la ceremonia que: "Con su sangre, con sus vidas, están asegurando su propio futuro y también el de otros niños europeos".

Reconocimiento de Héroe

Durante la ceremonia, Mateusz Morawiecki, primer ministro de Polonia, sostuvo que Zelenski es "un gran líder europeo, un héroe y el líder internacional más destacado del siglo XXI".

Es preciso recordar que Polonia, desde el primer día de la invasión rusa a Ucrania ha tenido un compromiso total con el pueblo ucraniano y con el gobierno de Zelenski, habiendo recibido a millones de civiles, exiliados y desplazados de ucrania, dándoles refugio temporal a algunos y a otros permanente, de acuerdo a su elección. También ha sido el país que más presión ha ejercido en el ámbito internacional para que la OTAN y Estados Unidos en particular le brindaran más apoyo militar a Ucrania. Esto ha incluido la intención una y otra vez de querer darle al gobierno de Zelenski aviones de combate. Dentro de esta actitud ha estado de forma permanente la intención de Polonia de entregarle aviones caza Mig 29 a Ucrania. Algo a lo que se ha opuesto Estados Unidos. Un "recomendación" que Polonia se ha visto obligada a atender por ser integrante de la OTAN.

Pero el presidente polaco Mateusz Morawiecki, no se ahorraría palabras para reconocer al presidente ucraniano durante la ceremonia: "El presidente Zelenski es un ejemplo a seguir para todo político", mientras el presidente ucraniano, largamente ovacionado de pie durante la ceremonia, lo acompañaba.

Al recibir el galardón, que premia a la aportación más valiosa en la defensa de los valores europeos, Zelenski dijo que era un gran honor que aceptaba en su nombre y en el de todo el pueblo de Ucrania. El mandatario dijo que estaba en Aquisgrán en representación de quienes luchan todos los días por su libertad. "Cada uno de ellos merecería estar aquí", apuntó. Zelenski sostuvo que su país sólo quiere la paz, y que eso sólo es posible con la victoria en el conflicto, porque Rusia es "capaz de todo tipo de crueldades y perversidades".

ZELENSKI EN FRANCIA

Lo primero que hay que decir, es que la agenda de Zelenski es secreta, en todos los casos. Esto incluye desde luego su visita por distintos países de Europa. Esta agenda deja de ser secreta y pasa a ser pública cuando Zelenski aparece en el territorio de su nuevo país anfitrión. Pero en ningún caso se anuncia con anterioridad cuál será su próximo destino.

Por su puesto esto se maneja así, con mayor razón cuando Zelenski está en Ucrania, y decide moverse dentro de Kiev, o a diversas regiones del país.

Zelenski llegaría a París el domingo 14 de mayo, (2023) proveniente de Alemania, después de visitar Roma, en una gira relámpago, que se completaría con una visita al Reino Unido[368] [369] [370].

La base aérea de Villacoublay, un enclave militar, elegido por cuestiones de seguridad sería el lugar escogido para la llegada de Zelenski a Francia. Villacoublay se encuentra a unos 80 minutos de Paris si el trayecto se realiza por tierra.

[368] EFE. Zelenski llega a París para una cena de trabajo con Macron. 14 de mayo de 2023. https://efe.com/mundo/2023-05-14/zelenski-macron-paris/

[369] SWISS INFO.CH. Zelenski llega a Francia para una cena de trabajo con Macron. 14 de mayo de 2023. https://www.swissinfo.ch/spa/ucrania-guerra-francia_zelenski-llega-a-francia-para-una-cena-de-trabajo-con-macron/48512466#:~:text=Se%20trata%20de%20la%20segunda,con%20Scholz%20en%20el%20El%C3%ADseo.

[370] FRANCE 24 ESPAÑOL. Informe desde París: presidente de Ucrania hace visita no anunciada a Francia. 14 de mayo de 2023. https://www.youtube.com/watch?v=dROxz6omlAk

Allí sería recibido por la primera ministra francesa, Élisabeth Borne, y por el titular de la cartera de Exteriores, Catherine Colonna. Desde allí la caravana partiría en vehículos oficiales hacia el Palacio del Elíseo.

La visita de Zelenski al Palacio del Eliseo, donde el presidente ucraniano tendría una cena de trabajo con Macron, serían dadas a conocer a la prensa solamente a última hora.

En la cena de trabajo se tenía previsto que Zelenski hablara con el presidente francés sobre el plan de paz ucraniano, consistente en diez puntos, sobre las necesidades humanitarias que enfrenta Ucrania después de un año de guerra, la necesidad de armas para la contraofensiva, en particular misiles de largo alcance, pero también hablarían de estrategia, de las probabilidades del fin de la guerra y de la preparación para la reconstrucción posterior al fin de la invasión.

Zelenski, quien viajó con una comitiva de militares ucranianos, pasaría esa noche en París, sin que se diera a conocer su próximo destino, justamente por razones de seguridad.

Esta fue la segunda visita del presidente ucraniano a Francia desde que comenzó la invasión rusa a Ucrania. La primera se realizó el 8 de febrero pasado (2023), después de que Zelenski visitara Gran Bretaña. En esa ocasión se reunió con Macron y con el Canciller alemán Olaf Scholz.

Zelenski en Reino Unido

En su gira relámpago por Europa, Zelenski llegaría a Londres el lunes 15 de mayo, de 2023 proveniente de Francia. Allí completaría su gira por cuatro países para regresar después a Ucrania.

Gran Bretaña ha sido el país que mayor ayuda y con más decisión le ha proporcionado a Ucrania desde el comienzo de la invasión. Mientras muchos dudaban, incluyendo la administración del presidente Biden, Inglaterra, por encima de las múltiples amenazas rusas de arrasar el país con un ataque atómico, continuó proporcionando armas, entrenamientos, y apoyo de una manera decidida y fundamental al gobierno de Ucrania.

Zelenski llegaría en helicóptero a Chequers, la residencia veraniega de los primeros ministros del Reino Unido desde 1917, para ser recibido por Risi Sunak, su primer ministro actual, quien asumió a finales de octubre de 2022.

La residencia de Chequers fue inaugurada en 1556. Tiene las dimensiones de un castillo, y ostenta un estilo Tudor. En 1917, Ruth Lee, su propietaria en ese momento, una multimillonaria estadounidense que heredó su fortuna, se la donó al Estado británico. Desde ese entonces es el lugar de veraneo de los mandatarios del Reino Unido. Allí ha disfrutado sus descansos **Winston Churchill**. También fue el lugar elegido por **Margaret Tatcher** para la cumbre con el presidente ruso **Mihail Gorvachov**, en diciembre de 1987. Se realizaría también en Chequers la reunión entre **José María Aznar** y **Toni Blair**, en septiembre de 2003. Sería la fastuosa residencia de Chequers la elegida por **Boris Johnson** para aislarse junto a su novia cuando tuvo coronavirus durante la pandemia[371]. Ahora Chequers guardaría dentro de sus cúpulas y salones la historia del encuentro entre Zelenski y el primer ministro **Risi Sunak**, de 42 años.

"Bienvenido de nuevo", le diría el primer ministro Risi Sunak al recibirlo a Zelenski en los jardines de Chequers[372]. Pero el primer ministro Rishi Sunak daría el paso que hasta ahora nadie se había animado a dar en Tratado de la Alianza Atlántica, aceptar entrenar pilotos de combate para aviones caza para Ucrania.

Sobre este tema, Rishi Sunak diría después de la reunión con Zelenski: "No es algo sencillo, como Volodímir y yo hemos estado discutiendo, el generar esa capacidad de tener aviones de combate. No se trata sólo de suministrar aviones, sino también de formar a los pilotos y de toda la logística que los acompaña. El Reino Unido puede desempeñar un papel importante en este sentido. Una de las cosas que vamos a empezar a hacer relativamente pronto es la formación de pilotos ucranianos"[373].

Tan solo una semana antes de este anuncio, el más importante sin duda en cuanto a la proporción de armas y entrenamiento desde que comenzó la invasión a Ucrania, el Reino Unido había dado a conocer que entregaría al gobierno de Zelenski misiles Storm Shadows, de largo alcance. También en esto Gran Bretaña sería la punta de

---

[371] VANITY FAIR. Así es la mansión donde Boris Johnson y su prometida, Carrie Symonds, se recuperan del coronavirus. 13 de abril de 2020. https://www.revistavanityfair.es/poder/articulos/chequers-la-mansion-donde-descansa-boris-johnson-y-se-fraguo-el-brexit/44422
[372] EURONEWS. El Reino Unido entrenará "en breve" a pilotos ucranianos. 15 de mayo de 2023. https://es.euronews.com/2023/05/15/reino-unido-confirmara-hoy-el-envio-a-ucrania-de-drones-de-largo-alcance
[373] Ídem.

lanza, y sostendría el compromiso más audaz para ayudar a Ucrania desde que comenzó la invasión.

A su vez, mientras se anunciaba el envío de los Storm Shadows a Ucrania, desde las oficinas de Dowining Street, donde se encuentra la residencia oficial del primer ministro de Reino Unido y la oficina del primer lord del Tesoro, se confirmaba también el envío de drones considerados de largo alcance, con una autonomía de 200 kilómetros al gobierno de Kiev.

Los Storm Shadows son considerados misiles de cruce de largo alcance, tiene un alcance de entre 250 y 300 kilómetros. Fueron desarrollados a partir de 1994, y tiene como predecesor al misil Apache francés. Son misiles tierra aire. Están diseñados para atacar buques de superficie, centros de mando, centrales eléctricas, depósitos de municiones, etc. Estos misiles constituyen el arma de alcance más largo entregado por occidente a Ucrania desde el comienzo de la invasión y le permitiría al gobierno de Kiev atacar incluso territorio ruso, algo que Zelenski se ha comprometido no hacer, para no provocar una escalada de la guerra[374].

---

[374] DIARIO EL COMERCIO. Misiles STORM SHADOW: Así son los proyectiles que Reino Unido entregó a Ucrania para su contraataque. 17 de mayo de 2023. https://www.youtube.com/watch?v=97kbyXseIJA

El 19 de mayo, a las 10:38 horas de Inglaterra, el primer ministro Rishi Sunak haría el siguiente posteo.

En consonancia

Las reacciones al anuncio británico de entrenar pilotos de combate ucranianos rendirían sus frutos inmediatamente. El mismo lunes 15 de mayo luego de las declaraciones del primer ministro británico, "el primer ministro holandés, Mark Rutte, y el primer ministro belga, Alexander de Croo, anunciaron, al margen de la cumbre del Consejo de Europa en Reykjavik, Islandia, que desean formar una coalición internacional y, en principio, entrenar a pilotos ucranianos con aviones F-16 de fabricación estadounidense." Según daría a conocer el medio alemán DW[375].

Emmanuel Macron, el presidente de Francia, el mismo lunes 15 de mayo, realizó declaraciones indicando que su país estaba dispuesto también a entrenar pilotos ucranianos de combate[376].

Es decir, las reacciones se produjeron el mismo día del valiente anuncio del primer ministro de Gran Bretaña de entrenar pilotos de combate ucranianos. El resto simplemente no podía seguir quedándose atrás.

A esto se le sumaría durante la misma semana el anuncio de Dinamarca de que también ellos entrenarían pilotos de combate ucranianos, para aviones F-16[377].

En el caso de Noruega, desde Oslo se mantenían conversaciones con el presidente Zelenski desde el mes de marzo de 2023, para acordar el entrenamiento de pilotos de combate.

Desde el comienzo de la invasión Zelenski ha clamado una y otra, vez la entrega de aviones de combate F-16 para poder defender sus ciudades de los ataques aéreos rusos.

---

[375] DW. La coalición para dar aviones de combate a Ucrania cobra impulse. 17 de mayo de 2023. https://www.dw.com/es/la-coalici%C3%B3n-para-dar-aviones-de-combate-a-ucrania-cobra-impulso/a-65664041

[376] EL MUNDO. Macron abre la puerta a formar pilotos ucranianos para "ayudar al país a resistir", pero descarta el envío de aviones. 15 de mayo de 2023. https://www.elmundo.es/internacional/2023/05/15/64627b5de4d4d86c4a8b4592.html

[377] CANAL 26. Dinamarca quiere entrenar pilotos ucranianos. 19 de mayo de 2023. https://www.youtube.com/watch?v=MPev3l914bc

Algo a lo que hasta ahora Estados Unidos se había opuesto, por temor ante las abiertas amenazas de Putin.

El gobierno polaco ha sido el único que hasta el momento le ha entregado aviones cazas de combate a Ucrania. Le entregó 27 aviones MIG 29, un avión ruso de cuarta generación.

El resultado de todo esto fue que, el viernes 19 de mayo, es decir al final de esa semana de anuncios de que distintos países integrantes de la OTAN proporcionarían entrenamiento a pilotos de combate ucranianos para manejar aviones F-16, que son los que Zelenski ha solicitado una y otra vez, el presidente norteamericano Joe Biden, desde Hiroshima, Japón, donde se realizaba la Cumbre del G-7, anunciaba que apoyaba la decisión de sus aliados para entrenar pilotos de combates ucranianos, una medida a la que también se sumaría Estados Unidos[378].

Estados Unidos no podía seguir apareciendo frente a la opinión pública mundial como el más temeroso de todos. Ser el líder cuando todos los demás van adelante es un poco difícil. Así que parece que desde Washington supieron leer esa situación y se la hicieron notar a Joe Biden. Sin embargo, hasta el momento de esta decisión en conjunto, nadie ha dicho, ningún gobierno, cuál sería el país, o los países, que les proporcionará los F-16 al gobierno de Ucrania.

---

[378] RTVE. Biden da luz verde al entrenamiento de pilotos ucranianos en el uso de cazas F-16 junto a los aliados. 19 de mayo de 2023. https://www.rtve.es/noticias/20230519/biden-da-luz-verde-entrenamiento-pilotos-ucranianos-cazas-16/2446776.shtml#:~:text=Guerra%20en%20Ucrania-,Biden%20da%20luz%20verde%20al%20entrenamiento%20de%20pilotos%20ucranianos%20en,16%20junto%20a%20los%20aliados&text=2%20min.,fuentes%20de%20la%20Casa%20Blanca.

Al igual que ha sucedido casi con todos los envíos de armas de Estados Unidos desde el comienzo de la invasión, primero se hizo el anuncio, y se lo cacareo suficientemente, para luego recién ver cuando sería la fecha del envío real. En este caso Estados Unidos se sumó al anuncio de otras naciones, diciendo que ellos también entrenaran a pilotos ucranianos. También según el anuncio le proporcionarían F-16 a Ucrania, aunque dijeron que la decisión de cuantos aviones y cuando "se tomaría en los próximos meses"[379] [380] [381].

Como si la guerra pudiera esperar y no estuviera sucediendo ahora, el gobierno de Joe Biden se tomará su tiempo.
Al conocer el anuncio de Joe Biden, el presidente ucraniano dijo que se trataba de una decisión "histórica".

El F-16

El Fighting Falcon o F-16, es un avión caza polivalente. Fue producido por General Dynamics a partir de 1970 y entró en servicio para la Fuerza Aérea de Estados Unidos en 1978. En la actualidad es fabricado por la Lockheed Martin. Es un cazabombardero especializado en el combate aéreo. Alcanza una velocidad de Mach 2. Tiene una autonomía de

---

[379] SWISS INFO.CH. EE.UU. ayudará a entrenar a pilotos ucranianos en el manejo de cazas F-16. 20 de mayo de 2023.
https://www.swissinfo.ch/spa/g7-cumbre_ee-uu--ayudar%C3%A1-a-entrenar-a-pilotos-ucranianos-en-el-manejo-de-cazas-f-16/48527256
[380] EL UNIVERSAL. Biden apoya entrenar a ucranianos en aviones F-16. 20 de mayo de 2023. https://www.eluniversal.com.mx/mundo/biden-apoya-entrenar-a-ucranianos-en-aviones-f-16/
[381] FRANCE 24 ESPAÑOL. Estados Unidos ayudará a entrenar a pilotos ucranianos en aviones de combate F-16. 20 de mayo de 2023.
https://www.france24.com/es/europa/20230520-estados-unidos-ayudar%C3%A1-a-entrenar-a-pilotos-ucranianos-en-aviones-de-combate-f-16

3222 kilómetros. Tiene un techo de vuelo de 15 mil 239 metros. Tiene un peso máximo de despegue de 16mil 875 kg.

Unos 50 países poseen aviones F-16 y existen unos 3 mil en todo el mundo. En 2019 cada F-16 costaba alrededor (dependiendo el modelo, entre otras cosas) unos 62 millones de dólares. El costo por cada hora de vuelo es de 25 mil dólares.

Fue el avión elegido por Israel para llevar a cabo la destrucción de la planta atómica de Bagdad, en Irak en 1991. Donde se construía una bomba atómica para destruir el Estado de Israel. Al operativo de la Fuerza Aérea israelí, en el cual no le derribaron ni un solo avión, se le llamó Operación Ópera. De hecho, fue la primera vez que el F-16 entraría en combate. También ha participado en la Operación Tormenta del Desierto, en la invasión a Irak, en la Operación Zorro del Desierto, en la guerra de los Balcanes en la década de los 90 y en la guerra civil en Siria, entre otros conflictos.

Hasta el presente, Ucrania no posee aviones de combate occidentales. Zelenski argumenta que el F-16 es superior a los cazas soviéticos. Esto a pesar de que en realidad el F-16 no es un avión de quinta generación, como puede ser el MIG 35 ruso, o el F 35 estadounidense.

ZELENSKI EN ARABIA SAUDITA

Después de su visita a Gran Bretaña, Zelenski regresó a Ucrania. En el trayecto desde Polonia a Kiev, el presidente ucraniano publicó un video realizado en la zona próxima a los baños de los vagones de un tren. Probablemente eligió esa zona como "locación", para no revelar las características de seguridad que pudiera tener el vagón donde viajaba. Hay que recordar que la única forma de llegar de Polonia a Kiev desde que inició la invasión rusa es por tren. Esto incluye a todas las personalidades internacionales que han visitado la capital de Ucrania, desde presidentes hasta líderes de la Unión Europea. En el video cuenta cómo le fue por su gira por Europa, sus logros en este sentido, que regresó con "nuevos paquetes de defensa" y que hablaron con sus interlocutores de la fórmula de paz que levanta Ucrania. El video fue publicado el 15 de mayo de 2023, a las 11:24 a.m., hora de Kiev y se puede ver en su cuenta de Twitter.

De Kiev, Zelenski pasaría a Arabia Saudita, donde hablaría en la Cumbre de la Liga Árabe el viernes 19 de mayo (2023). Con su presencia multiestelar (porque parece presente en todas partes), Zelenski se dirigiría en la ciudad de Yedá a un auditorio muy disímil, donde entre los presentes había decididos aliados de Rusia, como el eterno presidente sirio, Bashar al-Ásad, cuyo régimen ha sobrevivido gracias al protectorado militar ruso.

Digamos, ya no era hablar en territorio amigo, con interlocutores que comulgan con su causa, sino al contrario, donde estaban incluidos decididos aliados de quien es hoy su enemigo. Algo sin duda completamente inusual para cualquier líder en la historia.

A pesar de ello, Zelenski no disminuyó un solo milímetro de su envergadura. Pronunció su discurso con toda claridad e incluso se atrevió a decir que "Por desgracia hay gente, en el mundo y aquí mismo, entre vosotros, que aparta la mirada a las anexiones ilegales"[382].

Algo sin duda audaz. Pero ¿Quién lo podría desmentir? Si Rusia invadió Ucrania pisoteando el derecho internacional. El gesto osado de Zelenski tiene su sustento en la fuerza de la razón.

Zelenski dijo haberse presentado allí: "para que todo el mundo pueda echar un vistazo honesto" a la situación "sin importar lo mucho que Rusia intente ejercer su influencia"[383].

Allí Zelenski, ante todos los miembros de la Liga Árabe presentaría su "Plan de Paz", "al que espera que se sumen la mayor cantidad de miembros posibles"[384] dijo.

---

[382] EUROPA PRESS. Zelenski pide a los miembros de la Liga Árabe que no "aparten la mirada" de la guerra en Ucrania. 19 de mayo de 2023. https://www.europapress.es/internacional/noticia-zelenski-pide-miembros-liga-arabe-no-aparten-mirada-guerra-ucrania-20230519153652.html

[383] EUROPA PRESS. Zelenski pide a los miembros de la Liga Árabe que no "aparten la mirada" de la guerra en Ucrania. 19 de mayo de 2023. https://www.europapress.es/internacional/noticia-zelenski-pide-miembros-liga-arabe-no-aparten-mirada-guerra-ucrania-20230519153652.html

[384] LA JORNADA VIDEOS. Pide Zelensky a miembros de la Liga Árabe que no "aparten la mirada" de Ucrania. 19 de mayo de 2023. https://videos.jornada.com.mx/video/58026251/pide-zelensky-a-miembros-de-la-liga-arabe-que-no-a/

Imagen tomada de: LA JORNADA VIDEOS. Pide Zelensky a miembros de la Liga Árabe que no "aparten la mirada" de Ucrania. 19 de mayo de 2023.
https://videos.jornada.com.mx/video/58026251/pide-zelensky-a-miembros-de-la-liga-arabe-que-no-a/

Durante la cumbre, Zelenski se reuniría con el príncipe heredero de Arabia Saudita Salmán Bin Abdulaziz, a quien le agradecería por su recibimiento, y por las distintas mediaciones con Rusia para hacer posible el intercambio de prisioneros producidos en la guerra.

Zelenski, con su actitud y política de no ahorrarse ningún esfuerzo que pudiera favorecer a Ucrania, aprovechó la Cumbre de la Liga Árabe para reunirse con el primer ministro iraquí, Mohammed Shia al-Sudani.

Captura de pantalla. Fuente: CANAL 26. Zelenski se reúne con el Primer Ministro iraquí. 19 de mayo de 2023.
https://www.youtube.com/watch?v=A8gGHyXcc5s

Esta reunión tiene como antecedente una visita previa del ministro de Relaciones Exteriores de Ucrania, **Dmytro Kuleba**, a Bangdad, a mediados del mes de abril, donde se reunió con el canciller iraquí, **Fuad Hussein**. Tras el encuentro, **Hussein**- informó que su gobierno estaba dispuesto a "**formar parte de la solución**" de la guerra en Ucrania "**mediante el diálogo**"[385].

Una semana antes de la visita del canciller ucraniano a Bagdad había habido una llamada telefónica entre el primer ministro iraquí Mohammed Shia al-Sudani y el presidente ucraniano.

---

[385] FORBES. Irak dice que busca ser 'parte de la solución' de la guerra en Ucrania. 17 de abril de 2023. https://www.forbes.com.mx/irak-dice-que-busca-ser-parte-de-la-solucion-de-la-guerra-en-ucrania/

Zelenski en Hiroshima

De la Cumbre de Países Árabes, Zelenski pasaría a la Cumbre de los países del G-7 a realizarse en Hiroshima, el mismo viernes 19 de mayo de 2023. Allí, Zelenski llegaría mientras se desarrollaba la segunda jornada de la cumbre y su presencia se llevaría todos los reflectores. Zelenski se reuniría con el primer ministro de la India, Narendra Modi, con quien se vería por primera vez desde el inicio de la invasión. En este caso hay que tener presente que India ha sido un importante socio militar de Rusia. Por lo que dicha reunión significa a todas luces un logro importante para Zelenski.

Los países que integran el G-7 son Alemania, Canadá, Estados Unidos, Francia, Italia, Japón y Reino Unido. La Unión Europea también participa también participa como bloque.

Zelenski también aprovecharía para reunirse de nuevo el presidente de Estados Unidos **Joe Biden**, con la primera ministra de Italia **Georgia Meloni**, con el presidente de Francia **Emmanuel Macron**, con el primer ministro británico **Rishi Sunak**, con el presidente del Consejo Europeo, **Charles Michel**, con la presidenta de la Comisión Europea, **Ursula von der Leyen**, con el primer ministro de Canadá, **Justin Trudeau**, entre otros mandatarios.

La reunión del G-7 en Japón, a pesar de que el centro de atención sería Zelenski y el tema de Ucrania, también trató cuestiones como el avance de China en cuestión económica y territorial, y se hizo un llamado al gobierno de Xi Jinping para que presione a Rusia para que retire sus tropas de Ucrania y termine con la invasión que inició. También la resolución del G-7 instó a China a tener una resolución pacífica respecto del tema de Taiwán.

Además, se anunciaron nuevas sanciones contra Rusia. También se trató como un tema prioritario la amenaza nuclear[386].

La mosca en la leche

La mosca en la leche es lo que está fuera de lugar. Ese personaje que da la nota contrapuesta. El disonante. El que hace un papelón o quiere aparecer como particular o diferente. El que termina siendo llamativo por estar fuera de lo que se ve bien o resulta saludable. Una mosca en la leche no solo es antiestética, también es asquerosa. Te arruina lo que ibas a beber.

En la Cumbre del G-7 en Hiroshima, la mosca en la leche fue Luiz Inácio Lula da Silva, el presidente de Brasil. Cuando vio a Zelenski cerca de él, mientras al mandatario ucraniano todos los demás lo saludaban con amabilidad y con afecto, Lula da Silva bajó la cabeza, para hacerse el que no lo veía, al estilo de esos hombres poco caballeros que cuando sube una mujer embarazada en un colectivo se hacen los dormidos inmediatamente para no darle el asiento. Lula fue el único que no saludó a Zelenski[387]. Desde luego esto le sirvió para su propia vergüenza, no para la de Zelenski.

---

[386] RTVE NOTICIAS. G7: Anuncia nuevas sanciones económicas contra Rusia por la guerra en Ucrania. 19 de mayo de 2023.
https://www.youtube.com/watch?v=O5aqeL2E2rk
[387] INFOBAE. Zelensky comparó la devastación de Bakhmut con Hiroshima. 21 de mayo de 2023.
https://www.infobae.com/america/mundo/2023/05/21/minuto-a-minuto-los-lideres-del-g7-se-reunen-con-zelensky-para-discutir-el-apoyo-militar-a-ucrania/

Ahora, este gesto de Lula, que constituye una descortesía atroz, en realidad es mucho más que eso. La actitud de Lula de no saludar a Zelenski a pesar de tener que saber que eso lo haría quedar mal delante de todos los demás, en realidad es un regalo para Putin. Muestra su subordinación y su dependencia a Putin. Lo cual deja claro una vez más que el Plan de Paz de Lula siempre fue impulsado de fondo por Rusia, y que era, como lo denunció Estados Unidos, parte de la propaganda rusa.

Cabe preguntarse ¿Quién, que pretenda ser un actor político serio, que levante una propuesta de mediación y de paz ante una guerra, no va a saludar a uno de los bandos? Probablemente sólo Lula da Silva.

Lo que hizo Lula en la Cumbre del G-7 no solamente deja muy claro su elección definitiva a favor del invasor, de Rusia, sino que también deja ver una torpeza política fuera de serie. Una grosería impropia completamente de un primer mandatario, o de cualquier personaje de la vida pública de primer nivel.

Zelenski en el Memorial de la Paz en Hiroshima

Zelenski no parece ser un mandatario en guerra, de no ser por la ropa de fajina militar que viste y por lo tanto por la imagen que proyecta. Pero a donde va Zelenski lo hace con una agenda muy definida, muy bien organizada, aprovechando cada instante de sus visitas. Esto incluye los detalles más minuciosos, contemplados en los discursos, pero también en los gestos simbólicos. De hecho, Zelenski aprovecha sus visitas a otros países mucho mejor que lo hacen muchos otros presidentes. No hay apuro ni desesperación en ninguno de sus gestos. Esto no existe para

Zelenski. Hay profundidad, convicción, poder de convencimiento, empatía, formas de considerar al otro.

Si al mundo lo gobernaran más mandatarios como Zelenski, sin duda el mundo sería otro. Un mundo de resultados. ¿Dónde habrían quedado atrás los discursos vacíos, los políticos de la palabra y la promesa fácil, las promesas incumplidas que muchas veces cobran vidas? Pero Zelenski hay uno solo.

Después del encuentro con los líderes del G-7, el presidente ucraniano visitaría el monumento a las víctimas de la bomba nuclear lanzada sobre Hiroshima, acompañado del primer ministro japonés.

Una nota del diario Perfil, de Argentina, relataba así el homenaje: "Poco después se dirigió al Parque Memorial de la Paz en Hiroshima, cortejado por el primer ministro de Japón, Fumio Kishida. El anfitrión, en tanto, es oriundo de Hiroshima, la ciudad que se antepuso a Little Boy, la bomba atómica que exterminó a 140,000 personas casi al instante y en extrema agonía (y a más de 330,000 en total) y que redujo la ciudad a cenizas.

Al igual que con los otros mandatarios del G7 e invitados especiales, Kishida le ratificó a Zelenski el apoyo en la contraofensiva y también lo acompañó al museo donde constan rastros históricos que dan cuenta del horror y la destrucción masiva que suponen las armas nucleares, con un guiño a Rusia y las amenazas de utilización de este tipo de armamento en Bielorrusia.

Al salir del edificio, ambos mandatarios se dirigieron al cenotafio en honor a las víctimas del holocausto nuclear y pusieron flores blancas con cintas atadas de azul y amarillo, los colores de la bandera de Ucrania. A ellos se sumó el intendente de Hiroshima, Kazumi Matsui, quien explicó el significado del Memorial donde reza una placa que reza: "Que todas las almas aquí descansen en paz, porque no repetiremos el mal".

"Ahora es un momento crucial para el destino de la paz en Ucrania y para el futuro del orden mundial basado en reglas. Es extremadamente importante que el mundo tenga la oportunidad de escuchar la voz de Ucrania en Hiroshima", dijo Zelenski. Además, agradeció la asistencia financiera de 7,600 millones de dólares y otras medidas de cooperación militar.

Por su parte, Kishida, un ferviente militante antinuclear de creciente liderazgo internacional, ratificó el "apoyo incondicional" a Ucrania en el conflicto con Rusia. También lo sostuvo en la conferencia de prensa de la que participó este medio en lo que fue un domingo caluroso y soleado, un clima muy distinto al que hubo al inicio del G7. "Tenemos dos mensajes claros, uno es el **orden internacional basado en el imperio de la ley**, y el otro es el **acercamiento entre los socios internacionales**, entre ellos el Sur Global", indicaron en la previa a PERFIL desde el Ministerio de Relaciones Exteriores de Japón"[388].

---

[388] PERFIL. Un triunfo simbólico de Volodímir Zelenski coronó la Cumbre del G7 en Hiroshima. 21 de mayo de 2023. https://www.perfil.com/noticias/actualidad/un-triunfo-simbolico-de-volodimir-zelenski-corono-la-cumbre-del-g7-en-hiroshima.phtml

Foto: INFOBAE. Zelensky comparó la devastación de Bakhmut con Hiroshima. 21 de mayo de 2023.
https://www.infobae.com/america/mundo/2023/05/21/minuto-a-minuto-los-lideres-del-g7-se-reunen-con-zelensky-para-discutir-el-apoyo-militar-a-ucrania/

Después de visitar el Parque de la Paz y el Museo de la Bomba Atómica de Hiroshima, Zelenski declaró que: "Las fotos de Hiroshima me recuerdan a Bakhmut. No hay absolutamente nada vivo. Todos los edificios están destruidos", dijo Zelenski. "Destrucción total absoluta. No hay nada. No hay gente"[389] [390].

---

[389] SWISS INFO.CH. Zelenski visita el Parque de la Paz y el Museo de la Bomba Atómica de Hiroshima. 21 de mayo de 2023.
https://www.swissinfo.ch/spa/g7-cumbre_zelenski-visita-el-parque-de-la-paz-y-el-museo-de-la-bomba-at%C3%B3mica-de-hiroshima/48529352
[390] INFOBAE. Zelensky comparó la devastación de Bakhmut con Hiroshima. 21 de mayo de 2023.
https://www.infobae.com/america/mundo/2023/05/21/minuto-a-minuto-los-lideres-del-g7-se-reunen-con-zelensky-para-discutir-el-apoyo-militar-a-ucrania/

También todos los líderes del G-7 rindieron homenaje a las víctimas de la bomba nuclear lanzada sobre Hiroshima, incluyendo al presidente norteamericano Joe Biden[391].

---

[391] RTVE NOTICIAS. G7: Anuncia nuevas sanciones económicas contra Rusia por la guerra en Ucrania. 19 de mayo de 2023.
https://www.youtube.com/watch?v=O5aqeL2E2rk

EL EJÉRCITO DE ESPÍAS RUSOS

Funciona como en la televisión, en Neflix o en el cine, pero esto es en la realidad. Lo mismo pueden espiar en Washington, en Argentina o en Eslovenia. Sólo que en la nueva era de Putin lo hacen con el apoyo y la complicidad de varios gobiernos.

Después de que Putin comenzara su "operación militar especial" en Ucrania, es decir la invasión a Ucrania, al fracasar rotundamente en su idea original de tomar Kiev y colocar un gobierno títere, y al ver que prácticamente el mundo tomaba medidas en su contra, tuvo que replantearse de forma inmediata el escenario.

Putin comenzó a ver que la esperanza de la supuesta división de occidente para reaccionar defendiendo a Ucrania se le desmoronaba. En la realidad sucedía lo contrario. Había sido una esperanza vana. Producto de una falsa creencia o delirio, como se le diría en psicología. Una ilusión no sustentada en datos reales. Pero Putin fue capaz de registrar su error y adaptarse o al menos tratar de generar una respuesta al nuevo escenario mundial que provocó con la invasión a Ucrania.

Fue entonces cuando Putin lanzó hacia el mundo a un ejército de espías rusos. Al estilo de la vieja Unión Soviética, que espiaba en "cantidades industriales", según señalan algunos ex miembros de agencia de inteligencia, pero ahora con la complicidad de algunos gobiernos amigos, o cómplices ideológicamente, como el de Brasil, Argentina, Irán, China, Nicaragua, entre otros.

El ejército de espías rusos funciona básicamente utilizando dos vías o formas. La primera y la más fácil es la acreditación de estos espías como funcionarios de las embajadas rusas en distintos países. Algo que desde el comienzo de la invasión ha aumentado exponencialmente. La otra vía, consiste en los espías llamados "ilegales" que son los que operan por fuera de la cobertura diplomática y que crean una fachada, un perfil falso para poder trabajar y espiar sin ser detectados.

En el caso de los primeros, de los espías que son asignados a las embajadas, y que se hacen pasar por funcionarios diplomáticos, presentan más problemas para pasar desapercibidos porque están en una nómina oficial, se tienen que registrar ante el país en el cual son acreditados, y desde allí para los servicios de inteligencia extranjeros ya son "observados" o sospechosos de ser espías, y en muchos casos han sido detectados.

En el caso de los espías que operan por fuera de la red diplomática rusa, en muchos casos son los más efectivos, aunque tienen en la realidad que ser más creativos y realizar mayores esfuerzos para insertarse en el medio local, tratar de volverse confiables para su entorno y desarrollar una vida aparentemente "normal" como cualquier otro ciudadano del país en el que se insertan. En muchos casos, esta clase de espías llamados "ilegales" (aunque en la realidad no lo están, no son ilegales en los países en donde operan) inventan un origen distinto para no levantar sospechas o ser descubiertos. Ahora veremos casos concretos de todo esto.

Una de las pruebas más contundentes del lanzamiento del ejército de espías rusos lanzados por Putin a espiar en distintas partes del mundo después de la invasión a Ucrania, ha sido la **elaboración de 174 mil pasaportes** diplomáticos por parte del Ministerio de Relaciones Exteriores ruso. Cuando en realidad ese ministerio tiene solo 15 mil empleados. Esto era una directriz del gobierno de Putin que se daría a conocer en mayo de 2022.

Una nota del portal argentino Infobae, publicada el 10 de mayo de 2022, da cuenta de este tema así: "El Ministerio de Asuntos Exteriores de Moscú exigió repentinamente la impresión rápida de casi **175,000 pasaportes**, según Daily Mail que cita al medio ruso SOTA. Sin embargo, el ministerio de **Sergei Lavrov no tiene más de 15,000 empleados, de los cuales sólo uno de cada tres debería tener estatus diplomático.**

Un informe del medio de comunicación de la oposición SOTA afirma que, según las leyes rusas, **los empleados del servicio de seguridad FSB -el mayor sucesor del KGB de la era soviética- tienen derecho a pasaportes diplomáticos cuando están en misiones en el extranjero.**

Lo mismo ocurre con los agentes del FSO, el servicio de protección que vigila al presidente de Rusia, Vladimir Putin, y a otros altos cargos.

Diputados, jueces y fiscales pueden solicitar estos prestigiosos pasaportes, que pueden acelerar los viajes y evitar los visados en algunos países, según Daily Mail.

Los cónyuges también pueden optar a ellos, al igual que miles de funcionarios que trabajan para el Kremlin.

La nueva orden se produce en un contexto de **sanciones occidentales sin precedentes** que restringen los viajes de muchos miembros de la élite rusa.

"¿Por qué necesita el Ministerio de Asuntos Exteriores 175,000 (pasaportes diplomáticos) cuando el número de empleados, según diversas fuentes, no supera los 15.000, de los cuales sólo un tercio son diplomáticos?", se pregunta el medio SOTA.

La sospecha es que estos pasaportes serán utilizados por **funcionarios y espías rusos** que buscan llegar a Occidente, según Daily Mail"[392].

Cuando había trascurrido ya un año de la invasión rusa a Ucrania, y habían sido detenidos dos espías rusos en Eslovenia con pasaportes argentinos, y también habían sido expulsados otros tantos diplomáticos rusos de Europa por trabajar como espías, un día, quien esto escribe, hablaba sobre el tema con un ex miembro de la inteligencia mexicana y le decía que Putin había lanzado un ejército de espías y que en México seguramente había muchos más de lo que se podría suponer.

Mi amigo hacía cara de "quién sabe" una expresión mexicana para definir lo incierto. Y luego hizo otros gestos como diciendo, "eso pareciera poco probable". La publicación de los 175 mil pasaportes solicitados por el Ministerio de Relaciones Exteriores ruso es posterior a esa charla. De esos 175 mil "funcionarios diplomáticos", lanzados por el mundo, seguramente no todos serían espías, pero una enorme cantidad de ellos, sino su mayoría, seguramente sí.

[392] INFOBAE. Putin encargó 174.000 pasaportes diplomáticos para permitir a altos funcionarios del Kremlin y espías eludir las sanciones occidentales. 10 de mayo de 2022.
https://www.infobae.com/america/mundo/2022/05/10/putin-encargo-174000-pasaportes-diplomaticos-para-permitir-a-altos-funcionarios-del-kremlin-y-espias-eludir-las-sanciones-occidentales/

Si esta es la cantidad "oficial" digamos, de funcionarios rusos lanzados por el mundo para encubrir a sus espías, imaginemos ahora cuál podría ser la cantidad "no oficial" para enviar espías como ciudadanos comunes, no ya como diplomáticos, para hacerse pasar por personas de distintos orígenes, nacidos en diferentes países, para poder espiar en países que Rusia considera hostiles, pero también en países que Putin considera aliados.

En realidad, esta es la forma en la que funcionan los servicios de inteligencia de las grandes potencias, espían a enemigos, pero también a amigos. Aunque desde luego, no todos envían espías por el mundo en cantidades "industriales".

Sobre la charla con mi amigo de la inteligencia mexicana, la duda sobre la cantidad de espías rusos en México, la disiparía la periodista Dolia Estévez, al menos en lo que respecta a los funcionarios "diplomáticos" acreditados en la Embajada rusa en México, pero ya veremos eso en su momento.

Características y entrenamiento de los espías rusos.

Algo que es importante señalar es que en muchos de los casos, los espías rusos trabajan en pareja, un hombre y una mujer, que se hacen pasar por un matrimonio o una pareja. Esto es porque para la sociedad en general, en todas partes, un hombre solo resulta más sospechoso y en cambio una pareja pasa como algo más normal, por lo que terminan pasando más desapercibido.

Incluso en muchos casos tienen hijos, como sucedió con los espías rusos con nacionalidad argentina detenidos en Eslovenia en marzo de 2023[393].

Para poder entender cómo funciona esto hay que saber el tipo de entrenamiento que le dan algunos de sus miembros los distintos servicios de inteligencia. En la mayoría de los casos no tiene que haber reglas, no hay sentimientos, todo se vale por cumplir con el objetivo de la misión o de la causa. Esto no es exclusivo de los servicios de inteligencia rusos ni de los espías rusos, pero sin duda han sido uno de los que utilizan este tipo de actitudes hasta un extremo.

Hay espías expertos de muchos tipos. Algunos entrenados en distintas especialidades, como hackeo cibernético, operaciones de desinformación, creación de corrientes de opinión, agitación social, sabotaje, apoyo logístico, infiltración en gobiernos, operaciones a través de organizaciones sociales, movilizadores sociales, inteligencia militar, e incluso espías sexuales. En la mayoría de los casos, al menos si hablamos de espías rusos, estos han recibido entrenamiento en artes marciales, defensa personal, manejo de armas, en todos los casos.

En cuanto a los espías entrenados para la observación y el espionaje militar, los rusos han echado mano de este tipo de espías después de que inició la invasión a Ucrania de una manera descomunal.

---

[393] INFOBAE. Los espías rusos detenidos en Eslovenia vivieron en Argentina y tuvieron dos hijos. 28 de marzo de 2023.
https://www.infobae.com/politica/2023/03/28/los-espias-rusos-detenidos-en-eslovenia-vivieron-al-menos-10-anos-en-argentina-y-tuvieron-dos-hijos/#:~:text=Los%20%E2%80%9Cdos%20nenitos%E2%80%9D%20son%20efectivamente,porque%20son%20menores%20de%20edad.

Según una investigación del diario alemán Der Spiegel, publicada en agosto de 2022 -seis meses después de que comenzó la invasión a Ucrania- los servicios secretos rusos consiguieron infiltrar sin problemas estructuras civiles y militares de Alemania, con el objetivo de "obtener información de la estrategia de la OTAN en Ucrania, causar división entre los aliados y sabotear toda medida orientada a minar las capacidades militares rusas"[394].

Junto con el diario alemán *Der Spiegel*, han participado medios como *"Bellingcat"* y *"The Insider"*, y *"La Repubblica"*, en una investigación que duró diez meses y cuyo resultado fue descubrir una red de espías rusos, que incluso logró infiltrar una mujer espía en la base de la OTAN que se encuentra en la ciudad italiana de Nápoles.

Para tener una idea de la dimensión de lo estamos hablando, es bueno citar, cómo encabezaba el diario alemán una de sus principales notas sobre esta investigación: "En una amplia ofensiva, los servicios secretos de Rusia atacan a Occidente. Se infiltran en las redes informáticas, espían, agitan y sabotean, e incluso asesinan. Una investigación de SPIEGEL de agosto de 2022".

Y a continuación menciona a todos los periodistas que investigaron, todo un batallón: "Maik Baumgärtner , Floriana Bulfon , Jörg Diehl , Roman Dobrokhotov , Matthias Gebauer , Christo Grozev , Roman Höfner , Martin Knobbe , Roman Lehberger , Ann-Katrin Müller ,

---

[394] DER SPIEGEL. Así se infiltran los agentes de Putin en Alemania. 26 de agosto de 2022. https://www.spiegel.de/politik/deutschland/hacker-spione-killer-wie-wladimir-putins-agenten-deutschland-unterwandern-a-7b133a17-ec0b-4dcd-981e-f28fc0b9ef56?context=issue

Frederik Obermaier , Sven Röbel , Marcel Rosenbach , Fidelius Schmid y Wolf Wiedmann-Schmidt"[395].

La investigación periodística que encabezó Der Spiegel pudo determinar la infiltración de una espía rusa en la base de la OTAN en Nápoles, y su permanencia durante años en la base con ese objetivo.

La mujer, de unos 30 años, que sabe seis idiomas, usó como fachada una empresa que ella fundó para "fabricar joyas". De esa manera logró hacerse habitué de los círculos sociales más altos de Nápoles, penetrar en la base de la OTAN y espiar también a la sexta flota de Estados Unidos asignada en el lugar y que tiene como buque insignia al USS Mount Whitney (LCC-20).

Una espía en el mejor lugar

La investigación conjunta de **Der Spiegel**, han participado medios como **"Bellingcat"** y **"The Insider"**, y **"La Repubblica"**, determinó que la mujer operaba con una falsa identidad en Italia, donde se hacía llamar María Adela Kuhfeldt y su documentación la presentaba como nacida en Perú, con un padre de origen alemán. Pero en realidad, se llamaba Olga Kolobova y era hija de un coronel del ejército ruso.

En el año de 2015 Kolovova, obtuvo un trabajo como secretaria en un club fundado por marinos de la base de la OTAN, ubicada en Lago Patria, en Vía Madonna del Pantano, 80014 Giugliano in Campania NA, Italia.

---

[395] DER SPIEGEL. Así se infiltran los agentes de Putin en Alemania. 26 de agosto de 2022. https://www.spiegel.de/politik/deutschland/hacker-spione-killer-wie-wladimir-putins-agenten-deutschland-unterwandern-a-7b133a17-ec0b-4dcd-981e-f28fc0b9ef56?context=issue

Como secretaria, podía ver quienes entraban, salían, escuchar llamadas, tener acceso a diferentes agendas y demás.

Al año siguiente, la espía rusa, bajo el nombre de María Adela Kuhfeldt, inauguró una "galería conceptual" en el Palazzo Calabritto de Nápoles.

Olga Kolobova, o María Adela Kuhfeldtb en Napoles, se esfumó después de que en el mes de septiembre de 2018, Bellincat y The Insider dieran a conocer los nombres de los espías rusos que habían participado del envenenamiento de Sergey Skripal, un ex agente de inteligencia ruso, y del búlgaro, Emil Gebrev, un productor de armas. Ante esto, Kolobova, abandonó Nápoles para huir hacia Moscú. Como es de imaginarse, sin dejar ningún aviso[396] [397] [398] [399].

La investigación de los diarios alemanes, también daba cuenta de cómo los espías rusos se alternaban en distintos automóviles para observar los movimientos de distintas bases militares.

[396] DER SPIEGEL. Así se infiltran los agentes de Putin en Alemania. 26 de agosto de 2022. https://www.spiegel.de/politik/deutschland/hacker-spione-killer-wie-wladimir-putins-agenten-deutschland-unterwandern-a-7b133a17-ec0b-4dcd-981e-f28fc0b9ef56?context=issue
[397] EL COMENTARIO. Se infiltró espía rusa en la base de la OTAN en Nápoles durante años. 26 de agosto de 2022. https://elcomentario.ucol.mx/se-infiltro-espia-rusa-en-la-base-de-la-otan-en-napoles-durante-anos/
[398] INFOBAE. Una espía rusa se infiltró en la base de la OTAN en Nápoles durante años. 26 de agosto de 2022. https://www.infobae.com/america/mundo/2022/08/26/una-espia-rusa-se-infiltro-en-la-base-de-la-otan-en-napoles-durante-anos/
[399] EL DEBATE. Espías rusos se infiltraron en Alemania y monitorizaron el entrenamiento de tropas ucranianas. 28 de agosto de 2022. https://www.eldebate.com/internacional/20220828/espias-rusos-infiltraron-alemania-monitorizaron-entrenamiento-tropas-ucranianas_56765.html

Al parecer, el periodismo en Alemania le tiene que estar realizando el trabajo a los servicios de inteligencia de ese país.

Una nota de Euronews, publicada el 28 de agosto de 2022, es decir sólo unos días después de que se publicara la investigación de Der Spiegel, daba cuenta de lo siguiente: "El servicio de contrainteligencia militar de Alemania o MAD, una de las tres grandes agencias de este sector en el país, habría detectado por su parte vehículos sospechosos en las bases militares de Idar-Oberstein y Grafenwöhr, esta última gestionada por el Ejército estadounidense"[400].

La nota de Euronews daba otras especificaciones, dejando en claro que los espías rusos no se limitan a algunas formas ni a solo algunos métodos, sino que cuentan con una gran cantidad de recursos. Al respecto, el portal de noticias de Euronews, que también es canal de televisión y que tiene su sede en Lyón, Francia, destaca: "Los agentes rusos habrían espiado aquí a soldados ucranianos. Estos estaban siendo instruidos en el uso de sistemas de artillería occidentales.

El MAD asegura que los terrenos de entrenamiento fueron sobrevolados en varias ocasiones por pequeños drones. También se cree que los espías rusos estarían intentando hackear los móviles de los soldados ucranianos que están siendo adiestrados en Alemania"[401].

---

[400] EURONEWS. Alemania sospecha de haber sido espiada por Rusia en dos de sus bases de entrenamiento militar. 26 de agosto de 2022. https://es.euronews.com/2022/08/26/alemania-sospecha-de-haber-sido-espiada-por-rusia-en-dos-de-sus-bases-de-entrenamiento-mil
[401] EURONEWS. Alemania sospecha de haber sido espiada por Rusia en dos de sus bases de entrenamiento militar. 26 de agosto de 2022. https://es.euronews.com/2022/08/26/alemania-sospecha-de-haber-sido-espiada-por-rusia-en-dos-de-sus-bases-de-entrenamiento-mil

Variedad de métodos y formas

Una ballena beluga, fue vista por primera vez en 2019 en las cosas de Noruega, con un arnés con soportes para poder llevar cámaras fotográficas capaces de trabajar bajo el agua. Obviamente ninguna ballena nace con un arnés encima de su lomo. Alguien se lo puso. Y es sabido que con anterioridad la marina rusa ha entrenado cetáceos con fines militares.

El arnés de la ballena tenía una inscripción que decía: "Equipo San Petersburgo." A partir de este descubrimiento se comenzó a sospechar, con sobradas razones que la ballena beluga estaba era utilizada por Rusia con fines de espionaje. Desde el gobierno de Putin nunca se respondió ni una sola palabra a estas acusaciones.

La ballena fue descubierta por primera vez en el área de Finnmark, que se halla en los límites norte de Noruega. La ballena beluga, un ejemplar macho al que los noruegos la bautizaron como Hvaldimir, navegó durante más de tres años entre la costa central y norte de Noruega, para pasar en los primeros meses del 2023, repentinamente a navegar por las costas de Suecia.

Habitualmente el habitat natural de esta especie de ballenas se encuentra en las proximidades del archipiélago de Svaldbard, que está en medio del trayecto que va desde el Polo Norte hasta la región norte de Noruega.

Pero resulta que todo el mar de Barents, que se encuentra al sur del archipiélago que es el habitad natural de estas ballenas, es una zona altamente monitoreada en cuanto a los movimientos submarinos, tanto por los rusos como por occidente. Digamos, es una zona altamente estratégica para cualquier movimiento militar. Por eso la utilización de esta clase de "herramientas" para el espionaje naval, por parte de los rusos, es sin duda, algo muy sofisticado e inteligente[402][403].

Las espías sexuales

Es sabido que en la era comunista, la Unión Soviética utilizaba a mujeres como espías a las que se les pedían acostarse o tener relaciones sexuales con su "presa" o con su "objetivo" para obtener información, de ser necesario.

Para esto algunas mujeres eran elegidas y entrenadas. En esa KGB se entrenó Putin, y si alguien piensa que tendrá pruritos para continuar eligiendo esas técnicas para espiar, seguramente se equivoca.

Un trabajo del diario La Nación, de Argentina, publicado el 18 de julio de 2020, describe el entrenamiento de este tipo de mujeres de esta forma: "Durante la década de 1960, en plena Guerra Fría, distintos grupos del Comité para la Seguridad del Estado Ruso (**KGB**) se dedicaban al espionaje. Entre ellos, funcionó uno muy particular de "**espías sexuales**" que eran entrenadas en una escuela específicamente enfocada en esa tarea.

---

[402] CNN ESPAÑOL. La supuesta ballena "espía" rusa está ahora en aguas suecas. 30 de mayo de 2023.
https://cnnespanol.cnn.com/2023/05/30/supuesta-ballena-espia-rusa-esta-aguas-suecas-trax/
[403] EL DEBATE. Una ballena 'espía' rusa es vista en las costas de Suecia. 30 de mayo de 2023.
https://www.eldebate.com/internacional/20230530/suecia-alerta-presencia-ballena-espia-rusa-costas_118192.html#:~:text=La%20ballena%20fue%20vista%20por,cual%20Mosc%C3%BA%20ha%20guardado%20silencio

"La historia de la escuela estatal rusa dedicada a entrenar espías sexuales" - Reseña el trabajo de La Nación- "fue retratada en Red Sparrow (2018), la película de suspenso que dirigió **Francis Lawrence** y protagonizada por **Jennifer Lawrence**, basada en la novela homónima de **Jason Matthews**.

El film relata la historia de una oficial de inteligencia rusa que es enviada a contactar con un agente estadounidense de la CIA, con la esperanza de descubrir la identidad de un topo. Mathews, autor del libro, muestra una perspectiva interna de aquel contexto, ya que él mismo trabajó como agente de la CIA durante 33 años"[404].

El chantaje como método

El trabajo de La Nación, destaca: ""Estas mujeres fueron expulsadas en circunstancias muy controladas en Moscú", contó Mathews para dar cuenta de la existencia de la escuela durante la Guerra Fría. "**Fueron entrenadas para ser atractivas y asignadas a hoteles solo para extranjeros para lanzar distintas trampas de chantaje como único objetivo**".

Si bien la mayoría de las mujeres reclutadas eran soldados del ejército ruso que ingresaron al cuerpo de inteligencia, también algunas estudiantes universitarias eran incorporadas. El criterio de esas incorporaciones estaba basado en cuestiones tales como su juventud, su ideología,

---

[404] LA NACIÓN. Cómo funcionaba la escuela rusa para entrenar "espías sexuales" de la KGB. 18 de julio de 2020. https://www.lanacion.com.ar/el-mundo/como-funcionaba-escuela-rusa-entrenar-espias-sexuales-nid2399473/

sus aspiraciones, su intelecto, su belleza y el conocimiento que pudieran tener culturas extranjeras""[405].

En virtud de conocer este tipo de operaciones de los servicios de inteligencia rusos, estaría bien preguntarle a Donald Trump, si cuando lo filmaron con prostitutas en un hotel de Moscú fue presa de una operación de este tipo, o simplemente él se instaló en un hotel, solicitó unas prostitutas, en el hotel había instaladas cámaras, cuyas filmaciones fueron aprovechadas por los servicios de inteligencia rusos. Cualquiera de las dos formas en las que se haya desarrollado el episodio donde quedó filmado Donald Trump con prostitutas en un hotel de Moscú, detrás de eso estuvieron los servicios de inteligencia de Putin.

Después de observar cómo operan los servicios de inteligencia rusos, lo más probable es que Donald Trump haya caído en "una trampa", es decir, en una operación completa de los servicios de inteligencia de Putin, con este fin.

El entrenamiento para las espías sexuales

Según el trabajo del diario argentino La Nación, el entrenamiento de las espías sexuales rusas era duro, y en muchos casos en contra de su propia voluntad. La Nación describe así este entrenamiento: ""Una vez reclutadas, las cadetas debían adoptar un horario diario agotador que incluía un arduo entrenamiento físico, conocimiento de uso

---

[405] LA NACIÓN. Cómo funcionaba la escuela rusa para entrenar "espías sexuales" de la KGB. 18 de julio de 2020. https://www.lanacion.com.ar/el-mundo/como-funcionaba-escuela-rusa-entrenar-espias-sexuales-nid2399473/

de armas de fuego, artes marciales y otras competencias relacionadas con la lucha cuerpo a cuerpo.

El entrenamiento recibido no era solo físico, también era sexual. Las mujeres que formaban parte de la escuela **debían consumir contenido pornográfico, conocer posiciones exóticas del Kama Sutra y recibir consejos sexuales**. La información, con frecuencia, era suministrada por funcionarios soviéticos que vivían en otros países.

Las agentes de esta escuela estaban preparadas para situaciones límite. Debían exponerse frente a toda una clase, podían ser filmadas e incluso abusadas sexualmente. El precio de conseguir el chantaje podía ser cualquiera y estas cadetes debían ponerle el cuerpo a cualquier situación, tanto en su entrenamiento como en sus misiones de espionaje.

"Estas mujeres fueron privadas de su libertad personal y convertidas en agentes del estado, con el objetivo final de hacer lo que sea necesario para conseguir su objetivo", explicó Mathews.

"Un día típico era ver películas pornográficas, estudiar idiomas, aprender a vestirse y recibir instrucciones sobre cómo obtener información. Una vez entrenadas, **les entregaban lencería sexy y las enviaban a los hoteles de cinco estrellas** alrededor de Moscú para esperar a sus objetivos", explicó el autor del libro que dio origen a Red Sparrow.

Los **objetivos** de las espías sexuales eran en su mayoría **hombres influyentes, poderosos y solitarios**. Empresarios y políticos que podían estar sentados solos en un bar, después de un día de trabajo. Ese era el momento en que una de las hermosas espías rusas entraba en acción y demostraba interés por uno de esos hombres.

Después de tener relaciones sexuales con sus objetivos, comenzaba el chantaje. "Si bien los gorriones definitivamente existieron durante la era de la guerra fría, hoy hay menos información disponible sobre el uso de este tipo de espías. No sé si todavía hay una escuela de **gorriones en funcionamiento, pero imagino que todavía se usan 'trampas de miel'"**, sostuvo el autor del libro y ex agente de la CIA""[406].

Entrenamiento de niños

En julio de 2012, "The Wall Street Journal" dio a conocer una investigación sobre una red de espionaje del gobierno ruso que entrenaba a niños, como espías, para que posteriormente pudieran ser integrantes del gobierno de Estados Unidos.

Esto no se trataba de un proyecto nada más para colocar espías en un futuro, según la investigación de The Wall Street Journal, uno de estos espías, había logrado infiltrarse en una importante empresa con oficinas en Washington y Manhattan.

Las revelaciones en este sentido dadas a conocer por "The Wall Street Journal" están basadas en investigaciones federales, con casos muy concretos. Nada de especulaciones. Uno de esos casos que salió a la luz pública es el de Tim Foley.

---

[406] LA NACIÓN. Cómo funcionaba la escuela rusa para entrenar "espías sexuales" de la KGB. 18 de julio de 2020. https://www.lanacion.com.ar/el-mundo/como-funcionaba-escuela-rusa-entrenar-espias-sexuales-nid2399473/

Al menos en algunos casos eran hijos de espías rusos, entrenados desde niños para ser espías en Estados Unidos. Un proyecto con visión de largo plazo para poder espiar durante décadas, en áreas de financieras, de negocios, pero también militares y políticas.

Según un relato del portal argentino Infobae, la detención de los padres de Tim Foley se produjo de esta forma y él la vivió así:

"El 27 de junio de **2010 Tim Foley** se cambiaba de ropa —había regresado de almorzar con sus padres y su hermano **Alex**, se preparaba para seguir festejando su cumpleaños 20 con sus amigos— cuando escuchó ruidos al otro lado de la puerta cerrada de su habitación. Le pareció que alguien gritaba **"¡FBI! ¡FBI!"** y antes de que pudiera comprobarlo un hombre armado, que en efecto pertenecía a la **Agencia de Investigaciones Federales** de los Estados Unidos, le dijo que se quedara tranquilo y lo acompañara.

Vio entonces que otro agente escoltaba a Alex. Y vio que sus padres salían, esposados, rumbo a dos autos negros donde se los llevaron por separado sin permitir que se despidieran"[407].

---

[407] INFOBAE. La verdadera historia detrás de "The Americans": memorias de la espía soviética infiltrada con su pareja en EEUU que inspiró la gran serie. 25 de junio de 2021.
https://www.infobae.com/cultura/2021/06/25/la-historia-que-inspiro-the-americans-la-verdad-sobre-la-espia-sovietica-infiltrada-con-su-pareja-en-los-eeuu/

Usaban documentos de muertos y buscaban identidades en las tumbas.

Conocedores de su oficio, los miembros de los servicios de inteligencia rusos conocían a la perfección la forma de operar de muchas de las instituciones de Estados Unidos y sus puntos débiles. Entonces en un momento comenzaron a falsificar documentación de personas fallecidas, para tener identidades reales que los pudieran respaldar, en la construcción de perfiles falsos. Este fue el caso de **Tracey Foley** y **Donald Heathfield** madre y padre respectivamente de Tim Foley, quienes en realidad eran **Elena Vavilova** y **Andrei Bezrukov** y fueron deportados el 9 de julio de 2010 de Estados Unidos a Rusia, por espionaje, junto a otros diez espías rusos.

Después de la irrupción del FBI en la casa donde vivía Tim Foley, el portal Infobae relata así lo que sucedió a continuación: "El resto de los autos y los uniformados comenzaron un rastreo estricto de la casa de Cambridge, Massachusetts, por lo cual el FBI había rentado una habitación de hotel para que él y su hermano menor vivieran en los siguientes días. Se secuestraron 191 objetos, entre ellos computadoras, teléfonos, fotografías, medicinas y la PlayStation de los muchachos.

—Tus padres fueron detenidos como sospechosos de ser agentes ilegales de un gobierno extranjero —le explicaron.
—Ustedes se confundieron de casa.

La idea le pareció tan ridícula que sólo podía ser un error. Sus padres eran la gente más aburrida del planeta. Cómo iban a ser espías.

Dos días más tarde y a casi 900 kilómetros, en su casa de Toronto, Canadá, los jubilados **Pauline** y **Edward Foley** compartían el desayuno mientras leían la versión impresa del Toronto Star. Ella tenía el cuerpo principal; él leía la sección de arte, libros y espectáculos. De pronto la mujer soltó el periódico como si le hubiera quemado las manos.

—¿Qué significa esto?

Le mostró a su esposo la noticia: el FBI había descubierto a un grupo de espías rusos encubiertos que operaban en Estados Unidos.

—¿Ahá? —el tema no le interesó a Edward.

—Mira el nombre de una de las mujeres: Tracey Lee Ann Foley.

Hacía más de medio siglo que la primera hija de ambos, de dos meses, había muerto por una meningitis en cuestión de horas. ¿Cómo podía ser que una agente rusa tuviera exactamente su nombre?

La explicación de lo sucedió continúa en el relato de Infobae: "Décadas durante las cuales espías como Elizabeth y Philip Jennings, los protagonistas de la serie The Americans, se entrenaban en su país y se infiltraban en sus destinos, donde fingían ser la familia más aburrida del planeta. O como, en la vida real, fueron Tracey Foley y Donald Heathfield —otra identidad tomada de un bebé de Ottawa, que sufrió muerte súbita a las siete semanas—, los padres de Tim y Alex detenidos con otros ocho agentes rusos en la operación Ghost Stories.

Se llamaban Elena Vavilova y Andrei Bezrukov y fueron deportados el 9 de julio de 2010 en el mayor intercambio de espías entre Estados Unidos y Rusia después de la Guerra Fría, que se realizó en la pista del aeropuerto internacional de Viena. El canje incluyó a Anna Chapman, quien se convirtió en una celebridad en su país. El Kremlin entregó a cambio, entre otros, al militar Sergei Skripal, quien había sido agente doble para el Reino Unido, y que sobrevivió luego a un misterioso envenenamiento en Salisbury"[408].

La mujer que sabe guardar secretos

Al regresar deportada a Rusia, Elena Vavilova decidió escribir una novela con su caso real, la tituló: "La mujer que sabe guardar secretos".

En la novela relata mucho de los pormenores de su "profesión" desde cómo y en qué tuvieron que entrenar hasta cómo tuvieron que construir sus fachadas para poder vivir después en Estados Unidos[409].

Vavilova contaría después cómo habían sido entrenados, ella y Andrei Bezrukov en técnicas de contraseguimiento, artes marciales, memorización, codificación de datos, primeros auxilios, entre otras cosas. También relataría que lo que le había costado más trabajo habría sido aprender al menos dos idiomas, uno que manejaría como lengua materna y otro para trabajar[410].

Elena Vavilova cuenta algo fundamental sobre el momento en que cayó la Unión Soviética, siendo ellos espías en

---

[408] INFOBAE. La verdadera historia detrás de "The Americans": memorias de la espía soviética infiltrada con su pareja en EEUU que inspiró la gran serie. 25 de junio de 2021.
https://www.infobae.com/cultura/2021/06/25/la-historia-que-inspiro-the-americans-la-verdad-sobre-la-espia-sovietica-infiltrada-con-su-pareja-en-los-eeuu/
[409] Ídem.
[410] Ídem.

Estados Unidos, y esto sirve perfectamente para entender la mentalidad de los agentes de inteligencia de Putin: "Sentimos algo extraño, porque sabíamos que lo que había sucedido era extremadamente serio, la desaparición de la Unión Soviética, pero también comprendimos algo importante. No luchábamos por nuestros dirigentes, sino por nuestro país. Por nuestra patria. Por nuestros compatriotas. Y eso no cambió cuando la Unión Soviética se convirtió en Rusia"[411].

Todos estos programas fueron comenzados y ejecutados en tiempos de la KGB, pero después de derrumbarse la Unión Soviética, fueron continuados por el Servicio de Inteligencia Exterior de la Federación Rusa.

La red de niños entrenados como espías a partir de este proyecto no ha sido develada por las autoridades norteamericanas y la mayoría de la información del caso aún permanece clasificada, justamente para hacer posible la continuación de la investigación y el seguimiento de los espías.

Si bien el descubrimiento de la red de espías rusos y su deportación se produjo en el 2010, en el 2012 seguían saliendo a luz los detalles y las repercusiones del caso. El 26 de julio de ese año, The Wall Street Journal publicaba un artículo que daba a conocer lo siguiente:

---

[411] INFOBAE. La verdadera historia detrás de "The Americans": memorias de la espía soviética infiltrada con su pareja en EEUU que inspiró la gran serie. 25 de junio de 2021.
https://www.infobae.com/cultura/2021/06/25/la-historia-que-inspiro-the-americans-la-verdad-sobre-la-espia-sovietica-infiltrada-con-su-pareja-en-los-eeuu/

"Cuando las autoridades, con mucha fanfarria, arrestaron a los sospechosos en 2010, las versiones oficiales sugirieron que se trataba de un grupo en su mayor parte inefectivo".

"Ahora que se conocen más detalles de la vida de los rusos en EE.UU. hay indicios de que su operación fue mucho más avanzada y, en algunos, más exitosa que lo antes sabido.

Uno de los espías se había infiltrado en una firma consultora con muy buenas conexiones y oficinas en Manhattan y Washington, trabajando como el experto en computadoras en las oficinas de la firma, según algunos de los informantes.

"El esfuerzo por atraer a los niños al negocio de la familia sugiere que los espías planificaban a largo plazo: los niños nacidos o creados en EE.UU. eran, potencialmente, instrumentos de espionaje más valiosos que sus padres porque al crecer podrían pasar más fácilmente las verificaciones de seguridad del gobierno de EE.UU.", añadió.

"Tim Foley se contó entre los jóvenes más cultivados para una carrera como espía, indicaron los informantes. Aunque él no nació en EE.UU. sus padres habían vivido en el país por más de una década bajo los nombres asumidos de Donald Heathfield y Tacey Foley". Según The Wall Street Journal.

"Tim Foley tenía 20 años de edad cuando sus padres fueron arrestados y completaba su primer año en la Universidad George Washington, de la capital estadounidense."

Según la investigación del prestigioso periódico, "los parientes de Tim le revelaron su doble vida mucho antes del arresto, le dijeron que querían que siguiera sus pasos, y él aceptó."

"Los informantes no dijeron cuándo o dónde ocurrió la conversación entre Foley y sus padres, o si él se fue a Rusia antes de que el grupo fuera arrestado, aunque sí se sabe que allá se fue".

Cuando ocurrieron los arrestos, los espías tenían siete hijos con edades de 1 a 20 años, en su mayoría nacidos en Estados Unidos, y una agente tenía un hijo mayor de una relación anterior a su ingreso en la red de espionaje"[412].

Otros testimonios sobre la investigación también dan cuenta del involucramiento de los hijos de los espías para tener entrenamiento para seguir sus pasos en Estados Unidos.

Un artículo publicado por The Atlantic, el 26 de julio de 2012, firmado por Alexander Abad Santos, afirma: "Sus padres le revelaron su doble vida mucho antes de su arresto, según funcionarios actuales y anteriores, cuyo conocimiento de la discusión se basó en la vigilancia de la Oficina Federal de Investigaciones que incluía escuchas telefónicas en las casas de los sospechosos. Los funcionarios dijeron que los padres también le dijeron a su hijo que querían que siguiera sus pasos.

Estuvo de acuerdo, dijeron los funcionarios. Al final de la discusión con sus padres, según una persona familiarizada con la vigilancia, el joven se puso de pie y saludó a la "Madre Rusia". También acordó viajar a Rusia para

[412] LA INFORMACIÓN. Red de espías rusos pretendía convertir a niños en agentes. 26 de julio de 2012. https://www.lainformacion.com/espana/red-de-espias-rusos-pretendia-convertir-a-ninos-en-agentes_Kpojf3CCIdNd4yAbUwsVM4/

comenzar un entrenamiento formal de espionaje, dijeron las autoridades"[413].

Anna Chapman, una pelirroja muy sensual, fue una de los once espías intercambiados con los rusos. En el caso de ella concretamente por Sergei Skripal, un ex espía ruso que luego trabajó para Gran Bretaña y que fuera envenenado en Salisbury, Inglaterra, por agentes rusos.

Sobre esto, un artículo de El Confidencial, publicado el 13 de marzo de 2018, cuenta que: "Chapman adora interpretar el papel de la mujer fatal. De hecho, ha adoptado esa pose en revistas como 'Maxim', llegando al extremo de desfilar con una pistola en la semana de la moda de Moscú. Además, en 2010, después de ser deportada a Rusia, Chapman fue recibida por el propio Vladimir Putin e incluso recibió una medalla por los servicios prestados a la patria"[414].

Otras referencias:

- https://www.bbc.com/mundo/internacional/2010/07/100709_eeuu_rusia_espias_intercambio_lav
- https://www.bbc.com/mundo/internacional/2010/07/100710_hijos_espias_rusos_eeuu_futuro_amab
- https://www.lainformacion.com/espana/red-de-espias-rusos-pretendia-convertir-a-ninos-en-agentes_Kpojf3CCIdNd4yAbUwsVM4/
- https://www.theatlantic.com/international/archive/2012/07/russian-spy-ring-really-wanted-generation-spy-kids/325436/

---

[413] THE ATLANTIC. Russian Spy Ring Really Wanted a Generation of Spy Kids. 26 de julio de 2012.
https://www.theatlantic.com/international/archive/2012/07/russian-spy-ring-really-wanted-generation-spy-kids/325436/
[414] EL CONFIDENCIAL. De Snowden a Skripal: la sexy exespía Anna Chapman, de nuevo en el punto de mira. 13 de marzo de 2018.
https://www.vanitatis.elconfidencial.com/noticias/2018-03-13/instagram-anna-chapman-mi6-sergei-skripal_1534573/

Los espías rusos en América Latina

La historia es como de ciencia ficción. Pero no es nada de eso. Es real. Pruebas hay muchas. También sirven de ejemplo casos bien documentados de los que hay de sobra. Por supuesto, detrás de todo esto habrá muchos otros casos, de espías no descubiertos que realizan labores en distintos ámbitos en diferentes países. Como siempre sucede en el mundo del espionaje: la realidad siempre es más extensa y profunda de lo que parece o se supone.

Hay dos trabajos periodísticos que dan claras cuentas de la magnitud del despliegue de espías rusos, uno en América Latina, efectuado por el periodista argentino Hugo Alconada Mon, quien habitualmente escribe en el diario La Nación de Argentina, pero que publicó este trabajo en el diario El País de España, y otra investigación de la periodista mexicana, residente en Washington, Dolia Estévez, quien detalla el desarrollo de espías rusos en México. Aquí nos ocuparemos de ambos.

Alconada Mon comienza así su trabajo[415]: "La historia es de película. O de serie de televisión. El gobierno de Vladimir Putin desplegó "topos" por toda América del Sur. Rusos ocultos detrás de pasaportes argentinos, brasileños, peruanos, ecuatorianos, uruguayos y quién sabe qué otra nacionalidad más. Agentes de "células durmientes" que pueden hibernar durante años, incluso décadas, a la espera de una oportunidad para servir al Kremlin. De Rusia, con amor.

---

[415] EL PAÍS. Argentina, Uruguay, Brasil, Perú o Ecuador: los "topos" rusos proliferan en América Latina. 18 de abril de 2023.
https://elpais.com/argentina/2023-04-18/argentina-uruguay-brasil-peru-o-ecuador-los-topos-rusos-proliferan-en-america-latina.html?utm_medium=Social&utm_campaign=echobox&utm_source=Twitter&ssm=TW_CM_AME#Echobox=1681823752

Los "topos" no son espías tradicionales, si algo así existe. No son rusos que admiten ser rusos, con nombre ruso, que pueden trabajar como diplomáticos en una embajada rusa y que son expulsados si los agarran en offside, como ocurrió con Aleksandr Belousov y Aleksandr Paristov, en Colombia, en diciembre de 2020. Los "topos" esconden su verdadera identidad y hasta lugar de nacimiento, y tejen otra vida, envueltos en una telaraña de mentiras".

Algo que no dice Alconada Mon, en este trabajo, tal vez simplemente porque no tiene el dato concreto, una prueba, es que muchos de esos pasaportes hoy son otorgados por algunos de esos gobiernos latinoamericanos en abierta complicidad con los rusos.

Pero Alconada Mon continúa así: "No. La misión del "topo" es muy distinta. Consiste en construir un recorrido insospechado, incluso aburrido, que puede incluir la formación de una pareja y tener hijos, estudiar, trabajar y residir en uno o más países antes de llegar a un destino que pueda interesar a Moscú. Entonces sí, el "topo" dejará de hibernar y pasará a su fase activa.

La última saga de "topos" rusos comenzó a descularse meses atrás. Difícil precisar cuándo. Pero podemos al menos saber el momento en que saltó un punto que permitió tirar del hilo. Ocurrió el 5 de diciembre pasado, cuando tropas de élite de la Policía eslovena irrumpieron en unas oficinas y una vivienda familiar en Ljubljana, la capital del país. Detuvieron a un matrimonio que se movía con pasaporte argentino, acusado de trabajar para Moscú.

Él dijo llamarse Ludwig Gisch y haber nacido en Namibia, aunque luego se radicó en la Argentina y obtuvo la ciudadanía; ella dijo llamarse María Rosa Mayer Muños y ser oriunda de Grecia, aunque también aclaró ser argentina por opción. Tuvieron dos hijos —uno de 7, la otra de 9- y poco antes de la pandemia decidieron emigrar a Europa. Afirmaron que estaban hartos de la inseguridad de las calles de Buenos Aires y se radicaron en Eslovenia. Él montó una pequeña empresa de informática; ella, una galería de arte. Y comenzaron a viajar, juntos o por separado, por Europa y a la Argentina. Una fachada, sospechan los eslovenos, para llevar mensajes y dinero a otros topos en hibernación.

Gisch y Mayer Muños permanecen detenidos e incomunicados desde entonces. Eslovenia los quiere juzgar por espionaje y falsificación de documentos, y podría caerles una condena a ocho años de prisión. Pero corren las versiones de que eso podría quedar en nada. Rusia habría iniciado las negociaciones para un intercambio de espías, según el diario The Guardian. ¿Acaso por Evan Gershkovich, el periodista de The Wall Street Journal al que Moscú detuvo tras los arrestos en Ljubljana y, oh casualidad, acusó de espionaje?

Rusia calla en público, pero las piezas del dominó comenzaron a caer. La primera se registró en Grecia, donde una mujer desapareció poco después de los arrestos de Gisch y Mayer Muños en Eslovenia. Decía ser María Tsallas y ser fotógrafa, pero resultó que el nombre se lo apropió de una criatura fallecida en 2001… y su verdadero nombre sería Irina Alexandrovna Smireva. Los griegos creen que huyó a Moscú.

La siguiente pieza del dominó cayó casi de inmediato. El esposo de Tsallas, la supuesta griega, decía ser brasileño y llamarse Gerhard Daniel Campos Wittich. Se esfumó en el aire, en enero, mientras paseaba por Malasia como mochilero, para angustia de su novia brasileña, que desconocía su verdadera identidad o, para más datos, que tenía una esposa en Atenas… Las autoridades sospechan que también se encuentra en Moscú.

Las fichas comenzaron a encajar, como en un rompecabezas. En octubre, el Gobierno noruego detuvo a otro supuesto brasileño que trabajaba como académico en la Universidad de Tromsø, José Assis Giammaria, aunque su identidad real sería Mikhail Mikushin y tendría el rango de coronel. Y las autoridades de los Países Bajos arrestaron en La Haya a otro presunto brasileño, Viktor Muller Ferreira, quien intentaba infiltrarse como pasante en la Corte Penal Internacional (CPI). Es decir, el tribunal que investiga los crímenes de guerra cometidos por Rusia en Ucrania. ¿Su verdadero nombre? Sería Sergej Vladimirovich Cherkasov".

El trabajo de Alconada Mon es ejemplar porque muestra un panorama completo, de cómo se mueven los rusos en una diversidad de casos. El periodista argentino continúa así: "Muller Ferreira –o Cherkasov- sería el "topo" de esta redada que más cerca estuvo de llegar a un sitio sensible y de interés extremo para Moscú. Nada mal para alguien que habría nacido en Kaliningrado y pasó por Sao Paulo y Baltimore, antes de llegar a un destino valioso. Pero quedó a un paso, como una mujer que años atrás decía llamarse María Adela Kuhfeldt Rivera, haber nacido en Perú de padre alemán y ser diseñadora de joyas. Radicada en Nápoles, trataba en la práctica de extraer información de quienes trabajan en la base militar que la OTAN opera allí. Su verdadero nombre sería Olga Kolobova.

María Adela –o Kolobova- resultó toda una trotamundos, hasta que el amor la flechó. O acaso el Kremlin la pasó del equipo de solteras al de casadas. En julio de 2012 se casó con alguien a quien presentó entre sus amigos como italiano, aunque el novio tenía ciudadanía ecuatoriana y rusa. De hecho, él había obtenido un pasaporte ruso en la Embajada de Rusia en Quito, tres meses antes. En cualquier caso, el hombre murió un año después del casorio. Pero ella no se molestó en ir a su funeral. O se llevaban muy mal o el matrimonio era de cartón. En cualquier caso, ella también está ahora en Moscú.

Pero si las aventuras de cada uno de estos "topos" da para una temporada de The Americans, la del uruguayo Juan Lázaro se lleva todos los premios. Tras radicarse en Perú, se nacionalizó y se casó con la periodista local Vicky Peláez, para después mudarse juntos a Estados Unidos, donde terminaron tras las rejas. En 2010 confesó que ni era uruguayo, ni ese era su nombre. Contó también que su esposa solía viajar a América del Sur para entregarle información de inteligencia a sus superiores y recoger dinero para financiar sus operaciones encubiertas. También dejó una frase para el recuerdo. "Aunque amo a mi hijo, no rompería mi lealtad hacia el Servicio [Secreto] ni siquiera por él". Eso es lealtad. Moscú antes que la sangre".

Alconada se remite al intercambio de espías más grande producido durante la Guerra Fría, para pasar después de nuevo al presente, donde los espías rusos se reproducen como si les echaran agua: "El 9 de julio de ese mismo año, el hombre que había dejado de ser Lázaro y admitido que se llamaba Mikhail Vasenkov volvió a la vida subterránea de los "topos". Fue en un aeropuerto de Viena, donde aterrizaron dos aviones. Ambos llenos de espías. El intercambio fue el más portentoso desde el final de la Guerra Fría. Se cree que Lázaro —o Vasenkov- sigue en Moscú.

Casi trece años después de aquel trueque vienés de espías, las alarmas se siguen encendiendo en toda la región. Brasil investiga si Rusia usa su territorio de manera sistemática para construir identidades tapadera. En Uruguay, arrestaron al jefe del equipo de seguridad del presidente Luis Lacalle Pou en septiembre de 2022, acusado de integrar una banda que emitía certificados rusos de nacimiento apócrifos en los que constaba que los padres eran uruguayos. ¿Para qué? Facilitar la obtención de pasaportes y documentos de identidad uruguayos a ciudadanos rusos y, acaso, generar nuevos topos. Y en Argentina, llama la atención que más de 10.500 rusas viajaron a Buenos Aires a parir durante el último año. ¿Explicación? Toda persona nacida en la Argentina es, por ley, ciudadano argentino y eso, a su vez, facilita los trámites posteriores de la progenitora para acceder a la ciudadanía.

¿Más topos, también?
De Rusia, con amor".

Ahora bien. Hay acá algo fundamental. En primer lugar, hay que tener muy claro que un movimiento migratorio de 10,500 embarazadas rusas decidan partir de su país para tener a sus hijos en Argentina, no es, ni puede ser un movimiento social espontáneo ni pura casualidad.

Muchas de estas mujeres rusas que llegan sólo para tener a sus hijos en Argentina, y tener así su nacionalidad, brindan un domicilio falso a la hora de realizar sus trámites migratorios. Y muchas otras se van de Argentina apenas logran la inscripción de sus hijos en el registro civil, con lo cual, ya obtuvieron la nacionalidad de los recién nacidos[416] [417].

---

[416] RTVE NOTICIAS. Argentina: más de 10,500 rusas embarazadas han llegado para dar a luz en el último año. 14 de febrero de 2023. https://www.youtube.com/watch?v=w42PlltoV2I
[417] DW. Argentina registra ingreso de 10,500 rusas embarazadas. 11 de febrero de 2023. https://www.dw.com/es/argentina-registra-ingreso-de-m%C3%A1s-de-10000-rusas-embarazadas/a-64672073

Si consideramos los antecedentes anteriores, y lo que hemos venido tratando en este capítulo, no puede haber duda que la "migración" masiva de mujeres rusas embarazadas hacia Argentina, es parte de un plan del gobierno de Putin. Y si tenemos en cuenta la forma de operar que ya hemos descrito, donde los padres buscan prolongar su profesión de espías a través de sus hijos, como en el caso de Tim Foley, del que ya hemos hablado, tener un ejército de diez mil 500 mujeres embarazadas para realizar un plan de ese tipo, entrenados desde niños a diez mil 500 criaturas, para ser espías, estamos hablando claramente de un ejército. Algo así como lo que se había propuesto hacer Rusia con los hijos de los espías deportados en el 2010, pero a escala industrial.

El hecho de tener ciudadanos cuyo origen es diferente al ruso, con una nacionalidad que parezca neutral u ofrezca una excelente fachada para no levantar sospechas, es sin duda un gran plan a largo plazo, para poder enviar a estos espías al país que quisieran en occidente.

Una operación semejante no se puede dar sin la complicidad de un gobierno, en este caso como el de Alberto Fernández. Aquí se hace preciso recordar una declaración de Alberto Fernández al regresar de Rusia, después de entrevistarse con Putin, justo antes de que comenzara la invasión a Ucrania. Cuando Alberto Fernández llegó de Rusia a la Argentina, declaró que: "Argentina debía ser la puerta de entrada de Rusia a Latinoamérica" (3 de febrero de 2022)[418]. Más claro, ni echándole agua.

---

[418] TÉLAM. Fernández le planteó a Putin que la Argentina sea la "puerta de entrada" de Rusia en la región. 3 de febrero de 2022. https://www.youtube.com/watch?v=jJOYnVtFWX8

Si la migración de 10,500 mujeres embarazadas rusas a la Argentina, ¿no es una enorme puerta hacia América Latina? ¿entonces qué es?

Y si consideramos que los espías rusos han tenido desde hace tiempo la estrategia de entrenar a sus propios hijos para ser espías entonces ¿qué es, sino una enorme puerta?

Desde luego, el "motivo" de la guerra en Ucrania les ha servido a las embarazadas rusas que huyen de su país como una fachada perfecta para poder hacer el movimiento migratorio masivo, teniendo una causa más que entendible y justificable.

Una investigación de Euronews publicada el 3 de marzo de 2023, daba cuenta de que tan solo en un vuelo de Ethiopian Airlines, aterrizaban en febrero de este año, 33 mujeres rusas embarazadas a bordo[419].

Aplica para el caso ese dicho que se conoce tanto en política que reza: "piensa mal y acertarás".

La mayoría de estas mujeres rusas embarazadas que llegaban a la Argentina, lo hacían como turistas. Es decir, no tramitaban al entrar al país ninguna forma legal para quedarse a vivir en Argentina. Esto terminó provocando un escándalo, cuando seis de estas mujeres terminaron siendo retenidas en el aeropuerto de Ezeiza, ya que algunas de ellas viajaban solas, sin estar acompañadas de sus parejas y otras declarando que eran madres solteras. Esto provocó que se

---

[419] EURONEWS. Embarazadas y estafadas: Investigan a mujeres rusas que vuelan a Argentina para dar a luz. 3 de marzo de 2023. https://es.euronews.com/2023/02/27/embarazadas-y-estafadas-investigan-a-mujeres-rusas-que-vuelan-a-argentina-para-dar-a-luz

abriera una causa judicial para investigar lo que sucedía, entre otras causas por "falso turismo"[420].

Un reportaje del canal chileno de televisión T13, menciona que en enero de 2022 habían ingresado a la Argentina mil 37 ciudadanos rusos y en enero de 2023, lo habían hecho 4,523 ciudadanos rusos. Según las autoridades migratorias de Argentina, en un año entraron al país 22 mil 200 rusos, y solo un diez por ciento iniciaron un trámite para quedarse a vivir en el país. Y uno podría decir, bueno, pero la mayoría son turistas. Y justo ahí está el problema, porque una gran mayoría se queda a residir en el país, sin haber declarado esta intención a la hora de su ingreso y su trámite migratorio[421].

De acuerdo a la investigación realizada por el canal chileno T13, al ingresar a la Argentina y tener un hijo que tendrá automáticamente la nacionalidad, con posterioridad, los padres (rusos) pueden mediante un juicio solicitar la nacionalidad argentina, y de esta forma obtener un pasaporte que le abre las puertas para poder ingresar sin visa a 171 países. Algo muy distinto al pasaporte ruso que ha quedado como algo marginal y con muchas restricciones en casi todas partes después de la invasión a Ucrania[422].

Algunas de estas mujeres embarazadas rusas han salido de su país y han llegado a la Argentina, pagando en agencias que se supone se especializan en la "conexión" para que puedan ir a parir a otro país hasta 35 mil dólares. Acá hay que preguntarse si se van de Rusia por la situación social y

---

[420] TN. Rusas embarazadas en Argentina. ¿Cómo sigue su situación? 12 de febrero de 2023. https://www.youtube.com/watch?v=Y_hYf8tD5DA
[421] T13. Qué hay tras la masiva llegada de embarazadas rusas a Argentina. 15 de febrero de 2023. https://www.youtube.com/watch?v=IqCj79q7Qcw
[422] T13. Qué hay tras la masiva llegada de embarazadas rusas a Argentina. 15 de febrero de 2023. https://www.youtube.com/watch?v=IqCj79q7Qcw

económica producida a partir de la invasión, cómo es que alguien que sale corriendo en medio de un contexto de ese tipo dispone de una suma semejante para poder migrar. Otro motivo que ha llamado la atención de la justicia argentina, es la posibilidad de que alguna de estas personas, que en muchos casos abandonan el país al poco tiempo de obtener un pasaporte argentino, lo hagan para poder abrir cuentas bancarias en otros países y poder saltar así (masivamente) las restricciones bancarias que sufre Rusia a partir de las sanciones por la invasión a Ucrania.

Es decir, lo más probable es que entre los integrantes de este movimiento masivo ruso, organizado, y para nada casual, haya de todo, entre ciudadanos rusos que huyen de la guerra realmente, desertores del ejército, espías, y agentes del gobierno para abrir cuentas bancarias y saltarse las sanciones.

Uno de los argumentos más comunes utilizados por los varones, sobre todo que migran de Rusia a la Argentina, es el hecho de no querer formar parte de las tropas de Putin. Un argumento muy aceptable al ser escuchado. Sin embargo, cabe preguntarse: ¿cómo es posible que con el sistema represivo que tiene Rusia y la exhaustividad de sus servicios de inteligencia, se le puedan escapar por sus aeropuertos y sus casetas de migraciones así sin más miles de desertores del ejército?

Luego de que la justicia argentina pusiera el foco en el fenómeno migrante de las embarazadas rusas, la policía federal argentina fue a buscar a hoteles y otros domicilios a 33 mujeres rusas que habían declarado que allí se hospedarían, y solo 3 se encontraban en el lugar[423].

---

[423] Ídem.

Los espías rusos detenidos en Eslovenia

Lo primero que hay que decir es que los espías rusos detenidos en Eslovenia el 5 de diciembre de 2022 tenían pasaportes argentinos. Ellos eran Maria Mayer y Ludwig Gisch, al menos según sus pasaportes ya habían vivido en Argentina y tenido dos hijos argentinos. Ambos de 38 años de edad, según su documentación. En el caso de Ludwig Gisch, nacido en Namibia y en el caso de Ludwig Gisch nacida en Grecia.

El caso sería dado a conocer por el diario británico The Guardian. La pareja habría llegado a vivir a Eslovenia en 2017, llevando con ellos a sus dos hijos. La determinación de las fechas es muy importante, una vez más, para poder dejar claro el plan a largo plazo, que utilizan los espías rusos.

Luego de un seguimiento y una investigación de las autoridades de Eslovenia, ambos fueron detenidos en Liubliana la principal ciudad y capital de este país. Otra vez el caso de la falsa fachada, presentando documentación como nacidos en otros países para no levantar sospechas de su origen ruso, y con otra nacionalidad.

La investigación determinaría que ambos habían vivido en un departamento en la calle O'Higgins y Mendoza en la ciudad de Buenos Aires, y que le habrían dicho a sus vecinos que abandonaban Buenos Aires por "problemas de seguridad".

En el caso de Ludwig Gisch se acreditaba como experto en informática, lo cual le daba acceso a la información de muchos sistemas de cómputo de muchas empresas, como algo natural de su trabajo. En el caso de su mujer, Maria Mayer, había establecido una galería de arte virtual y en su paso por Gran Bretaña habría dicho que había estudiado en Londres, en el Sotheby's Institute of Art. Esto despertó sospecha en los servicios de inteligencia británicos, que le dieron el aviso a las autoridades de Eslovenia.

Una de las razones de la elección de Eslovenia, para su nueva residencia por parte de los espías rusos, es debido a que este país es considerado "de fronteras abiertas" o considerado prácticamente sin controles de fronteras, por lo que desde allí tendrían libre acceso a la Unión Europea sin restricciones[424] [425] [426].

La fiscal Katarina Bergant, de Eslovenia, luego de una investigación los acusó de ser miembros de la inteligencia militar rusa GRU.

En la casa donde se encontraban el matrimonio de espías, se encontraron grandes cantidades de dinero. Desde la investigación se cree que podría ser para pagar una red de espías e informantes rusos[427].

Esta clase de espías trabajan sin ningún vínculo aparente con el gobierno de Moscú, a diferencia de los considerados "legales" que trabajan en las embajadas.

---

[424] LA NACIÓN. Cayeron dos espías rusos que se hacían pasar por argentinos. 29 de marzo de 2023.
https://www.youtube.com/watch?v=OcIMK7R5siE

[425] TN. Dos espías rusos de elite se hicieron pasar por una pareja argentina y fueron detenidos en Eslovenia. 29 de marzo de 2023.
https://www.youtube.com/watch?v=4Hopm4lINNY

[426] PERFIL. Una familia tradicional y una galería de arte: la fachada de los espías rusos que se hacían pasar por argentinos. 28 de marzo de 2023.
https://www.perfil.com/noticias/internacional/la-fachada-de-los-espias-rusos-que-se-hacian-pasar-por-argentinos.phtml

[427] PERFIL. Una familia tradicional y una galería de arte: la fachada de los espías rusos que se hacían pasar por argentinos. 28 de marzo de 2023.
https://www.perfil.com/noticias/internacional/la-fachada-de-los-espias-rusos-que-se-hacian-pasar-por-argentinos.phtml

Espía ruso en la Corte Penal Internacional

En realidad, en este caso no lo logró. Pero la intención era espiar a la Corte Penal Internacional. Viktor Muller Ferreira, un ruso, con pasaporte brasileño. El espía ruso, cuyo nombre verdadero es Sergey Vladimirovich y pertenece al GRU, según las autoridades holandesas, pasó años construyendo una fachada falsa antes de tramitar su entrada a trabajar en la Corte Penal Internacional, pero fue descubierto[428].

La tropa de espías rusos en México

El gobierno de México, encabezado por López Obrador, es otro de los gobiernos cómplices de la política de Putin. Y esto va desde el hecho de no querer sancionar a Rusia por la invasión a Ucrania, pasando por la "propuesta de paz" de López Obrador que es de forma muy clara a favor de Rusia, hasta la acreditación oficial de decenas de espías rusos en la embajada de ese país en México. Nadie lo detalla mejor que la periodista mexicana Dolia Estévez.

La periodista nacida en Sonora y residente en Washington, lo detalla con exhaustiva precisión, en su columna titulada Cuarto Poder, en una entrega denominada "Caballo de Troya Ruso", publicada Eje Central, el 12 de mayo de 2023.

Dolia Estévez afirma: "**México nada a contracorriente. Mientras que Europa expulsa a más de 400 representantes rusos que se dedicaban a espiar, el gobierno de López Obrador acredita a 36 diplomáticos**

---

[428] BBC NEWS. El espía ruso que se hizo pasar por brasileño para infiltrar la Corte Penal Internacional. 17 de junio de 2022.
https://www.bbc.com/mundo/noticias-internacional-61843290

rusos por encima de los 49 que había antes de la invasión a Ucrania, para un total de 85, de acuerdo con la Secretaría de Relaciones Exteriores. El aumento de casi 60 % de diplomáticos acreditados en la Embajada Rusa, que no había sido reportado antes, no tiene justificación ni precedente. Rebasa por mucho al de cualquier embajada en la Ciudad de México, incluida la de Estados Unidos, con 46 diplomáticos. Es un secreto a voces que Rusia abusa de la figura diplomática para infiltrar espías. Más en tiempos de guerra. "El número de diplomáticos rusos en México no tendría ningún sentido si lo que estuvieran haciendo fueran labores tradicionales de una embajada"[429].

"El auge de rusos en territorio nacional corrobora el plan de Vladimir Putin de construir un centro de espionaje en el hemisferio occidental justamente en las entrañas del patio trasero de Estados Unidos"[430]. Destaca Estévez.

Lo que menciona la periodista sonorense, es coincidente también con la política china en el continente, al menos en cuanto al establecimiento de un centro de espionaje o varios centros de espionaje chinos en el continente. Para mencionar solo un caso basta tener presente la base china en medio de la Patagonia, establecida en la provincia argentina de Neuquén. Dicha base fue pactada y autorizada durante el gobierno de Cristina Fernández, con fuertes lazos personales con el gobierno de Irán, de Venezuela, de Cuba y de Rusia.

---

[429] EJE CENTRAL. Caballo de Troya Ruso. 12 de mayo de 2023. https://www.ejecentral.com.mx/cuarto-poder-caballo-de-troya-ruso/
[430] Ídem.

La base china en la Patagonia es denominada como "Estación de Espacio Lejano", se considera una "estación interplanetaria", cuyo objetivo oficial es estudiar "la Luna y Marte". Pero en realidad se especula que podría ser una base de espionaje satelital y de escuchas de altas frecuencias. Pero lo cierto es que el acceso a la base es absolutamente restringido, incluso para cualquiera de las autoridades argentinas. Lo cual levanta numerosas sospechas. Pero el tema del espionaje chino es para otro apartado[431].

Estévez también pone la mira en la actitud del gobierno de López Obrador sobre el tema y señala: "Asimismo, exhibe la hipocresía sobre la presunta "neutralidad" ante la guerra. **Para el Kremlin, el gobierno de López Obrador es material maleable, interlocutor confiable, facilitador obsequioso, aliado retórico contra Occidente y tonto útil de su maquinaria propagandística.** Basta ver las redes sociales rusas para constatarlo"[432].

"Ante la expulsión de más de la mitad de los espías rusos en Europa"- señala Estévez- "60 tan sólo en Alemania, algunos de los cuales podrían haber sido reubicados en México, y el endurecimiento de la vigilancia en Estados Unidos, México cobra gran relevancia por su cercanía y fácil acceso al vecino del norte"[433].

"Se trata de la mayor cifra de agentes de la GRU en el mundo cuyo blanco principal es Estados Unidos, como alertó el Comando Norte del Pentágono. Lo mismo ocurre

---

[431] BBC. Lo que se sabe de la misteriosa base que China está construyendo en la Patagonia argentina. 17 de marzo de 2016. https://www.bbc.com/mundo/noticias/2016/03/160317_misteriosa_base_china_patagonia_argentina_lb
[432] EJE CENTRAL. Caballo de Troya Ruso. 12 de mayo de 2023. https://www.ejecentral.com.mx/cuarto-poder-caballo-de-troya-ruso/
[433] Ídem.

con los agentes del FSB, ex KGB. Si el hackeo a políticos y al parlamento alemán es referente, los rusos también estarían espiando a mexicanos, con el agravante de que, frente a la capacidad nula de contraespionaje del gobierno de AMLO, pasan desapercibidos"[434]. Sentencia la periodista sonorense.

A lo señalado por Estévez hay que sumarle la enorme cantidad de espías rusos operativos como "ilegales" es decir sin cobertura de su embajada en México, que según fuentes de inteligencia consultadas para este trabajo serían al menos unos 600 agentes.

Embarazadas rusas, como en Argentina, pero en Cancún

La periodista Dolia Estévez, quien se ha convertido en una especie de cazadora de espías rusos en México, por decirlo de alguna manera, no se quedaría tan solo con lo que la excesiva cantidad de funcionarios acreditados en la embajada rusa en México, entre ellos, seguramente, muchos espías profesionales. También se ocuparía de lo que está sucediendo en la ciudad mexicana de Cancún, donde se produce un fenómeno muy similar al que se da en Argentina, donde un alud de mujeres embarazadas rusas llega a tener a sus hijos. En una columna publicada el 26 de mayo de 2023, en Eje Central, titulada: "Cancún Imán del "turismo" ruso", la periodista sonorense señala: "Cancún, meca del turismo mexicano, ofrece otro atractivo a los rusos además de playa, mar y sol: turismo de parto. Con anuncios en ruso en redes sociales, compañías e individuos se dedican a promoverlo, con paquetes "todo incluido". Partos con atención médica supuestamente de primera,

---

[434] Ídem.

nacionalidad y pasaporte mexicanos para el bebé, tarjetas de residente en 2/3 días para la familia, con la opción de adquirir carta de naturalización y un segundo pasaporte presuntamente en dos años que, a diferencia del ruso, es aceptado sin visa en 156 países.

En 2022, 55 mil 014 ciudadanos de Rusia ingresaron a Cancún vía aérea, 55 por ciento más que de Ucrania, de acuerdo con la Secretaría de Gobernación. **El ingreso total de rusos en todo México fue de 90 mil 270, 19.6 % más que en 2021**"[435].

¿Les suena conocido? Ya hemos visto la mecánica desarrollada por los rusos en Argentina, con las mujeres embarazadas. Una operación exactamente igual están desarrollando en territorio mexicano, particularmente en Cancún.

Estévez destaca que: "La llegada de rusos a Cancún, la ciudad mexicana más visitada por extranjeros, bajó en los meses de la invasión rusa contra Ucrania, pero tras el éxodo por la movilización de reservistas en septiembre volvió a subir, tendencia que se mantuvo en el primer trimestre de 2023 con la entrada de 19 mil 778 rusos. Rusia es el país que más tarjetas de residente permanente recibió por motivo familiar en 2022"[436].

La periodista residente en Washington también señala que en México, a diferencia de Argentina, no existen registros de las mujeres rusas embarazadas que llegan al país. Sobre esto brinda detalles de cómo y quienes ejercen como "facilitadores" para que se lleve adelante el "turismo de

---

[435] EJE CENTRAL. Cancún Imán del "turismo" ruso. 26 de mayo de 2023. https://www.ejecentral.com.mx/cuarto-poder-cancun-iman-del-turismo-ruso/

[436] Ídem.

parto" y sobre esto dice: "Entre los "concierges", como se conoce a los vendedores de turismo de parto, destaca la cuenta "http://SergeiKostenko.ru, babyCancun" en Facebook. Con imágenes de mujeres embarazadas, hombres besando barrigas y parejas sonrientes frente al mar turquesa que muestran tarjetas de residente y pasaportes emitidos por las oficinas locales del Instituto Nacional de Migración y de la Secretaría de Relaciones Exteriores, ofrece paquetes que varían entre 2 y 4 mil dólares, dependiendo de si es parto natural o por cesárea. "Mi compañía se encarga de todo": info@babycancun.ru; Teléfono: 52 998 403 3856"[437].

También brinda el ejemplo de un caso, que da muestras de que este "fenómeno" ruso, se producía desde mucho antes de la invasión a Ucrania en febrero del 2022 y sobre esto sostiene: "En México, el turismo de parto, por ser informal, no está exento de peligros. Se sabe de varias muertes. Manuel Salvador "N", médico sin licencia, fue demandado por la familia de una mujer rusa que murió dando a luz en la clínica Bonfil de Cancún en 2016. Fue sentenciado a prisión por negligencia por dos años y tres meses. El bebé sufrió trauma cerebral en el parto. Falleció meses después en Moscú. El intermediario que arregló el fatídico parto sigue operando en la impunidad"[438].

Estévez detalla la forma de moverse de los rusos en Cancún: "Más allá de los partos, Cancún es imán de rusos. Se les ve en todas partes. En fraccionamientos de residencias privadas, Airbnb, antros, Walmart; no platican ni saludan, me dicen cancunenses consultados. Paradójicamente, el turismo ruso en Cancún no existe

---

[437] Ídem.
[438] EJE CENTRAL. Cancún Imán del "turismo" ruso. 26 de mayo de 2023. https://www.ejecentral.com.mx/cuarto-poder-cancun-iman-del-turismo-ruso/

como tal. La ocupación hotelera de rusos es muy baja, de acuerdo a fuentes de la industria. La mayoría son personas que huyen del reclutamiento militar o de la represión del régimen de Putin, pero que no tramitan asilo, así como hombres de negocio y funcionarios públicos que aprovechan el colaboracionismo del gobierno"[439].

"Pero no tramitan asilo" …dice. Hasta acá las similitudes con el mismo "fenómeno" producido en Argentina presenta muchas coincidencias y puntos en común. En realidad, en lo personal, creo que habría que ser muy inocente para no creer o darse cuenta de que esto es parte de una enorme operación de inteligencia establecida con una visión a muy largo plazo.

"Si no han entrado más rusos"- Destaca Estévez- "es porque las sanciones económicas de Occidente han cerrado opciones. Aeroflot canceló su vuelo directo Moscú-Cancún porque no puede cruzar el espacio aéreo europeo. Turkish Airlines es la única aerolínea con vuelos Moscú-CDMX-Cancún, con escala en Estambul. Además, la mayoría de rusos tiene dificultades para pagar con tarjeta de crédito debido a las sanciones"[440].

La periodista sonorense concluye de una manera muy contundente: "No es un delito viajar a México para tener un hijo mexicano (Artículo 30). El delito estaría en abusar de ese derecho para lucrar vendiendo documentos migratorios en plazos privilegiados mediante componendas con las autoridades mexicanas y pago de sobornos; en permitir que redes delictivas y falsos turistas exploten la política permisiva de puertas abiertas al turismo. En momentos en que la Rusia invasora abrió en su embajada

---

[439] Ídem.
[440] Ídem.

en la Ciudad de México un centro estratégico de espionaje, con la anuencia de la SRE, como revelé en este espacio, no se puede descartar que detrás de la concentración de rusos y del turismo de parto en Cancún se esconda el largo brazo de los servicios de inteligencia del Kremlin. Tres espías rusos con nacionalidad argentina fueron encontrados recientemente en Eslovenia"[441].

Si se tiene como antecedente, lo que hicieron los espías rusos deportados de Estados Unidos en el 2010, de decidir entrenar a sus hijos para que sean espías, para poder tener una ciudadanía que no fuera rusa y para poder acceder de manera más fácil a un trabajo en otro gobierno, ¿alguien pensaría que lo que la llegada masiva de mujeres rusas a la Argentina y Cancún es solo un fenómeno migratorio casual?

El Ardor de la Embajada de Rusia en México.

Los artículos de Dolia Estévez no solo no pasarían desapercibidos por la embajada rusa en México. Si no por el contrario, levantarían ámpulas.

Fuera de sí, aunque ya habían perdido cualquier rasgo diplomático desde hace tiempo, desde la embajada rusa pusieron lo siguiente en su cuenta de Twitter el 1 de junio a las 2:00 p.m.

---

[441] EJE CENTRAL. Cancún Imán del "turismo" ruso. 26 de mayo de 2023. https://www.ejecentral.com.mx/cuarto-poder-cancun-iman-del-turismo-ruso/

Embajada de Rusia en México ✔
@EmbRusiaMexico

✕ Hemos notado la aparición de una nueva ola de rusofobia y espía-manía en el espacio de información mexicano.

Querida @DollaEstevez, nos damos cuenta de que estando en Washington es mucho más fácil para usted saber cuántos diplomáticos rusos hay en México. Nos da miedo imaginar de dónde usted sacó esos datos tan cuestionables (¿quizá de Langley?).

‼️ ¿Se ha olvidado de que solo en México hay alrededor de 1000 diplomáticos estadounidenses (¿o incluso más)?
¿Olvidó mencionar este hecho por casualidad? ¿Podría decirle al público a qué se dedica esta gente aquí?

Ni siquiera estamos hablando de otros servicios como la DEA, la CIA, que "operan" en varios cárteles, como informan los medios. ¿Considera que esto viola alguna convención?

🌴 Cancún es realmente un lugar hermoso. Venga y reúnase con nosotros allí, incluso puede invitar a John D. Feeley, tomaremos el sol y nadaremos.

No podrá propagar la rusofobia que intenta suscitar en México.

🌐 Sí, Rusia está a favor de un mundo multipolar. Es un proceso objetivo e imparable que nadie puede detener. La Doctrina Monroe es cosa del pasado. Esto es un hecho.

⚠️ Si en este espíritu continuar colgando todos los pecados a los rusos, ¿por qué no escribir sobre la supuesta implicación de Rusia en la erupción del volcán Popocatépetl? Estamos seguros de que encontrará la "huella del Kremlin" en esta noticia.
Le deseamos éxito en sus proyectos creativos.

👤 Cancillería de Rusia 🇷🇺

2:00 p. m. · 1 jun. 2023 · **324,6 mil** Reproducciones

2.855 Retweets   **195** Citas   **6.618** Me gusta   **49** Elementos guardados

435

A lo cual, la periodista respondió el mismo 1 de junio a las 6:00 p.m.

El 2 de junio desde la embajada de Rusia en México a las 10:59 a.m. volvieron sobre el tema publicando esto:

Embajada de Rusia en México ✔
@EmbRusiaMexico · · ·

❗ Su aritmética de fantasía, que usted muestra al público, en realidad son manipulaciones, a pesar del hecho de que trata de citar fuentes oficiales.

Comenzando en su incomprensión de la diferencia entre el personal diplomático y técnico, y terminando con información francamente falsa sobre el aumento del personal de la Embajada en 60 %.

La forma en que verifica la información no se ajusta a la ética periodística basada en la veracidad, objetividad y credibilidad.

✖ En realidad, sus afirmaciones se basan en los criterios de rusofobia. Si usted tiene un problema en la verificación de hechos, estamos listos para ayudarle.

Le deseamos éxito creativo, @DoliaEstevez

Dolia Estévez
@DoliaEstevez · · ·

📑 DATO sobre los 86 diplomáticos RUSOS acreditados lo obtuve de la @SRE_mx, NO de la @CIA, como calumniosamente dice @EmbRusiaMexico. Son públicos. Lo que no es público es cuántos son espías. Dejen de propagar mentiras. No fueron acreditados para eso. Lista completa en 6 pgs.:

Перевести твит

A lo que Dolia Estévez volvió a responder a las 12:13 p.m. del 2 de junio de 2023.

Desde la embajada de Rusia en México se pondrían a contestarle al cartonero Paco Calderón, a la periodista Denisse Dreser mientras esta se encontraba en Ucrania, y al parecer lo piensa seguir haciendo con cualquier que piense distinto a ellos.

LA EXPANSIÓN CHINA EN AMÉRICA LATINA Y LA EXTENSIÓN DE SUS CENTROS DE ESPIONAJE

El otro país que lidera el bloque de los BRICS junto con Rusia, que es China, extiende sus tentáculos por el mundo, incluyendo América Latina, y esto incluye sus bases de espionaje.

Hay que recordar, como lo hemos mencionado en este trabajo, que el bloque de los BRICS está integrado por Brasil, Rusia, India, China y Sudáfrica. Sin embargo, este bloque, o al menos las principales potencias de este bloque, cuentan con otros países aliados que le están permitiendo extender sus tentáculos para espiar, como para ampliar su influencia geopolítica e ideológica.

Así tenemos por ejemplo que China instaló una base en la Patagonia de la que ya hemos hablado. Y según nos cuenta la versión oficial, la denominada: "Estación de Espacio Lejano", y forma parte de la "Red de Espacio Profundo de China". Pero esto es solo el comienzo.

Los primeros días de agosto de 2023, se dio a conocer que China construirá también en suelo argentino, una fábrica de químicos, una central eléctrica y un puerto, en la provincia de Tierra del Fuego, la región más austral del mundo.

Sobran las explicaciones de la importancia geoestratégica de la zona, que permite el control sobre toda esa región antártica.

Al parecer, nadie le ha informado al gobierno argentino de Alberto Fernández, el escándalo de acusaciones de las que es objeto el gobierno de China y México, por parte de Estados Unidos, por la exportación hacia México, de precursores para fabricar fentanilo.

Según el gobierno de Estados Unidos, China fabrica los precursores químicos para elaborar esta poderosa droga, los envía a México, donde los principales cárteles lo convierten en fentanilo y lo envían a Norteamérica, donde ya ha producido más muertes por sobredosis que la Guerra de Vietnam.

Pero justamente el gobierno argentino les autoriza la construcción de un puerto y una fábrica de químicos. Parece un guion propio de esas películas de serie B donde ganan los malos.

Pero esto tampoco es todo. Una investigación del periódico The Wall Street Journal publicada el 8 de agosto de 2023, reveló que China acaba de firmar con Cuba un acuerdo, mediante el cual, el país asiático construirá una poderosa base de espionaje en la isla tropical, para poder escuchar todo tipo de comunicaciones en Estados Unidos y la región. La base será construida a solo 150 kilómetros de Miami, y dicho permiso es concedido por Cuba, a cambio de una suma multimillonaria de dólares[442].

El WSJ menciona como fuente al portavoz del Consejo de Seguridad Nacional, John Kirby, quien dijo no querer

---

[442] SWISS INFO.CH. Cuba una gran base para espiar a Estados Unidos, según el WSJ. 8 de junio de 2023. https://www.swissinfo.ch/spa/china-cuba_china-va-a-instalar-en-cuba-una-gran-base-para-espiar-a-estados-unidos--seg%C3%BAn-el-wsj/48576908#:~:text=%2D%20El%20Gobierno%20chino%20y%20el,Wall%20Street%20Journal%20(WSJ).

referirse a este informe en particular, pero: "Somos muy conscientes de los esfuerzos de China de invertir en infraestructura en todo el mundo con fines militares, incluido este continente. Los seguimos muy de cerca y tomamos medidas para contrarrestarlos"[443].

Hay que aclarar que esto es lo más burdo y visible, por abajo hay miles de entramados del espionaje chino, que avanza en distintas direcciones, y gran parte de ellos están enfocados en el espionaje tecnológico, algo en lo que se han especializado.

---

[443] Ídem.

LAS PÉRDIDAS HUMANAS

La guerra en Ucrania se ha convertido en una sangría silenciosa y atroz.

Mientras la propaganda rusa trata de mostrar en redes sociales y en medios algunos logros pírricos en el campo de batalla, en la realidad desde que Putin comenzó su "operación militar especial" en Ucrania, el 24 de febrero de 2022, **hasta el 25 de junio de 2023,** según el Ministerio de Defensa de Ucrania**, Rusia ha tenido 224 mil 630 soldados muertos**. Esto equivale a 14. 8 veces más, que la cantidad de soldados rusos muertos en Afganistán, en un plazo de diez años que duró la invasión rusa a ese país, donde murieron 15 mil soldados rusos. **Esto equivale a decir también, que Rusia ha perdido 3.8 veces más soldados en un año y cuatro meses de combates en Ucrania, que Estados Unidos en Vietnam, en una guerra que duró para los norteamericanos diez años**.

Por lo que si a la fecha de escribir este trabajo, dijéramos que Ucrania se ha convertido en el Vietnam de Rusia, esa comparación, se queda temiblemente corta.

Seguramente, antes del comienzo de su "operación militar especial", en Ucrania, Putin jamás pensó, que su plan fácil, de colonizar a Ucrania haciendo huir al cómico de la televisión, que ahora estaba en el gobierno, que era Zelenski, y que duraría un par de días, se convertiría en una guerra que se extendería en el tiempo, sin que supiera cuál será su final y donde al cabo de un año y cuatro meses perdiera casi un cuarto de millón de hombres.

La enorme cifra de 224, 630 soldados rusos muertos en Ucrania, que no son cifras sino hombres, equivale a casi dos ejércitos completos de España, cuyos integrantes se estiman en 125 mil 579 efectivos.

También se puede decir que la cantidad de efectivos militares rusos muertos en Ucrania, hasta el 23 de junio de 2023, (224,630) equivale a casi cinco veces ejércitos como el argentino, cuya cantidad de integrantes se estima en 51,309 efectivos.

Para que la cantidad de muertos del ejército ruso se correspondiera con cinco ejércitos como el de Argentina, deberíamos estar hablando de 250 mil, pero mientras escribo esto se está desarrollando la ofensiva ucraniana para expulsar a las tropas rusas de su territorio, y a la velocidad que se cuentan las bajas, esa cifra se alcanzará muy probablemente antes de un mes.

Esto también equivale a decir que las bajas rusas en la guerra en Ucrania, hasta el 25 de junio de 2023, equivalen a las dos terceras partes del ejército británico, que se calcula está integrado por 600,900 efectivos y es considerado uno de los mejores del mundo. Lo cual representaría para este país una debacle militar incalculable.

Las pérdidas rusas en el campo de batalla, en Ucrania, hasta el 25 de junio de 2023, también equivalen a haber perdido todo un ejército completo como el de Israel, que se calcula integrado por 187 mil efectivos, más otros 38 mil soldados.

Estos datos también equivalen a decir que la cantidad de bajas del ejército de Rusia en Ucrania hasta esta fecha (25 de junio de 2023) equivale a que un ejército como el de

Brasil, integrado por 360 mil efectivos, y que hubiera perdido el 61.9% de sus fuerzas.

Bueno esto es para dar una breve idea de las dimensiones desastrosas, en términos de pérdida de vidas en el campo de batalla por parte del ejército ruso.

No porque sí, Putin ha recurrido reiteradas veces, en distintos lugares de Ucrania al grupo de mercenarios Wagner, al que le ha dado presidiarios como soldados y les ha aguantado todo tipo de desplantes y declaraciones en contra.

A estos datos se le suman otros, igualmente de desastrosos en términos de equipos militares. Según el Ministerio de Defensa de Ucrania, en 16 meses de combates Rusia ha perdido 4 mil tanques de combate, lo que equivale a entre 120 y 130 batallones[444].

Siempre según el Ministerio de Defensa de Ucrania, Rusia ha perdido hasta el 25 de junio de 2023, desde que comenzó la invasión, 7,806 carros de transporte de tropas; 4,034 piezas de artillería; 624 lanzadores de misiles; 385 sistemas de defensa antiaérea; 314 aviones de combate; 308 helicópteros; 18 barcos de guerra; 3,472 drones; entre otros equipos de combate.

Digamos, lo que para Putin sería un paseo por el campo que duraría un par de días, y le redituaría la anexión de un país completo como Ucrania, con un cómico de la televisión como presidente, huyendo con todo y familia, se

---

[444] FORBES. Rusia ha perdido más de 4,000 tanques, equivalente a 130 batallones, según Ucrania. 1 de junio de 2023.
https://www.forbes.com.mx/rusia-ha-perdido-mas-de-4000-tanques-equivalente-a-130-batallones-segun-ucrania/

le ha convertido en una máquina trituradora de su ejército, y de su propio poder.

Las cifras de bajas muestran que Ucrania se ha convertido para el ejército de Putin en una carnicería. Son cifras que a cualquier comandante de un ejército o a cualquier general que esté en sus cabales, que se encuentre cuerdo, lo llevarían a pensar si no es un error continuar con una guerra innecesaria como esa. Porque no hablamos de una guerra por la supervivencia de su nación, por la defensa de sus habitantes, está claro que la guerra de Rusia en Ucrania es una campaña militar de expansión, en donde por todos los medios Putin ha tratado de anexarse Ucrania, a la que él considera parte de Rusia.

Cualquier general sensato, o comandante al frente de una guerra con bajas de esa magnitud, tendría muy claro que la guerra en Ucrania para Rusia va por muy mal camino, y que a ese paso, de prolongarse en el tiempo, se convertirá en una sangría ilimitada para la sociedad rusa, que terminará por debilitar de una manera decidida el poder de Putin.

Pero Putin parece contar con otros elementos. **Según la concepción de Putin**, Rusia cuenta con elementos humanos ilimitados para enviar a luchar y morir a la guerra en Ucrania. También, pese a las sanciones, cuenta con suficiente capacidad para producir equipos militares suficientes, por tiempo indeterminado, para enviar a Ucrania y reemplazar el que ahí le es destruido. Esto a pesar de que ha quedado expuesto, que en la realidad, ya no en la concepción de Putin, Rusia ha tenido problemas incluso para abastecer de municiones a sus tropas en los distintos frentes de combate en Ucrania. Algo que ha denunciado de forma airada durante meses Yevgueni Prigozhin, el dueño y líder del Grupo de mercenarios Wagner, el mismo que terminara desafiando a Putin, en su levantamiento militar del pasado 23 y 24 de junio de 2023, en que abandonó las líneas de combate en Ucrania, para dirigirse con sus tropas hacia Moscú.

Ya en la realidad, no sólo en la concepción de Putin, Rusia se las ha arreglado para obtener equipos militares de parte de algunos de sus aliados, como el caso de los drones iraníes, pese a las sanciones impuestas por occidente y la injusticia de su causa.

Pero la realidad es que la sangría a la que le impone Putin a la sociedad rusa con la guerra en Ucrania, con la constante de esa cantidad de bajas en tan poco tiempo, no puede ser un recurso ilimitado de su país, sin que con el tiempo su ejército se agote, moral y materialmente, y la población rusa termine sin querer enviar a sus hijos a un combate donde tienen más posibilidades de morir que de sobrevivir.

A tal punto llegó la sangría del ejército ruso en Ucrania, que por ejemplo, el 7 de febrero de 2023, según información del Ministerio de Defensa del gobierno de Zelenski, ese solo día, murieron 10,30 soldados rusos, la mayoría de ellos en combates por la ciudad de Bajmut, en Donetsk[445].

La carnicería de soldados rusos en Ucrania llegó a tal punto que, un despacho de la Agencia EFE, publicado el 31 de mayo de 2023, sostiene que: "Las autoridades rusas están construyendo en las regiones de Kursk y Rostov del Don, ambas fronterizas con Ucrania, morgues de más de 4.000 metros cuadrados para depositar allí a los soldados que mueren en el frente, aseguró hoy la inteligencia militar ucraniana".

---

[445] LA RAZÓN. El día más mortífero para el Ejército ruso en once meses de invasión. 8 de febrero de 2023. https://www.larazon.es/internacional/dia-mas-mortifero-ejercito-ruso-once-meses-invasion_2023020863e2d8b054dfc000011f8291.html

"La construcción de estos complejos en el territorio de Moscú confirma que el régimen de Putin envía a su ejército de ocupación a una línea de producción de muerte pero no puede hacer frente al flujo de muertos", dijo el Directorio de Inteligencia del Ministerio de Defensa de Ucrania (GUR) en un comunicado"[446].

Otro ejemplo del desastre que significa la cantidad de muertos del ejército bajo las órdenes de Putin, es el caso del activista Vitaly Votanovsky, quien había comenzado a documentar los casos de soldados muertos, vigilando los cementerios de su región natal, Bakinskaya, en la región de Krasnodar. Allí, el activista comenzó a registrar con todo detalle los datos de las nuevas tumbas, incluyendo nombre y foto. Ahí se encontró con que un trabajar le dijo que están enterrando muertos del Grupo Wagner.

"Cuando estuvimos allí, ya había 48 tumbas de Wagner. La siguiente vez que fuimos, unos días después, había 95 tumbas. Luego 164. Luego unas 270", le contaría Vitaly a la BBC[447].

A partir de ahí Vitaly Votanovsky sería amenazado de muerte reiteradas veces hasta que se vería obligado a salir de Rusia en abril de 2023.

De no cambiar el gobierno norteamericano en las elecciones de noviembre de 2024 y que el nuevo gobierno

---

[446] EL MUNDO. Rusia construye morgues gigantes para depositar a sus soldados muertos. 31 de mayo de 2023.
https://www.elmundo.es/internacional/2023/05/31/64778d79fc6c834575 8b4574.html
[447] BBC. El activista ruso que documenta los muertos de la guerra contando tumbas y fue forzado a huir del país. 12 de abril de 2023.
https://www.bbc.com/mundo/noticias-internacional-65223569

cancelara la ayuda militar y económica a Ucrania, de seguir a este paso, Putin, por la vía de las armas convencionales, tiene la guerra perdida en Ucrania.

Frente a esto Putin, y su gobierno, en su concepción caprichosa, todopoderosa, megalómana, solo atina a una amenaza mucho mayor, que extiende a toda la humanidad: la amenaza nuclear.

Algo así como decir: "si no hacen lo que yo quiero, si no me dan todo lo que yo quiero, los voy a destruir a todos". Esta es, de fondo, la concepción de Putin. Algo terriblemente peligroso de verdad, para toda la humanidad, si se considera que Rusia tiene el mayor arsenal nuclear del mundo.

Las causas de la debacle del ejército ruso en Ucrania son varias. Una fundamental es la motivación. No es lo mismo estar combatiendo porque tienes que defender a tu nación, a tu país, a tu familia, a tu tierra, a tu sociedad, a participar de una guerra de invasión, a donde muchos de los soldados rusos ni si quiera quieren ir. No es lo mismo la motivación que tienen los soldados ucranianos para luchar en esta guerra que la que tienen los miembros del ejército ruso. Muchos soldados rusos ven a los ucranianos como un pueblo hermano. Los soldados ucranianos ahora ven al ejército ruso como a los violadores de sus mujeres, a brutales asesinos, que incluyen asesinatos y violaciones de niños. En el caso de los miembros del ejército ruso que participan en la invasión a contra Ucrania en todos los casos han sido obligados y se sienten obligados. En el caso de los miembros del ejército ucraniano y sus soldados, aun cuando la reclusión es obligatoria, se sienten orgullosos de defender a su país y están convencidos de que es su deber moral.

Otro de los factores que incide en el desempeño de las tropas rusas en Ucrania es su falta de entrenamiento. Putin envió soldados que no estaban preparados para una guerra de verdad ni prolongada. Envió a jóvenes recién reclutados a una campaña que según él, con la huida de Zelenski casi no presentaría mayores dificultades. Esto ha hecho que el tiempo de entrenamiento de las siguientes tropas reclutadas no fuera el suficiente. Otro factor ha sido la calidad de los equipos militares. Algo difícil de pensar antes de la invasión a Ucrania. Que el segundo ejército más numerosos del mundo tendría muchos equipos obsoletos y muchas dificultades para la fabricación de otros nuevos. Y otro elemento decisivo que se ha conjugado son las sanciones económicas, que, aunque Putin haga toda clase de ajustes en sus gestos para simular que a Rusia no les ha hecho nada, en realidad les ha traído dificultades hasta para producir las municiones suficientes para sus tropas.

Pero la sangría no se produce sólo del lado de Rusia. Según los servicios de inteligencia noruegos, para enero de 2023, el ejército ucraniano ha tenido unas 100 mil bajas desde que comenzó la invasión. Una cifra tremendamente alta si la aplicamos con cualquiera de las comparaciones que hicimos con anterioridad.

Frente a esto sucede un fenómeno increíble, al menos para mí, en la mecánica social de la vida en el planeta que vivimos: la humanidad está ausente. Para el conjunto de la humanidad esta guerra no es relevante. Al ser humano común, no parece importarle para nada que allá. En un territorio llamado Ucrania, entre rusos y ucranianos, se estén matando, de tal manera que los rusos en un año y cuatro meses de invasión llevan 224 mil muertos y los ucranianos unos cien mil soldados muertos.

El alma corta….no hay grandes movilizaciones…lo cual es una vergüenza..

El mundo que tenemos es el resultado del grado de evolución en el que está la humanidad. Deberíamos reflexionar sobre esto. Buscar formas de educación que lleven a mirar la historia humana, su realidad actuar, y cómo construir el futuro, desde una perspectiva que comprenda la evolución de la humanidad.

De esto se deberían encargar los funcionarios de la ONU. En esto deberían trabajar y volverse expertos los políticos, de todas las regiones, en vez de ser meros aspirantes a ladrones, como sucede en muchos casos. Un hombre que no piensa en cuál es su beneficio a la sociedad, que no tiene en cuenta para qué existe y cuál es su aporte a la humanidad, por restringido que pueda parecer en extensión, termina siendo más una alimaña social que un hombre.

EL ATAQUE RUSO CON MISILES
A LA PIZZERÍA

Como una inexorable muestra de que nadie está a salvo en la guerra en Ucrania, Rusia atacó con misiles una pizzería donde habitualmente se reúnen a cenar periodistas y corresponsales de guerra de distintos países. El ataque fue realizado el martes 27 de junio de 2023, en la ciudad de Krematorsk, que se encuentra al este de Ucrania, a 30 kilómetros del frente de combate, mientras muchos periodistas y corresponsales extranjeros cenaban en el lugar. El ataque ocurría a tan solo tres días de que hubiera terminado el levantamiento armado del Grupo Wagner. Putin tenía que mostrar que su maldad seguía vigente y elegía hacerlo golpeando un lugar lleno de civiles, periodistas, mujeres y niños.

A estas alturas todos sabemos que con la tecnología existente, desde ya hace tiempo, se puede colocar un misil donde quieran. En una ventana, en un teléfono celular en el que alguien está hablando, como ha sucedido, o en un domicilio determinado.

Alcanza con tener las coordenadas exactas de la ubicación donde se quiere dirigir el misil para hacerlo explotar justo donde se desea. Ahora bien, para dirigir el misil a la pizzería donde se encontraban los periodistas, lo más seguro que tuvo que haber sucedido es que alguien de las fuerzas especiales rusas, hubiera estado con anterioridad en el lugar, al menos un rato antes, y les pasara las coordenadas exactas de la ubicación que sería el blanco al que se quería atacar. Así funciona habitualmente en la mayoría de los casos. Esto quiere decir que los criminales del ejército de Putin, sabían incluso quiénes estaban en el lugar a la hora de atacarlos y qué estaban haciendo. Alguien podría decir que la otra opción es que lo sacaran de *Google Maps*, que también le puede dar las coordenadas. Pero en ese caso, los atacantes no hubieran sabido que ese era un lugar de reunión de periodistas extranjeros para cubrir la guerra en Ucrania. Es decir, esa opción hay que descartarla. Porque eso significaría que los atacantes hubieran elegido un lugar donde había civiles cenando, elegido por casualidad, sin saber quiénes se reúnen ahí ni qué hacían. Esa opción no puede ser considerada porque en una guerra, la ingenuidad no es buena consejera, para comprender los hechos, mucho menos todavía para sobrevivir.

Así que hay que saber que el ataque a la pizzería llena de civiles y de corresponsales extranjeros en la ciudad ucraniana de Krematorsk, no es de ninguna forma un error, ni un mal cálculo, ni un misil perdido, ni nada por el estilo. Es, por el contrario, un acto deliberado del gobierno de Putin con un mensaje muy claro: "No nos importan las vidas humanas, ni a cuántos tengamos que matar para alzarnos con nuestras pretensiones y nuestros objetivos". No hace falta que desde el Kremlin manden un comunicado con esas palabras. Ese es el mensaje y esa es la traducción del hecho. El ataque dejaría 11 muertos y al menos 60 civiles heridos. Entre los muertos hay al menos 4 menores de edad[448] [449].

---

[448] EURONEWS. Al menos 10 muertos y más de 60 heridos tras el bombardeo de una pizzería en Kramatorsk. 28 de junio de 2023. https://es.euronews.com/video/2023/06/28/ucrania-al-menos-8-muertos-y-mas-de-50-heridos-tras-el-bombardeo-de-una-pizzeria-en-kramat

[449] AGENCIA EFE. Sube a 11 el número de civiles muertos por ataque contra Kramatorsk. 28 de junio de 2023. https://www.youtube.com/watch?v=hpP-raZ__Cg

Entre los comensales se encontraba la escritora ucraniana Victoria Amelina, quien resultó gravemente herida por sufrir una fractura en el cráneo[450].

Victoria Amelina nació el 1 de enero de 1986, en la ciudad de Lviv, y al momento de la explosión, trabajaba documentando los crímenes de guerra cometidos por Rusia en Ucrania, según ha relatado el escritor colombiano Héctor Abad Faciolince, quien se encontraba sentado justo a su lado al momento de explotar el misil ruso. Amelina, de 37 años, después de varios libros y varias novelas publicadas, incluso de varios premios y reconocimientos obtenidos, al estallar la invasión a Ucrania, se dedicó al tema de la guerra y la invasión rusa. Su país la vería con un chaleco antibalas cubriendo de forma muy valiente distintas zonas del conflicto y dándole a conocer al mundo lo que sucedía en su país[451].

La desaparición de su amigo Volodímir Vakulenko, un joven escritor de literatura infantil, conmocionó a Amelina e hizo que ella se dedicara de lleno a buscar la verdad de qué había sucedido con él. Vakulenko decidió quedarse en la ciudad de Kapitolivka a cuidar su hija discapacitada, pero la ciudad fue tomada por las tropas rusas. Cuando esto sucedió, Volodímir Vakulenko fue secuestrado por los rusos y dado como desaparecido.

---

[450] DIARIO DEL NORTE. Exalto Comisionado para la Paz, periodista y escritor colombianos heridos en bombardeo contra restaurante en Ucrania. 27 de junio de 2023.
https://www.diariodelnorte.net/noticias/generales/mundo/exalto-comisionado-para-la-paz-periodista-y-escritor-colombianos-heridos-en-bombardeo-contra-restaurante-en-ucrania/
[451] INFOBAE. Ella es Victoria Amelina, la escritora ucraniana que resultó gravemente herida tras un bombardeo ruso a un centro comercial. 28 de junio de 2023. https://www.infobae.com/leamos/2023/06/28/ella-es-victoria-amelina-la-escritora-ucraniana-que-resulto-gravemente-herida-tras-un-bombardeo-ruso-a-un-centro-comercial/

Una nota de Infobae, publicada el 28 de junio de 2023, firmada por Santiago Díaz Benavides, cuenta así, lo que hizo Amelina a partir de allí: "Movida por la necesidad de descubrir la verdad, Amelina decidió que una vez que Kapitolivka fuera liberada, investigaría personalmente lo sucedido a Vakulenko. Se puso en contacto con la organización Truth Hounds (Sabuesos de la verdad), especializada en recopilar pruebas para casos de crímenes de lesa humanidad. Participó en cursos y capacitaciones virtuales y presenciales junto a fiscales, antropólogos y agentes de policía. Estudió detenidamente los estatutos de la Convención de Ginebra y los Tratados de Roma.

En septiembre pasado, cuando finalmente las fuerzas ucranianas liberaron Kapitolivka, Amelina se unió a un equipo de expertos para comenzar la investigación sobre la desaparición de Vakulenko y de otras cientos de personas. Consciente de que habría numerosos crímenes de guerra por descubrir, se adentró en el arduo trabajo de recopilar pruebas y testimonios.

Fue a través de la Policía de Kharkiv que Amelina descubrió que agentes de las fuerzas especiales rusas habían llevado al escritor en la noche del 24 de marzo de 2022 en un vehículo identificado con la característica "Z" de los invasores. Dos días después, se encontraron tres cámaras de tortura en la cercana localidad de Balakliia. En un bosque a las afueras de Izium, se descubrió una fosa común con cientos de cadáveres. Amelina estuvo presente en el lugar, preparando los cuerpos para su identificación y documentando sus características distintivas y prendas de vestir mediante fotografías.

El 28 de noviembre, los análisis de ADN confirmaron que el cadáver de Volodímir Vakulenko se encontraba en la fosa número 319 del infame cementerio colectivo en el bosque.

La incansable búsqueda de Amelina continuó. Visitó a los padres de Vakulenko y logró encontrar el diario que su amigo había estado escribiendo sobre la guerra y que enterró bajo un cerezo del patio minutos antes de ser secuestrado. Esta valiosa evidencia se sumaría a las pruebas que serían presentadas en el futuro juicio"[452].

Al momento de la explosión del misil ruso en la pizzería, a un lado de Victoria Amelina también se encontraban junto con el colombiano Sergio Jaramillo, quien ha sido Comisionado para el Proceso de Paz en Colombia, y actualmente integra la organización pacifista "Aguanta Ucrania", la periodista también colombiana Catalina Gómez Ángel y el escritor colombiano Héctor Abad Faciolince, a quien ya hemos nombrado. Todos ellos recibieron heridas sin mayores consideraciones[453][454].

El escritor Héctor Abad Faciolince, después de este atentado, diría en una entrevista a la Cadena colombiana Caracol que: "Ya sentíamos cerca el olor de la guerra, pero nunca pensamos que en un restaurante, lleno de civiles, de mujeres, de niños, también soldados había, hay soldados por todas partes en la región, pues que ahí con una bomba de precisión o un misil perfectamente teledirigido, a la hora en que más gente había en el restaurante, poco antes del

[452] INFOBAE. Ella es Victoria Amelina, la escritora ucraniana que resultó gravemente herida tras un bombardeo ruso a un centro comercial. 28 de junio de 2023. https://www.infobae.com/leamos/2023/06/28/ella-es-victoria-amelina-la-escritora-ucraniana-que-resulto-gravemente-herida-tras-un-bombardeo-ruso-a-un-centro-comercial/
[453] NOTICIAS RCN. En video: así quedó la pizzería en Ucrania donde colombianos fueron bombardeados. 27 de junio de 2023. https://www.noticiasrcn.com/internacional/video-de-bombardeo-ucrania-que-dejo-periodistas-heridos-448795
[454] BBC MUNDO. Quiénes son los tres colombianos que sobrevivieron el bombardeo a un restaurante en Ucrania (y qué se sabe hasta ahora del ataque). 28 de junio de 2023. https://www.bbc.com/mundo/articles/cedz79e11y2o

toque de queda, tiraran un misil contra, pues contra lo que más les duele: "la libertad".

"Ahí también se reúnen muchos corresponsables de guerra, o sea que era un poco… cuando no se gana una guerra con el ejército se intenta ganarla con el miedo, y con los civiles"" [455].

El presidente Zelenski había estado en una gasolinera muy cerca de esa ciudad el día anterior.

Como este libro se escribe mientras la guerra continúa, es decir, sobre temas y noticias en desarrollo, justo cuando acababa de escribir sobre este tema, se daba a conocer que Ucrania había detenido al "agente durmiente de Rusia", que brindó la ubicación exacta de la pizzería atacada con misiles[456].

Para este momento, había subido a 12 el número de civiles muertos en la pizzería, tres de ellos niños.

Mientras se maquetaba este libro, lamentablemente, se dio a conocer el 2 de julio de 2023 que la escritora ucraniana Victoria Amelina, había fallecido.

---

[455] NOTICIAS CARACOL. Sergio Jaramillo y Héctor Abad hablan de ataque al que sobrevivieron en Ucrania. 28 de junio de 2023.
https://www.youtube.com/watch?v=5K7caY8zyow
[456] EL MUNDO. Guerra Ucrania - Rusia, última hora | Rusia dice que mató a dos generales ucranianos, 50 oficiales y 20 mercenarios en el ataque de Kramatorsk. 30 de junio de 2023.
https://www.elmundo.es/internacional/2023/06/29/649cf805749fac0025a271f5-directo.html

ZAPORIYIA: UN PUNTO ROJO
QUE PUEDE SER LETAL

En la ciudad ucraniana de Zaporiyia se encuentra la central nuclear más grande de Europa. Un "accidente" allí seguramente sería mucho más grande y devastador que el que ocurrió en Chernóbil en abril de 1986.

Desde que comenzó la invasión, Rusia ha estado amenazando y utilizando el terror nuclear poniendo en peligro una y otra vez la central nuclear de Zaporiyia. De esta forma, Rusia amenaza la existencia de toda Ucrania y también de toda Europa.

He tratado largamente lo sucedido en Chernóbil en 1986 en el primer libro mío sobre la invasión a Ucrania. Consecuencias que hasta hoy perduran en el tiempo y que van desde territorios inhabitables aún hoy, hasta miles de muertes por cáncer, pasando por mutaciones que las autoridades rusas en aquel momento se esforzaron por ocultar. La mayoría de la humanidad no parece conocer lo que pasó realmente en Chernóbil ni las consecuencias reales. Tampoco parecen conocer las consecuencias potenciales si el combustible radiactivo hubiera llegado a las capas freáticas que hubieran contaminado los ríos de la región y con ello toda Europa se hubiera convertido en un territorio inhabitable.

Tal vez por ese desconocimiento, de la población civil, del ciudadano común, pero incluso de muchos políticos y gobernantes, en el presente, las noticias sobre los peligros reales que se ciernen sobre la planta nuclear de Zaporiyia hoy pasan inadvertidos, como si las amenazas rusas se produjeran en otro planeta, o en una región donde las consecuencias no afectarían a nadie.

Lo que sucede en la realidad es todo lo contrario. Las amenazas rusas sobre Zaporiyia son reales y han sido permanentes desde que comenzó la invasión. Y las consecuencias de un ataque o un "accidente" en esa planta atómica, podrían ser, repito, aún mucho mayores que las de Chernóbil.

También sobre el peligro existente en Zaporiyia hablé en mi primer libro sobre la invasión. Pero las amenazas rusas siguen, y el peligro ha continuado aumentando.

Esto ha llegado a tal punto, que el jueves 29 de junio de 2023, se publicaba en distintos medios internacionales de comunicación, cómo la población del lugar se prepara para un posible "accidente nuclear. Así, por ejemplo, el diario El País de España publicaba que: "La ciudad del sur de Ucrania acoge estos días ejercicios orientados a preparar a la población y a los cuerpos de seguridad ante la "amenaza real" de un desastre"[457].

La misma nota de El País, sostenía que: "Kiev ha denunciado en los últimos días que las tropas de ocupación han colocado explosivos en esas instalaciones y que tienen un plan para cometer un atentado terrorista. Estados Unidos no ve un peligro inminente de que Moscú vaya a hacer explotar la central. Miembros del Organismo Internacional de la Energía Atómica (OIEA) no observaron el pasado 15 de junio durante una visita que

---

[457] EL PAÍS. Así le hemos contado el día 491 de la guerra de Ucrania. 29 de junio de 2023. https://elpais.com/internacional/2023-06-29/guerra-ucrania-rusia-ultimas-noticias-en-directo.html

hubiera minas colocadas en el tanque que sirve para refrigerar los reactores"[458].

La amenaza, y llegado el caso un ataque a la central nuclear de Zaporiyia, es algo con lo que cuenta Putin en su catálogo del terror, si llegado el caso termina perdiendo la guerra en el plano bélico con armas convencionales.

Un ataque a la Central de Zaporiyia, en la mente de Putin y en los planes del Kremlin, seguramente sería, según ellos, algo menos escandaloso, costoso políticamente y menos comprobable, en cuanto al culpable, que un ataque nuclear táctico sobre alguna ciudad o región ucraniana.

Ya todos conocemos la estrategia permanente del Kremlin de golpear, atacar, asesinar y esconder la mano.

Un problema que hace que permanezca la amenaza rusa sobre la central nuclear de Zaporiyia es que la OTAN y Estados Unidos, no le hayan advertido a Rusia lo suficientemente claro y fuerte, de que cualquier ataque a esa planta atómica sería considerado un ataque a los países miembros de la OTAN, y por lo tanto, tendría una respuesta conjunta por parte de los miembros de la Alianza Atlántica. Y es que un ataque a la planta nuclear de Zaporiyia no tendría consecuencias solo para Ucrania, las tendría para toda Europa.

---

[458] Ídem.

LA REBELIÓN DEL GRUPO WAGNER

Cuando Putin no lo esperaba, ni siquiera lo soñaba, el Grupo de Mercenarios llamado Wagner, el mismo que él financió durante largos años, pegó la vuelta de Ucrania, donde combatía, para internarse en territorio ruso, iniciando un levantamiento armado, que desafiaría al centro del poder.

El desafío y la revuelta era el corolario de meses de reclamos públicos de parte de Yevgeny Prigozhin, el dueño y líder del Grupo Wagner, quien a su nombre y el de sus hombres le había espetado una y otra vez al ministro de Defensa ruso, Serguéi Kuzhuguétovich Shoigú, que a sus hombres en el frente de batalla les faltaban municiones, equipos adecuados, provisiones.

Es que cuando estás en el frente de combate, o en cualquier situación límite, los discursos no cuentan. No te resuelven los problemas. Si te dicen que las balas que necesitas ya te las van a enviar, que llegaran en unos días, que están viendo de dónde las sacan o cómo te las mandan, esto no va a hacer que el que has hecho tu enemigo y tienes en frente, decida darte tregua porque no tienes municiones. Tampoco te puedes poner a descansar y plantearle al enemigo una tregua por un rato porque no tienes balas. Algo que al parecer, para los burócratas del Kremlin no eran voces a las que tuvieran que prestarles atención, o simplemente, reclamos que no les importaron.

La gota que colmó el vaso, sería, según Prigozhin, un bombardeo realizado con misiles, por tropas rusas, sobre los campamentos donde el Grupo Wagner tenía a sus efectivos combatiendo, teniendo como resultado la muerte de muchos de ellos. Prigozhin decidió acusar públicamente al Ministerio de Defensa Ruso de ser el responsable del ataque, en particular a Serguéi Shoigú, el ministro de Defensa.

Denunciando estas razones, emprendió la marcha hacia el interior del territorio ruso, con miles de sus hombres- Así, el viernes 23 de junio (2023) Prigozhin publicó una serie de videos, con los cuales anunció el inicio de la rebelión y la noticia de que sus tropas ya marchaban hacia el interior de Rusia. En uno de esos videos, Prigozhin dijo que la justificación del Kremlin para invadir Ucrania se basó en mentiras inventadas por los altos mandos del ejército[459]. Es decir, el desafío era total.

El líder del Grupo Wagner, además, amigo de Putin, no sólo estaba desafiando su poder, y a los principales mandos militares responsables de la guerra, sino que además ponía en entredicho las verdaderas causas que tuvo Rusia para invadir a Ucrania.

Prigozhin entonces, comenzando la marcha hacia Moscú, dijo textualmente: "Aquellos que destruyeron a nuestros muchachos, que destruyeron las vidas de muchas decenas de miles de soldados rusos, serán castigados. Pido que nadie ofrezca resistencia"[460].

---

[459] BBC MUNDO. Rusia: 5 claves para entender el desafío del Grupo Wagner a Putin con el envío de sus tropas hacia Moscú. 25 de junio de 2023. https://www.bbc.com/mundo/noticias-internacional-66011562
[460] BBC MUNDO. Rusia: 5 claves para entender el desafío del Grupo Wagner a Putin con el envío de sus tropas hacia Moscú. 25 de junio de 2023. https://www.bbc.com/mundo/noticias-internacional-66011562

En su avance hacia el interior del territorio ruso, primero se dio a conocer el derribo de un helicóptero ruso por parte de las defensas antiaéreas del Grupo Wagner. Una muestra de la que situación iba en serio. Para los que, con una mirada superficial, habían comenzado a hablar de un montaje, sin poder creer ellos tampoco lo que estaba pasando.

Con el paso de las horas comenzaron los rumores y las especulaciones sobre Putin. ¿Dónde estaba? ¿Si había salido de Moscú? ¿Si estaba escondido? ¿Por qué no aparecía? Pregunta que a esas horas se hacían muchos en el mundo, entre ellos muchos comunicadores y líderes de opinión, sobre todo los que son dueños de un temperamento más ansioso, y los que no conocen bien cómo se produce un Golpe de Estado. Aunque Prigozhin se había encargo de decir que no lo era.

Para los que especulaban que esto era un montaje de Putin, y no saben diferenciar sobre una película, un show, un montaje o lo que sucede en la realidad, un buen patrón que pueden tener en cuenta para casos como estos, es que en general, en un montaje no hay muertos reales. Cuando ya sobre el terreno hay muertos de verdad, en la enorme mayoría de los casos, eso ya no es un montaje.

Para el caso falló el Servicio Federal de Seguridad ruso, (FSB) el organismo sucesor de la poderosa y temida KGB. Falló el Departamento Central de Inteligencia (GRU) ruso, fallaron todas las alarmas y los timbres. Pero también hubo un teléfono descompuesto que subestimó los reclamos del Grupo Wagner desde el frente. Los reclamos de falta de municiones caían sobre los escritorios de los burócratas rusos como si fueran ladridos de los perros a la luna. Ellos estaban bien acomodados en sus despachos, y nada les decía por qué, los reclamos de un grupo de mercenarios, contratados para ir a la guerra debían tomarse en serio.

Así se llegó a un estado en donde seguramente el mismo Putin, no sabía hasta dónde podía llegar la situación.

La mejor muestra de ello es que incluso, antes de que las tropas del Grupo Wagner llegaran a la ciudad de Rostov del Don y la tomaran, en Moscú el gobierno de Putin ya se había encargado de rodear la Plaza Roja con tanques de guerra, como comenzar apresuradamente a cerrar las entradas a la ciudad con barricadas y defensas militares.

Luego las tropas del Grupo Wagner tomarían la ciudad de Rostov del Don, al sur de Rusia, sin encontrar resistencia militar, siendo recibidos con apoyo popular de parte de los civiles. Un hecho que, al menos una de las lecturas que podría tener, es la existencia de una fuerte desconformidad militar y de la población por la guerra en Ucrania.

Mucho se ha hablado de que Rusia no tenía defensas en el avance de las tropas del Grupo Wagner en su trayecto desde la frontera hacia Moscú. Si bien el Grupo Wagner no encontraba resistencia militar por donde avanzaba, esto no significa necesariamente que esas defensas de parte del ejército ruso no existieran. Si el mismo camino fuera recorrido por columnas de un ejército extranjero, probablemente esa resistencia hubiera aparecido en forma muy decidida. Lo más probable que haya ocurrido es que o las guarniciones militares que el Grupo Wagner fue encontrando a su paso, o que podrían haber salido a su encuentro, no lo hicieron, porque no están conforme con los resultados que Rusia tiene en el campo de batalla en la guerra en Ucrania, o incluso peor, ni siquiera están de acuerdo con los motivos de la "operación militar especial" de Putin en Ucrania.

Las tropas del Grupo Wagner llegarían a la ciudad de Rostov del Don la noche de ese mismo viernes. Los habitantes de la ciudad amanecerían con filas de camiones con soldados en sus calles, con tanques de guerra como parte del paisaje y con hombres con sombreros de los que usan los comandos y de caras adustas en las principales calles de la ciudad[461].

Desde allí, Prigozhin anunció que establecerían en esa ciudad "su propio servicio de prensa" y a través de un video publicado en redes sociales exigió que fueran a esa ciudad a hablar con él, el ministro de Defensa Serguéi Shoigú y el general Valeri Guerásimov, jefe del Estado Mayor. Además, desde esa ciudad anunció que marcharían hacia Moscú[462].

Los anuncios de Prigozhin seguramente produjeron en el gobierno de Putin más zozobra de la que se podía oler desde el mundo exterior.

Después se sabría, que entre las verdaderas intenciones del líder del Grupo Wagner, estaba capturar al ministro de Defensa Sergei Shoigu, para quienes aún hoy todavía dudan de la verdadera magnitud del levantamiento armado[463].

Hombre de acción Prigozhin había decidido "ir a buscar" al ministro de Defensa ruso, a quien acusaba de ser el responsable de haber ordenado el ataque a sus mercenarios.

---

[461] CANAL 26. El grupo Wagner tomó la ciudad de Rostov. 25 de junio de 2023. https://www.youtube.com/watch?v=sWezcRfPpuM
[462] Ídem.
[463] INFOBAE. Revelaron más detalles de los planes detrás del motín del Grupo Wagner: "Quería capturar al ministro de Defensa". 28 de junio de 2023. https://www.infobae.com/america/mundo/2023/06/28/revelaron-mas-detalles-de-los-planes-detras-del-motin-del-grupo-wagner-queria-capturar-al-ministro-de-defensa/

Seguramente, en cuanto al jefe del Estado Mayor, también requerido allí por Prigozhin, su destino no hubiera sido diferente.

Entonces allí, a la nula resistencia militar a su levantamiento, se le sumó un nuevo fenómeno, y fue la adhesión popular a sus tropas, manifestada por la gente de la ciudad en las calles.

Prigozhin tomó sin problemas la ciudad de un millón de habitantes, que además cuenta con un aeropuerto militar.

Desde el Kremlin se ordenó atacar por aire las columnas de transporte de tropas y de tanques del Grupo Wagner.

De allí, una columna de tropas del Grupo Wagner se dirigió hacia la ciudad de Voronezh, que tiene unos 960 mil habitantes. También la tomarían sin problemas y sin encontrar resistencia. De allí decidieron continuar rumbo a Moscú. En el camino serían atacados por aviones y helicópteros del ejército ruso. El resultado total de los ataques al Grupo Wagner sería de 6 helicópteros y un avión militar derribados. Todos del ejército de Putin desde luego.

Es que las tropas del Grupo Wagner no tienen nada de improvisados, y después se sabría que venían preparando desde ya hacía unos días el levantamiento, incluyendo el acopio de municiones, armas y equipos de guerra, entre los que se incluían modernas baterías antiaéreas.

La marcha de los mercenarios hacia Moscú se producía de una manera increíblemente rápida. El mundo entero miraba expectante el desarrollo de la insurrección armada dentro de Rusia. Mientras tanto, por órdenes del Kremlin, se construían barricadas y trincheras para impedir la llegada del Grupo Wagner a Moscú. Algunas de estas posiciones se trasmitían casi en vivo en redes sociales, en un mundo donde se publica casi al instante lo que sucede, incluyendo una contienda o un levantamiento militar como este.

Mientras tanto, en la prensa internacional había especulaciones de todo tipo. Los más ansiosos y aventurados se preguntaban si podría ser el fin de Putin.

Así, las tropas de Prigozhin llegaron a posicionarse a 200 kilómetros de Moscú. En esos momentos, lo más probable es que el temple habitual ostentado por Putin fuera como un viejo traje colgado en un armario. Desde el gobierno ruso se comenzaron a intentar distintas gestiones para para al Grupo Wagner, que de seguir su marcha, llevaría la guerra a las puertas de Moscú.

Sergei Surovikin, comandante de las Fuerzas Aeroespaciales rusas, quien estuvo destinado en Ucrania, a través de un video, publicó un mensaje para el Grupo Wagner, donde decía que: "Antes de que sea demasiado tarde... deben someterse a la voluntad y orden del presidente del pueblo de la Federación Rusa. Detengan las columnas y devolverlas a sus bases permanentes"[464].

Desde el Ministerio de Defensa ruso también se lanzaba un llamado dirigido a los integrantes del Grupo Wagner, donde se decía que "fueron engañados y arrastrados a una aventura criminal".

Es decir, desde Moscú se lanzaban toda clase de señales y se tomaban toda clase de medidas antes de que los mercenarios del Grupo Wagner llegaran a la capital, y se

---

[464] BBC MUNDO. Rusia: 5 claves para entender el desafío del Grupo Wagner a Putin con el envío de sus tropas hacia Moscú. 25 de junio de 2023. https://www.bbc.com/mundo/noticias-internacional-66011562

iniciaran enfrentamientos armados en pleno centro de Moscú, si las tropas de Prigozhin llegaban hasta allí.

Para todos los efectos prácticos, Prigozhin desafió el poder de Putin, aunque por estrategia, por su propia supervivencia y la de sus hombres dijera una y otra vez que no, y que sólo se había revelado en defensa del Grupo Wagner.

Los mensajes de Prigozhin en este sentido durante el levantamiento fueron cruzados y confusos. Por un lado, pidió de forma muy directa la deposición del ministro de Defensa Serguéi Shoigú y del jefe del Estado Mayor, el general Valeri Guerásimov. Y si bien dijo una y otra vez "Esto no es un Golpe de Estado", es una "Marcha por la justicia", hubo otras frases de Prigozhin que dejaban entrever que su objetivo en realidad era ir mucho más allá. Por ejemplo, cuando dijo:

"La mayoría de los militares nos apoyan", "Acabamos de cruzar las fronteras estatales en todas direcciones", "Estamos entrando a Rostov", "Sólo combatimos contra profesionales, pero si alguien se pone en nuestro camino lo destruiremos", "Estamos yendo más allá, vamos a ir hasta el final", etc. Todo esto mientras avanzaba hacia Moscú.

Mientras esto sucedía, la policía junto con las fuerzas especiales rusas allanaba las oficinas del Grupo Wagner en San Petersburgo[465].

[465] AGENZIA NOVA. Las autoridades rusas registran las oficinas de Wagner en San Petersburgo. 24 de junio de 2023. https://www.agenzianova.com/es/news/Las-autoridades-rusas-allanan-las-oficinas-de-Wagner-en-San-Petersburgo/

A su vez, el gobierno de Putin levanta cargos criminales contra Prigozhin, acusándolo "de organizar una rebelión armada".

Mientras tanto, las tropas de Prigozhin continuaban su marcha hacia Moscú.

En medio de todo eso, apareció Putin públicamente para dar un discurso, donde acusó al líder del Grupo Wagner de "Traición". Las palabras de Putin dejaban muy claro la absoluta gravedad de las circunstancias.

Con tono severo y un carácter de urgencia, Putin diría textualmente: "Hago un llamamiento a los ciudadanos de Rusia, al personal de las Fuerzas Armadas, los servicios de seguridad y de aplicación de la ley, los combatientes y comandantes que actualmente luchan en sus posiciones, repeliendo los ataques enemigos, haciéndolo heroicamente. Hablé con los comandantes en todos los frentes la pasada noche. Hago un llamamiento también a aquellos que fueron arrastrados engañosamente a la aventura criminal, empujados hacia el grave delito de un motín armado.

Rusia hoy está liderando la guerra más difícil para su futuro, repeliendo la agresión de los neonazis y sus manipuladores. Toda la maquinaria militar, económica e informativa de Occidente nos apunta. Luchamos por la vida y la seguridad de nuestro pueblo. Por nuestra soberanía e independencia. El derecho a seguir siendo Rusia, un Estado con mil años de historia. Es una batalla donde se decide el destino de nuestro pueblo. Requiere la unión de todas nuestras fuerzas, la unidad, la consolidación y la responsabilidad, todo lo demás que nos debilita debe ser dejado de lado, nuestros enemigos externos están utilizando cualquier argumento para socavarnos desde dentro.

Pero en su discurso, Putin dejaría ver de manera severa cómo veía la crisis diciendo: "Por lo tanto, las acciones que dividen nuestra unidad son una traición a nuestro pueblo, a nuestros hermanos de combate que luchan ahora en el frente. Es una puñalada en la espalda de nuestro país y a nuestra gente. **Exactamente este tipo de motín se realizó en 1917** cuando el país estaba en la Primera Guerra Mundial, pero su victoria fue robada. Las intrigas y discusiones a espaldas del Ejército resultaron ser la mayor catástrofe, la destrucción del Ejército y del Estado, la pérdida de enormes territorios, lo que resultó en una tragedia y una guerra civil. Los rusos estaban matando a los rusos, los hermanos matando a los hermanos. Pero los beneficiarios fueron varios políticos de fortuna y potencias extranjeras que dividieron el país y lo desgarraron en partes"[466].

Putin continuaría su discurso, pero al comparar la situación con la revolución de 1917, que terminó con el gobierno de los Zares en Rusia, estaba confirmando de manera muy clara que con el levantamiento del Grupo Wagner, su gobierno estaba en grave peligro.

Hasta allí, la tensión continuaba y las tropas del Grupo Wagner continuaban su marcha hacia Moscú, hacia un enfrentamiento seguro.

Según lo difundido después por el gobierno de Putin, una llamada del presidente de Bielorusia, Aleksandr Lukashenko, ofreciéndose como mediador para negociar con Prigotzin detendría la marcha de los Wagner hacia Moscú, para llegar posteriormente a un acuerdo.

---

[466] EL PERIÓDICO. El discurso íntegro de Putin contra la rebelión del grupo Wagner: "Han traicionado a Rusia, y pagarán por ello". 24 de junio de 2023. https://www.elperiodico.com/es/internacional/20230624/putin-califica-alzamiento-traicion-promete-89086137

El gobierno de Putin retiraría los cargos penales contra los mercenarios del Grupo Wagner y Prigozhin se exiliaría en Bielorusia.

Todo esto mientras la desilusión caía sobre el mundo occidental, y se extinguía la esperanza de que el peligro que significa Putin para toda la humanidad sea apagado desde adentro.

Las verdaderas expectativas de Prigozhin

Creer que los objetivos que se limitaban al haber iniciado una carrera alocada, decidida por impulso, para capturar o al menos deponer al ministro de Defensa y al jefe del Estado Mayor es de una ingenuidad bastante grande. También es no saber cómo funciona un Golpe de Estado. Prigozhin no es un novato, tampoco es un líder militar que se maneja por impulsos sin calcular las consecuencias reales de sus movimientos. Tampoco es alguien que no sabe a lo que se arriesga. Iniciar un levantamiento militar dentro de Rusia, con caravanas de soldados y tanques de guerra, mientras en el camino se van derribando helicópteros y aviones es jugársela al todo o nada.

Según Prigozhin, en su marcha contaba con 25 mil mercenarios. Algunas fuentes afirman que el grupo actualmente cuenta con al menos 50 mil mercenarios.

Comenzar una marcha militar insurreccional hacia Moscú, a lo loco, sin mayores expectativas que para ser escuchados, o para mostrar un gran enojo, y varias valederas razones, teniendo como objetivo solamente la deposición de dos muy altos funcionarios del ejército, y terminar frenando después de haber llegado a 200 kilómetros de Moscú, para terminar aceptando el exilio y un destino incierto para todo el Grupo Wagner, que desde luego incluirá la cancelación de sus contratos, no tiene mucho sentido.

Lo que sí tendría sentido, quizás lo único que tendría sentido, es que Prigozhin tenía datos, había realizado negociaciones con otros líderes militares rusos, que le habían prometido que en su marcha hacia Moscú, o al menos durante el transcurso de ella, se le unirían a la rebelión militar, para terminar dando un Golpe de Estado y sacar a Putin del poder.

Un dato que refuerza ampliamente esta hipótesis, es que el gobierno de Estados Unidos, sabía que el general Surovikin, quien es comandante de las Fuerzas Aéreas rusas tenía conocimiento con anterioridad de que se produciría el levantamiento armado. Así lo publicaría el prestigioso diario New York Times el día 27 de junio de 2023[467].

La nota del New York Times sostiene que probablemente otros generales rusos también sabían del levantamiento armado.

Ahora bien, ¿Por qué desde el gobierno de Estados Unidos, a través de sus funcionarios de inteligencia filtrarían una información de ese tamaño? Por casualidad no es. Sin intención, no es. Un invento para sembrar dudas entre las principales líneas militares de Putin tampoco parecería serlo. Resultaría ingenuo creer que un líder entrenado en la KGB como Putin compraría una información semejante por pura paranoia y sin investigar se fuera a sentir perseguido, viera sobras donde no las hay y depusiera al

---

[467] THE NEW YORK TIMES. General ruso sabía de los planes de rebelión del jefe mercenario, dicen funcionarios estadounidenses. 27 de junio de 2023. https://www.nytimes.com/2023/06/27/us/politics/russian-general-prigozhin-rebellion.html

general Surovikin por las dudas. Podría ser un buen intento. Pero a ese nivel, no es de esperarse que los funcionarios de inteligencia norteamericanos fueran a subestimar a Putin de esa manera. Por lo que todo indicaría que lo más probable, es que esa información sea completamente cierta.

Siempre tuve la teoría de que en la invasión a Irak, producida entre el 20 de marzo y el 1 de mayo de 2003, por la forma en que fueron cayendo distintas guarniciones militares del ejército iraquí, sin presentar resistencia, varios generales de las divisiones del ejército de Sadam Husein habían sido comprados previamente por la inteligencia norteamericana.

Espíritu para oponerse a la invasión norteamericana entre los iraquíes había de sobra. Lo dejaron claro la multiplicidad de atentados y la resistencia producida durante los años posteriores. Sin embargo, los generales de Sadam Husein no pelearon.

Sobre esta hipótesis no hay datos concretos ni nunca se ha hablado nada al menos en algún medio de comunicación. Pero le da sentido a la falta de resistencia del ejército iraquí, cuando las tropas norteamericanas entraron a Bagdad, cuando tanto el ejército como la sociedad iraquí sentían un profundo rechazo, desprecio y hasta odio contra los norteamericanos, haciendo todo esto siendo promovido desde la propaganda oficial del gobierno de Husein.

Algo similar podría haber sucedido con el levantamiento del Grupo Wagner, y sobre todo con el apoyo que cualquier lógica militar, diría que esperaba Prigozhin.

La teoría de que Prigozhin marchó a lo loco hacia Moscú, a toda carrera hacia el fracaso, pretendiendo enfrentar él solo con su grupo de mercenarios a todo el ejército ruso y a todas las fuerzas de seguridad de Putin, no tiene mucho sentido. No se condice con el perfil de Prigozhin. Un soldado con esas características ya se hubiera muerto hace mucho en sus primeros combates. Sin embargo, Prigozhin sigue allí, después de que el Grupo Wagner hubiera actuado en muchos países y en muchos combates. Aunque, hay que decirlo claramente, ahora tiene una cruz en la espalda, o en la cabeza, la que lo señala desde una mira telescópica con la sentencia para su muerte de parte de Putin. Porque cualquier que tenga un perfil adecuado de Putin, sabe que cuando pueda, apenas tenga la oportunidad de implementar el asesinato de Prigozhin lo va a mandar a matar.

Entonces, lo único que tendría sentido es que Prigozhin tenía algunos acuerdos con algunos generales rusos y jefes militares que le habrían asegurado que se unirían a su rebelión armada.

Cualquier buen líder militar sabe perfectamente que no puede comenzar una rebelión armada, dentro o frente a un ejército, sin tratar de llevar su apuesta hasta el final, porque de no triunfar, tiene que saber que será severamente castigado y que muy probablemente el castigo sea su muerto.

La compra de alguno de estos generales rusos, por parte del gobierno norteamericano, o al menos, el conocimiento de que ellos sabían de la rebelión de Prigozhin y no actuaron, es lo único que hace entendible, la filtración desde el gobierno norteamericano de que Sergei Surovikin tenía conocimiento de levantamiento del Grupo Wagner. Porque desde luego saben perfectamente, que al publicar esta información, le están entregando al general Surovikin a Putin, que no se va a quedar lamentando nada más que uno de sus generales más connotados, que ha estado destinado en Ucrania, fue parte activa, o silenciosa, de una conspiración como la que inició el líder del Grupo Wagner. Lo que haría más entendible que fuentes de la inteligencia norteamericana filtraran la información sobre el general Surovikin, es que él no ha cumplido un trato, el de apoyar al Grupo Wagner y se haya arrepentido a último momento.

Todo esto haría que Putin iniciara, después de la rebelión armada de Prigozhin, una purga en el ejército ruso.

Después de la publicación por parte del New York Times de esta noticia sobre el general Surovikin, las noticias sobre su destino eran contradictorias. Mientras algunas fuentes afirmaban que había sido detenido, algunos medios rusos publicaban declaraciones de su hija diciendo que estaba en contacto con su padre, que no había sido detenido y que estaba todo bien.

Hasta el momento de la publicación de este libro, el paradero del general Surovikin era incierto[468] [469] [470].

[468] INFOBAE. En Rusia aseguran que el general que conocía el complot militar de Yevgeny Prigozhin está detenido. 28 de junio de 2023. https://www.infobae.com/america/mundo/2023/06/28/en-rusia-aseguran-que-el-general-que-conocia-el-complot-militar-de-yevgeny-prigzhin-esta-detenido/
[469] LA SEXTA CLAVE. ¿Dónde está Serguei Surovikin? Las hipótesis sobre el paradero del 'general Armagedón': detenido o purgado por Putin. 29 de junio de 2023. https://www.lasexta.com/programas/lasexta-clave/donde-esta-serguei-surovikin-hipotesis-paradero-general-armagedon-detenido-purgado-putin_20230629649dddaa3edc3a0001f374af.html
[470] INFOBAE. La hija del general ruso Sergei Surovikin negó que haya sido detenido por traicionar a Putin: "Está en su lugar de trabajo". 29 de junio de 2023. https://www.infobae.com/america/mundo/2023/06/29/la-hija-del-general-ruso-sergei-surovikin-nego-que-haya-sido-detenido-por-traicionar-a-putin-esta-en-su-lugar-de-trabajo/

¿En qué otros países ha estado Wagner?

El Grupo Wagner, una compañía privada de mercenarios, contratados por Putin, creada por Yevgeny Prigozhin, un delincuente que fue condenado por robo en 1979, cuando tenía 18 años, en su ciudad natal, San Petersburgo, la misma donde nació Putin.

En 1981 sería sentenciado a 13 años de prisión por robo, fraude y otros delitos, pero fue indultado en 1988 y quedó en libertad en 1990, cuando todavía existía la Unión Soviética. Habría pasado 9 años en prisión.

Al salir de la cárcel se dedicaría a vender "perros calientes" y le iba muy bien, contaría él mismo; después que ganaban mil dólares al mes, lo cual, al ser cambiado por rublos, "era una montaña, mi madre apenas podía contarlo todo"[471], diría él.

Después, pasaría a ser dueño de supermercados y posteriormente de restaurantes. Hacia el año 2002, cuando Putin ya era presidente, la fama de uno de los restaurantes de Prigozhin hizo que concurriera ahí el mismo Putin. La calidad de su comida también hizo que Putin se convirtiera en habitué del lugar, haciéndose amigo de Prigozhin. Es decir, la amistad entre Putin y Prigozshin, databa al menos de hacía 21 años. Así Prigozhin fue ganándose la confianza del líder ruso, hasta terminar siendo conocido como el "cocinero de Putin", o "el chef de Putin".

---

[471] SEMANA. Pasó 10 años en la cárcel, fue vendedor de perros calientes y hoy es el gran apoyo militar de Putin. 24 de enero de 2023. https://www.semana.com/mundo/articulo/paso-10-anos-en-la-carcel-fue-vendedor-de-perros-calientes-y-hoy-es-el-gran-apoyo-militar-de-putin/202316/

En el 2014 cuando el gobierno de Putin decidió anexarse Crimea, fundaron el Grupo Wagner, un grupo paramilitar que haría el trabajo sucio para Putin en diversas partes del mundo.

Desde entonces, el Grupo Wagner ha estado combatiendo en Siria, en Libia, en Sudán, en Mali, en la República Centroafricana, entre otros países.

Wagner no es el único grupo armado al servicio de Putin en la actual Rusia.

Putin da a conocer cómo ha financiado al grupo Wagner

Después de haberlo negado sistemáticamente durante años, y luego de haber sido traicionado por Prigozhin, finalmente Putin daría a conocer cómo, desde el Estado ruso, se había financiado al Grupo de Mercenarios Wagner.

Hay que tener muy en cuenta lo que significa esta jugada de ajedrez de Putin. Está sacrificando su cara frente al mundo al asumir que sí ha financiado desde siempre, desde su fundación al Grupo Wagner, lo cual lo puede hacer objeto de diversas demandas por muchos crímenes en el orden internacional, para consolidar con mucha fuerza un mensaje hacia el interior de Rusia, y ese mensaje es el de la traición.

El blanqueo del financiamiento del Grupo Wagner, de parte de Putin, tiene como objetivo decirle a la población rusa, "fuimos traicionados por los mismos a los que les pagábamos".

"Entre mayo de 2022 y mayo de 2023 el Estado asignó 86,000 millones de rublos (unos 1,014 millones de dólares) para el mantenimiento del Grupo Wagner, daría a conocer Putin, en un mensaje en televisión"[472].

También daría a conocer que Prigozhin, jefe de Wagner y de la de la compañía Concord, ganó en un solo año, 80,000 millones de rublos que representan unos 945 millones de dólares, por servicios de provisiones de comida para el Ejército ruso[473].

Mientras tanto en Ucrania

El levantamiento militar del Grupo Wagner implicó el abandono del combate en Ucrania, de donde sus mercenarios simplemente se fueron. Esto fue tratado de ser aprovechado por las fuerzas del ejército ucraniano, que tuvo avances a partir de allí, aunque limitados, en distintos frentes. Después de esto, el ejército ucraniano anunció avances de más de un kilómetro en la zona de Bajmut, sobre todo en el frente sur y en el frente este[474].

---

[472] SWISS INFO.CH. Putin admite que la financiación de Wagner corría plenamente a cargo del Estado ruso. 27 de junio de 2023.
https://www.swissinfo.ch/spa/rusia-rebeli%C3%B3n_putin-admite-que-la-financiaci%C3%B3n-de-wagner-corr%C3%ADa-plenamente-a-cargo-del-estado-ruso/48622942
[473] ARISTEGUI NOTICIAS. Putin: Financiación de Wagner corría a cargo de gobierno ruso. 27 de junio de 2023.
https://aristeguinoticias.com/2706/mexico/putin-financiacion-de-wagner-corria-a-cargo-de-gobierno-ruso/
[474] EFE. Ucrania anuncia avances de más de 1 kilómetro junto a Bajmut, en el este, y en el frente del sur. 29 de junio de 2023.
https://efe.com/mundo/2023-06-29/guerra-ucrania-situacion-frentes-este-y-sur/

También, la viceministra de Defensa de Ucrania, Hanna Maliar, daría a conocer que en la región comprendida en el eje Rivnopil-Volodine, el ejército ucraniano le ha infringido grandes pérdidas al ejército ruso[475] [476].

---

[475] INFOBAE. Ucrania anunció nuevos avances cerca de Bakhmut y otros territorios ocupados por Rusia en el sur. 29 de junio de 2023. https://www.infobae.com/america/mundo/2023/06/29/ucrania-anuncio-nuevos-avances-cerca-de-bakhmut-y-otros-territorios-ocupados-por-rusia-en-el-sur/
[476] EFE. Ucrania anuncia avances de más de 1 kilómetro junto a Bajmut, en el este, y en el frente del sur. 29 de junio de 2023. https://efe.com/mundo/2023-06-29/guerra-ucrania-situacion-frentes-este-y-sur/

EL GRUPO WAGNER SERÁ DESMANTELADO

Después del alzamiento militar del Grupo Wagner su destino es incierto. Al menos hasta el momento de la publicación de este libro.

Desde el gobierno ruso, como parte del trato para que depusieran el alzamiento y dejaran de marchar hacia Moscú, se les levantaron los cargos penales a todos sus integrantes, desde luego también a Prigozhin. También se les ofreció incorporarse al ejército regular.

Para comenzar, ya no sería utilizado en la guerra de Ucrania, lo cual desde luego es algo bueno para los ucranianos.

En cuanto a la suerte de su líder, seguramente Putin va a mandarlo a matar. Algo que él seguramente sabe perfectamente. Por eso después del alzamiento se ha dicho que está en una "casa sin ventanas" y en una locación desconocida, en Bielorrusia, a donde acordó exiliarse.

En Bielorrusia no tiene ninguna garantía real, puesto que el presidente, Aleksandr Lukashenko, es amigo y aliado militar de Putin. Esto a pesar de que ha sido el mismo Lukashenko, quien después de las negociaciones para que los miembros del Grupo Wagner levantaran su insurrección, dijo que él mismo "convenció a Putin de no matar a Prigozhin"[477]. Lo que estaba diciendo Lukashenko,

---

[477] LA TERCERA. "Convencí a Putin de no matar" a Prigozhin: Lukashenko entrega detalles de su mediación con líder mercenario. 27 de junio de 2023. https://www.latercera.com/la-tercera-pm/noticia/convenci-a-putin-

también con toda claridad, es que Putin le había "sugerido" matar a Prigozhin[478].

de-no-matar-a-prigozhin-lukashenko-entrega-detalles-de-su-mediacion-con-lider-mercenario/J3SOZTR7JBHBFBCY4CTFABK7H4/

[478] CUBAENCUENTRO. Lukashenko dice que Putin sugirió matar a Prigozhin. 28 de junio de 2023. https://www.cubaencuentro.com/internacional/noticias/lukashenko-dice-que-putin-sugirio-matar-a-prigozhin-342635

LA DEBILIDAD DE PUTIN DESPUÉS DEL ALZAMIENTO

El levantamiento armado del grupo de mercenarios conocido como Wagner puso en jaque a Putin como nunca antes en sus 23 años en el gobierno. A tal punto lo dejó debilitado, que un informe interno del gobierno de la Gran Bretaña hace referencia a la posible balcanización de Rusia, y a que podría existir un proceso de desintegración.

Por lo que le sugiere a su propio gobierno que debe preparase para un posible "colapso" del Estado ruso. Esto podría producirse "después del fallido golpe de Estado, en un proceso que será tan rápido como el motín"[479], señala el documento.

Según menciona una publicación del diario Clarín de Argentina, el documento, destacaría que: "Al no tener las fuerzas de Wagner resistencia, los británicos creen que "está naciendo algo nuevo" entre las tropas rusas, probablemente contra sus altos mandos. No hay suboficiales en el ejército ruso. En cada una de sus tomas de las dos ciudades en su avanzada hacia Moscú, nadie se opuso a Wagner. Todo parece indicar que los soldados rusos están con los mercenarios"[480].

---

[479] CLARÍN. Un informe del gobierno británico advierte sobre la "desintegración" de Rusia tras el motín del grupo Wagner. 26 de junio de 2023. https://www.clarin.com/mundo/informe-gobierno-britanico-advierte-desintegracion-rusia-motin-grupo-wagner_0_qDhhLcOJqc.html
[480] Ídem.

También dicho material de inteligencia británico, señala que: "En Rostov on Don, el lugar donde se inició el motín, se encuentra la base militar central para la invasión rusa a Ucrania y la sede de sus fuerzas en el frente de la guerra. En Voronezh nadie resistió a Wagner y la gente los aplaudía a su paso"[481].

La nota del diario de mayor tiraje en la Argentina (unos 500 mil ejemplares impresos) también destaca las afirmaciones de John Foreman, un ex agregado de defensa británico en Moscú, quien dijo que "la posibilidad de que Prigozhin derrocara a Vladimir Putin se clasificaba "como el peor de los escenarios". Hay que tener cuidado con lo que se desea. Prigozhin no es un demócrata liberal amante de la paz. Es un fascista""[482], alertó. Foreman, que se fue de Moscú el año pasado, sugirió que la velocidad de los hechos tomó por sorpresa a todos los diplomáticos occidentales y europeos. "Nuestra evaluación es que esto iba a ser gradual. No iba a ser una marcha repentina sobre Moscú"[483], dijo el ex agregado de defensa británico en Rusia. Él analizó el discurso de Vladimir Putin y dijo que fue un intento del líder ruso en apuros de recordar a su pueblo "la necesidad de un líder fuerte".

Putin describió el levantamiento como *smuta*, una palabra que en ruso significa contienda, pero que se usa para englobar la era de anarquía que siguió a la muerte de Ivan, "El Terrible" en 1584. "Todos los rusos saben inmediatamente de lo que él está hablando cuando Putin usa esa palabra", explicó Foreman[484].

---

[481] Ídem.
[482] Ídem.
[483] Ídem.
[484] CLARÍN. Un informe del gobierno británico advierte sobre la "desintegración" de Rusia tras el motín del grupo Wagner. 26 de junio de

Tal vez el informe sea demasiado optimista. Y pudiera ser que en esa visión, la esperanza esté puesta mucho más allá de las probabilidades en la realidad. Algo así como sucede con los grupos troskistas, cuyos militantes siempre están viendo la revolución a la vuelta de la esquina, y aunque su lectura sobre los distintos actores políticos muchas veces es bastante certera, existen muchos otros factores que no son tomados en cuenta, de cómo ve el conjunto social su realidad o lo que están viviendo, hace que ese análisis no coincida para nada, en cuanto a las expectativas de cambio con la realidad.

Aunque en este sentido hay que reconocer que los servicios de inteligencia británicos están entre los mejores del mundo y muy probablemente sean quienes mejor información tengan de todas las agencias de inteligencia, de lo que sucede al interior de Rusia.

Lo cierto es que indudablemente el levantamiento del Grupo Wagner dejó a Putin debilitado, quien a partir de allí comenzó a tomar medidas para restituir la imagen de autoridad en el ámbito público, mostrándose en distintos eventos con niños, con tropas y saliendo de una forma que no lo había hecho desde antes de la pandemia[485] [486] [487].

2023. https://www.clarin.com/mundo/informe-gobierno-britanico-advierte-desintegracion-rusia-motin-grupo-wagner_0_qDhhLcOJqc.html

[485] EL INDEPENDIENTE. Putin se da un excepcional baño de masas con selfis y besos en Daguestán. 29 de junio de 2023. https://www.elindependiente.com/internacional/2023/06/29/putin-se-da-un-excepcional-bano-de-masas-con-selfis-y-besos-en-daguestan/

[486] LA VANGUARDIA. Putin se rodea de admiradores en busca de una imagen de normalidad. 29 de junio de 2023. https://www.lavanguardia.com/internacional/20230629/9075735/putin-rodea-admiradores-busca-imagen-normalidad.html

[487] BBC MUNDO. Qué hay detrás de las múltiples apariciones públicas de Putin después de la rebelión del Grupo Wagner en Rusia. 1 de julio de 2023. https://www.bbc.com/mundo/articles/c038rzgvg11o?xtor=AL-73-

%5Bpartner%5D-%5Bgoogle.news%5D-%5Bheadline%5D-%5Bmundo%5D-%5Bbizdev%5D-%5Bisapi%5D

LOS POSIBLES ESCENARIOS

El **primer escenario** por el que toda la humanidad debería trabajar es la paz en Ucrania. Para eso es necesario el retiro de las tropas rusas. De lo contrario no habrá negociación posible, al menos por el momento, así lo ha afirmado el presidente Zelenski.

Existen sólo dos propuestas de paz serias sobre la mesa, una es del gobierno ucraniano, y la otra es una gestión del Papa Francisco.

Pero en las actuales condiciones, ambas parecen estar lejos de alcanzar un buen destino, al menos en el corto plazo.

La mayor imposibilidad para alcanzar la paz en Ucrania es la necedad, la obstinación, la tozudez de Putin, de tratar de construir su Rusia imperial, y para ellos sacrificar todo lo que tengan que sacrificar, mientras estas cosas seas siempre de otros, incluyendo vidas humanas. Aunque, a decir verdad, esa cerrazón de Putin, se ha visto seriamente vulnerada al tener que negociar con el Grupo Wagner, para frenar su levantamiento armado por la propia supervivencia de su régimen, o al menos, para no tener aún daños muchos mayores, que dejaran secuelas mucho más profundas dentro de Rusia.

Lo cierto es que, en resumidas cuentas, la paz no se ve cercana en Ucrania. Esto, muy a pesar de que el presidente Zelenski tiene muy claro que para Ucrania es mucho mejor definir la guerra durante el 2023.

Segundo escenario

En el caso de que la guerra continúe prolongándose, como es lo más seguro que suceda, el gobierno de Putin tendrá cada vez más problemas. Desde los producidos por las sanciones económicas, hasta por la constante sangría de muertos rusos que produce la guerra en Ucrania. Esto lo dejó muy claro el levantamiento del Grupo Wagner.

Para los que creían imposible una rebelión dentro de Rusia, o que pusiera en jaque al Kremlin, el levantamiento armado del Grupo Wagner les ha dejado claro que esto es posible. Es tanto más posible de lo que parece, que ya sucedió. Aunque no triunfó, se produjo.

Que los rusos quiten a Putin del poder puede ser una posibilidad. No tan fácil. No tan pronto, tal vez. Pero después del levantamiento del Grupo Wagner, todos saben dentro y fuera de Rusia, pero tal vez nadie como Putin, que esto puede suceder.

De hecho, si Putin va perdiendo la guerra con armas convencionales, y se le ocurre utilizar Armas Nucleares, tácticas o estratégicas, sería mejor por su propia supervivencia, que los generales rusos le quitaran el panel de control a Putin y lo lanzaran fuera de su gobierno.

Tanto la OTAN y en particular el gobierno de Joe Biden, han estado hasta ahora sumamente cautos, o mejor dicho, débiles y temerosos, en avisarle a Putin que si utiliza Armas Nucleares, aunque sean tácticas en Ucrania, tendría una respuesta equivalente con el mismo tipo de armas. Pero esto no significa que Putin no esté subestimando la probable reacción que el mundo entero tendría si utiliza armas nucleares tácticas en Ucrania.

Después del levantamiento del Grupo Wagner, si estuviéramos analizando los hechos en un tablero de ajedrez, Putin sería un rey que ha quedado en jaque. En ajedrez, un rey que ha quedado en jaque es un rey que está en peligro, al que si no lo mueven, se lo comerán en la próxima jugada. Putin lo sabe mejor que nadie. Putin es maestro de ajedrez. Después del levantamiento del Grupo Wagner, muchas cosas ya no son iguales. Incluso, tanto las tropas rusas, como la sociedad rusa, no tendrán la misma tolerancia a la derrota permanente que sufren los soldados de Putin en Ucrania.

Es difícil que este escenario se pueda producir en un muy corto plazo. Pero las huellas dejadas por el levantamiento del Grupo Wagner, que tendrá muchas más consecuencias de las que se ven hasta ahora, podría en meses producir distintos movimientos dentro de Rusia, que hicieran tambalear otra vez el tablero de Putin.

Tercer Escenario

La salud de Putin. Mucho se ha hablado de la salud de Putin. En el primer libro sobre la invasión a Ucrania he tratado el tema largamente. Pero ahora hay nuevos elementos. Después del levantamiento del Grupo Wagner, en su primera reunión con algunos miembros de su gabinete, que fue televisada en vivo, se pudo ver a Putin con un breve temblor en la barbilla a la hora de hablar y con claros signos de haber estado afectado por el estrés y la tensión de los episodios vividos durante el levantamiento. Algo completamente inusual, para alguien con el temple de Putin, que siempre ha presumido y ha sido parte de su imagen.

Esto quiere decir que en esto, también es vulnerable, y fue al menos un poco "desequilibrado" por el levantamiento de Wagner.

En marzo de 2023 volvieron los rumores del cáncer de tiroides de Putin, al vérsele con una supuesta cicatriz en el cuello, y al estar constantemente acompañado de Yevgeny Selivanov, un médico cirujano especialista en problemas de cáncer de tiroides, adscripto al del Hospital Clínico Central de Moscú[488].

Todos estos datos no significan que Putin se va a descalabrar o se va a morir en el corto plazo. Pero sí al menos dejan claro que Putin, incluso en su salud, ya no es el oso siberiano con el que se le comparaba y que por lo tanto, tal vez en el mediano plazo, pueda ser más vulnerable de lo que se pudiera suponer. Problemas serios en este terreno sin duda cambiaría el curso de la guerra.

Cuarto escenario

En el terreno militar, todo parece indicar que por la vía de las armas convencionales, Rusia perderá la guerra en Ucrania. Esto a pesar de tener unos 400 mil efectivos en el país invadido. Después de haber llegado hasta Kiev, al principio de la invasión, las tropas rusas no han dejado de retroceder. Y las posiciones que mantiene o han mantenido lo han hecho a un costo descomunal de bajas, como hemos visto.

---

[488] 20 MINUTOS. Una cicatriz en el cuello y la compañía constante de un cirujano oncológico: vuelven los rumores sobre la salud de Putin. 22 de abril de 2023. https://www.20minutos.es/noticia/5121248/0/cicatriz-cuello-compania-constante-cirujano-oncologico-vuelven-rumores-salud-putin/

¿Pero qué pasaría si Rusia pierde la guerra en el campo de batalla con armas convencionales?

Quinto escenario

Todo parece indicar que nada detendrá la guerra en el corto plazo.

Con lo cual, todo parece sugerir que la guerra, así como va, si no sucede algo extraordinario en algún buen o mal sentido, la guerra continuaría al momento del cambio de gobierno después de las próximas elecciones en Estados Unidos. Las próximas elecciones presidenciales en Estados Unidos se llevarán a cabo el 5 de noviembre de 2024. Probablemente dependiendo quién gane, si el partido republicano, cuyos miembros han realizado reiterados cuestionamientos al apoyo militar y financiero a Ucrania, continuará o no, la misma solidaridad y ayuda del gobierno norteamericano con Ucrania. Donald Trump, en el caso de que sea candidato, sorteando o pese a sus múltiples problemas con la justicia, ya ha dicho que por él terminaría la guerra a la brevedad. De Donald Trump se puede esperar más que trate de beneficiar a su amigo Putin que a Ucrania, en una supuesta negociación o intervención directa en la mesa de negociaciones, de instalarse. Las probables causas de esto ya la hemos explicado. De ser el gobernador de Florida, Ron DeSantis, el republicano en ganar la candidatura del partido republicano y la presidencia de la república, ya ha dicho que "proteger a Ucrania, no constituye un interés clave para Estados Unidos. DeSantis, antes los cuestionamientos que provocaron sus declaraciones, salió a decir que sus declaraciones fueron "mal interpretadas"[489].

Pero esta es la verdad de lo que piensa Ron DeSantis. Por estas razones, de ganar el partido republicano la presidencia en el 2024, aunque el traspaso del mando se realiza hasta febrero de 2025, sería muy probable que la ayuda militar norteamericana se le terminaría a Ucrania. Esto es algo que sabe perfectamente el presidente Zelenski. Justamente por esto el presidente ucraniano dice que deben terminar la guerra, o vencer a los rusos en 2023.

Si en las elecciones de 2024 ganara el partido demócrata, seguramente la ayuda a Ucrania de parte de Estados Unidos continuaría como hasta ahora.

Sexto escenario

Un ataque nuclear táctico.

Con la mentalidad de Putin, si Rusia se encuentra vencida en el campo de combate, por Ucrania, aun cuando esto suceda en territorio ucraniano, el uso de un arma táctica de parte de Rusia es algo completamente probable. Ya lo ha dicho de forma completamente clara el propio presidente norteamericano, Joe Biden, recientemente[490].

---

[489] EUROPA PRESS. Ron DeSantis sostiene que sus declaraciones sobre Ucrania están "malinterpretadas". 23 de marzo de 2023. https://www.europapress.es/internacional/noticia-ron-desantis-sostiene-declaraciones-ucrania-estan-malinterpretradas-20230323043013.html
[490] AS. Biden avisa sobre los planes nucleares de Putin: "Es real". 20 de junio de 2023. https://as.com/actualidad/politica/biden-avisa-sobre-los-planes-nucleares-de-putin-es-real-n/

Quien esto escribe lo ha dicho permanentemente, sobre todo en el primer libro desde que comenzó la invasión rusa a Ucrania. Pero para los que tienen dudas, Joe Biden, lo dijo con todas las letras a mediados de junio de 2023. Las palabras de Biden serían anunciadas en la prensa internacional con titulares como este: "Biden advierte que amenaza nuclear de Putin es "real"[491].

Joe Biden lo diría tan solo unos días después de que Rusia anunciara el despliegue de armas nucleares tácticas en Bielorrusia.

La única forma de frenar a Putin a que no se atreva de ninguna manera a realizar un ataque con armas atómicas, aunque sean tácticas, es que la OTAN y Estados Unidos le adviertan que como respuesta tendría otro ataque igual en sus ciudades. Putin, que es un psicópata, y se podría decir en términos coloquiales, no médicos que está loco, no come vidrio. Así reza un dicho popular en mi ciudad natal, que diferencia a los locos, de los que son capaces de comer vidrios. Ejemplares de estos, en realidad no hay.

Que Putin se hace el loco, pero no está dispuesto a todo, al menos en lo que respecta a su propia supervivencia y a la conservación del poder, ya lo dejó claro el desenlace del Grupo Wagner donde Putin se bajó de su montura, de la altura de su ego, y pese al daño que sufriría su imagen, buscó la forma de negociar para terminar con el levantamiento armado.

---

[491] FRANCE 24. Biden advierte que amenaza nuclear de Putin es "real"; Moscú lanza ataques masivos contra Ucrania. 20 de junio de 2023. https://www.france24.com/es/europa/20230620-biden-advierte-que-amenaza-nuclear-de-putin-es-real-mosc%C3%BA-lanza-ataques-masivos-contra-ucrania

Séptimo escenario

Un ataque nuclear estratégico. Este es el peor escenario que podríamos tener, uno donde estaría en peligro la supervivencia de toda la humanidad. Las Armas Nucleares estratégicas se caracterizan por tener mucho mayor alcance y mucho mayor poder destructivo. Un ataque de ese tipo, a cualquier país de la OTAN, seguramente daría comienzo a una Tercera Guerra Mundial.

Octavo escenario

Un ataque a la planta atómica de Zaporiyia. Esto es algo que Putin tiene en mente, como otra arma posible en la guerra con Ucrania, y ha amenazado y mostrado muchas veces que está dispuesto a usarla.

Las consecuencias de algo así son completamente imprevisibles, porque dependería del daño ocasionado a los reactores nucleares. Si el daño es ocasionado a un solo reactor o a los seis reactores nucleares que tiene la planta atómica de Zaporiyia.

La central nuclear de Zaporiyia fue construida entre 1984 y 1995; le provee electricidad a unos 4 millones de hogares y es la más grande de Europa.

En un hipotético ataque a la planta nuclear de Zaporiyia, los escenarios probables irían desde uno, donde los daños fueran de alguna forma restringidos, por ejemplo si el daño fuera a un solo reactor, parcial y controlable, caso en que las consecuencias las sufriría la población más cercana, hasta un escenario donde si son atacados y dañados los seis reactores nucleares, las consecuencias las sufriría toda Europa. Todo el continente se convertiría en inhabitable.

Para evitar un posible ataque a la central de Zaporiyia, tanto el gobierno de Estados Unidos como la OTAN, deberían decirle a Putin mucho más fuerte, y de manera mucho más clara, cuáles serían las consecuencias militares para Rusia, que no podrían ser más sanciones.

Noveno escenario

La muerte de Putin.

Por muerte natural, en el corto plazo, es difícil. Que Putin fuera asesinado, después del levantamiento armado impensado del Grupo Wagner, seguramente el propio Putin debe ser el más perseguido, el más paranoico, y el más consciente de que tal vez tenga más enemigos dentro de Rusia, y en su propio entorno de lo que parece.

Entonces, tal vez no en el corto plazo, pero cuando empeoren la situación social y militar en Rusia y se les haga más insostenible la guerra en Ucrania, seguramente habrá más de uno en su propio entorno que comience a pensarlo.

CONCLUSIONES

Las conclusiones para un año y cuatro meses de guerra podrían ser muchas. Acá vamos a mencionar solo algunas de ellas.

1. Para el conjunto de la humanidad, la guerra en Ucrania continúa siendo algo distante y lejano. Para el actual desarrollo de la humanidad y su grado de conciencia, el sufrimiento ajeno no es algo prioritario mientras esto no lo afecte de alguna manera en lo personal.

2. La humanidad está lejos de haber desarrollado una visión cultural colectiva, conjunta, en donde cada ser humano en el planeta se considere miembro de una sola familia. Debemos comenzar a trabajar desde lo cultural, para eso, en todos los ámbitos.

3. El derecho internacional, después de la invasión a Ucrania, ha quedado pisoteado y supeditado a la imposición de la fuerza, y después de un año y cuatro meses del comienzo de la invasión rusa, la comunidad internacional no ha desarrollado mecanismos efectivos para reestablecerlos.

4. La amenaza nuclear sigue siendo el peor peligro para la existencia de la humanidad, y la especie toda sigue siendo ajena e incapaz de hacer algo frente a ese peligro.

5. Un loco, o un ser con demasiadas ansias de poder, caprichos y necedad en su ambición de poder y expansión, es capaz de poner en peligro toda la existencia humana, como lo ha hecho y lo sigue

haciendo Putin con sus reiteradas amenazas nucleares.

6. La valentía de un pueblo con mucha determinación como el pueblo ucraniano es un ejemplo a seguir, para poder sobrevivir, incluso si es atacada por el segundo ejército más poderoso del mundo.

7. Las nuevas armas son cada vez más mortales y atroces.

8. La guerra sigue siendo un mecanismo para la imposición de caprichos o para la resolución de conflictos en el escenario mundial, sin que la humanidad aprenda las consecuencias de sus terribles costos, en cuanto a la pérdida de vidas humanas y costos materiales.

9. Que las preocupaciones de mediación para tratar de lograr la paz en Ucrania, de parte de la comunidad internacional son muy pocas, y la mayoría de ellas son falsas. Son propuestas impulsadas por Rusia, de fondo, como la propuesta de paz china, o la de López Obrador, o la de Lula da Silva, que solo propician la rendición de Ucrania y entonces se erigen como una forma de presionar para decirle veladamente a la comunidad internacional que Ucrania no quiere la paz. Es decir, la mayoría de esas propuestas sólo son parte de la propaganda y las trampas rusas.

10. Que los héroes existen. Y que sin la presencia de un líder indiscutido como Zelenski, que decidió pelear en vez de huir, hoy Ucrania ya sería parte de Rusia.

11. La debilidad del gobierno del presidente de Estados Unidos Joe Biden, de no haber sido capaz, desde el comienzo de la invasión y el lanzamiento de sus permanentes amenazas nucleares, que de hacerlo sería respondido de la misma manera, ha provocado el fin de la teoría de la destrucción mutua, lo que de fondo es un cheque en blanco para que Putin pueda utilizar Armas Nucleares.

12. La falta de movilizaciones sociales a lo largo y ancho de todo el mundo en contra de la invasión a Ucrania, es un factor aberrante, de parte del ciudadano común del mundo y hace que los principales mecanismos de presión para terminar con la guerra estén ausentes.

13. El valor de la vida de un ser humano en el planeta sigue siendo muy bajo. La humanidad aún no ha llegado a valorar la propia vida, del conjunto colectivo ni individualmente, como para terminar con una violencia absurda.

14. El resultado electoral en Estados Unidos será determinante en el destino final de la guerra en Ucrania.

15. Existen a partir de la invasión a Ucrania dos grandes bloques de países en el mundo, los que sin problema sostienen sus gobiernos a través de sistemas dictatoriales, como China, Rusia, Venezuela, Nicaragua, Corea del Norte etc., usando como pretexto en todos ellos un discurso de izquierda y la justificación de un pretendido orden mundial, versus un bloque de países democráticos, la mayoría ubicados en occidente, que tienen sistemas de organización basados en el derecho y un desarrollo más civilizado. De alguna manera, esto casi podría resumirse como una disputa entre civilización y barbarie.

16. Los levantamientos sociales que se producen en Francia y algunas otras partes de Europa, al momento de terminar de escribir este libro, tienen todas las características de los movimientos históricos impulsados por Rusia para desestabilizar una región, según les convenga políticamente.

17. Muchos de los movimientos migratorios masivos, producidos desde África hacia Europa como los producidos desde Centroamérica hacia Estados Unidos no tienen nada de espontáneos y son

organizados por la izquierda internacional, para desestabilizar tanto a Europa como a Estados Unidos.

18. Frente a ese tipo de movimientos sociales existe una gran ingenuidad de la clase política occidental, que está muy preocupada en no quedar mal frente a los ojos de la opinión pública en vez de hacer lo que le corresponde para salvaguardar la seguridad y el bienestar de la sociedad que los elige para gobernar.

19. La ONU tiene pendiente una gran modificación, que para comenzar reforme el Consejo de Seguridad, para que no pueda seguir existiendo el derecho de veto, de parte de una potencia que no respeta el derecho internacional.

20. En las actuales relaciones internacionales continúa prevaleciendo la fuerza y los intereses económicos por encima de la razón y de la humanidad y esto es algo nefasto.

21. Haber comenzado una guerra como la de Ucrania, después de una tragedia como la pandemia, vivida por toda la humanidad, quiere decir que como especie estamos muy lejos de saber meditar y aprender sobre lo que nos sucede.

22. Esto que han dicho muchas voces, muchas veces, de que la humanidad ha avanzado en el tiempo en cuanto al desarrollo tecnológico de manera abrumadora, pero en el plano ético y moral, incluso en el espiritual, estamos todavía en el tiempo de las cavernas, es absolutamente vigente y cierto.

23. Algo para aprender es que la presión social, sí sirve para modificar la postura o actitud de un líder. El Papa Francisco modificó su postura ante la guerra, que tuvo por lo menos los primeros seis meses, sin mencionar a Rusia ni a Putin por su nombre, ni hablar de las Armas Nucleares, a pesar de las amenazas de Putin de usarlas desde el primer día de la invasión. Finalmente, ante múltiples reclamos de todas partes,

el Papa Francisco modificó su actitud, incluso promoviendo una mediación para un plan de paz a través del cardenal italiano Matteo Zuppi.

Made in the USA
Monee, IL
27 September 2023

43502081R00286